FRANCINE MALLET

DIE MUSE DER REPUBLIK

FRANCINE MALLET

DIE MUSE DER REPUBLIK

GEORGE SAND 1804-1876

DVA

Ins Deutsche übertragen und bearbeitet von Gisela Schlientz

Titel der französischen Originalausgabe:
George Sand

Das französische Original wurde für die deutsche Ausgabe in Zusammenarbeit mit der Autorin gekürzt. Zwei Kapitel, »Régionalisme et fantastique« und »Inspiration et influences«, sind dabei weggefallen, bzw. zu kleinen Teilen in das ebenfalls gekürzte Kapitel »Dichtung im Dienst des Ideals« eingearbeitet worden.

CIP-Kurztitelaufnahme der Deutschen Bibliothek

Mallet, Francine:
Die Muse der Republik : George Sand 1804 – 1876
Francine Mallet. Ins Dt. übertr. u. bearb.
von Gisela Schlientz. – Stuttgart :
Deutsche Verlags-Anstalt, 1979.
Einheitssacht.: George Sand <dt.>
ISBN 3-421-01830-8
NE: Schlientz, Gisela [Bearb.]

Verantwortlicher Lektor: Ursel Locke
Typografische Gestaltung: Karl M. Nestele
Gesamtherstellung: Friedrich Pustet, Regensburg
Printed in Germany

EINLEITUNG

Niemals hatte ich stärker das Bedürfnis,
George Sand zu ehren, als in dieser Stunde,
da man sie beschimpft.[1] Victor Hugo

Sie ändert ihr Geschlecht und ihre Art,
Ist Dudevant von vorn,
George Sand von hinten,
So daß sich Lamennais des öftern täuscht.

Aurore Dupin-Dudevant alias George Sand ist oft in grober Weise geschmäht worden, wie dieser Mérimée zugeschriebene Vierzeiler beweist. Sie hat den Wunsch nach Selbständigkeit und Unabhängigkeit teuer bezahlt. Verachtet von den Wohlmeinenden, verlacht von den anderen, hat sie es noch viel teurer bezahlt, daß sie sich selbst ernähren wollte. Wenn ihr das Geldverdienen auch sehr schnell einen literarischen Ruhm brachte, den sie gar nicht anstrebte, so war dieser Ruhm doch immer vom Skandal getrübt. Von den zeitgenössischen Karikaturen bis hin zu den neuesten Filmen wurde George Sand nie anders dargestellt als in Männerkleidern und mit der Zigarre im Mund.
Weil sie die gesellschaftlichen Regeln ihrer Zeit mißachtet, weil sie deren Verlogenheit nicht akzeptiert, werden ihr alle Sünden zur Last gelegt. Weil sie die Gleichheit von Mann und Frau fordert, zumindest in der Liebe und in der Ehe, wird sie bestraft für diese Blasphemie mit einer bis heute andauernden Verleumdung.
Im neunzehnten Jahrhundert und noch in der ersten Hälfte des zwanzigsten wird sie gleichermaßen verurteilt als gnadenlose Bacchantin, übertriebene Mutter, verwöhnte Bourgeoise, politische Utopistin, Wichtigtuerin – mit einem Wort als Nervensäge. Sie hat immer und in jedem Falle Unrecht.
Aus Dummheit anerkennen selbst die Frauen nicht jene, die sie verteidigt hat. Ihre prophetischen Voraussagen, ihre Erfolge werden ins Lächerliche gewendet. Die öffentliche Meinung behält von ihr nur die Begleiterscheinungen weiblicher Unterdrückung im Gedächtnis: Ihre Lügen zum Beispiel (lügt sie nicht, wird ihr auch das

angelastet, dann ist sie schamlos); die Ausbreitung ihres Lebens in ihrem Werk (ist sie diskret, wie in der *Histoire de ma vie*, ist auch das ein Grund zu Vorwürfen); oder die Maßlosigkeiten der Epoche, die man den anderen Romantikern verzeiht.

Im Gegensatz zu Nietzsche, der sie, ohne ihre Geldnöte zu kennen, eine »schreibende Kuh« nennt, und zu anderen, für die sie als Autorin nichts gilt, hat sie Taine zu den »ersten Schriftstellern ihrer Generation« gezählt: Renan ernennt sie sogar zum »größten Schriftsteller des Jahrhunderts«. Heine schätzt sie unendlich viel höher als Victor Hugo, und Dostojewski findet sie »fast einzigartig in der Kraft ihres Geistes und ihres Talents«. Die Zeitgenossen stellen sie über Stendhal und Flaubert, oft sogar über Balzac, den sie übrigens als eine der ersten in seiner Bedeutung erkannt hat, als einen »unvergleichlichen Meister in der Kunst, die moderne Gesellschaft und die Menschen seiner Zeit zu schildern«.[2] Jene, die heute Flaubert in den Himmel heben, möchten am liebsten vergessen, daß er seine »chère maître« für ein »Genie« gehalten hat. Musset, Chateaubriand, Béranger, Hugo gebrauchen für sie dieselbe Bezeichnung. Die Huldigung eines Balzac, der George Sand um ein Vorwort zur *Comédie humaine* bat, ist unbemerkt geblieben.

Um dem Urteil Baudelaires zuzustimmen, der ihren »flüssigen Stil im Geschmack der Bourgeoisie« verächtlich macht und George galanterweise als »Latrine« bezeichnet, darf man nicht wissen, daß er sich auf diese Weise rächt für ein Verbrechen, das sie nicht begangen hat. Dabei hat er in jüngeren Jahren seine Bewunderung für die Sand offen gezeigt, was sogar in mehreren seiner frühen Gedichte aufscheint. Er ändert seine Einstellung erst ab dem Zeitpunkt, als es George nicht gelingt, bei einem Theaterdirektor die Wiedereinstellung seiner Geliebten Marie Daubrun zu erreichen. Eine andere Schauspielerin erhält die gewünschte Rolle. Er tut, als habe George ihr Versprechen nicht gehalten und sich nicht bemüht. Wir haben den Beweis für das Gegenteil.[3] Er, der sie ein Genie genannt hatte, als er um ihre Hilfe bat, schmäht sie von diesem Augenblick an, belegt sie mit Schimpfwörtern. Er macht sie auf jede Weise lächerlich, wirft ihr sogar vor, »die Arbeiter zu lieben«, was bei dem Reaktionär Baudelaire als höchste Beleidigung gelten kann. Sein Urteil hat die Intellektuellen dazu verführt, sie zu verdammen, ohne sie zu lesen, und ihren Charakter gering zu schätzen.

Daß sie auch von der großen Masse angegriffen wurde, hat ihr die Sympathie der bekanntesten Schriftsteller, mit Ausnahme Baudelaires, eingebracht: Flaubert bewundert in ihr »den großen Mann«,

»das große Herz«. Für Victor Hugo ist sie »eine Idee« und »eine Seele«. Doch sie verdient so wenig die Verachtung ihrer Zeitgenossen wie die übertriebene Bewunderung, die einige Journalisten dazu verleitet hat, das neunzehnte Jahrhundert »das Jahrhundert der George Sand« zu taufen.[4] Victor Hugo, der in ihr »die größte Frau« ihrer Zeit und »vielleicht sogar aller Zeiten« gesehen hat, hat zweifellos den wahren Grund für die wütenden Angriffe gefunden, als er 1860, als sie wieder einmal mehr als gewöhnlich beschimpft wird, chevaleresk den Kampf aufnimmt gegen die »Unkultur des literarischen Hasses«, hinter dem er »das männliche Wüten gegen eine Frau« zu erkennen glaubt[5]. Hat das noch weit unerklärlichere Totschweigen der Nachwelt den gleichen Grund?
Trotz der geduldigen Arbeit einiger Spezialisten ist das Werk von George Sand an ihrem hundertsten Todestag noch kaum zugänglich und ihr Stellenwert in der Literatur wird immer noch unterschätzt. Dabei bezeugt die Presse des neunzehnten Jahrhunderts im Ausland wie in Frankreich die bedeutende Rolle, die sie gespielt hat. Die Liste der Briefpartner dieser »ersten Epistolière Frankreichs« liefert dazu die glanzvolle Bestätigung.
Obwohl sie in England und in Amerika erfolgreich war und viel übersetzt wurde, hat George Sand in Rußland ihr größtes Publikum gefunden. Sie war dort sehr schnell hoch geschätzt, und man liest sie auch heute noch. Turgenjew und Dostojewski bewunderten sie, hinzu kam ihr mutiges Einstehen für Bakunin und ihr soziales Engagement. Die Überzeugung des Helden aus ihrem Roman *Spiridion*, daß »der Fortschritt nur um den Preis der sozialen Umwälzung, der Revolution, erkauft werden kann«, ist, wie man weiß, in diesem Land in der Praxis erprobt worden.
Sie hat lange Zeit die Opposition in Frankreich angeführt. Doch heute verzeiht ihr die Linke nicht ihre Haltung gegen die Kommune, die immer noch viel differenzierter war als die ihrer männlichen Schriftstellerkollegen. Was man zu Unrecht ihre »Kehrtwendung« oder zumindest ihren »Rückzug« nennt, macht es jedem leicht, sie in die Rolle des Sündenbocks zu drängen.
Die Konservativen und die Katholiken ihrer Zeit sehen im Autor der *Indiana* den Teufel selbst, weil sie ihre Heldin ausrufen läßt: »Gesellschaften, Institutionen, Schande über euch, tödlichen Haß!« Sie werfen der Sand hauptsächlich vor, die Ehe zerstören zu wollen. Sie hat sich stets dagegen verwahrt; sie wollte diese Institution nur durch »ein menschlicheres und nicht weniger geheiligtes Band« ersetzen.

Was allerdings mehr in Staunen setzt als die Haltung der Konservativen ihrer Zeit, ist die der heutigen Konservativen, die ihr Werk gerne auf ein paar als fade und erbaulich verurteilte Dorfromane reduzieren wollen.
Ihr riesiges Werk, das ohne die Korrespondenz und die Zeitungsartikel schon 180 Bände umfaßt, verdiente es, daß eine Gruppe von Forschern sich bemüht, daraus, wie Taine sagte, »die moralische und philosophische Geschichte eines Jahrhunderts« zu entwikkeln.
Die umfangreiche *Histoire de ma vie* kann mit den *Confessions* eines Rousseau oder den *Memoires d'outre-tombe* eines Chateaubriand auf eine Stufe gestellt werden. Die *Lettres d'un voyageur,* das *Journal intime* sind Meisterwerke, wie alles andere, was Georges Lubin in den beiden Bänden der Pléiade-Ausgabe von George Sand vereinigt hat.
Was sollte man heute noch von ihr lesen, wenn ihre Werke in den Buchhandlungen leichter zu haben wären? *Indiana*, ihren ersten Roman, den sie mit 27 Jahren geschrieben hat und der, trotz seiner Längen, sofort den von Balzac vorausgesagten Erfolg hatte. *Lélia*, ein kühnes lyrisches Epos. *Spiridion* und die *Sept Cordes de la lyre*, die philosophische Originalität offenbaren. *Consuelo,* von Alain und später Maurois wieder zu Ehren gebracht und als Stoff für Funk und Fernsehen hervorragend geeignet. Doch der Mystizismus und das Phantastische werden derzeit schlecht verstanden, und was zu seiner Zeit neu und sozial wagemutig war, könnte heute vielleicht untergehen. Ihre Dorfromane werden immer noch am meisten gelesen. Um jedoch »die moralische und philosophische Geschichte« des neunzehnten Jahrhunderts zu begreifen, sollte man noch andere Werke lesen: *Mauprat, Simon, Horace, Jeanne, Le Compagnon du tour de France, Le Meunier d'Angibault, Mademoiselle La Quintinie, Laura, La Daniella* und natürlich die *Correspondance*.
George Sand kann innerhalb ihrer politischen Utopie durchaus realistisch sein, soweit es den unmittelbaren Gang des Geschehens betrifft – obwohl sie sich auch darin aus Optimismus oder Idealismus oft täuscht. Natürlich werfen ihr die Realisten ihre Utopie und die Utopisten ihren Realismus vor. Von den Forderungen, die sie aufstellte, werden noch in ihrem Jahrhundert das allgemeine Wahlrecht und die Schulpflicht für alle erreicht. Im Jahr 1978 scheint es, als sei die Visionärin George ihrer Wirklichkeit voraus gewesen. Ihr kluger Feminismus macht ein Jahrhundert später Schule, mit der rechtlichen Gleichstellung der Frauen und der Liberalisierung der

Ehe. Vieles, was sie beschäftigt hat, das Problem der ständigen Weiterbildung, die Mittlerfunktion des Schriftstellers mit Hilfe einer verständlichen Sprache, die Beteiligung der Schauspieler und des Publikums am theatralischen Kunstwerk, wird auch heute noch heftig diskutiert. Der Katholizismus, den sie 1840 praktiziert hat und der zu ihrer Zeit recht unorthodox war, hat große Ähnlichkeit mit dem, den heute der progressive Flügel der Kirche vertritt. Sie hat sich nicht nur in Gedanken, sondern auch mit Taten der sozial Benachteiligten angenommen. Ein beeindruckendes Beispiel dafür ist ihr Eintreten für die kleine Fanchette, ein debiles Waisenkind, das der Obhut des Hospiz von La Châtre anvertraut war. Auf Anweisung der Oberin wurde das hilflose Geschöpf auf einer einsamen Straße »verloren«, bzw. ausgesetzt. Das Mädchen wurde gefunden, der Fall jedoch von den Behörden unterschlagen. George veröffentlicht daraufhin im Oktober 1843 in ihrer Zeitschrift die Geschichte dieses Kindes. Obwohl ihr deshalb ein Prozeß droht, läßt sie eine Broschüre drucken und verkaufen, um mit dem Erlös die kleine Fanchette unterstützen, bzw. bei freundlichen Leuten in Pension geben zu können. Wochenlang hat sie in Briefen, Artikeln, Aktionen für diese Ärmste der Armen gekämpft, unerschrocken und zäh wie stets, wenn sie sich für eine Sache oder einen Menschen einsetzt. Wenn ihr Eingreifen auch nicht solches Aufsehen erregte, wie das Voltaires in der Affäre Calas, so war es doch nicht weniger energisch und beherzt.

Ihr Interesse erstreckt sich auf vieles, und ihre Vitalität scheint fast unbegrenzt. Sie rettet Kirchen und Kunstwerke vor dem Abbruch und der Zerstörung. Sie gründet Zeitungen, um der erschreckenden Ämterkorruption in der Provinz entgegenzutreten. Doch ihre reiche, starke, leidenschaftliche Persönlichkeit, ihre maßlose Großzügigkeit und ihre Hilfsbereitschaft, ihre Liebe zum Leben und zu den Menschen dürfen uns nicht vergessen lassen, daß sie Zeit ihres Lebens acht Stunden täglich mit Schreiben zugebracht hat und daß ihre größte Liebe vielleicht die Liebe zur Arbeit gewesen ist. George Sand, diese bedeutende Schriftstellerin, auf eine bloße »Persönlichkeit« zu reduzieren, wäre sehr ungerecht. Und es wäre dumm, die Geschichte dieser Frau auf ein paar Liebschaften beschränken zu wollen. Ich möchte hier eine andere, die wirkliche George Sand schildern.

Zweifellos kann man einen Schriftsteller nicht von seiner Person trennen, so wenig wie Aurore Dupin von ihren Vorfahren. Ihre Zeitgenossen haben ihr besonders ihre Mißachtung der Konven-

tionen vorgeworfen. In ihrer Familie hatten sich allerdings schon früher andere darüber hinweggesetzt, und wenn ihr Vater sich mehr daran gehalten hätte, wäre sie nicht legitim geboren worden. Heute nun werfen ihr manche Leute das Gegenteil vor. Vielleicht hat sie die Bedeutung des Klassenkampfes im Marxschen Sinne nicht richtig eingeschätzt, aber sie hat diesen Kampf am eigenen Leib und in ihrer Familie erfahren. Die Familie ihres Vaters, die mit den meisten königlichen Häusern Europas verschwägert war, geht höchstwahrscheinlich zurück auf Heinrich I., den Vogler, König des Deutschen Reiches im zehnten Jahrhundert, die ihrer Mutter etwas bescheidener auf einen Vogelhändler der Seine-Quais.
Weder die eine noch die andere Seite hat jemals Konventionen gehuldigt, und wenn es in ihrer Familie überhaupt Tradition gibt, dann die des Nonkonformismus. Ihr Urgroßvater väterlicherseits, der Marschall von Sachsen, ist der illegitime Sohn von August dem Starken und der Gräfin Aurora von Königsmark, ihre Urgroßmutter Marie Rainteau, de Verrières genannt, eine Dame von zweifelhaftem Ruf. Ihre Großmutter, die Frucht der Galanterien zwischen dem Marschall und der schönen Demoiselle de Verrières, heiratete in zweiter Ehe einen Herrn Dupin de Francueil, der vorher der Geliebte der Madame d'Epinay gewesen war.
Ihre Mutter, eine leichtsinnige Person, folge lange den Armeen der Republik, bevor sie von Maurice Dupin, dem einzigen Sohn der zweiten Madame Dupin de Francueil, geheiratet wurde. Der Vater ihrer Halbschwester Caroline ist unbekannt. Ihr Halbbruder Pierre Laverdure, Hippolyte Chatiron genannt, ist das nicht anerkannte Kind ihres Vaters mit einer Magd, und der Bischof, der ihrer Großmutter die Sakramente spendete, ist der natürliche Sohn ihres Großvaters und der Madame d'Epinay.
Diese Umstände hatten ihre Wirkung auf die Entwicklung der Gedanken und Vorstellungen von George Sand, und auf ihr Werk, in dem sich alles wiederfindet.

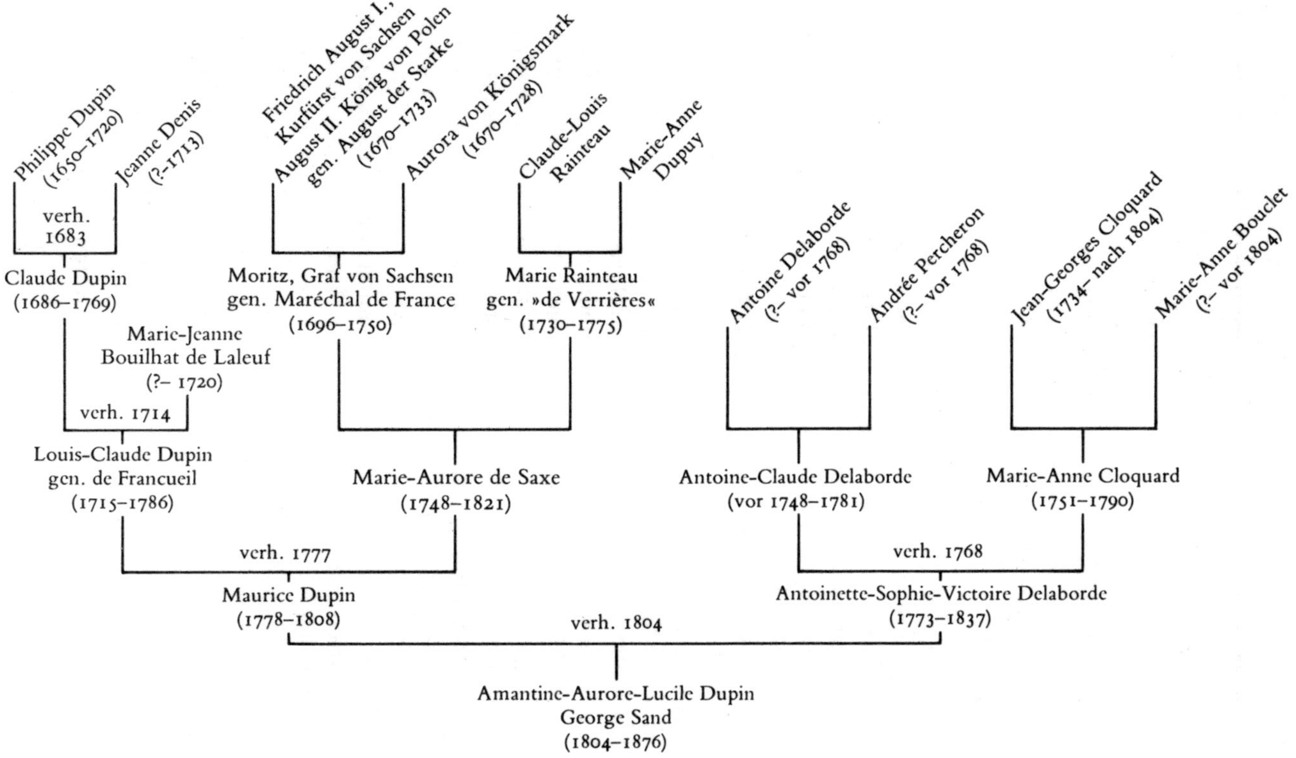
Philippe Dupin (1650–1720)
Jeanne Denis (?–1713)
verh. 1683
Friedrich August I., Kurfürst von Sachsen August II. König von Polen gen. August der Starke (1670–1733)
Aurora von Königsmark (1670–1728)
Claude-Louis Rainteau
Marie-Anne Dupuy
Antoine Delaborde (?– vor 1768)
Andrée Percheron (?– vor 1768)
Jean-Georges Cloquard (1734– nach 1804)
Marie-Anne Bouclet (?– vor 1804)
Claude Dupin (1686–1769)
Moritz, Graf von Sachsen gen. Maréchal de France (1696–1750)
Marie Rainteau gen. »de Verrières« (1730–1775)
Marie-Jeanne Bouilhat de Laleuf (?– 1720)
verh. 1714
Louis-Claude Dupin gen. de Francueil (1715–1786)
Marie-Aurore de Saxe (1748–1821)
Antoine-Claude Delaborde (vor 1748–1781)
Marie-Anne Cloquard (1751–1790)
verh. 1777
verh. 1768
Maurice Dupin (1778–1808)
Antoinette-Sophie-Victoire Delaborde (1773–1837)
verh. 1804
Amantine-Aurore-Lucile Dupin George Sand (1804–1876)

DIE WUNDEN DER SEELE

Vier Jahre alt war sie erst, die kleine Aurore Dupin! Und der Schrei ihrer Mutter klang ihr noch im Ohr, als sie vierzig Jahre später die Geschichte ihres Lebens schrieb. Nicht aus Geschmack am Romantischen beschreibt sie das fahle Gesicht und die wirr zerzausten Haare ihrer Mutter, das krampfige Lachen und Weinen des Präzeptors Deschartres, als er berichtet, wie Leopardo, der gefährliche spanische Hengst, kaum eine Meile vom Schloß Nohant entfernt, ihren Vater auf die Straße nach La Châtre geschleudert hat. Ihre schreckensstarre Mutter ist für sie der Beginn des »Entsetzens« und der »Trauer«, der frühen »Lehrjahre des Leidens«.

Madame Dupin de Francueil hatte gerade erst ihrem Sohn Maurice die heimliche Heirat mit Sophie Delaborde verziehen, die kurz vor der Geburt von Aurore stattgefunden hatte. Er hatte erreicht, daß sie endlich ihre Schwiegertochter empfing. Eine neue Geburt hatte diese Verzeihung bewirkt: ein Junge, ein Erbe des Namens, war 1808 in Madrid, im Palast von Murat, geboren worden. Zum ersten Mal hatte nun das Paar und seine Kinder im Schloß Aufnahme gefunden. Seit sechs Wochen leben sie hier, doch das Glück des Schwadronschefs Dupin ist von kurzer Dauer: acht Tage vor diesem Sturz war das zwei Monate alte Kind gestorben. Fassungslos geht die junge Mutter, von ihrem Mann begleitet, nachts in den Garten und gräbt die kleine Leiche wieder aus, um sich zu vergewissern, daß ihr Kind wirklich tot ist. Man kann sich die Stimmung im Hause vorstellen.

Als das kleine Mädchen zur Beerdigung ihres Vaters die schwarzen Trauerstrümpfe, »die Totenbeine«, anziehen soll, sind ihre hysterischen Schreie der Ausdruck eines schweren Schocks. Fast sofort entsteht aus der Verzweiflung der Großmutter und Deschartres, des Hauslehrers von Maurice und später auch von Aurore, der unbewußte Wunsch, das kleine Mädchen dem hingeschiedenen Liebling anzugleichen, diesem Sohn, der endlich im Begriffe stand, die Ambitionen seiner Mutter zu befriedigen. »Meine Großmutter kam mir mit jedem Tag näher wegen meiner verblüffenden Ähnlichkeit mit meinem Vater. Oft nannte sie mich Maurice und sagte ›mein Sohn‹, wenn sie von mir sprach.«[1]

Die Folgen eines solchen Verhaltens lassen sich erraten. Verstärkt wurden sie noch durch den ständigen Vorwurf ihrer Mutter, sie sei nicht hübsch. Diese hinreißende Frau, die alles ihrer Schönheit verdankte, diese leidenschaftliche Person, die nun endlich nach vier Jahren ehrbarer Armut von einer sittenstrengen Schwiegermutter akzeptiert worden war und dann auf brutale Weise einen sehr geliebten Mann verloren hatte, warf sich auf ihre Tochter mit einer glühenden, aber auch heftigen, absonderlichen Zärtlichkeit. Schon bald sollten sich bei ihr psychische Störungen zeigen. Die kleine Aurore, die die emotionale Not der Mutter instinktiv spürt, bemüht sich, sie zu beschützen.

Sehr schnell belasten neue Kümmernisse ihre Kindheit: Die naturgegebene Antipathie, die Mutter und Großmutter füreinander empfinden. Der wütende Kampf zwischen den beiden Frauen, auch wenn er vor ihr vertuscht wird, nährt in dem Kind eine ständige Angst und ein nur zu gut verständliches Gefühl der Unbeständigkeit.

Während der drei Jahre, die sie, zusammengeschweißt durch denselben Kummer, unter einem Dach leben, muß Aurore eins ums andre Mal zwei gegensätzliche Wesen anhören und zwei unterschiedliche Erziehungen erdulden: Die eine sprunghaft und anarchisch bis zur Revolte, die andere verfeinert und diszipliniert bis zur Steifheit.

Um der rauhen Realität zu entkommen, flüchtet sich Aurore tief in den Park und errichtet dort einer Gottheit eigener Erfindung einen Altar: Corambé, dem Helden aller Geschichten, die sie sich selbst erzählt und in denen die Guten stets über die Bösen siegen.

Die Abreise der jungen Madame Dupin, das Resultat eines Paktes oder vielmehr eines regelrechten Vertrages zwischen ihr und ihrer Schwiegermutter, berührt Aurore um so mehr, als ihre Mutter ihr angesichts ihres Kummer versprochen hatte, sie bald abzuholen, und ihr Versprechen nicht gehalten hat. Die Illusion, die sie in dem Kind geweckt hatte – sie werde einen Laden aufmachen mit Aurore als ihrer Gehilfin –, verblaßt schnell. Doch der Nachklang des Kummers über dieses Verlassenwerden ist in ihrem ganzen Werk zu spüren und besonders in der *Voyage en Auvergne*, die sie mit 23 Jahren, lange bevor sie an eine literarische Karriere überhaupt dachte, geschrieben hatte. »O meine Mutter, was habe ich dir getan? Warum liebst du mich nicht? Ich bin doch gut . . . O wie hätte ich dich geliebt, meine Mutter, wenn du es gewollt hättest! Aber du hast mich verraten, du hast mich belogen, Mutter, ist es möglich? Du hast mich belogen, o wie schuldig du bist! Du hast mir das Herz gebrochen. Du hast mir eine Wunde beigebracht, die mein Leben lang bluten wird.«[2] Noch beim Tod ihrer Mutter hat George Sand bestätigt, daß ihr das größte Leid durch sie zugefügt worden sei.

Die Vorteile des Paktes, der die Aufsicht und Erziehung von Aurore vollständig ihrer Schwiegermutter übertrug, hatte Sophie Dupin wohl erkannt: Sie konnte diesem strengen Haus entkommen, würde von Madame Dupin de Francueil unterstützt werden und hätte vor allem die Möglichkeit, ihre älteste Tochter Caroline, die aus Nohant verbannte Bastardin, zu sich zu nehmen.

Bei ihrem ersten Besuch mit der Großmutter in Paris muß Aurore die Erfahrung machen, daß auch das dortige Appartement für Caroline verboten ist. »Diese Kleine soll sofort gehen. Sie soll nie wieder hierherkommen. Sie weiß sehr gut, daß sie meine Enkeltochter nicht besuchen darf.«[3] Die Empörung des Kindes über das Schluchzen seiner so übel aufgenommenen Halbschwester äußert sich noch am selben Tage in einem schweren Fieberanfall.

Aurore erträgt es, daß sie von Rose, ihrem Kindermädchen, windelweich geschlagen wird. Warum liebt sie sie, trotz ihrer brutalen und heftigen Art? Weil Rose die einzige ist, die »nett« von der Mutter spricht.

Sie kann sich an die Abwesenheit ihrer Mutter einfach nicht gewöhnen. Dieses Herzweh, das ihr deren Verschwinden bereitet, ist der Grund für ihre Mattigkeit, für die Gleichgültigkeit, die man ihr vorwirft, für ihr plötzlich mangelndes Interesse am Lernen.

Um dagegen anzugehen und gegen den immer wiederholten Wunsch, zu ihrer Mutter zurückzukehren, und um sich schließlich zu rechtfertigen, hält es ihre Großmutter für nötig, dem Kind grausame Wahrheiten über das Vorleben ihrer Schwiegertochter zu enthüllen. Wenn die erste Herzattacke, die sie eben überstanden hatte, Madame Dupin de Francueil auch teilweise entschuldigt, so ändert das nichts daran, daß diese Eröffnungen für Aurore ein traumatisches Erlebnis waren. Auf Knien vor dem Bett mußte sie ihre Großmutter anhören. Es sei nicht die Dürftigkeit der Herkunft und des Vermögens, was man ihrer Mutter vorwerfe. Madame Dupin de Francueil hat keine so altmodischen Vorurteile. Doch nur die Liebe zu ihrem Sohn habe es ihr möglich gemacht, jene aufzunehmen, »die ihren Sohn derartig betörte, daß er sie schließlich sogar heiratete«. Die schreckliche Großmutter fährt fort, daß die Pflicht es ihr gebiete, ihre Enkeltochter beschützend von jener Zudringlichen fernzuhalten, die »zu den gefallenen Mädchen gehöre«, die sich von ihrem zartesten Alter an zu »Gefälligkeiten« habe hinreißen lassen, sich amüsiert habe mit der leichtfertigen Jugend und aus den Armen des einen zum nächsten gewandert sei, »nur ihr Vergnügen oder ihren Vorteil im Sinn«. Und so erfährt Aurore mit dreizehn Jahren, daß ihre Mutter im Troß der republikanischen Armeen gereist und mehrere uneheliche Kinder zur Welt gebracht habe, daß Caroline, auch sie mit unbekanntem Vater, die einzige Überlebende sei und daß ihr eigener Vater Sophie Delaborde aus dem Bett »eines schon alternden Obersten« gerissen habe. Schließlich gibt die Großmutter Aurore zu verstehen, daß sie in Paris ihre Mutter nur behindern würde, die sich selbstverständlich nur deshalb mit der Trennung einverstanden erklärt habe, um ihre Freiheit zu genießen. Nach diesem Vortrag bleibt Aurore lange Zeit stumm. Dann folgen auf heftige Krämpfe »bittere und brennende Tränen«. Einen Augenblick lang sind das Vertrauen und die Liebe zu ihrer Mutter vernichtet. Wie in einem Alptraum wird ihr die Kehle immer stärker zugepreßt, der Abgrund, vor dem man sie bewahren möchte, verschlingt sie. Verbrannt, verödet, ohne Reaktion, jeder Tröstung beraubt, sich selbst verachtend. Corambé verstummt. Der Kult im Dunkel der Hecken, die poetische Erschaffung eines Mythos, in dem die Guten das Kind gegen alle Übel beschützen, dieser erste erlebte Roman der kleinen Aurore geht in diesem Augenblick zugleich mit ihrer Kindheit zu Ende.

Sie verliert endgültig jede Hoffnung, daß ihre Mutter sie holen käme. Ihre Trägheit verdoppelt sich und ihre Aggressivität zwingt ihre voltairianische Großmutter, sie in ein Kloster zu stecken. Das Herz leer von jener Religion, die sie sich selbst erfunden hat, kommt sie dort an, und weiß nach einer übereilten Erstkommunion noch kaum, wie man das Kreuz schlägt. Aber nach einigen Monaten, in denen sie sich, wie losgelassen, durch ihre Tollheiten auszeichnet, findet sie im Kloster der Englischen Augustinerinnen eine vollkommene Zuflucht vor der Trübsal ihres Lebens.

»Die einzige heftige Liebe, die ich erlebt habe, die Liebe zu meiner Mutter, hat mich erschöpft, und zerbrochen . . . Ich mußte etwas

außer mir lieben, und ich kannte niemand auf der Welt, den ich mit meiner ganzen Kraft hätte lieben können.«[4]
Eine Sensibilität, die durch so viele schockartigen Erlebnisse überreizt worden war, verleitet Aurore zu mystischen Reaktionen. Ein rätselhafter Vorfall im Kloster wird für sie zu einem Schlüsselerlebnis. Zu einer Stunde, da sie sich dort nicht aufhalten durfte, kniet Aurore in der verlassenen Kapelle und hört an ihrem Ohr ganz deutlich eine Stimme, die dieselben Worte ausspricht, mit denen der heilige Augustinus zum Christentum bekehrt wurde: *tolle, lege* (nimm, lies). Diese Worte sind auf einem Bild in der Kapelle zu lesen, das den heiligen Augustinus unter dem Feigenbaum zeigt, aus dessen Gezweig er die Stimme vernahm, die ihn zur Lektüre des Evangeliums aufforderte.
Die geheimnisvolle Stimme erschüttert Aurore, ihr schwindelt und sie bricht in Tränen aus. Obzwar sie sich später, vernunftbetont wie ihre Großmutter, sehr wohl darüber klar ist, daß es sich nicht um ein Wunder, sondern nur um eine Halluzination gehandelt hat, bleibt ihr diese Erfahrung der Ekstase doch ins Gedächtnis gegraben und hat eine frühreife Selbsterforschung bei ihr ausgelöst. Ihr weiser Beichtvater und die behutsamen und gütigen Nonnen besaßen die Klugheit, sie von einer Berufung abzubringen, an die sie zweifellos nicht glaubten. Doch von diesem Tage an liest Aurore regelmäßig im Evangelium und trachtet, es zu »praktizieren«.
Ein neuer Herzanfall wirft die Großmutter nieder. Aurore wird nach Nohant gerufen und verbringt dort ihr siebzehntes Lebensjahr in großer Einsamkeit und völliger Freiheit, nur sich selbst oder der Aufsicht ihres alten Hauslehrers überlassen. Ihre im Grunde harmlosen Überspanntheiten setzen die kleine Stadt La Châtre in Erstaunen. Wieder einmal ist die Veränderung zu abrupt. Sie beschäftigt sich mit der Lektüre von Büchern, auf die sie ihre oberflächliche Erziehung nicht vorbereitet hat und die sie daher um so tiefer beeindrucken. Man kann sich dieses eintönige Leben eines jungen Mädchens am Krankenbett einer geschwächten, geliebten und liebenden Großmutter gut vorstellen, die sie noch auf dem Sterbelager zu bekehren sucht und die in den Tod geht mit den Worten: »Du verlierst deine beste Freundin.«
Der Verlust der Madame Dupin de Francueil reißt Aurore mit einem Schlag aus einem Dasein, an das sie sich inzwischen gewöhnt hatte, und beschleunigt die Geistesverwirrung ihres Präzeptors.
Eine schauerliche Szene offenbart diese Verwirrung und den Wunsch Deschartres, das junge Mädchen durch ein unauslöschli-

ches Erlebnis an ihren Vater und die Erde zu binden, in der er ruht. Besessen davon, daß das Geschlecht dieses so sehr geliebten Schülers fortdaure, und überzeugt, daß Aurore dessen würdig sei, will er sie in seinem Wahnsinn auf rituelle Weise binden. Noch in der Nacht der Beerdigung nutzt er dazu die geöffnete Gruft und sagt zu Aurore: »Haben Sie Mut? Meinen Sie nicht, daß man den Toten einen zärtlicheren Kult widmen sollte als Gebete und Tränen? Glauben Sie nicht, daß sie uns von dort oben herab sehen können und von der Beständigkeit unserer Trauer gerührt sind?«[5]

Gewiß war Aurore in der Verehrung dieses Toten erzogen worden, den sie mit ihrer Großmutter zusammen täglich besuchen ging. Gewiß war sie in den dreizehn Jahren seit dem Ableben ihres Vaters daran gewöhnt worden, den Tod nicht zu fürchten. Aber wie sollten ihre Nerven standhalten, als Deschartres sie an die geöffnete Gruft führt und zu ihr sagt: »Geben Sie nun dem, den sie selbst kaum gekannt haben und der sie doch so sehr geliebt hat, ein Zeichen ihrer Zuneigung und ihrer Achtung. Ich sage Ihnen, daß er dort, wo er jetzt ist, Sie sehen und dafür segnen wird.«[6] Daraufhin steigt der Präzeptor in die Gruft hinunter und drückt einen Kuß auf den Schädel des Toten. Auch Aurore küßt ihren Vater auf die Stirn. George Sand gibt in ihrem Roman *Consuelo* eine Erklärung für diese Geste. Consuelo betrachtet den Leichnam Alberts ohne Schrecken. »Sie glaubte diese teure und heilige Hülle zu kränken durch ein Gefühl, das den Toten schmerzlich wäre, wenn sie es bemerken könnten. Und wer sagt uns denn, daß der von seinem Kadaver abgelöste Geist es nicht bemerkte und darüber bitteren Schmerz empfände?«[7]

Aurore ist noch nicht am Ende ihrer Leiden und der traumatischen Erfahrungen, die ihr das Leben zugedacht hat. Ihre Großmutter hatte das Gefühl, zu früh zu sterben. Sie hätte gerne noch die Zeit gehabt, ihre Enkeltochter zu verheiraten. Um die Probleme, die sie voraussah, zu mildern, vertraut sie Aurore testamentarisch ihrem Vetter René Vallet de Villeneuve an, der das Mädchen liebt und ihre Talente ahnt. Aurore sieht in ihm einen Vater und fügt sich seinen Ratschlägen.

Sofort schlägt er ihr vor, sie im Schloß Chenonceaux bei sich aufzunehmen, wo sie leicht einen geeigneten Ehemann finden würde. Wohlmeinend, und vielleicht aus Rücksicht auf seine Frau und seine Töchter, verlangt er indes, sie solle sich von ihrer Mutter trennen. Doch Aurore nimmt Partei für die Frau, »wegen der sie sich schämen soll«. Ihr Vetter verschließt ihr darauf seine Tür. Mit

ihm verliert sie ein zweites Mal den Vater. Nun macht sie sich Vorwürfe wegen der Zuneigung, die sie immer noch für die empfindet, die ihr von ihrer Mutter als Feinde dargestellt werden.
Sophie hat nur eines im Sinn: Sich zu rächen für alle früheren Demütigungen, und aufs neue ihren Einfluß auf ihre Tochter geltend zu machen, der sie ihre Treue schlecht dankt. Nun ist sie endlich Herrin auf Nohant, denn ihre Tochter ist noch minderjährig!
Aurore möchte ins Kloster der Englischen Augustinerinnen zurückkehren, um ihre Studien zu vollenden, aber sie darf nicht. Ihre Mutter ist eifersüchtig auf die Bildung, die sie dort erhält. Es wird ihr angedroht, man werde sie, falls sie ihre Studien fortsetzen wolle, in ein Kloster mit strengem Reglement sperren. Sie muß verzichten auf ihre geliebten Freundinnen, auf ihren Beichtvater, auf die Nonnen, die bei ihr Mutterstelle vertraten. Dann verlangt Sophie Dupin, daß Aurore kein Buch mehr in die Hand nimmt. Sie geht so weit, Aurore ihren Hund wegzunehmen! Ein Höllenleben beginnt. Unter diesen Bedingungen ist Aurore nicht übermäßig betroffen vom finanziellen Verfall des Gutes Nohant, einem Ergebnis der miserablen Verwaltung durch Deschartres. Bei dieser Gelegenheit beweist sie zum ersten Mal ihre Großzügigkeit: Sie gibt vor, die Summe erhalten zu haben, die in den Rechnungsbüchern fehlt, um den armen Mann zu retten, der auf seinen Namen mit Geldern des Gutes Land gekauft hat, und dem es nicht gelungen war, die geborgten Summen zurückzuzahlen.
Stärker betroffen ist sie von den direkten und praktischen Folgen dieser unglücklichen Geschäfte, von der Armut, die für einige Zeit in einem »einzigen kleinen schwarzen Kleid« und in einem Paar abgenutzter Schuhe bestand, die man unablässig wichsen mußte, damit sie präsentabel blieben.
Der Jähzorn ihrer Mutter, ihre Drohungen beunruhigen sie und machen sie ratlos. Von einer mit ihrem Vater befreundeten Familie, den Roëttiers du Plessis, wird ihr Zuflucht angeboten, und ihre Mutter erklärt sich mit einem Besuch einverstanden. Dort ist sie endlich wieder jung unter jungen Leuten. Mit dem einzigen Ziel vor Augen, den Launen ihrer Mutter zu entkommen und die guten Tage von Nohant zurückzuholen, läßt sie sich zu einer überstürzten Entscheidung verführen: Sie willigt ein in die Heirat mit dem jungen Casimir Dudevant, der den Vorteil einer außerehelichen Geburt hat und somit gegenüber der Mesalliance seines Schwiegervaters weniger empfindlich sein darf.
Diese Ehe führt zu neuen Verletzungen – gleich in der Hochzeits-

nacht. Dreißig Jahre später erinnert sie sich noch an die furchtbare Enttäuschung in einem Brief an ihren Bruder Hippolyte Chatiron, der gerade seine Tochter verheiratet: »Versuche es zu verhindern, daß Dein Schwiegersohn Deine Tochter in der Hochzeitsnacht brutal überfällt. Die Männer wissen offenbar nicht, daß dieses Vergnügen für uns zum Martyrium wird. Rate ihm, sich in seiner Lust ein wenig zurückzuhalten und seine Frau nach und nach dahin zu bringen, daß sie ihn begreift und auf ihn eingeht. Nichts ist schlimmer als das Entsetzen, die Schmerzen und der Ekel dieser armen Kinder, die keine Ahnung haben und die sich von einem Tier vergewaltigt sehen.«[8] Wer würde nicht in diesen Worten das Echo ihrer eigenen Erfahrungen erkennen?

Die Freuden einer erwünschten Schwangerschaft, die Euphorie der Rückkehr nach Nohant und das Glück, einen jungen Ehemann zu haben, dem sie gefällt, erhalten ihr noch für einige Zeit ihre Illusionen. Ihre zärtlichen Briefe beweisen es. Sie verliert sie abrupt, als sie mit zwanzig Jahren erkennen muß, daß ihr Mann die Zärtlichkeiten des Dienstmädchens den ihrigen vorzieht. Dieser unglückliche Auftakt, der in ihrem Milieu nur allzu üblich ist, verstärkt noch die Schwierigkeiten, denen diese heißblütige Idealistin in ihren sexuellen Beziehungen begegnen sollte.

Noch etwas macht ihr schwer zu schaffen: Die Ungewißheit über den Ort und den Zeitpunkt ihrer Geburt, in der man sie bis zu ihrem fünfunddreißigsten Lebensjahr gehalten hat. Es wird sich niemals aufklären, warum ihre Tante ihr einzureden versuchte, sie sei vor der Eheschließung ihrer Eltern außerhalb Frankreichs geboren worden, sei also älter, als angenommen, und auch ihr Vorname sei ein anderer. Fünfzehn Jahre später entdeckte sie Papiere, die ihr endlich bestätigten, daß sie sehr wohl am 1. Juli 1804, also etwa einen Monat nach der Heirat ihrer Eltern, geboren worden ist, und die der heimlichen Sorge ein Ende machten.

Sie kuriert sich auf ihre energische Art von den Schlägen, die ihre Gesundheit erschüttern: Zu Fuß oder zu Pferde durchstreift sie meilenweit die Ebenen und Wälder von Nohant oder badet im eiskalten Wasser der Indre. Aber sie weiß sehr genau, daß sich aus diesen immer neuen Schlägen ihr ganzes Leben erklären läßt: »Es ist ganz sicher, daß meine Überzeugungen und Ansichten keineswegs einer Kaprize oder künstlerischer Eingebung entspringen, wie man behauptet hat: Sie waren das unvermeidliche Resultat meiner frühen Leiden, meiner heiligsten Neigungen, meiner eigentlichen Lebenslage.«[9]

Obwohl ihr ganzes Leben sehr bewegt war, muß man doch sagen, daß ihre Kindheit und ihre Jugend mit allen Umständen belastet war, die einen Menschen für ein Leben zerstören können. Diese Umstände hat sie in ihrem Roman *La Petite Fadette* geschildert. Die kleine Fadette liebt ihre Großmutter, die sie mit zehn Jahren, nach dem Verschwinden ihrer Mutter, zu sich genommen hat. Man nennt sie *malot*, weil sie »nichts von einem Mädchen, aber viel von einem Jungen« an sich hat, weil sie nicht auf sich hält, weil sie auf die Bäume klettert wie »eine Stallkatze« und weil sie ohne Sattel und Zaum auf ein Pferd springt. Sie möchte offenbar auf sich aufmerksam machen. Doch eine Frau soll nicht »stark und behende« sein und »nichts und niemanden fürchten«.[10] Das sind Eigenschaften, die man eher an einem Mann schätzt.

Wie der kleinen Fadette, trägt man auch Aurore Dupin »den Fehltritt ihrer Mutter« nach und möchte sie zwingen, »darüber zu erröten«. Aber sie war nicht so klug, die Sache ihrer Mutter aufzugeben. Wie die kleine Fadette hat man wohl auch Aurore »das Kind einer Soldatenhure und Herumtreiberin« genannt; wie sie mußte das Kind »in Zorn« geraten, um »seine Mutter zu verteidigen«.[11] Sie hat, wie ihre Heldin, unter ihrer zweifelhaften Herkunft, unter diesem häßlichen Makel gelitten, und wie diese hat sie die Leute tuscheln hören: »Niemals wird eine ehrbare und angesehene Familie sich mit der Familie Fadet verbinden.«[12]

Die Aggressivitäten und die jugendlichen Überspanntheiten, die man Aurore stets vorgeworfen hat, haben alle ihren Ursprung im Verschwinden ihrer Mutter und der üblen Nachrede, die daraus folgte. *La Petite Fadette* enthüllt uns den heimlichen Kummer von George. Und dieser Kummer verleitet sie zu ihrem ersten Irrtum, einer törichten Heirat, die andere Kümmernisse nach sich zieht.

DIE ERZIEHUNG

Den sonderbaren Umständen, denen sie ausgesetzt war, entspricht ihre sonderbare Erziehung. Die schockartigen Erlebnisse hätten eine schwächere Natur zerbrochen. Die rigorose Erziehung, der sie unterworfen wird, hätte ein Wesen von geringerem Format ausgelöscht. Aurore dagegen gewinnt Gestalt unter den Schlägen, die auf sie einhageln. Die ungewöhnliche Erziehung bereichert ihren Charakter, stärkt ihren Willen und ihre Selbstbeherrschung, lehrt sie, die Lage zu überblicken und Irrtümer

und Ungeschicklichkeiten zu vermeiden, die anfangs ärgerliche Reaktionen hervorgerufen hatten.
Moritz von Sachsen, Feldmarschall von Frankreich, hatte sich immer gewünscht, König zu werden, und hat alles getan, um das zu erreichen. Sowohl durch sein strategisches Talent, als auch durch seine Heirat wollte er die Wunden verpflastern, die ihm seine Bastardschaft geschlagen hatte. Besessen von diesem Gedanken, mußte er sich doch mit der Herrschaft über Chambord zufriedengeben und hat von Ludwig XV. niemals den Titel eines Prinzen von Geblüt erhalten, obwohl er sich bis zu seinem Tod darum beworben hat.
Da sie keinen König zum Vater hatte, war die zukünftige Madame Dupin de Francueil, Aurores Großmutter, weit entfernt von solchen Ansprüchen; dafür bemühte sie sich unaufhörlich, die Leichtlebigkeit ihrer Mutter, Marie Rainteau, vergessen zu machen. Dank der Protektion ihrer Kusine väterlicherseits, der Dauphine, erreichte sie ihre offizielle Anerkennung als Tochter des Marschalls durch das Parlament von Paris. Auf Grund dessen wird sie in Saint-Cyr erzogen, jenem exklusiven Mädcheninternat, das immer noch in die Tradition der Madame de Maintenon geführt wird. Man muß das betonen, um zu begreifen, welch eine Ausnahmeerscheinung die Erzieherin von Aurore gewesen ist. Nach ihrem Abgang vom Internat hatte sie sich durch eine vorzügliche Führung, die in ihrer Familie nicht eben häufig war, das Recht auf eine Heirat verdient. Mit dem ersten Ehemann, der bald nach der Hochzeit stirbt, hat sie nicht viel Glück. Wieder zieht sie sich für eine lange Zeit ins Kloster zurück und wird dadurch würdig, den Geliebten ihrer Tante zu ehelichen, einen gewissen Monsieur Dupin de Francueil, Generalpächter des Königs in vorgeschrittenem Alter, dessen feine Bildung und lächelnde Achtbarkeit sie die dreiunddreißig Jahre vergessen lassen, die er älter ist als sie. Diese Verbindung macht sie vollkommen glücklich. So vollkommen, daß sie nach ihrer zweiten Witwenschaft nur noch die Erziehung ihres Sohnes Maurice im Sinn hat, für den sie hochfliegende Pläne hegt.
Durch Monsieur de Francueil, der wenige Wochen nach dem Tod Ludwigs XIV. geboren wurde und der Liebhaber der Madame d'Epinay gewesen war, reichen ihre Wurzeln bis ins beginnende achtzehnte Jahrhundert. Als Rousseau-Anhängerin schöpfte sie aus der Quelle, denn sie hat Rousseau, einen Schützling ihres Mannes, selbst gekannt. Ein so kultivierter Mann wie Monsieur Dupin de Francueil, der überdies sehr verliebt war in seine junge Frau, hatte

Vergnügen daran, ihren Geist zu bilden. Wie die gesamte Aristokratie des achtzehnten Jahrhunderts dachte er sehr fortschrittlich über die Frauen. Von ihm erbte sie die Philosophie der Liebenswürdigkeit und die Freigeistigkeit, die mit dem Sieg des bürgerlichen Denkens verschwand. Als sie sich, nach der Erziehung ihres Sohnes, ihrer Enkelin zuwendet, wird sie noch immer davon geleitet.

Maurice, Halbwaise in sehr jungen Jahren, war immer Republikaner gewesen, auch wenn ihn die Revolution beutelte. Seine Mutter hatte den neuen Ideen Sympathie entgegengebracht, aber sie war während der Schreckensherrschaft eingekerkert gewesen und er hatte um ihr Leben gefürchtet.

Nach der eigenwilligen Erziehung durch den getreuen, ergebenen Deschartres ist Maurice für die Ambitionen seiner Mutter vollends verloren, als er, nachdem er in die Armee eingetreten war, um ihrem Wunsch gemäß auf den noblen Spuren des Siegers von Fontenoy zu wandeln, die Mätresse eines ranghöheren Offiziers an sich reißt und heiratet.

Nach dieser für sie wahrhaft katastrophalen Heirat und dem tödlichen Unfall ihres Sohnes widmet sich Madame Dupin de Francueil mit gesteigertem Eifer der Erziehung von Aurore, auf die sich nun alle ihre Hoffnungen konzentrieren.

In der *Historie de ma vie* schildert George Sand die drakonische Etikette, die strenge Disziplin, der sie unterworfen wird, und die freigeistigen Prinzipien, die man ihr einimpft. In ihrem Perfektionsdrang, um das Beste zu erreichen, setzt die Großmutter auf die Anhänglichkeit des Kindes, das ihr helfen möchte, ihren Kummer zu vergessen. Am Grab ihres Sohnes, wo Aurore sie jeden Tag weinen sieht, verspricht ihr Aurore, sie zu trösten, und Madame de Francueil bedient sich sehr häufig dieses emotionalen Druckmittels. »Um mich zu trösten, müssen Sie sich vollendet benehmen« . . . »Sie küßte mich feierlich, wie zur Belohnung meines guten Benehmens, sie behandelte mich kaum wie ein Kind, so sehr wünschte sie, mir Haltung beizubringen und mir jene unbesiegbare, angeborene Lässigkeit auszutreiben, die meine Mutter nie energisch unterdrückt hatte. Ich durfte nicht mehr am Boden herumkugeln, lauthals lachen, Dialekt sprechen. Ich mußte mich gerade halten, Handschuhe tragen, still sein oder nur ganz leise in einer Ecke mit Ursulette flüstern.«[13]

Aurore, die ein sehr lebhaftes und in den ersten Lebensjahren sich selbst überlassenes Kind war, hat große Mühe, ihr Ungestüm zu

bändigen. Ihre Anstrengungen führen zu »Krämpfen und Zuckungen«.
Sie spricht ihre Großmutter in der dritten Person an: »Wird meine Großmutter mir verzeihen? – Ja, mein Kind, wenn Sie aufrichtig bereuen.« »Wird mir meine Großmutter erlauben, in den Garten zu gehen?«[14]
Die Beschreibung der Nachttoilette von Madame Dupin de Francueil, einer der Régence würdigen Zeremonie, zeugt von einer so übertriebenen Raffinesse, daß der Wunsch nach Einfachheit, den George Sand, wohl als unbewußte Gegenreaktion, ihr ganzes Leben lang bewiesen hat, sich daraus erklären ließe. Auch ihre Freude an Wanderungen und körperlicher Betätigung in freier Luft steht im Gegensatz zur Unbeweglichkeit ihrer Großmutter, die selbst in ihrer Jugend nur gestützt gehen konnte.
Jeden Abend dauert die Zeremonie mehr als zwei Stunden: Die unendlich komplizierte Nachtgarderobe besteht aus Hauben und vielfach gefalteten Schals, aus Kattun, Batist, feinstem Leinen, Spitzen. Um die nur für die Nacht reservierten Ringe und anderen Schmuckstücke anzulegen, die Kissen aufzuschütteln, die Salben und Öle aufzutragen, die Frisur herzurichten, folgen die Zofen einem Ritual, von dem das kleine Mädchen sehr beeindruckt ist. Für ein Kind, das bis zu seinem vierten Lebensjahr vorwiegend von einer bäuerlichen Amme aus Chaillot aufgezogen wurde, ist das ein sehr ungewohntes Milieu.
Die Schloßherrin und auch ihre Bediensteten appellieren bei Aurore an ihren Sinn für Dankbarkeit und Pflicht. Der erste Brief, den ihr Madame de Francueil ins Kloster schickt, wiederholt die alltäglichen Ermahnungen: »Um mir zu beweisen, daß Du meine Sorge und Liebe schätzst, mußt Du fleißig arbeiten . . . Sei aufrecht an Körper und Geist, freimütig und sanft, ziehe Nutzen aus den enormen Ausgaben, die ich für Dich mache, dies ist das einzige Mittel, das Du hast, um sie mich nicht bedauern zu lassen.«[15]
Diese sanft, aber deutlich vorgebrachten Ratschläge wecken in der zukünftigen George Sand den Sinn für die Anstrengung, für die Arbeit und Vervollkommnung, und die Gewohnheit, sich nicht zu beugen. »Hüte Dich, mein Kind, das Talent zu schwächen, das Dir die Natur geschenkt hat, beginne mit dem Schwierigsten, das Leichte kommt von selbst« – »Ich kann Dir nur immer wieder empfehlen, beim Kontertanz den Kopf hoch zu halten und Deinen Tanzpartner nie aus dem Auge zu verlieren. Man tanzt mit dem Kopf und den Armen, die Beine sind nur ein Zubehör.«[16]

Auch wenn ihr Unterricht, den Deschartres übernommen hatte, zuweilen unregelmäßig und nachlässig gewesen war, so haben ihr doch diese Verhaltensregeln den Charakter geprägt und haben ihr zu einer außergewöhnlichen Arbeitsfreude verholfen. Doch trotz der großen Mühe, die sie sich gibt, gelingt es der Großmutter niemals, aus Aurore ein graziöses, gepflegtes und elegantes Mädchen zu machen. Das Kind gleicht viel mehr einem wilden Pony.
Zwischen den Gegensätzen von Mutter und Großmutter wird Aurore ständig hin und her gerissen: Die eine ist gläubig, die andere eine Anhängerin Voltaires, die eine ist spontan, labil, die andere überlegt, die eine hält es mit Napoleon, die andere mit den Royalisten, die eine ist unbelastet von jeder Bildung, die andere eine Gelehrte, wenn auch ohne Pedanterie. Mit einem Wort: Was für die eine nur läppisches Zeug ist, ist für die andere der Sinn des Lebens.
Ihre Mutter »fühlte sich ganz und gar dem Volk zugehörig und hielt sich für nobler als alle Aristokraten der Erde zusammen«. Vor ihrer Tochter macht sie sich lustig über die Freundinnen ihrer Schwiegermutter, über diese »alten Comtessen«.
Ihrer Großmutter dagegen bedeutete die aristokratische Abstammung alles, und sie blieb keusch in einem Milieu, in dem das kaum üblich war. Bis zu Danton hat sie die Revolution gutgeheißen, und obwohl sie nur mit Not und dank des heroischen Einsatzes von Deschartres der Guillotine entkam, hat sie doch ihre Enkelin in einer gewissen Verachtung der königlichen Familie erzogen – auch wenn sie später aus Vernunftgründen royalistisch wurde.
Bis zu ihrem siebenten Lebensjahr lebt Aurore zwischen diesen beiden Frauen. »Ich fand meine Großmutter in ihrer Güte viel strenger und schrecklicher als meine Mutter in ihrem Jähzorn. – Der Schrekken, den mir meine Mutter bisweilen einjagte, dauerte nur einen schlimmen Augenblick lang. Einen Moment später saß ich auf ihren Knien, lehnte mich an ihre Brust, durfte sie duzen, während es bei Großmama nur so etwas wie zeremonielle Zärtlichkeiten gab.«[17] Im Alter von sieben bis zehn wird sie allein von ihrer Großmutter erzogen. Dann vernachlässigt Aurore, aufgrund von vagen Versprechungen ihrer Mutter, aus ihr eine Modistin zu machen, ihre Studien, die ihr für die Zukunft unnütz erscheinen müssen und für die sie bislang Begeisterung und Talent gezeigt hat. Schließlich wird sie ins Kloster gesteckt und kommt damit in ein aristokratisches Milieu. Dort findet sie in ihrem Beichtvater, einem Jesuiten, einen geistigen Führer von Format, und in Madame Mary-

Alicia eine Mutter nach ihrem Herzen. Ihr gegenüber bekennt sie, daß sie in Wirklichkeit zwei Mütter habe: »Sie lieben mich zu sehr, ich liebe sie zu sehr, und so machen wir uns nur gegenseitig das Leben schwer.«[18]

Nach dem Tod ihrer Großmutter wechselt sie wieder einmal in ein gänzlich anderes Milieu über. Als sie auf das luxuriöse Leben auf Schloß Chenonceaux verzichten muß, wohin sie ihr Vetter René Vallet de Villeneuve holen wollte, nimmt ihre Mutter sie wieder in Obhut und holt sie zu sich nach Paris, in ihren Lebenskreis.

So wird Aurore im Laufe ihrer Jugend zuweilen gleichzeitig den unterschiedlichsten Vorschriften und Prinzipien ausgesetzt. In die höfische Erziehung im Stil des achtzehnten Jahrhunderts, würdig der Blüte der französischen Aristokratie, mischt sich kurioserweise die gluckenhafte ihrer Mutter. Die direkte Sprache des Volkes, die sie in ihrer Kindheit zu sprechen gelernt hatte und die ihre Mutter immer noch sprach, vermengt sich mit der unnachahmlichen Sprache der Salons des Ancien régime, in der sich ihre Großmutter ausdrückt.

Im Gegensatz zu ihrer Schwiegertochter verordnet Madame Dupin du Francueil ihrer Enkelin einen intensiven Unterricht. Bei dieser Methode »beherrschte« Aurore mit sieben Jahren ihre Sprache.

Mit neun Jahren verschlingt sie ohne Unterschied die Märchen von Perrault, die der Madame d' Aulnoy, die Werke der Madame de Genlis und den *Abregé de la mythologie universelle*.

Das Kind gewöhnt sich an die beiden Arten von Erziehung, so wie es sich überall zu Hause fühlt, sowohl im luxuriösen Appartement ihres Verwandten, des Monseigneur de Beaumont, in dem sie, wenn sie in Paris ist, jeden Sonntag diniert, als auch in der bescheidenen Wohnung ihrer Mutter.

Hippolyte Chatiron, der Halbbruder von Aurore, den Madame Dupin, als große Dame des achtzehnten Jahrhunderts, im Gesindehaus von Nohant erziehen und von Deschartres unterrichten läßt, wurde dem Einfluß seiner bediensteten Mutter nicht entzogen: Er lehrt Aurore den rüden Umgangston der Dorfburschen. Die kleinen Töchter der Dienstboten und der Bauern, die ihre Spielgefährten sind, sprechen den Dialekt, an den sich George später so gut erinnern wird. Die Kinder, mit denen sie in Nohant zusammentrifft, stammen alle aus dem Volk. Erst im Kloster kommt sie mit dem Milieu in Kontakt, dem ihre Großmutter angehört. Bis dahin kennt sie nur den alten Emigranten, der ihr Harfenunterricht gibt, oder die wenigen, mit Madame de Francueil befreundeten Aristokraten, die in Paris oder auf dem Land zu Besuch kommen. Ihre Jugendfreunde aus dem Städtchen La Châtre sind Bürgerskinder, für die sie immer die Enkelin der Schloßherrin bleibt: Fleury, Duvernet, Papet, sie alle bewundern sie, sind mehr oder minder verliebt in sie, halten ihr ein Leben lang die Treue.

Die Klassentrennung, die sie beobachten konnte im Abgrund, der ihre Mutter von ihrer Großmutter trennt, wird ihr vielleicht noch deutlicher, als die Großmutter ihrer kleinen Freundin Ursulette verbietet, sie weiterhin zu duzen. Um die Reaktion ihrer Enkelin auf die neue Anredeform zu mildern, versichert ihr Madame de Francueil: »Du wirst das später verstehen«, aber George Sand hat behauptet, es niemals verstanden zu haben. In den meisten Fällen bleiben Kinder in ihr Milieu eingeschlossen. Nichts dergleichen geschieht mit Aurore. Sie profitiert von einer Vielzahl von Einflüssen, doch stets fühlt sie sich ihrem Vater ähnlich, der sich um kein Tabu bekümmert und »die erzene Mauer, das eisige Schild der Vorurteile« umgestoßen hat.[19]

Das Kloster der Englischen Augustinerinnen in Paris (in dem durch den seltsamen Zufall des Schicksals sowohl ihre Mutter als auch ihre Großmutter, aus sehr verschiedenen Gründen, während der Revolution eingekerkert gewesen waren) ist unter der Restauration das Non plus ultra unter den weiblichen Erziehungsinstituten. Die Zöglinge sprechen englisch und singen italienisch. Ein beträchtlicher Teil des Unterrichts wird der Musik und dem Zeichnen gewidmet. Doch ihre Großmutter kann sie weit besser in Musik unterrichten als alle Lehrer, die sie in Nohant oder im Kloster gehabt hat. Die deutsche oder italienische Musik, Boccherini, Porpora, Haydn, die sie in ihrer Jugend allein oder im Duett mit Madame du Francueil gesungen hatte, ist ein immer wiederkehrendes Thema im Werk von George Sand. Das Verdienst, ihren Sinn für die Musik geweckt und entwickelt zu haben, schreibt sie allein ihrer Großmutter zu.

Aurore hat immer viel gelesen. Schon mit elf Jahren greift sie zur *Ilias*, zum *Befreiten Jerusalem*, weiß nicht, welches ihr mehr gefällt, ist verzweifelt, als sie zu Ende gelesen sind, kann sich nur mit Mühe der Lektüre anderer Bücher zuwenden.

Noch ganz klein verfaßt sie in Nohant ein paar Stilübungen, bei denen ihre Großmama, ein sehr wohlwollendes Publikum, gleich von Meisterwerken spricht. Doch George ist bescheidener oder klarsichtiger, sie hält sie »gerade gut genug für die Toilette«. Im Kloster erwirbt sie sich unter ihren Klassenkameradinnen sehr schnell den

Ruf einer großen Briefschreiberin: Im Vergleich zwischen ihren Briefen und deren Antworten springt ihr Talent ins Auge. *Portrait du Juste,* die einzige von ihren Jugendschriften, die sie aufbewahrt hat, zeugt viel mehr von gedanklicher Schärfe als von einem meisterlichen Stil. Ihr Vetter René Vallet de Villeneuve, der selbstverständlich niemals daran gedacht hat, sie könnte aus der Schriftstellerei einen Beruf machen, ermuntert sie dazu, die Feder zu wetzen, und Deschartres hat eine ausgesprochene Schwäche für seine auf so vielen Gebieten begabte Schülerin. Sie hat Feenhände, wie ihre Mutter. Sie zeichnet und malt mit Geschmack.

In diesem Kloster für junge Damen begreift Aurore sehr schnell den Unterschied in der Erziehung der Jungen und Mädchen. Sie hat später immer unter den Mängeln dieser amputierten Ausbildung gelitten – ohne Latein, ohne Mathematik und ohne Philosophie. Daraus entstand etwas, was man damals noch nicht mit dem Wort Komplexe bezeichnete. Zweifellos war der Unterricht bei den Englischen Damen, auch wenn er über dem üblichen Niveau lag, fast wertlos. Doch wenigstens lernte man dort fremde Sprachen. Dabei haben die Schülerinnen den Unterricht der Nonnen dem der Lehrerinnen vorgezogen, die selbst nur schlecht ausgebildete Mädchen aus armen Familien waren und nur aus Not ihren Beruf ausübten.

Im Kloster ist Aurore endlich befreit vom ermüdenden Dogmatismus des »großen Mannes«, wie sie ihren Präzeptor nennt, dessen origineller Geist jedoch einen glücklichen Einfluß auf sie gehabt hat.

Sie vertieft sich mit Leidenschaft in die Heiligenlegenden, »jene schönen Gedichte, jene gefährlichen Romane, in denen die Menschheit so groß und stark scheint, daß man sich danach nicht mehr herablassen mag und die Menschen ansehen, so wie sie sind«[20]. Mit sechzehn Jahren liest sie die Kirchenväter. Ihr Beichtvater im Kloster, der Abbé de Prémord, den sie wegen der Wahl ihrer Lektüre befragt hat, beweist eine erstaunliche geistige Beweglichkeit: »Lesen Sie die Dichter, sie sind alle religiös. Und fürchten Sie die Philosophen nicht, sie sind alle machtlos.« Sie liest also ununterbrochen: die Evangelien und die *Nachfolge Christi,* Rousseau und Franklin, den sie sehr schätzt, Mably und Locke, Condillac und Montesquieu, Bacon und Bossuet, Aristoteles und Leibniz, Shakespeare und Tasso. Auf Edmée de Mauprat, eine ihrer Heldinnen, überträgt sie ihre Begeisterung für *Das befreite Jerusalem,* das beide im Originaltext lesen. Doch obwohl sie während ihres siebzehnten Lebensjahres täglich mehr als zwölf Stunden lang Bücher in sich hineinfrißt, kann sie doch die Löcher, die ihre Erziehung hinterlassen hat, nicht mehr stopfen. Wenigstens hat sie dieses Gefühl, und es hat ihr ein Leben lang die Kraft eingegeben, für die Bildung der Frauen zu kämpfen.

Eines der Bücher ihrer Jugend, *Le génie du christianisme* von Chateaubriand, überzeugt sie nicht. Sie liest im Herbst 1821 am Krankenbett ihrer Großmutter *René* und fühlt sich davon ergriffen, betroffen von dem Lebensekel und »den Leiden der Seele, die in diesem trostlosen Poem beschrieben werden«. Wohl ist sie von *Wie es euch gefällt* entzückt, aber *Hamlet,* so schreibt sie, vollendet »das Werk der Ernüchterung, das die Moralisten begonnen haben«. Sie ist siebzehn Jahre alt. Schon La Bruyère und der *Misanthrope* von Molière haben in ihr den Wunsch geweckt, sich in die Einöde zurückzuziehen. Nur der katholische Gerson könnte sie noch trösten, wenn sie ihn nicht so engstirnig fände.

Wie sie an Franklin glaubt, so glaubt sie auch an Rousseau, »der das dem Menschen eingeborene Gute predigt und das Werk der Gesellschaft verdammt«.[21]

Mit siebzehn Jahren, in der Einsamkeit von Nohant, berauscht sie sich an »Meditationen und geistigen Übungen«, aber sie bleibt unwissend gegenüber »allen Tatsachen« des Lebens, und das in solchem Maß, daß sie sich niemals mehr »mit dem normalen Leben abfinden« wird.[22] In ihrem Roman *Lélia* verweist sie mehrere Male auf die Bedeutung dieser Unausgewogenheit ihrer Erziehung.

Am Tage genießt sie in den Feldern und Wäldern die Freuden der Natur. Wenn sie abends gelegentlich Chateaubriand oder immer wieder Rousseau liest, so geschieht das zweifellos mehr, um darin die Liebe zu eben dieser Natur wiederzufinden, als um ihre religiösen Gefühle zu stärken.

Im Kloster hatten sie ihr aufrichtiger Glaube und das Erlebnis der Ekstase dazu gebracht, über die großen Probleme nachzudenken, hatten ihr die Nichtigkeit vieler Dinge aufgezeigt und sie Bescheidenheit gelehrt. Weil sie unter den Unzulänglichkeiten der weiblichen Erziehung gelitten hatte, empört sie sich bei der Lektüre von Montaigne über dessen fast unbewußte Verachtung der Frauen: »Diese Unfähigkeit und die Leichtfertigkeit, die ihr uns immer vorwerft, sind eine Folge eben dieser miserablen Erziehung, zu der ihr uns verurteilt habt.«[23]

Auf den Rat von Deschartres nimmt sie Anatomieunterricht bei dem Studenten Stéphane Ajasson de Grandsagne, einem zukünftigen Mitglied des Institut de France. Der Präzeptor glaubt, daß sie ihm dadurch bei seinen ärztlichen Hilfeleistungen im Ort besser helfen könne. Sie begleitet ihn in Männerkittel und Mütze und kommt dadurch ins Gerede. Auch die Anatomiestunden fördern das Geschwätz der Leute, besonders das dabei benutzte Skelett, da die Studien an den »Knochen der Toten« als ketzerisch empfunden werden. Der Skandal ist nicht mehr fern. Dabei wissen die beiden jungen Leute sehr genau, daß zwischen ihnen eine Idylle unmöglich oder mindestens hoffnungslos wäre: Der Vater des jungen Mannes hätte einer solchen Mesalliance nie zugestimmt. Dieser Materialist, dieser ungläubige Universitätsstudent und die Idealistin, die Mystikerin, die nur ans Kloster denkt, beschränken sich bei ihren Rendezvous auf heftige Diskussionen über Malebranche.

Als er diesen Unterricht empfahl, hatte der Arzt Deschartres auch daran gedacht, Aurore abzulenken von dem kargen Leben an der Seite ihrer Großmutter. Er möchte sie dem unseligen Einfluß von Büchern wie *René* entziehen. Tatsächlich hatten in diesem Jahr auch ihr Bruder Hippolyte und ihr Harfenlehrer, der Chevalier de Lacoux, Nohant verlassen. In diesem langen und einsamen Winter, in dem sie dem Kloster nachtrauert, sind die dialektischen Übungen mit Deschartres ihr einziges Vergnügen. Obwohl er ein schlechter Lehrer ist, allzu beschränkt und schulmeisterlich, hat Aurore doch etwas profitiert bei seinen Lektionen. Welchen jungen Leuten, und gar welchem jungen Mädchen wurde in jener Epoche die Dialektik, dieses hervorragende Verstandestraining geboten! Der Präzeptor erträgt die Widerrede, er provoziert sie sogar. Von gleich zu gleich diskutiert sie mit ihm über alles: den Skandal, die öffentliche Meinung – »das ist etwas sehr Vages«, bestätigt Deschartres, es gibt sie in allen Varianten, irrigen und wahren. Der Lehrer schlägt sich gut. Er, der seiner Schülerin Logik beigebracht hat, wirft ihr Unlogik vor. Sie probiert ihre Krallen aus an dem allzu selbstsicheren großen Mann. Doch er hat eine Schwäche für die junge Intelligenz und duldet ihre Angriffe. Er versucht sie zur Vorsicht anzuhalten. Die Welt habe Autorität für ihn, auch wenn sie nicht unfehlbar sei, sagt der Meister. Und schon erschreckt ihn die Schülerin und verkündet ihm ihre Absicht, mehr auf ihr eigenes Gewissen zu vertrauen als auf die Meinung der Welt.

Mit ihm studiert sie lustlos Latein, »denn diese tote Sprache sagt mir nichts«, und die französische Verslehre, von der ihr »schlecht wird« – sie hat nie gute Gedichte geschrieben. Er vermittelt ihr Grundkenntnisse im Griechischen und in der Mathematik, und dazuhin noch ein wenig Botanik. Diese Wissenschaft reduziert der Lehrmeister auf eine völlig willkürliche Klassifikation und ein griechisch-lateinisches Namensregister, »eine sture Gedächtnisarbeit«. Wenn sie trotzdem ihr Leben lang Freude an der Botanik behält, so nur deshalb, weil sie beim Pflücken die andere Bezeichnung für die Pflanzen der Wälder und Felder kennenlernt. Die Bauernkinder, ihre Spielgefährten, benennen sie mit viel poetischeren Namen: der Thymian, das Hirtentäschelkraut, der Sauerampfer, das Katzenpfötchen, die Frauenminze, das Frühjahrshungerblümchen, das Gänseblümchen, das Schellkraut. Im Alter wird sie dann den zweifelnden Flaubert über die Wichtigkeit der Botanik und der Naturwissenschaften aufklären.

An den Dorfabenden lauscht sie den Erzählungen des Hanfbrechers oder Flickschneiders. Bei ihnen lernt sie viel Neues und entdeckt die Bräuche und Sitten ihrer näheren Heimat. Sie wird in die Geschichten von Hexen und Untieren eingeführt, in jene bäuerlichen Legenden, die das Erbe einer sehr alten Religiosität sind, einer Mystik, in der das Heilige im Wunderbaren oder Phantastischen erkannt wird. Diese Erkenntnis befähigt sie mehr als andere, die kunstvollere, spirituellere Phantastik der englischen und deutschen Romantiker zu verstehen. Sie hat das seltene Glück, auf diese Weise die mündliche Überlieferung kennenzulernen, die seit undenklichen Zeiten unter den Bauern von Generation zu Generation eifersüchtig gehütet wird.

Deschartres rät seiner Schülerin aus vielen Gründen zum Tragen von Männerkleidern. Der Präzeptor möchte ihr sehr gerne die Grenzen des Gutes zeigen, das sie bald besitzen wird. In den engen Kleidern der Zeit, die den Demoisellen das Herumwandern auf den Feldern kaum möglich machen, kann er sie nur schwer überall mit hinnehmen. Außerdem tragen die Mädchen des Berry, die selten im Damensitz reiten, oft Männerkleider zu Pferde. Deschartres spricht auch deshalb für diese Art Garderobe, weil er es gelegentlich, schwerfällig vom Alter, vorzieht, Aurore von dem Dorfburschen Liset auf ihren Ausritten begleiten zu lassen. Und sind in diesem Fall Männerkleider nicht viel passender? Das Unverständnis, auf das sie damit in ihrer Umgebung stößt, provozieren bei ihr Aggressivität und Lust an der Herausforderung, was anfangs gar nicht in ihrer Absicht lag.

Der arme Mann fängt alles falsch an. Weil er ihr allzu eifrig ihre Ländereien vorführt, ihr die Hektar vorrechnet und die Marktpreise für Ochsen und Schafe vergleicht, vergällt er ihr den Beruf des Grundbesitzers. Doch wenn sie sich auch kaum für die Grenzen des Gutes interessiert, so gefällt ihr doch die Arbeit auf den Feldern. Sie empfindet dabei etwas, was sie oft auszudrücken versucht hat – ohne daß es ihr nach eigener Ansicht je gelungen wäre.

Die gute Großmama war durchaus einverstanden mit der Idee der Männerkleidung; doch als sie ihre Enkelin in Redingote und Hosen erblickt, weint sie: »Du siehst deinem Vater gar zu ähnlich. Wenn du umherstreifen willst, kannst du dich so kleiden, aber zieh' dich an wie eine Frau, wenn du hereinkommst, damit ich mich nicht täusche, denn das schmerzt mich zu sehr, und es gibt Augenblicke, in denen ich Vergangenheit und Gegenwart derart durcheinanderbringe, daß ich nicht mehr weiß, in welcher Epoche meines Lebens ich bin.«[24]

Der Gedanke, ihrem Vater, einem so sehr entbehrten Vater zu gleichen, fasziniert Aurore. Als Zielscheibe der Spöttereien und sogar der Feindseligkeiten ihrer Umgebung träumt sie davon, ihm noch mehr zu gleichen, und sei es nur, um wie er die öffentliche Meinung herauszufordern. Deschartres ist davon beunruhigt. Die Meinung der Welt hat für sie »überhaupt keinen Sinn, keinen Wert«, sie scheint ihr »völlig unnütz«.

Ihr Verhalten und das, was ihre unnachsichtigen Nachbarn ihre Verrücktheiten nennen, sind eine Folge ihrer seltsamen Lebensverhältnisse. Mit gerade siebzehn Jahren lebt sie bei einer sehr alten Dame, die sich nicht mehr um sie kümmern kann, unter dem nur zu berechtigten Eindruck, von ihrer Mutter völlig vergessen worden zu sein. So erklärt sich, daß ein ganz sich selbst überlassenes, von ihrem Lehrer zu absoluter Unabhängigkeit getriebenes junges Mädchen, das noch nicht beunruhigt wird von seinen Sinnen, eher ans Kloster denkt als an eine Heirat. Allerdings läßt die Entwicklung ihrer religiösen Vorstellungen sie eher an eine Art Beginentum denken, auf das sie sich ohne den Zwang zu klösterlichen Gelübden zurückziehen könnte.

Doch vorher provoziert sie in gefährlicher Weise die Öffentlichkeit. Sie glaubt, daß sie die außergewöhnliche Lage, in der sie sich befindet, dazu berechtigt, anders zu leben als die andern jungen Mädchen. Vielleicht wäre sie lieber so gewesen wie die andern, hätte lieber gelebt wie sie?

Ein bißchen prahlerisch schreibt sie an Emilie de Wismes, ihre Klassengefährtin vom vergangenen Jahr, die ihr von den Aufregungen ihrer ersten Bälle berichtet hat: »Du gehst nicht hinaus im langen Männermantel und mit der Mütze, das Gewehr über der

Schulter, und wanderst über die gepflügten Felder, um einen armseligen Hasen aufzuscheuchen oder oft auch gar nichts.«[25] Sie hat das Bedürfnis, ihren seltsamen Aufzug erklären zu müssen: »Da wir hier sehr abgelegen sind, und da ich mich zum Jagen und Reiten wie ein Mann anziehe – aber mit einer Redingote, wie wir es manchmal auch im Kloster taten –, läßt mich meine Großmutter mit einem Diener ausreiten, der mich zu Pferd begleitet. Du mußt daran keinen Anstoß nehmen. In der Umgebung von Angers könnte so etwas fehl am Platze sein, aber hier im hintersten Berry machen es etliche Demoisellen, die hier wohnen, genauso wie ich, nur daß ich mich als Herr ausgebe, was zu recht spaßigen Verwechslungen führt.«[26] Hier äußert sich schon der Hang zu Scherzen und tollen Streichen, von dem George immer behauptet, er entspräche verborgenem Leid. Noch einmal trumpft sie auf in ihrem Brief an die Freundin: »Du bist nicht von Hippolyte zum kriegstüchtigen Husar abgerichtet worden.«[27]

Tatsächlich hat ihr Bruder, der ihr Reitunterricht geben sollte, die schnelle Methode gewählt. Ohne Aurore Zeit zu lassen für Ängste oder Überlegungen, treibt er die Stute Colette mit kräftigen Peitschenhieben zum Galopp an, so daß sie auszuschlagen und mit allen vieren in die Luft zu springen beginnt »auf die verrückteste, aber gutartigste Weise der Welt«. Hippolyte schreit: »Halt die Zügel fest und fall nicht runter. Das ist die ganze Kunst: fallen oder nicht fallen.«[28] Diese erste Lektion dauert eine Stunde und läßt sie kreuzlahm und zerzaust zurück, aber auch trunken und entzückt von ihren Fortschritten: Ihr Lehrmeister hält sie für würdig, die reiterliche Ausbildung fortzusetzen.

Schnell begeistert sie sich für das Reiten. Ihrer Freundin gegenüber rühmt sie ihre Heldentaten: »Hippolyte versetzt meinem Pferd einen mächtigen Schlag mit der Peitsche und läßt es, wie Großmama sagt, aufrecht gehen.«[29]

Weil sie damit vom Schloß loskommen kann, gewinnt sie mehr und mehr Geschmack am Reiten. Nur eine Stunde davon entfernt scheint ihr die Landschaft lieblich. Das Reiten heilt sie von der Trübsal ihres Daseins und von den kleinen körperlichen Beschwerden, die sicher eine Folge ihrer wenig altersgemäßen sitzenden Lebensweise sind. Verglichen mit den Möglichkeiten einer Stadt und den Bällen, von denen Emilie berichtet, ist ihr der erste Winter in Nohant hart und düster vorgekommen. Vor allem aber beneidet sie Emilie, weil sie »so glücklich ist, einen Vater zu haben«[30].

Die wohlmeinenden Damen, die, um ihrer Großmutter gefällig zu sein, das Waisenkind zu verheiraten suchen, stellen sie keineswegs ungünstig dar: Aurore, so schreibt eine von ihnen, »ist eine Brünette mit hübscher Figur und angenehmem Gesicht, hat Geist und eine gute Bildung«, ist »Musikerin, singt, spielt Harfe und Klavier, zeichnet, tanzt gut, reitet, geht auf die Jagd, und all das mit den Manieren einer sehr wohlgeratenen Person«.[31] Man versucht den möglichen Gatten mit der bevorstehenden Erbschaft zu locken, aber es ist schwierig, diese kleine Nachbarin zu verheiraten, weil ihr Vater »eine für Herkommen und Vermögen schlechte Heirat« eingegangen ist.

Aurore will daran nicht denken. Sie vertieft sich in die Lektüre, erschöpft sich in langen Wanderungen, findet »den Dreck von Nohant« deprimierend und trauert dem Kloster nach, dem fast kontemplativen Leben, das sie dort geführt hat und zu dem sie wieder zurückkehren möchte.

Ihre ständigen Streifzüge beweisen jedoch, daß sie die Natur liebt. Sie hat oft erzählt, wie sie als Kind stundenlang unbeweglich unter den Hecken saß, in denen die Vögel herumpickten, die Vögel, die eine so große Rolle in ihrem Leben spielen. Wenn sie um die Dreißig herum in ihrer vierten *Lettre d'un voyageur* an ihren Freund Néraud schreibt: »Ich begeistere mich an allen Schönheiten, allen Reizen der Natur. Wie du beobachte ich lange und mit Genuß den Flügel eines Schmetterlings, wie du berausche ich mich am Duft einer Blüte«,[32] so sind das Gewohnheiten, die sie in ihrer Kindheit und Jugend angenommen hat. Mit Liset zusammen durchstreift sie zu Pferde die Wiesen und Wälder und betrachtet mit offenen Augen die liebliche Landschaft, die Schönheit der wilden Blumen, das frische Grün der Hecken.

Ihre Mutter, eine sehr geschmackssichere Pariser Modistin mit einer Leidenschaft für alles Schöne, verabscheut das Land. Bei Aurore dagegen ist das Verständnis von Schönheit an ihre ländliche Erziehung und an die tägliche Begegnung mit Acker und Wald gebunden. Ihr ästhetisches Empfinden wird geweckt beim Anblick der Landschaften des Berry. Die Künstlerin in ihr reagiert auf Sonnenuntergänge, auf das Atmen des Blätterwerks, das Flirren des Wassers, den Gesang der Vögel.

Sie hat sehr gute Zeichenlehrer, und so führt sie den Bleistift und den Pinsel mit solcher Geschicklichkeit, daß sie zuerst an die Malerei denkt, als es darum geht, Geld zu verdienen. Aber sie verzweifelt immer an der Unfähigkeit, es dem Schöpfer dieser Welt gleichzutun, sei es nun mit dem Pinsel oder mit der Feder.

Die Erziehung der Zeit verleitet die jungen Mädchen keineswegs zu Träumereien, aber Aurore ist auch in dieser Hinsicht sehr talentiert, und in ihrer Einsamkeit kultiviert sie diese Neigung. Ihre frühesten Phantasien haben zur Geburt von Corambé, einer Art Naturgott, geführt. Die Natur lehrt sie ihre beständigen Lebensregeln und ihre Philosophie. Sie bewundert sie in ihren letzten Erscheinungen, sie wird sich immer wieder darin versenken, ihr Gleichgewicht, ihre Kraft darin wiederfinden: »Wir sind aus der Natur, in der Natur, durch die Natur und für die Natur.«[33]
Obwohl sie ihnen nur mit einem sehr zerstreuten Ohr zu lauschen scheint, tragen die kümmerlichen Lektionen von Deschartres dennoch Früchte, und George wird sich, als die Zeit dafür kommt, durchaus der Ratschläge des guten Mannes erinnern und einen Besitz sehr klug verwalten, von dem sie in ihrer Jugend angeblich nichts wissen wollte.
Ihre Großmutter war sehr ungeschickt geworden durch die Erziehung einer Gesellschaft, in der man sich rühmte, nichts vom praktischen Leben zu verstehen, und doch hat sie bis in ihre letzten Tage Aurore im Lenken, Organisieren, Befehlen und Herrschen über ihr kleines Reich unterwiesen, so daß Aurore Dudevant zu einer vollendeten und aufmerksamen Hausherrin heranwuchs.
Ihre Großmutter hat sie auch gelehrt, daß »die an sich unwichtigen Dinge dem *Savoir-vivre* geopfert werden müssen«, und unter *Savoir-vivre* verstand sie Zuneigung, Gefälligkeit, Familiensinn und Wohltätigkeit.[34] Das ganze Leben von George bezeugt, daß sie diese Lektion sehr gut begriffen hat.
Diese kunterbunte und vielfältige Erziehung hat ihren Wert. Gerade deshalb verspürt die verbitterte Sophie Dupin das Bedürfnis, »die schöne Erziehung« ihrer Tochter schlecht zu machen, diese Erziehung, die sie selbst entbehrte und dafür immer gedemütigt worden war. In einer Szene, die Aurore schmerzlich an die früheren Enthüllungen ihrer Großmutter erinnert, versucht Sophie vergeblich, das Bild der Verstorbenen im Gedächtnis ihrer Enkelin anzuschwärzen.
Sophie will aus dem Geschwätz der Leute von den Ruchlosigkeiten und Streichen ihrer Tochter erfahren haben und verbietet ihr daraufhin alle Bücher, aus denen Aurore ihre Verderbtheit gelernt habe. Auf diese Erziehung und diesen Unterricht, die Anstoß erregten durch ihre Ungewöhnlichkeit, soll Aurore künftig verzichten. Sie muß vergessen, oder zumindest so tun, als habe sie alles vergessen, was sie gelernt hat. Sie darf bei den Roëttiers du Plessis,

den Freunden ihres Vaters, denen ihre Mutter einen exzentrischen Blaustrumpf angekündigt hat, keinesfalls damit auffallen. Im Kreis dieser Familie und der jungen Mädchen, die wie sie Männerkleidung tragen, paßt sie sich vollkommen ein und es bereitet ihr keinerlei Schwierigkeiten, hier anders zu leben als in der Einsamkeit von Nohant. Casimir Dudevant, ihr zukünftiger Ehemann, glaubt ein junges Mädchen wie die andern entdeckt zu haben. Und auch sie selbst erkennt in diesem sympathischen, leichtlebigen Milieu nicht gleich, was sie von dem jungen Leutnant trennt. Sie ist achtzehn Jahre alt, das entschuldigt sie.

Gerade wegen der Unzulänglichkeit ihrer eigenen Erziehung denkt Aurore Dupin schon sehr früh über die Probleme nach, die sich bei der Heranbildung eines Menschen stellen. Und auch George Sand wird davon nicht mehr losgelassen. Sie will ihren Kindern die Schwierigkeiten ersparen, denen sie selbst ausgesetzt gewesen war und unter denen sie gelitten hat. In ihren *Entretiens journaliers* vom 20. Juni 1837 rühmt sie das »Einblasen«, wie es Rollinat genannt hat.

Als die familiären Umstände ihren Sohn Maurice an einer erfolgreichen Eingliederung ins Gymnasium hindern, bedauert sie die herrschende Erziehungspraxis, in der zum Nachteil des geistigen Lebens die Intelligenz das Herz ersetze. Sie kommt zu dem Schluß, daß nichts die Erziehung durch die Mutter aufwiegen kann. Aus Palma de Mallorca schreibt sie: »Mit der Erziehung meiner Kinder habe ich eine große Aufgabe auf mich genommen, aber je länger ich es treibe, desto deutlicher sehe ich, daß meine Methode die beste ist und daß sie mit mir an einem Tag mehr lernen als mit andern in einem Monat.«[35] Sie plädiert für eine sehr behutsame Entwicklung der Intelligenz und eine intensive Förderung des Herzens; es sei nötig, vor allem das Naturell des Kindes gut zu kennen und seine »Sensibilität« anzusprechen, ihm begreifbar zu machen, »daß es lernt und sich bildet aus Liebe zu denen, die es aufziehen«. Man fühlt sich bei diesen Worten an Madame Dupin du Francueil und ihre sanfte Erpressung erinnert. George hat es einmal selbst gesagt: Erst als sie zu denken angefangen habe, habe sie ihre Großmutter wirklich lieb gewonnen.

AUF DER SUCHE NACH DEM ABSOLUTEN

Die Umstände ihres Lebens und ihre ungewöhnliche Erziehung haben die Ansichten von Aurore Dupin stark beeinflußt, aber sie haben ihre wahre Natur, ihre Neigung zum Absoluten, ihren Idealismus und ihre Geistigkeit nicht verändert.

Die Idee und das Gefühl haben nach ihrer Überzeugung die Kraft, die Natur des Menschen und die menschlicher Gesellschaften zu verändern. In zweifacher Hinsicht: Sie gibt nicht nur der Idee den Vorrang, sie hat auch eine transzendente Zielsetzung. In allem sucht sie die Vollkommenheit. Als eine echte Mystikerin sieht sie hinter den Dingen der Welt einen verborgenen Sinn, und sie hat sogar einige Male den Eindruck, Gott von Angesicht zu Angesicht, ohne Mittler erkennen zu können. Vielleicht ist es gerade dieser schon in der Kindheit spürbare Hang, dieser Drang zum Absoluten, der zu dem heftigen Zusammenprall der beiden Naturen von Aurore und Casimir führt. Kann man sich vorstellen, daß ihr Ehemann einen Sinn hat für Corambé, den erfundenen Helden, oder für die Erfahrung des *Tolle, lege* mit all seinen Folgen: der mystischen Krise, der Bekehrung zum Glauben, dem Wunsch, den Schleier zu nehmen, den sie noch zweimal wiederholt, obwohl er ihr jedesmal verweigert wird.

Das Leben von Aurore und dann von George ist die Suche nach Liebe in Gott, durch ein menschliches Wesen (Kind, Freund, Geliebter), durch die Menschheit.

Wie alle Romantiker lebt sie mit einer mystischen Idee von der Liebe, in der Illusion der Liebe. Deshalb notiert Baudelaire: »George Sand ist geringer als Sade«, weil dieser, wie er selbst, die Liebe entmystifiziert.

Dieser Drang zum Absoluten, dieses Streben nach Vollendung sind die Antriebskräfte all ihrer Handlungen, all ihrer Gedanken. Das ist der Kern des Problems. Das Unverständnis gegenüber diesem Drang macht es möglich, die als mannstoll und lasterhaft hinzustellen, von der Balzac gesagt hat, sie sei »zuinnerst spröde und keusch«.

Dieser Drang zum Absoluten hindert sie daran, eine verfehlte Heirat zu ertragen, und gibt ihr den Mut, der gefürchteten Meinung der Welt die Stirn zu bieten. Diese Suche nach dem Absoluten verführt sie oft dazu, den Geliebten zu wechseln auf der Jagd nach der einzigen, der vollkommenen Liebe, in der sie alles hingeben und alles empfangen möchte.

Leichten Herzens opfert sie ihrem Ideal ihre Kunst: Die Kunst ist ihr nicht mehr ein oberstes, egoistisches Ziel, sondern das Werkzeug ihres missionarischen Engagements. Das erklärt gleichzeitig die Stärken und die Schwächen ihres Werks. Der Drang zum Absoluten und der Sinn für das Ideale führen diese Frau, die, wenn sie will, so realistisch sein kann, dann schließlich in das Lager der Utopisten. Das ist die Erklärung für ihr Leben, für ihre religiösen, politischen und sozialen Ansichten, für ihren Feminismus, für ihre Philosophie und für ihren Charakter. Ihre Epoche, ihre Klasse, der Unterricht, den sie erhält, die perfektionistische Erziehung durch ihre Großmutter, die Einsamkeit, die Nähe zur Natur und die Entfernung von der Welt – das alles trägt dazu bei, den ihr angeborenen Idealismus noch zu verstärken.

Am 15. Juni 1833, mit noch nicht dreißig Jahren, stellt sie fest: »Wie habe ich mich verzehren lassen von diesem Durst nach dem nicht zu Verwirklichenden, den zu löschen der heilige Tau des Himmels mich noch nicht für würdig hielt.«[1]

In der *Histoire de ma vie* berichtet George, wie sie kurz nach dem Eintritt ins Kloster »matt und zerschlagen von dem einzigen heftigen Gefühl« ihres Lebens, der Liebe zu ihrer Mutter, und doch getrieben von einem starken Bedürfnis zu lieben, zu Gott fand, ohne ihn zu suchen. »Das religiöse Ideal und das, was die Gläubigen Gnade nennen, kam über mich wie eine Überraschung.«[2]

Ihre Erfahrung des *Tolle, lege*, wie sie sie beschrieben hat, kommt den Offenbarungen der großen Mystiker sehr nahe. Sie bemerkt, daß man aus der Träumerei unmerklich in die Kontemplation überwechseln kann: »Ich verharrte in Kontemplation, ohne an etwas zu denken. Ich hatte alles vergessen. Ich weiß nicht, was in mir vorging. Ich atmete eine Luft von unaussprechlicher Süße, und ich atmete sie mehr mit der Seele als mit den Sinnen. Plötzlich ging eine mir unerklärliche Erschütterung durch mein ganzes Wesen, mir wird schwindlig vor den Augen, ein weißes Licht hüllt mich ein. Ich glaubte eine Stimme zu hören, die mir ins Ohr flüsterte: *Tolle, lege*. Ich wandte mich um, doch ich war allein.«[3] Im Angesicht Gottes will sie sich nichts einreden und nennt das, was ihr widerfahren ist, eine Halluzination oder Ekstase und nicht ein Wunder, aber sie spürt, daß sich der Glaube ihrer bemächtigt hat »durch das Herz«. Danach liest sie das Evangelium immer wieder, bis sie es fast auswendig kann, und sie läßt sich nicht mehr beunruhigen von Dingen, die sie nicht begreift, sie nimmt sie hin ohne Überlegung, denn – und auch das ist eine ganz mystische Erfahrung – sie fühlt nur Verachtung für jede Überlegung. »Nach der mächtigen Empfindung, die ich erleben durfte, sagte ich mir, man müßte verrückt oder sein eigener Feind sein, wenn man die Quelle solcher Freuden analysieren, kommentieren oder diskutieren wollte.«[4]

Ihre Frömmigkeit nimmt den »Charakter einer Leidenschaft« an, ihr Herz ist gefangen, mit einer »fanatischen Lust« weist sie die Vernunft »vor die Tür«. Diese heftige, mystische Krise dauert länger als ein Jahr und zeichnet sie für immer. Sie behält davon das Gefühl für das Unendliche, die Gabe, sich »rückhaltlos einer Idee, einem ungreifbaren Gut, einem Traum von ewiger Liebe« hingeben zu können.

Wie Pascal und Claudel glaubt sie von diesem Tag an. Weil sie »das göttliche Ideal erblickt hat«. Sie zweifelt auch, denn sie hat es nur erblickt »wie die Astronomen den Umriß der Sonne erblicken, nämlich durch den Schleier der heißen Dämpfe«. Doch letztlich kann sie das nicht anfechten. »Es genügt, um diesen Gott zu lieben, den ich hinter dem schwindelerregenden Unbekannten erahne, und um auf seine geheimnisvolle Unendlichkeit von ungefähr mein eigenes Streben nach dem Unendlichen zu richten, das er mir eingepflanzt hat und das eine Emanation seiner selbst ist.«[5] Wie Alexis in ihrem Roman *Spiridion* kann sie von sich sagen: »Ich habe in mir eine Sehnsucht nach dem Unendlichen, die bis zum Delirium geht.«[6]

Diese mystischen Tendenzen vereinfachen weder ihre Liebesverhältnisse noch ihre Werke. »Wenn man wie ich halb Mystikerin, halb Künstlerin ist, ist man nicht imstande, mit den Aposteln der reinen Vernunft zusammenzuleben, ohne Gefahr zu laufen, dabei verrückt zu werden.«[7]

Nach ihren Romanen *Les Sept Cordes de la lyre* und *Spiridion* fürchtet der Verleger der *Revue des Deux Mondes*, die Leser könnten ihr nicht mehr folgen, und fordert von der unnachgiebigen George, sie

möge in Zukunft das weglassen, was er abwertend ihre mystische Philosophie nennt.
Gott ist das Ziel der Kunst, denkt sie, aber die Kunst enttäuscht sie, denn sie ist nur ein »ohnmächtiger und unvollkommener Versuch, wie alle menschlichen Bemühungen«. Sie wiederholt es oft: »Es ist für uns ein Unglück, daß wir dieses Gefühl für das Unendliche besitzen. Alle unsere Ausdrucksmöglichkeiten stoßen auf eine sehr schnell erreichte Grenze.« Sie spricht von den Qualen, die dem Künstler aus der Suche nach Vollkommenheit erwachsen. Aber sie bekennt, daß in dieser Unvollkommenheit die Größe des Menschen liege.
Diese Suche nach dem Ideal, diese Sehnsucht nach dem Unendlichen sind die Grundmotive ihrer Handlungen, ihr ganzes Leben lang.
In einem Brief aus Nohant berichtet sie Flaubert von den botanischen Studien, die sie zum Erstaunen ihres Briefpartners mit Eifer betreibt. Diese Studien sind für sie ein Zugang zum Unendlichen. »Du fragst, ob es Bestimmung des Menschen sei, das Unendliche in sich aufzunehmen: meiner Treu, zweifle nicht daran, es ist seine Bestimmung, da es doch sein Traum und seine Leidenschaft ist«.[8] Sind es nicht gerade die Mystiker, die hinter allen Erscheinungsformen der Natur einen geheimen Sinn sehen?
Flaubert scheint ihr gewissen Dichtern zu gleichen, die sagen: »Wozu muß man alle diese barbarischen Namen kennen, die nur die Natur entzaubern und die an die Stelle der lebhaften, lebendigen Anschauung die kalte, starrköpfige Beobachtung setzen?«[9] Mit dem Vorwort, das sie für ein Buch ihres Sohnes über die »Welt der Schmetterlinge« schreibt, gibt sie in ihrer klaren Sprache eine Erklärung für die Nützlichkeit der Schmetterlingsjagd: ihre Philosophie. »Man muß die Schöpfung kennen, und da wir nicht die Augen Gottes haben, um sie gleichzeitig in ihrer Gesamtheit und im Detail anzuschauen, sind wir genötigt, getrennt in Analyse und Synthese vorzugehen, um sie zu begreifen. Folglich sind wir auch gezwungen, ständig zu unterteilen und einzuordnen, wenn wir nicht weiterhin im dunkeln tappen und unser ganzes Leben mit unfruchtbaren Forschungen zubringen wollen ... Der Mensch wird Gott nur dann soweit begreifen, wie es ihm möglich ist, wenn seine Kenntnis der Welt, die er bewohnt, so wenig Lücken wie möglich aufweist ... Je mehr man sich mit der Anatomie der Natur beschäftigt, um so stärker wird die Liebe zu den Werken des Schöpfers ... Der Dichter und der Künstler können nur gewinnen

durch das Studium der Natur, und die Gesetze des Lebens sind so harmonisch aufeinander abgestimmt, daß man, um das Rätsel der menschlichen Existenz zu verstehen, auch das des kleinsten, mit Leben erfüllten Teilchens verstehen muß.«[10]
Der Mensch muß also, um dem Unendlichen näherzukommen, in seine Erforschung der Kreatur auch den geringsten Grashalm und kleinsten Schmetterlingsflügel einbeziehen.

Für diese mystischen Freuden und »Wonnen« ist sie in zwei verschiedenen Phasen ihres Lebens besonders empfänglich: In ihrer Jugend, »durch das Prisma der katholischen Religion«, und in ihrer Reifezeit. Als kleines Mädchen spielt Aurore mit einer solchen Hingabe, daß es ihr schwerfällt, aus der selbst geschaffenen Phantasiewelt plötzlich herauszutreten. Außer für das Erlebnis des *Tolle, lege* gebraucht sie den Ausdruck Vision oder Halluzination noch in drei weiteren Fällen: zuerst im Zusammenhang mit Corambé, dann in Venedig, als sie den kranken Musset, ihren Geliebten, pflegt und die Brücken umgekehrt sieht, und zuletzt beim Tod des mit ihr eng befreundeten Arztes Marcel Gaubert. Nur noch einmal erlebt sie eine halluzinatorische Ekstase, die so heftig ist wie jene im Kloster der Englischen Augustinerinnen, und zwar nach dem Tode ihrer Enkelin Jeanne Clésinger, der kleinen Nini. Als das Kind starb, um das sich die Eltern bei ihrer Trennung barbarisch gestritten hatten, erleidet die Großmutter einen schweren Schock, der eine lang anhaltende Erscheinung hervorruft: Sie glaubt ihr Enkelkind, zum jungen Mädchen herangewachsen, vor sich zu sehen. Gemeinsam erinnern sie sich an die Miniaturlandschaften, die sie zur Feier des Moosfestes angelegt hatten. In diesem von ihr erfundenen Fest hat George das verlorene Paradies ihrer eigenen Kindheit wiedererweckt, die Grotte, die Sophie Dupin in glücklichen Zeiten, vor ihrem Verschwinden, für ihre Tochter gebaut und mit Moos verziert hatte. Mit dem gleichen Moos schmückt Aurore den Altar von Corambé, und auch in dem immer wiederkehrenden Traum, den George in der zweiten *Lettre d'un voyageur* beschreibt, taucht es als dichter, weicher Teppich unter den nackten Füßen wieder auf.
Diese mystische Halluzination beruhigt sie, weil sie ihr die kleine Nini nahebringt. Dieses Gefühl der Ruhe hindert sie allerdings nicht an ihren unaufhörlichen und oft vergeblichen Versuchen, Gott zu begreifen, aber es bewahrt sie davor, »ihn zu verleugnen in den Stunden, in denen sie ihn nicht begreift«.[11]
In einer glorreichen Epoche der französischen Literatur geboren

und derselben Generation wie Lamartine, Vigny, Hugo, Michelet, Balzac, Sainte-Beuve und Musset entstammend, steht sie zu fast allen in engen und freundschaftlichen Beziehungen. Wie die meisten von ihnen, und wie die übrigen Kinder des Jahrhunderts, möchte auch sie an die Stelle der ins Wanken geratenen christlichen Religion eine neue Religion setzen. Diese Religion, die aus dem Kampf zwischen Erleuchtung und Vernunft, zwischen Individuum und Masse hervorgeht, erbaut sie sich mit Hilfe mystischer Intuition und menschenfreundlicher Rationalität. Ihre Generation steht also am Ursprung all der mehr oder minder neuen, hochherzigen Bewegungen aus den Schulen der noch mystischen Kollektivseele, die später im Unanimismus aufgingen. Es ist dies viel weniger eine Religion als die Träume geistvoller Dichter, in denen sich das Ideal des Sokrates mit jenem von Christus vereinigt zu einer Philosophie des kontemplativen Glücks, die ihre Anhänger unweigerlich ins Unglück führen muß in einer Gesellschaft, die für sie so wenig geschaffen ist.
Die Suche nach dem Absoluten in der Liebe zum Menschen ist eine andere Ursache für die Leiden von George. In einem Brief an sie vergleicht Sainte-Beuve die irdische und mystische Liebe in ihr: »Ganz ohne zu scherzen, was immer für Verrücktheiten und Fehler Sie haben mögen, haben Sie doch nichts anderes getan als der arme Abbé de Lamennais. Hinter der Liebe sind Sie hergerannt. Und er auch.«[12]
Sie leiden beide unter dem gleichen Übel, ausgelöst durch das gleiche Streben nach dem Unendlichen. Sie leidet, im Gegensatz zu denen, die an nichts glauben, und »die niemals den Enttäuschungen ausgesetzt sind, die wir armen Träumer erleiden, die wir nicht lieben können, ohne den Gegenstand unserer Liebe mit einer idealischen Größe auszustatten«.[13]
Michel de Bourges, und andere Männer, die sie liebte, halten dieses hoffärtige Verlangen, sich durch eine »Anbetung von abstrakter Vollkommenheit« zu erhöhen, für egoistisch. Er legt ihr nahe, sich statt dessen um die Leiden der Menschheit zu bekümmern. Als ihr utopischer Geist auch auf diesem Gebiet die Vollkommenheit des Absoluten zu erreichen sucht, sollte es George Sand an Enttäuschungen nicht mangeln.
Seit ihrer Kindheit hat sie das Bedürfnis, ein höheres, der Vollkommenheit nahes Wesen zu verehren. Corambé gleicht in allen Stükken einer heidnischen Gottheit, die nach und nicht vor Christus geboren wurde – eine übermenschliche Schöpfung ihrer Phantasie,

gleichzeitig Zuflucht und Kreatur, aus einer unwirklichen Welt entsprungen, in der alles gut und schön ist. Corambé ist das Sinnbild ihrer geheimen Träume und ihres poetischen und geistigen Lebens, die eins sind. Er offenbart das Religiöse im Werk von George, und das Dichterische in ihrer Religion und Moral. »Religion und Roman wachsen in meiner Seele nebeneinander . . . Die Neigung zum Romanhaften ist nur die Lust auf das idealisch Schöne«,[14] bekennt sie.

Eine Zeitlang wird Corambé besiegt von der brutalen Wirklichkeit. Aurore kommt mit leerem Herzen ins Kloster. Doch dort findet sie Madame Mary-Alicia, »ihr Ideal, ihre heilige Liebe«, die Mutter nach ihrer Wahl. Ihre Natur verändert sich nicht, so erschüttert sie auch sein mag. Das Bedürfnis nach einem Ideal ist nur verdrängt. Im Kloster tritt es wieder mächtig hervor in der Bekehrung zum Glauben. Bei den Englischen Augustinerinnen beginnt ihre »ewige Romanze mit Corambé« aufs neue. Doch dann kommt das Alter, wo sie lacht über ihre eigene Naivität und Corambé zurückstellt auf seinen eigentlichen Platz, zurück »in ihre Phantasie, zu den Träumen«: »Er hat dort stets im Zentrum gestanden. Und alle Fiktionen, die nach und nach um ihn herum entstanden, sind immer von dieser ersten Fiktion ausgegangen.«[15]

Kann man deutlicher ausdrücken, daß Religion und Werk von einem einzigen Ideal bestimmt sind?

In der Literatur hat sie immer den Hang zu idealisieren, »zum Reizenden und zum Schönen«, und Balzac rät ihr, dieser Neigung zu folgen, die so sehr ihrer Natur und ihren Zielen entspricht. In dem mit sechzehn Jahren geschriebenen *Portrait du Juste* sagt sie etwa Folgendes: Der Gerechte hat weder Geschlecht, noch Stand, noch Klasse. Er ist wachsam, aktiv, überlegt, er prüft jede seiner Regungen, auf daß sie gut ist, und ist immer bereit, vor Gott zu erscheinen. Der Gerechte hat weder Vermögen, noch Haus, noch Diener, er bietet dem Landstreicher ein Dach, dem Armen Geld und Kleidung, und sein Wissen allen, die es nötig haben. Er betrachtet sich als das Werkzeug der Gerechtigkeit Gottes, er langweilt sich niemals, er arbeitet mit Kopf und Händen, soviel er kann, um seine eigenen Bedürfnisse und die anderer zu befriedigen. Er öffnet sein Herz der Freundschaft. Neben Gott ist sein Freund ihm das Teuerste, er kann ihn nie genug lieben. Der Gerechte, der die Schwachen und Unterdrückten verteidigt, verachtet die Meinung der Menge und setzt sich ein für die zu Unrecht Beschuldigten. »Der Gerechte sündigt siebenmal am Tag, aber seine Sünden sind die Sünden eines

Gerechten.« Der Gerechte, oft beleidigt und verleumdet, erfährt stets Gerechtigkeit. Manchmal scheinen sich alle gegen ihn zu wenden, doch etliche andere Gerechte eilen ihm stets zu Hilfe.
Dieser Text, der hier nur sehr gerafft wiedergegeben ist, enthält einen Lebensplan, der auf den Träumen und Illusionen der Jugendjahre, auf dem Glauben an eine göttliche und irdische Gerechtigkeit basiert. George Sand lebte in der Überzeugung, diesen Katechismus zu befolgen, und in vielen Punkten hat sie sich auch tatsächlich daran gehalten. Außerdem war sie immer der Meinung, nur die »Sünden eines Gerechten« zu begehen. Die Kraft der Aufrichtigkeit, die sie dem Gerechten zuschreibt, hat sie selbst nicht immer gehabt.
Wenn von ihren Jugendschriften nur dieser Text Gnade vor ihren Augen gefunden hat, so zweifellos deshalb, weil er die Stetigkeit ihrer Bestrebungen bezeugt: Sie übernimmt ihn in die vierte *Lettre d'un voyageur*, die sie im September 1834 an ihren Freund, ihren »Bruder« Rollinat richtet, der wie sie selbst diesem ehrgeizigen Modell nachzuleben trachtet.
Mit siebzehn Jahren, ein Jahr nach der Niederschrift des *Portrait,* versucht sie ihre Großmutter zum Glauben zurückzuführen. Und aus Liebe zu ihr beichtet die alte Dame und empfängt die Sakramente. Nach dem Tod von Madame Dupin de Francueil wird Aurore von ihrer Mutter daran gehindert, ins Kloster der Englischen Damen zurückzukehren. Wie es mit achtzehn Jahren üblich ist, bringt sie ihr Hunger nach dem Idealischen auf die Liebe. In dieser Ausgangslage kann sie nur von großer Höhe herunterfallen.
Doch in ihrem Innern geht die ewige Romanze mit Corambé weiter. Jedesmal wenn sie beim Schreiben dieser Inspiration folgt oder, nach ihren eigenen Worten, den »Anderen« sprechen läßt, ist das Ergebnis kraftvoller, origineller, poetischer. Ihr Roman *Lélia,* der als Selbstporträt gilt, hat zu sehr Traumcharakter, entstammt allzu deutlich der Schule Corambés, um von einer großen Leserschar geschätzt zu werden. Wer Lélia unter dem Aspekt ihrer Vollkommenheitssuche betrachtet, wird erkennen, daß sie der echten Lélia viel näher ist als jene, bei der die Frigidität zum Schlüssel für alles wird. Auch Balzac erkennt in ihr dieses Streben nach dem Absoluten, wenn er sie in seinem Roman *Béatrix* als Félicité des Touches porträtiert, die schließlich den Schleier nimmt.
Das Interesse, das diese spirituelle Frau dem Studium der Ekstase und auch ihren eigenen Erfahrungen mit der Ekstase entgegenbringt, prägt auf eine bestimmte Weise ihr ganzes Werk. Das ver-

steht sich von selbst für *Spiridion* und die *Sept Cordes de la lyre*, beides philosophische Romane, die überladen sind mit mystischen Betrachtungen. Das gilt auch für *Consuelo*. Das Gefühl für die Absolutheit der Liebe, oder vielmehr für die vollkommene Liebe, das Consuelo antreibt, gleicht dem, das George empfindet: »Laß mich weinen«, sagt die Sängerin Consuelo zu Joseph, »denn nicht die Demütigung, verlassen und verachtet zu sein, drückt mir das Herz ab, sondern die Trauer um ein Ideal, das ich mir von der Liebe und ihrer Allmacht gemacht hatte.«[16]

Die Trauer, die George Sand über ihre unvollkommenen Liebeserfahrungen empfindet, hindert sie nicht daran, noch für ihre Tochter den alten Träumen nachzuhängen: »Werden ihre Herzen den Gipfel ewiger Liebe erreichen?« fragt sie sich. »Meine Antwort an mich selbst, die ich an das Ideal glaube, lautet, daß dies nicht unmöglich ist und daß alle die schönen Dinge, nach denen wir in uns Verlangen tragen, durchaus zu verwirklichen sind.«[17] Das katastrophale Scheitern der Ehe zwischen ihrer Tochter Solange und Clésinger verstört sie, aber es entwaffnet sie nicht. Als ihr Sohn Jahre später ans Heiraten denkt, stärkt sie in ihm die Hoffnung, daß die menschliche Liebe ewig dauern könne. Und diesmal entsprach ihre freundliche Schwiegertochter Lina den Erwartungen.

Wenn George einen Geliebten verläßt, ist es »eine Fügung, ein Instinkt für das Ideale«, was sie dazu treibt, das Unvollkommene für das, wie ihr scheint, Vollkommenere aufzugeben.[18]

Der gleiche Hang zur Perfektion macht es ihr zur Überraschung ihrer Verleger unmöglich, auch nur ein Wort zu ändern an dem, was sie geschrieben hat. Sie ist unerbittlich. Entweder so oder gar nicht. Sie fordert, daß die Setzer ihren Text bis aufs Komma respektieren. In diesem Zusammenhang ist ihr Brief an Emmanuel Argo vom 19. April 1839 sehr aufschlußreich: »Ich habe nur unter der Bedingung weiterhin für dieses unwürdige Blatt (gemeint ist die sehr bekannte *Revue des Deux Mondes*) gearbeitet, daß man mir völlige Freiheit läßt, und es liegt mir wenig daran, daß man an mir herumfeilt. Sollte das passieren, so bin ich binnen 24 Stunden aus dem Geschäft.«[19] Es geht hier um eine Tirade der Hélène in den *Sept Cordes de la lyre*, vier oder fünf Seiten lang, in der die junge Frau die Reichen angreift, die sich von den Tränen der Armen, dem Schweiß der Arbeiter und dem Blut der Soldaten ernährten, ohne daß die göttliche Vorsehung eingreife.

Trotz der Proteste ihres Verlegers Buloz ändert sie an diesem Manuskript nicht ein Wort. Sie weiß genau, daß die *Sept Cordes de la lyre* all das enthalten, was er am meisten verabscheut: philosophische Betrachtung, Mystik, Phantastik und Politik. Um Buloz zu trösten, schickt sie ihm ein neues Manuskript, *Gabriel.* »Dieser Roman wird sein Herz erfreuen«, bekennt sie einer Freundin, »denn die Philosophie und die Mystik, die beiden größten Schrecken für den aufrechten Buloz, sind darin so unkenntlich gemacht, daß sie ihn nicht abstoßen.«[20] Dieser Methode bedient sie sich in Zukunft sehr häufig.

Auch in der Politik folgt sie ihrem Glauben an das Ideale und die Wahrheit: »Was können die Sozialisten ausrichten«, fragt sie besorgt, »wenn das Ideal aus dem Herzen der Menschen schwindet?«[21] Sie versucht, für ihr eigenes »Ideal« ein Maß zu finden, meint, Leroux habe zu viel und Proudhon zu wenig davon.

Noch mehr als in anderen Bereichen erlebt sie in der Politik Enttäuschungen. »Ich glaubte an etwas Absolutes, das für die Menschheit nicht existiert, dessen Geheimnis ihr die göttliche Weisheit vorenthalten hat.«[22] In Zukunft wird sie bei ihren Entscheidungen eher ihrem politischen Instinkt vertrauen.

Die Weisheit des Alters wird ihr das Gefühl für das Ideale und Absolute nicht rauben. Am 28. Januar 1872 schreibt sie an Flaubert: »Ach! Wenn man nicht das kleine Heiligtum, die innere Kapelle hätte, wohin man sich ganz unauffällig flüchten könnte, um das Schöne und Wahre zu betrachten, dann müßte man sich wahrhaftig sagen: ›Wozu das alles?‹.«[23] Und einige Monate später, im November, als sie nur noch drei Jahre zu leben hatte: »Das einzig Ewige ist die Empfindung des Schönen in einem guten Herzen.«[24] Für sie ist es »ein Vergnügen, in der warmen Stube einem hübschen kleinen Ideal nachzusinnen«.[25]

Mit fortschreitendem Alter scheint George Sand weniger kategorisch, weniger aus einem Stück. Aber sie bleibt ihren Überzeugungen treu. Aus dem Kampf zwischen der Vernunft und dem Glauben an das Absolute ist ihr Glück und ihr Unglück entstanden. Trotz allem, was Flaubert dagegen einzuwenden vermochte, gibt sie auch ihr Ideal der Liebe nicht auf, das sie nur ein bißchen erweitert hat: »Du willst, daß ich zu lieben aufhöre? Du willst, daß ich eingestehe, ich hätte mich ein ganzes Leben lang getäuscht; die Menschheit sei verächtlich, hassenswert, sie sei es immer gewesen und werde es immer sein? Und Du wirfst mir meinen Kummer als Schwäche vor, als kindlichen Jammer über eine verlorene Illusion. Du behauptest, das Volk sei immer blutrünstig, der Pfarrer immer ein Heuchler, der Bürger immer ein Feigling, der Soldat immer ein

Räuber und der Bauer immer ein Dummkopf gewesen. Du sagst, daß Du das alles schon seit Deiner Kindheit gewußt habest, und Du freust Dich, daß Du niemals daran gezweifelt hast, weil Dir so das reife Alter keine einzige Enttäuschung gebracht habe. Du warst also nie jung? Ach! Wir beide sind sehr verschieden, denn ich bin es heute noch, wenn lieben jung sein heißt . . . Unser Leben besteht aus Liebe, und nicht mehr zu lieben bedeutet, nicht mehr zu leben.«[26]

DIESES GROSSE HERZ

Es gibt auf dieser Erde tausend Dinge, die wichtiger sind (als das Talent): die Mutterschaft, die Liebe und die Freundschaft. G. S.

Dieses Ideal, das George Sand mit soviel Begeisterung, mit soviel Naivität vertritt, wird sie es in ihren menschlichen Beziehungen erreichen? Mit siebzehn Jahren weiß sie schon, daß sie wegen der Mesalliance ihres Vaters, dieser Kasernenheirat, nicht die Schwierige spielen darf. Wenn sie alle die ihr angetragenen Partien ausschlägt, so nur deshalb, weil sie auf eine standesgemäße Heirat verzichten will. Sie ist entschlossen, ins Kloster zurückzukehren, wo sie ihrem Ideal begegnet ist. Aber da ihr gerade das verweigert wird, entschließt sich die törichte Aurore, um der Willkür ihrer vom Alter aus dem Gleichgewicht gebrachten Mutter zu entkommen, den erstbesten Jungen, der ihr über den Weg läuft, zu heiraten.

Im Haus der Roëttiers du Plessis, wo sie mit Erlaubnis ihrer Mutter eine Zeit zubringt, führt das heranwachsende Mädchen endlich wieder eine normale Existenz. Die Freunde ihres Vaters bieten ihr das Schauspiel eines glücklichen Familienlebens. Die Leichtlebigkeit in diesem heiteren Milieu, an die sie nach dem Kloster und dem strengen Nohant nicht gewohnt ist, verwirrt sie ein bißchen.

Sie beginnt eine kurze Romanze mit einem jungen Offizier, der in ihr eine schnelle Eroberung zu machen hofft. Nach dieser unglücklichen Erfahrung entsagt sie den »Chimären des Glücks«. In Casimir Dudevant sieht sie einen »Rettungsanker«, das Mittel, den Zänkereien ihrer Mutter auszuweichen und Nohant wiederzugewinnen.

Seltsamerweise gefällt es dieser Leidenschaftlichen, daß der junge Mann nur ein guter Freund ist, keine großen Gefühle ins Spiel bringt und ihr noch nicht einmal von Liebe spricht.

Ihre Entscheidung ist schnell gefällt. Dem Leutnant Casimir Dudevant kommt die glückliche Stimmung bei den Roëttiers zugute. Sein Mangel an Vermögen bringt ihn in die Versuchung, mit Aurore – die ihn für uneigennützig hält – auch die vierhundert Hektar von Nohant zu heiraten.

Der Wunsch zu lieben verführt Aurore zu dem Glauben, sie liebe ihren Mann. In der Freude auf eine baldige Mutterschaft vergißt sie schnell die ersten Unstimmigkeiten, und nach der Geburt ihres Sohnes Maurice im Juni 1823 ist sie glücklich.

Reichlich verspätet, berichtet sie im Januar 1824 einem alten Freund ihres Vaters, daß sie »einen kleinen Jungen« habe, der »das Glück ihres Lebens« sei. Der Platz, den sie ihrem Mann einräumt, ist bescheidener: Er sei »gut, einfach und gerade«.[1] Dieser Ehemann hat nur einen Fehler: Das Trinken, »das unglückselige Übel«, das er sich im Militärdienst angewöhnt hat und nur in den ersten Jahren ihrer Ehe einzuschränken versucht.

Aurore Dudevant bleibt dreizehn Jahre verheiratet, und die Beziehungen zwischen den Eheleuten sind lange Zeit unkomplizierter, als es das triste Ende ihrer Verbindung erwarten ließe. Das junge Paar tanzt, empfängt Gäste, reist, richtet sich ein, sei es in Paris, in dem kleinen Appartement, in dem das Kind geboren wird, sei es bei ihren gemeinsamen Freunden in Plessis-Picard. Sie meiden Nohant. Casimir, dem es dort nicht gefällt, hält sich nur der Geschäfte wegen dort auf. Dann schreibt ihm Aurore zärtliche Briefe. Und doch ist es eine Frustration, eine Enttäuschung für das junge Mädchen, daß sie mit einem fast grobschlächtigen, nur an den Umgang mit mittellosen Offizieren gewöhnten Ehemann zusammengespannt ist. Neben dieser Romantikerin, für die Bücher und Musik alles sind, ein Krautjunker, der nur den Almanach liest . . . Aber Casimir ist verträglich, gutmütig, er verwöhnt seine junge Frau. Er kauft ihr sogar ein Klavier, obwohl er Musik nicht mag.

Die Reisen retten alles. Das junge Paar verbringt einen angenehmen Aufenthalt im Bordelais, in Guillery, auf dem Besitz der Schwiegereltern. Aurore mag ihren Schwiegervater, den Obersten Dudevant, der unter dem Empire baronisiert worden ist. Und dieser schätzt seine Schwiegertochter, die in der Gesellschaft der Umgebung gut aufgenommen wird. Die junge Frau hat also keinen Grund, sich exzentrisch oder aggressiv zu gebärden. In diesem freundlichen Milieu, auf den zahlreichen Jagdpartien, die der Baron, ein fröhlicher Mann, für die Jugend der Gegend veranstaltet, wird ihr Benehmen von jedermann gutgeheißen.

Das Tête-à-tête in Nohant gelingt den beiden Eheleuten weniger gut. Aus Klugheit, aus Sparsamkeit kehrt das Paar ins eigene Heim zurück. Sie laden Bruder Hippolyte, die Roëttiers du Plessis zu ausgedehnten Besuchen ein, aber das Berry geht Casimir auf die Nerven. Viel später denkt Aurore darüber nach, ob es vielleicht besser gewesen wäre, »das Nomadenleben und die vielen Bekanntschaften fortzusetzen«. Wenn sie mehr gereist wären, hätte den Ehemann nicht die Langeweile überfallen, hätte er nicht »das unglückselige Übel« wieder aufgenommen, hätte nicht beim Wein und bei anderen Frauen Zuflucht gesucht. Der Entschluß, den sie aus Vernunft fassen, entscheidet über ihre eheliche Zukunft.
Man kann vieles aus dem Brief herauslesen, den Aurore 1823, ein Jahr nach ihrer Heirat, an ihre treue Freundin Emilie, verheiratete Vicomtesse de Cornulier, schreibt: »Mein lieber Casimir ist der Tätigste aller Männer, er tut nichts anderes als hereinkommen, hinausgehen, singen, herumspielen mit seinem Kind; kaum daß ich am Abend eine oder zwei Stunden für die Lektüre Zeit finde. Aber ich habe irgendwo gelesen, daß man, um sich vollkommen zu lieben, ähnliche Prinzipien und ähnliche Seelen haben muß, aber entgegengesetzte Vorlieben und Gewohnheiten. Ich bin geneigt, das zu glauben, und übrigens weiß ich nicht, ob ich meinen Mann mehr lieben könnte, wenn er Dichter oder Musiker wäre. Ich glaube nicht, daß mir das möglich wäre. Und Du? Du bist sicher sehr glücklich und bedauerst es nicht, verheiratet zu sein?«[2] Aurore schreckt davor zurück, sich ihr eigenes Bedauern einzugestehen. Sie berauscht sich an Worten, sie hat ihre Romane genau gelesen: »Wenn ich mich von Dir vor unserer Heirat hätte gänzlich trennen müssen«, schreibt sie ihrem Mann, »wäre ich darüber verrückt geworden, und jetzt würde ich daran sterben ... Ich will Dir nur wiederholen, daß ich Dich anbete, daß ich Dich liebe, so sehr man jemanden auf Erden lieben kann.«[3] Er hat nicht ganz Unrecht, wenn er sie exaltiert findet. Sie macht sich etwas vor und erzählt sich Geschichten, an die sie gerne glauben möchte.
Wenn man sich an den Briefwechsel hält, dann endet für Aurore und Casimir die Zeit des Honigmonds im Jahr 1824: »Ich bete Dich an. Ich träume nur von Dir. Der leiseste Anschein von Vergessen oder Gleichgültigkeit von Deiner Seite läßt mich verzweifeln ... Mein Engel, ich bete Dich an, und wenn Du es mir nicht gleich tust, werde ich eher aus Kummer als aus Ärger sterben.« Kann man seine Befürchtungen in liebenswürdigere Worte kleiden? Sie ist schüchtern: »Würdest Du und könntest Du mir eine oder zwei Partituren

von *Armide* und *Œdipe* mitbringen? Wenn Dir das zu lästig ist, so bringe mir nur den *Œdipe*, der dünn und leicht ist. Er steht blaugrün eingebunden im Schrank im Salon.«[4]

Aurore, die in Plessis-Picard geblieben ist, sehnt sich nach Casimir, der nach Nohant zurückkehren mußte. »Adieu, ich bete Dich an, Du weißt es, Du kannst daran nicht zweifeln. Gib es mir zurück. Lieber Engel, denk an mich und vergiß mich nicht mehr, denn das tut mir sehr weh.« Sie ist besorgt und macht die Gründe für ihre Sorge sehr deutlich: »Verheimliche mir nichts, wenn Du krank werden solltest, könnte ich Dich holen, Dich pflegen. Erzähle mir von Nohant, von unseren Leuten, von den Geschäften. Aber sprich vor allem von Dir selbst, berichte mir alles bis ins kleinste, ruhe Dich aus, schlafe gut und vor allem schlafe allein.«[5] Aurore ist also eifersüchtig. Sie ist erst zwanzig Jahre alt, und sie hat nicht zum ersten Mal einen berechtigten Anlaß dazu.

Aurore lernt sehr jung das Leben kennen. Auf den Rat von Madame du Plessis, bei der sie sich aufhält, zeigt sie sich verständnisvoll und vorsichtig: »Komm her, wenn Du kannst. Ich hätte ohne Dich keinen Spaß auf dem Ball. Ich möchte wohl, daß Du mich hin begleitest, aber ich wage Dich nicht darum zu bitten.«[6] Sie fürchtet, ihn zu ermüden, fürchtet, er versäume wichtige Verabredungen, und bittet ihn, »Herz und Verstand in Einklang zu bringen«, ein Satz, der wie von ihrer Gastgeberin diktiert scheint.

Auf einer anderen Reise in die Pyrenäen, nach Cauterets, wo sich das Paar 1825 mit zwei alten Freundinnen aus dem Kloster trifft, wirft Casimir seiner Frau vor, sie wolle sich hervortun, als sie den Wunsch äußert, ihn auf die Hochgebirgsjagd zu begleiten. Während also er auf den Höhen »nach Adlern, Schneehühnern und Gemsen« jagt, bleibt sie unten einsam zurück. Nicht für lange.

Aurélien de Sèze, ein junger Staatsanwalt aus Bordeaux, groß und distinguiert, den sie in Cauterets kennenlernt, macht mit Aurore zusammen lange, romantische Spaziergänge. Später behauptet sie, sie sei nicht so frivol gewesen, sein schönes regelmäßiges Gesicht zu bemerken. Er jedoch ist von ihren großen schwarzen Augen fasziniert und verliebt sich in sie. Ein Kuß auf den Hals stürzt sie in Verwirrung. Aber er ist vergeben, und sie ist zu stolz, um ihm ihre Neigung zu zeigen. Erst als er sich gekränkt zurückzieht, wird sie sich selbst und ihm ihre Liebe eingestehen.

Der Gatte überrascht die beiden, als Aurore ihren Kopf keusch, aber verliebt an die Schulter des jungen Mannes lehnt. Sie kann ihm mit vollem Recht versichern, daß sie noch immer sein Vertrauen verdient. Tatsächlich bleibt die Beziehung keusch, die Aurore und Aurélien verbindet, aber die Höhen, zu denen sie sich erhebt, sind gefährlicher und abschüssiger als die, auf denen der brave Casimir Gemsen jagt.

Casimir wird besänftigt und zeigt sich großmütig. Aber sein Zorn, als er wenige Tage später das Tagebuch seiner Frau entdeckt, bringt Aurore zum Weinen. Sie muß ihm versprechen, Aurélien niemals wiederzusehen. Als sie dann im November in Guillery zurückbleibt, faßt sie in einer an ihren Mann gerichteten Generalbeichte gute Vorsätze für die Zukuft.

Diese dahinströmenden Bekenntnisse sind aufrichtig und vollständig: »Als du mich in Plessis zum ersten Mal erblickt hast, war ich lebhaft, verrückt, leichtsinnig und unbesonnen dem Anschein nach, aber im Grunde traurig, ernst und schrecklich unglücklich . . . Du warst der gute, ehrliche und uneigennützige Beschützer, der mir keineswegs von Liebe sprach, sondern der mich durch kluge Ratschläge über die mir drohenden Gefahren aufklärte und den ich bald als einen Bruder ansah.« Sie erinnert ihn daran, daß sie versucht habe, seine Vorlieben zu teilen, und daß er die ihren zu exaltiert gefunden habe. Sie schildert ihm, wie sie im Wissen, daß er ihr Interesse an Büchern und Musik nicht teilen werde, sich selbst davon abwandte und zum ersten Mal in ihrem Leben Langeweile empfand. »Mit neunzehn Jahren, frei von Sorgen und wirklichem Kummer, mit einem vortrefflichen Mann verheiratet, Mutter eines schönen Kindes und mit allem umgeben, was mein Gefallen hätte erregen können, langweilte ich mich zu Tode.« Sie anerkennt durchaus seine vergeblichen Bemühungen, sie abzulenken, die »Fürsorge und Aufmerksamkeit«, mit der er sie umgab, wenn sie die Melancholie krank machte. Sie bekennt, wie sie beim Anblick der landschaftlichen Schönheiten der Pyrenäen außer sich geriet, wie sie das Bedürfnis überkam, »zu lieben, zu bewundern, gemeinsam mit jemandem, der meine Begeisterung teilte«, und wie sie »den unerhörten Drang« fühlte, so geliebt zu werden, wie sie selbst glaubte lieben zu können. Natürlich hat sie Rousseaus *Nouvelle Héloïse* gelesen. Diese Bekenntnisse sind hart für den armen Casimir. Sie vergleicht ihn mit Aurélien, geht sogar so weit, den Stil der beiden Männer zu vergleichen. Sie findet den des jungen Anwalts »bemerkenswert«, und stellt mit »Bitterkeit« fest, daß Casimir den seinen vernachlässigt.[7]

Ihre Ehrlichkeit ist ohne Einschränkung, sie versichert ihrem Mann, daß Aurélien die stürmischen Gefühlsaufwallungen der ersten Zeit zu bändigen verstanden habe. Schließlich gesteht sie ihm, daß sie Aurélien »mehr«, ihn jedoch »besser« liebe. Einer vertrauten Freundin, Zoé Leroy, habe sie davon berichtet, wie sie von Casimir in den Armen Auréliens überrascht worden sei und alle drei hätten mit »Tränen der Rührung« in den Augen den Entschluß gefaßt, das Vertrauen des vortrefflichen Gatten nicht zu mißbrauchen. Denn Casimir stehe über jenen falschen Verpflichtungen, die ein dummer und unsinniger Ehrenkodex den Männern auferlege, und habe keine Angst, diese verhaßten Gesetze mit Füßen zu treten. Er besitze die »höchste aller Tugenden . . . das Vertrauen«. Casimir werde Aurélien, »wenn er die Reinheit seines Herzens« erst einmal erkannt habe, wie »einen Bruder lieben«. Und Aurélien selbst, der Casimir »schätzt und verehrt«, wolle ihn zum Richter über sich machen.

Dann bittet sie ihren Mann, mit ihr die sieben Punkte eines Programms zu unterzeichnen, in dem sie sich gegenseitig Zugeständnisse machen: Sie wird auf die Reise nach Bordeaux verzichten, die für das nächste Jahr geplant war, wird nicht heimlich an Aurélien schreiben, dafür erhält sie die Erlaubnis für einen Brief im Monat, den sie ihren Mann lesen läßt. Casimir seinerseits wird seine Bildung verbessern, sie werden gemeinsam fremde Sprachen lernen, er wird ihr vorlesen, aber sie wird nicht mehr in seiner Anwesenheit Klavier spielen oder Musik machen. Er wird die hervorragenden Bücher aus der Bibliothek von Nohant lesen und anschließend mit ihr darüber diskutieren. Sie bittet ihn überdies, nicht gleich in Zorn zu geraten und an das Vergangene ohne Bitterkeit zu denken. Alle beide sollten sie nichts bedauern oder bereuen, sich der Erziehung ihres Sohnes widmen, in Ruhe miteinander über die Freunde in Bordeaux sprechen und eine Reise in diese Stadt so lange aufschieben, wie es Casimir für richtig halte.

In dieser naiven und gleichzeitig subtilen Beichte erkennt man schon den Standpunkt, den George Sand später in ihren Romanen einnehmen wird, und man erkennt ihre geschickte Argumentation. Aber Casimir hat gar nichts von einem Romanhelden an sich, und er ist total unfähig zu jeder Art intellektueller Anstrengung. Allerdings läßt er sich genausowenig von Hippolyte beeinflussen, der als treuer Verfechter der radikalen Methode ihm rät, die Sache mit der Peitsche in Ordnung zu bringen. Mit seiner eigenen Methode erreicht er mehr bei seiner Frau. Doch ihre Naturen sind zu verschieden. Und außerdem trinkt er. Die Hoffnungen von Aurore werden sich nicht verwirklichen.

Solange Mann und Frau voneinander getrennt sind, schreibt ihm Aurore zärtliche, glühende Briefe: »Ich umarme Dich tausendmal, ich drücke Dich an mich, ich fresse Dich auf, ich bete Dich an, adieu, mein Liebling, adieu, Du mein Alles was ich liebe.«[8] Diese flammenden Erklärungen entsprechen eher ihren Wunschträumen als der Wirklichkeit, und sie sind eher geeignet, Casimir, der soviel gar nicht verlangt, zu reizen und anzuöden. Er hat von ihren Bekenntnissen nichts begriffen. Er kann ihr nicht helfen.

Mit Aurélien beginnt ein intensiver und makelloser Briefwechsel. Sie fordert von ihm das Unmögliche einer platonischen Liebe – mit der sich schließlich dieser junge Mann mit den strengen Prinzipien leichter abfindet als sie: Eine zwiespältige Haltung, die eigentlich besser zur *Princesse de Clèves* paßt als in die Romantik.

Aurore ist jetzt einundzwanzig Jahre alt. Doch welcher Ton! »Es gibt eine bessere Welt, Aurélien, glauben Sie nicht auch? Ach! Glauben Sie es mit mir. Glauben wir gemeinsam, daß wir nicht zu den Unglücklichen gehören, deren erkaltete Asche von der Liebe nicht erwärmt wird. Glauben wir, daß sich der Staub wieder beleben wird, daß der Ewige ihn wieder zum Leben erwecken wird. Er wird es uns vielleicht danken, daß wir uns einem Leben unterworfen haben, das uns nichts mehr bedeutete, dem einen ohne den andern. Er wird uns dann für immer vereinigen, zu einem Dasein in Frieden, in dem die Zärtlichkeit endlich erlaubt und das Glück von Dauer ist . . . Mein Leben, mein Gut, adieu. Gute Nacht.«[9]

Dieser umfangreiche, leidenschaftliche Briefwechsel zieht sich sechs Jahre hin. Vom ersten Tag an fragt sie ihn mit erschreckender Ahnungslosigkeit, ob er imstande sei, sie ohne Egoismus zu lieben: Der Seelenfreund muß sich mit ihrem Herzen begnügen, er darf nicht von ihr verlangen, daß sie sich zum Beweis ihrer Liebe entehrt. »Kann man nicht lieben ohne Gefahr zu laufen, sich zu verlieren?«[10]

Soviel Unschuld, um nicht zu sagen Naivität, riecht nach dem Kloster der Englischen Augustinerinnen, und sie verrät eine noch nicht körperlich erwachte, aber keineswegs unsinnliche Frau. Sie erwähnt den Spaziergang in Saint-Savin, auf dem sie ihm »ihre ganze Seele« entdeckt hat. Auf dem Rückweg »legten Sie den Arm um mich . . . Ich tat, als sei ich darüber böse . . . Ach, wie war ich überrascht und erschreckt darüber, es nicht zu sein.«[11]

Sie hofft, daß die Zuneigung, »wie wir sie zu empfinden vermögen«, niemals ein Ende nehmen werde. Dieser Briefwechsel ist der *Nouvelle Héloïse* durchaus ebenbürtig. Sie erfindet sich eine Liebe, die sich um äußerliche Reize nicht bekümmert, in der die Herzen sich auf ewig verbunden bleiben, trotz »der weißen Haare und der eiskalten Hände«, weil sich »die Seelen gleichen«. In den Briefen, die sie in den sechs Jahren an Aurélien schreibt, und in den Tagebuchaufzeichnungen entwickelt sich das Thema der idealen Liebe, von dem sie sich sehr viel später zu einigen ihrer Romane und besonders zu *Consuelo* hat inspirieren lassen.

In einem ihrer ersten Bücher stellt sich ihre Lélia die Frage: »Liebe, ist das nicht jenes ungestüme Streben aller unserer Kräfte zu einem selbsterschaffenen Wesen, der heilige Drang des edelsten Teils unserer Seele zum Unbekannten? Die Empfindungen unserer Sinne genügen uns nicht. Wir suchen den Himmel in einem uns ähnlichen Wesen.«[12]

Casimir kann dem, was sie von der Liebe erwartet, nicht entsprechen. Die junge Ehefrau hat Erstickungsanfälle, sie ist überspannt. Die Freuden des Bettes haben sie nicht befriedigt, aber sie machen ihr zu schaffen.

Um diesen Beklemmungszuständen und ihrem »fahlen Teint« abzuhelfen, um sich zu zerstreuen und zu ermüden, unternimmt sie große Ausflüge zu Pferde. Wenn sich die junge Madame Dudevant begnügt hätte mit einer »Herzensangelegenheit«, mit einer Seelenliebe, mit einem leidenschaftlichen Briefwechsel, in dem sich ihr literarisches Talent erschöpft hätte, so hätte es wohl niemals eine George Sand gegeben. Allein die Wanderungen über Stock und Stein im Berry und die harmlosen Streiche mit ihren guten Freunden aus La Châtre, die ihre Melancholie verdrängten und das Geschwätz neu belebten, hätten ihre Ehe gewiß nicht zerstört.

Von ihrem Mann und ihrem Sohn begleitet, reist sie zu einer Kur nach Mont-Dore in der Auvergne. Die *Voyage en Auvergne*, die sie nach ihrer Rückkehr schreibt, ist ein Spiegel ihrer vielfältigen Enttäuschungen, ihres Kummers und ihrer Ängste. Nachdem die Kur zu Ende war, mußten sie wohl oder übel zurückkehren zum ehelichen Gegenüber in Nohant. Aurore liest Montaigne, Casimir geht auf die Jagd. Wie sein Vater widmet er sich schon eifrig der Liebe zum Hauspersonal.

Wieder reisen Casimir und Aurore, halten sich lange Zeit in Guillery auf, laden Freunde ein zu sich nach Nohant. Aber die Damen von La Châtre, die das Gerede in Gang halten, zählen neun Monate zwischen der Geburt ihres zweiten Kindes, Solange, und der Reise der jungen Schloßherrin nach Paris. Sie hat dort ihren Jugendfreund Stéphane Ajasson de Grandsagne wiedergetroffen. Doch die

Jugendliebe, von der sie Aurélien erzählt hat, ist sicher nicht Stéphane. Wahrscheinlich handelt es sich dabei um jenen jungen Leutnant, den sie bei den Roëttiers du Plessis, vor Casimir, kennengelernt hat.
Immerhin ist es seltsam, daß der junge Staatsanwalt aus Bordeaux nach Nohant kommt, um bei der Geburt und der Taufe der kleinen Solange dabeizusein. Wußte er, was über das Ereignis getuschelt wurde? Oder will er in dieser Ehe, die zu zerstören ihn seine religiösen Überzeugungen verbieten, die Rolle des Freundes spielen? Dieser gewöhnlich so reservierte und kühle Aristokrat betrinkt sich an jenem Tag mit Hippolyte, der gern jede Gelegenheit ergreift, um der Flasche mehr als vernünftig zuzusprechen.
Casimir seinerseits trinkt mit diesem »gutherzigen, aber schwachen« Schwager immer mehr und immer häufiger. Das ist überall bekannt. Gerissene Geschäftsleute, die ihn übers Ohr hauen wollen, haben mit dem Glas in der Hand leichtes Spiel. Er bringt sich dadurch dreifachen Schaden: Er verliert sein eigenes Geld, vergeudet das seiner Frau durch eine schlechte Verwaltung von Nohant und legt das Kapital in denkbar ungünstigster Weise an. Aurore tröstet sich mit platonisch entflammten Briefen nach Bordeaux. Ihrem Mann gibt sie 1829 den weisen Ratschlag: »Ich umarme Dich von Herzen. Halte Dich gut, sei vernünftig, was den Branntwein, den Kaffee, den Wein und alle hitzetreibenden Speisen betrifft. All das hindert Dich am Einschlafen, was immer Du dagegen sagen magst.«[13]
Am 14. Dezember desselben Jahres fragt sie ihn aus Nohant nach seiner Meinung wegen der Bezahlung des neuen Hauslehrers Boucoiran: »Du wirst mir wieder mit dem üblichen ›wie Du meinst‹ antworten, das weder ein Nein noch ein Ja ist.«[14]
Am 19. warnt sie ihn vor seinem »Kompagnon« Desgranges, der Geld aus ihm herauszuziehen sucht für eine Schiffsexpedition, mit der später ein Teil ihres Vermögens untergehen sollte: »Mir scheint, er unterhält Dich mit schönen Worten – Du trinkst seinen Wein, vergißt dabei Deine Geschäfte, und er macht mit Dir, was er will.«[15] Sie fügt hinzu, daß es ihr »sonnenklar« ist, daß Desgranges sich über ihn lustig macht. Dann folgen vier Seiten lang strenge und berechtigte Vorhaltungen. Hat dieses Schiff, von dem der sogenannte Reeder einen Teil an Casimir verkauft hat, diese Brigg *La jeune Caroline* überhaupt jemals existiert? Später fand sich keine Spur von ihr. Mit dem Einverständnis ihres Mannes nahm Aurore selbst die Sache in die Hand, um mit Hilfe einiger anständiger Ge-

schäftsleute die Kastanien aus dem Feuer zu holen. Dabei stellte sie sich so geschickt an, daß es Casimir nicht verletzte.
Er trinkt inzwischen so viel, daß er gewalttätig wird und das Leben mit ihm zusehends unerträglicher. Vor seiner Heirat hat er nie über Geld verfügt. Jetzt muß er den Tod seiner Schwiegermutter abwarten, um in den Besitz des Vermögens zu kommen. Wie es den Gesetzen der Zeit entspricht, hat nur er das Recht, Nohant zu verwalten. Er genießt ganz naiv die Freuden des Besitzers und es macht ihm Spaß, mit Geld umzugehen, aber er ist unfähig, das Gut gewinnbringend umzutreiben. Er verschleudert also weiterhin Hab und Gut, doch die Einkünfte nehmen ab.
Aurore ist wütend über die Ungerechtigkeit einer Gesellschaft, die den verheirateten Frauen keinerlei Rechte zubilligt. Ganz klar sieht sie, daß ihr Mann sie ruiniert. Resigniert nimmt sie es zur Kenntnis. Aber sie nimmt sich auch ihre Freiheiten.
Im November nutzte sie einen langen Aufenthalt von Casimir in Paris, um für einige Tage nach Périgueux zu reisen. Schon im Mai hat sie von Guillery aus nicht ohne Herzklopfen Aurélien wiedergesehen. Auch wenn diese ein wenig abenteuerlichen Ausflüge den üblichen Schwätzereien neue Nahrung gaben, so sind sie doch nicht über das hinausgegangen, was man in der Provinzgesellschaft über eine junge Frau erzählt, die sich ganz offensichtlich langweilt und dieser Langeweile zu entkommen sucht. Die Dinge hätten trotzdem recht und schlecht weitergehen können.
Doch das Jahr 1830 ist das Jahr der Revolte. Als sie von einer Reise zurückkehrt, beginnt sie damit, die braune Pépita, das Kindermädchen von Solange, vor die Tür zu setzen, das ihr Mann ungeniert vorzieht und als Hausherrin schalten läßt. Im Mai fährt sie mit ihrem Sohn nach Paris, übergibt ihn dort für einige Tage einer guten Freundin und eilt nach Bordeaux, um Aurélien wiederzusehen, der gerade seinen Vater verloren hat. Sie findet ihn gealtert, und zweifellos enttäuscht sie die vorsichtige Klugheit des Juristen. »Es war so schön, sich das Leben zum Roman zu machen, sich mit Hirngespinsten zu umgeben und das Leben wie durch ein Prisma zu sehen.« Damit ist es nun zu Ende. Ist aus der unvergleichlichen platonischen Liebe eine Liebe wie alle anderen geworden?
Aurélien hat 1833, am Vorabend einer Vernunftheirat, George Sand einen letzten, sehr innigen, sehr bewegten Brief geschrieben, aus dem sich die Tiefe seiner Empfindungen erraten läßt: »Adieu, mein Herz wird, von der Erinnerung an Sie erfüllt, erlöschen.« Dieser Brief verstärkt den Eindruck, daß diese Liebe »immer unta-

delig und keusch« geblieben ist. Aber ein großer Teil des Briefwechsels ist verschwunden. George Sand erinnert sich später an Aurélien wie an eine vernarbte Wunde, die manchmal aufbricht. Ende November 1834, als das Drama mit Musset seinen Höhepunkt erreicht, überdenkt sie ihr Leben: »Vielleicht gibt es in all dem nur eine wahre und starke Liebe. Und welche wäre das in meinem Leben? Aurélien? Es ist in meinem Herzen die schönste.«[16]

Sie ist eine zu starke Persönlichkeit für diesen tölpelhaften Ehemann. Als echte Tochter ihres Vaters schert sie sich immer weniger um das, was die Leute sagen, und entfremdet sich den größten Teil ihrer Umgebung, indem sie ausspricht, was sie denkt: Ihr Mann macht mit dem Geld seiner Frau, was er will, weshalb sollte sie nicht auch ihr Wort zu sagen haben? Er spielt den Galanten, verheimlicht nicht einmal seine Mätressen, warum sollte sie es ihm nicht gleichtun? Dann geht sie zu Taten über.

Die Revolution von 1830 begeistert sie. Im gleichen Monat Juli begegnet sie auf dem Schloß ihres Freundes Charles Duvernet zum ersten Mal Jules Sandeau und nimmt den neunzehnjährigen Blondschopf, den die Muse kitzelt, zum Geliebten. Er hat einen Vorzug: Er möchte in Paris Karriere machen.

Diese Tollkühne schert sich um kein Tabu und nicht einmal um die elementarsten Regeln des Anstands. Sie läßt den jungen Mann nachts zu ihrem Fenster hochklettern, während der Ehemann, die Dienstboten und die Kinder nebenan schlafen. Gustave Papet, einer der Freunde aus La Châtre, steht im Garten Wache, und die einzigen Vorwürfe, die sich Aurore macht, gelten diesem Getreuen, der in den kalten Nächten sich leicht Rheumatismus holen könnte! Derweilen läßt sich Casimir mit Wein vollaufen, »schläft wie ein Schwein« und weiß von nichts.

Aber die Szenen zwischen den beiden Eheleuten häufen sich aus nichtigem Anlaß. Casimir ist nicht empfindlich und kein schlechter Kerl. Er will nur auf Nohant schalten und walten nach Gutdünken. Vor allem andern weiß er die Augen zu verschließen.

Nachdem sie in Casimirs Schreibtisch ein Testament entdeckt, das sie über seine wahren Gefühle ihr gegenüber aufklärt, treffen die Gatten ein Übereinkommen, das für Casimir äußerst vorteilhaft ist und Aurore die Freiheit verschafft, sich für sechs Monate jährlich in Paris niederzulassen. Sie überläßt dafür die Einkünfte von Nohant ihrem Mann, der ihr eine Rente von jährlich 3000 Franken aussetzt, was nicht einmal ein Fünftel der Erträge ist, die das Gut und das Hôtel de Narbonne abwerfen. Ohne Zweifel ein gutes Arrangement, da doch beide damit zufrieden scheinen. Der einzige, der Aurore jetzt unterstützt, ist ihr Bruder Hippolyte, der ihr bei sich, in der Rue de Seine-Saint-Germain ein erstes Absteigequartier anbietet. Er liebt sie wohl, aber sein Charakter wechselt »wie die Wellen oder mehr noch wie der Wein«. Zwischen seine Schwester und den Schwager gestellt, nimmt er einmal für sie, einmal für ihn Partei.

Bruder und Ehemann zweifeln daran, daß es Aurore gelingen werde, in der Hauptstadt Geld zu verdienen, um damit ihre bescheidene Pension aufzubessern. Sie meinen, dieser Vorsatz sei nur eine flüchtige Laune. Sie kennen sie nicht sehr gut. Schon bald mietet sie mit Sandeau zusammen am Quai des Grands-Augustins eine Drei-Zimmer-Mansarde, was es ihr möglich macht, den Geliebten im Notfall zu verbergen und so die Schicklichkeit zu wahren. In ihrem Roman *Horace* findet man eine Beschreibung dieses Appartements. Sie schildert darin den Blick auf die Seine, die Sainte-Chapelle, Notre-Dame und den Pont-Neuf.

Casimir findet sich in dieser Situation sehr gut zurecht. Als Herr auf Nohant, wo seine Mätresse regiert, verfügt er über ein hohes Einkommen. Seine Reisen nach Paris kündigt er an; er macht deutlich, daß er dies tut, um Aurore in nichts zu behindern, womit er sein Einverständnis beweist. Wenn er da ist, geht er mit ihr aus, führt sie ins Theater, macht ihr kleine Geschenke. Und Aurore, die inzwischen zu George geworden ist, schreibt ihm herzliche Briefe, stickt ihm sogar Pantoffeln. Niemals, er sei denn betrunken, wirft er ihr ihren Geliebten vor, nicht einmal später Musset.

Aber als sie sich, getreu ihrer Absprache, wieder in Nohant niederläßt, kommt es unaufhörlich zu Szenen, und das, wenn der Wein im Spiel ist, sogar vor Dritten. Casimir geht so weit, sie in Gesellschaft zu ohrfeigen.

Der neue Vertrag, den die Gatten am 15. Februar 1835 untereinander abschließen, verschafft Casimir noch größere finanzielle Vorteile und entspricht dem Wunsch von George nach mehr Freiheit und nach alleiniger Verfügung über ihre Kinder. Wenn sie später sagt, sie hätte sich an dem Tag zur Trennung von ihrem Mann entschieden, an dem der kleine Maurice wegen einer Szene geweint hatte, so ist sie sicher aufrichtig. In Wahrheit erträgt sie es nicht mehr, daß sie über ihre Kinder nicht völlig bestimmen kann. Allerdings komplizieren auch ihre schnellen literarischen Erfolge die Situation.

Im Oktober 1835, nach einer noch wüsteren Szene, die ihre

Freunde beunruhigt, reicht George ein Gesuch mit dem Ziel gerichtlicher Trennung ein. Die Gatten einigen sich auf einen gütlichen Vergleich, aber der schlecht beratene Baron hält sich nicht an die getroffene Vereinbarung. Darauf folgt 1836 der Prozeß: Er verliert und geht in die Berufung.

George Sand hat das Recht auf ihrer Seite, der Klage ihres Mannes wegen ihrer Tollheiten wird nicht stattgegeben. Die Briefe, die sie von ihm erhalten hat, beweisen, daß er sich seit Jahren sehr gut mit der Situation abgefunden hatte, gegen die er sich jetzt dem Anschein nach empört. Außerdem ist es paradox, daß er mit der schlechten Führung seiner Frau argumentiert, um die Ehe aufrechtzuerhalten. Die Sprachgewalt des Verteidigers, Michel de Bourges, und die Aussagen der Zeugen beweisen, daß der Schloßherr selbst nicht ohne Fehl und Tadel ist: Dienstbotenliebschaften, geschwängerte Kammerzofen und überdies eine Szene, in der er vor ihren entsetzten Freunden sie mit einem Gewehr bedroht hat.

Dieser Prozeß bringt George viel Aufregung, aber ihre Kenntnis der Mentalität ihres Mannes läßt sie auf Erfolg hoffen. Ende Oktober 1835 beruhigt sie Jules Néraud, einen ihrer Freunde aus La Châtre, und dankt ihm gleichzeitig für seine Anteilnahme an ihrer Sache. Sie gibt sich optimistisch: »Der Baron ist ein Mann, der nur Geld haben will. Er gibt alles, sogar die Kinder auf, wenn er nur genug zu essen und im Übermaß zu trinken hat.«[17]

François Rollinat, einem anderen Freund aus dem Städtchen, und ihrer Mutter enthüllt sie Einzelheiten: »Der Gegner ist bereit, jeden Widerstand aufzugeben, und verlangt eine Pension von 3800 Franken, die ihm mit den zusätzlichen 1200 Franken Rente (die allein ihm von den 100000 Franken Vermögen geblieben waren) eine Rente von 5000 Franken sichern.«[18] Sie beschließt: »Ich werde bezahlen, und ich werde die Erziehung meiner beiden Kinder übernehmen.«[19] Ihre Tochter sollte sie »nach Belieben«, und ihren Sohn Maurice während der Hälfte der Ferien bei sich haben dürfen.

Im Grunde ist sie jedoch viel besorgter, als sie eingestehen möchte, und hat schon alles vorbereitet für den Fall, daß sie den Prozeß verlöre. Sie hat ihre Tochter zu sich genommen. »Und bei Maurice hatte ich Anstalten getroffen, ihn später an mich zu nehmen . . .«

»Ich war«, so schreibt sie in der *Histoire de ma vie,* »immer heimlich in Aufruhr gegen die Gesetze, die ich öffentlich anrief. Das war sehr unlogisch, aber das Gesetz war es noch mehr als ich, das mich, um mir meine Mutterrechte wegzunehmen oder zu belassen, zwang, jede Erinnerung an unsere eheliche Freundschaft zu unterdrücken oder diese Erinnerungen im Herzen meines Mannes verleumdet und niedergetreten zu sehen.« Erst in unserer Zeit wurden diese Probleme angegangen. Fast anderthalb Jahrhunderte vorher hatte sie bereits darauf hingewiesen.

Der Gesellschaft wirft sie vor, daß sie im Falle der Trennung die Rechte der Mutter beseitige und denen des Ehemannes den Vorrang einräume. »Die Natur beugt sich solchem Ratschluß nicht, und niemals wird man eine Mutter davon abbringen, daß ihre Kinder nicht eher zu ihr gehören als zu ihrem Vater. Die Kinder selbst werden sich darin nicht täuschen.«[20] Immerhin ist Casimir ein sehr aufmerksamer Vater.

Die Täuschungsmanöver dieses armen Mannes nehmen kein gutes Ende. Man kann nicht gleichzeitig seine Frau beschuldigen und sie behalten wollen, um sich seine Renten zu sichern. Wie zu erwarten war, wurde er abgewiesen. Nun ist das Schloßgut für ihn verloren, auf dem er durch seine Heirat Herr und Meister geworden war und dessen erfreuliche Einrichtungen seinen Gelüsten so trefflich gedient hatten.

George Sand gewinnt ihre Kinder und ihr »geliebtes Nohant« zurück, »das Haus meiner Erinnerungen, das noch die künftigen Erinnerungen meiner Kinder beherbergen soll«.[21] Ihre Verpflichtungen entsprechen ungefähr dem, was sie erwartet hat: Sie muß ihren Sohn ins Internat geben und ihrem Mann eine jährliche Pension von 3800 Franken aussetzen, um ihn für den Verlust des Vermögens seiner Frau zu entschädigen.

Als sie ihren Prozeß gewinnt, stößt sie einen Seufzer der Erleichterung aus, und ihre Zufriedenheit ist für den Augenblick vollkommen. Später bedauert sie die finanzielle Belastung, die sie daran hindert, bei der Gründung der *Revue indépendante* gegenüber Pierre Leroux und Louis Viardot so großzügig zu sein, wie sie gerne möchte, und schreibt ihnen, daß sie in ihrem Prozeß immer »auf schreckliche Weise das Opfer« gewesen sei, »weil Mann und Richter die frommen Männer der Gesellschaft« ... sie aber »der Teufel« gewesen sei.[22] Dabei waren die Richter, die sie anschwärzt, keineswegs blindwütig gegen sie. Sie sind nur der Rechtsprechung ihrer Zeit gefolgt.

Der Briefwechsel mit ihren Freunden vermittelt uns einen Eindruck von dem Klima, das in den dreizehn Jahren dieser Ehe geherrscht hat. Nach ihrer Ansicht liebt Casimir seine Kinder, »solange sie ihn nichts kosten«. Über dieses Thema gab es in ihrer Ehe häufige Zusammenstöße.

In einem Brief an Pierre Leroux vom 10. Januar 1844 schildert sie einen ähnlichen Fall wie den ihren und denkt ohne Zweifel an Casimir, wenn sie von einer »Zurschaustellung väterlicher Gefühle aus Trotz, verletztem Stolz oder Rache« spricht. »Es erfordert in der Tat sehr viel Mut, um einen Mann aus seinem Irrtum zu reißen, der die Wahrheit weder sucht, noch wünscht, noch herausfordert«, urteilt sie ohne Nachsicht. In der Gestalt eines andern greift sie immer noch ihren Mann an, vergleicht ihn mit denen, die durch ihr eigenes Betragen »guten Grund haben, die Augen zu verschließen«.[23]

Im Augenblick des Prozesses ist es ihre größte Sorge, daß die Kinder nichts von der Trennung ihrer Eltern erfahren, oder daß wenigstens »keines von beiden lernt, einen Elternteil auf Kosten des andern zu lieben«. Sie scheinen es beide geschafft zu haben. Maurice und Solange haben ihren Vater immer wieder besucht und schienen sich in Guillery wohl zu fühlen.

Aber kaum ist die Trennung vollzogen, schraubt Aurore den Ton herunter. Man kann nicht gleichzeitig Vater und Mutter sein. Sie folgert daraus, daß »die Ehe so unauflöslich wie möglich sein muß«, um die Sicherheit der Familie zu garantieren. »Ein Mann und eine Frau sind nicht zuviel. Vater und Mutter müssen sich die Aufgabe teilen entsprechend ihren Fähigkeiten.«[24] So ist das Paar noch 1831 verfahren: Als sie im April zum ersten Mal von Paris nach Nohant zurückkehrt, kommt ihr Casimir mit Maurice bis Châteauroux entgegen; der Hauslehrer reist ab, und die Eltern teilen sich die Aufgabe des Unterrichtens. Casimir übernimmt Rechnen und Latein, sie Französisch und Geschichte. »Die Unauflösbarkeit der Ehe ist nur möglich unter der Bedingung, daß sie freiwillig ist, und damit sie freiwillig sei, muß man sie möglich machen«, gibt sie zu bedenken. »Wenn man, um aus diesem Circulus vitiosus herauszukommen, etwas anderes findet als den Glauben an die Gleichheit der Rechte zwischen Mann und Frau, so hat man eine schöne Entdeckung gemacht.«[25] Sie hat also, entgegen allem, was gesagt wurde, niemals die Ehe beseitigen wollen, sondern nur soweit umwandeln, daß sie einerseits lebensfähig, andrerseits so unwiderrufbar als möglich würde.

Im Jahr 1836, als Maurice erkrankt, enthüllen sich ihr die Schwierigkeiten des Unternehmens. Sie ruft Casimir zu Hilfe, bittet ihn, ihrem Sohn seelische Erschütterungen zu ersparen, versichert ihm, daß sie ihm, um ihm nicht wehzutun, niemals etwas Schlechtes über seinen Vater gesagt habe. Sie hofft auf Gegenseitigkeit. In ihrer Ahnungslosigkeit ist sie sich nicht bewußt, daß eben das der wahre Grund für die Erkrankung von Maurice ist, was sich seine Kameraden aus dem Gymnasium Henri-IV über das skandalöse Renommee der Autorin von *Lélia* zuflüstern.

Ihre Mutterliebe läßt sie den Nutzen einer guten Ehe und die Notwendigkeit ihrer Dauer einsehen. Für die Ehen, in denen die Partner kinderlos oder allzu ungleich sind, fordert sie die Scheidung.

Ende Februar 1837, mitten in einer schweren inneren Krise und im selben Jahr, in dem Maurice am meisten leidet, trägt sie dem Abbé Lamennais ihre Meinung vor, ihre »Tollheiten«, wie sie es nennt. Sie verficht die Scheidung: »Ich suche vergeblich nach einem Rezept gegen die schreiende Ungerechtigkeit, die Misere ohne Ende, die oft heillosen Leidenschaften, wie sie die Verbindung der Geschlechter belasten; ich sehe keinen anderen Ausweg als die Freiheit, das eheliche Band zu zerreißen und neu zu bilden.« Sie hat gelitten, gesündigt, und »fühlt den Wunsch nach einer Regelung, die Tugend möglich macht«. Sie widerspricht sich nicht, sie pendelt zwischen zwei Lösungen. Sie will Lamennais überzeugen, der anscheinend nur »unter Engeln« gelebt hat und die Abgründe nicht kennt, in die ihr Auge geblickt hat.[26]

George hat immer wieder versichert, daß die eheliche Treue und die Stabilität der Familie nur unter der einen Bedingung zu erreichen seien, daß sich beide Partner gleichermaßen gebunden fühlten und daß derselbe Tadel beide träfe, »den Mann, der die Frau eines andern sucht, und die Frau des andern, die dem Mann nachgibt«. Je älter sie wird, desto überzeugter ist sie von der Notwendigkeit und der Möglichkeit einer dauerhaften Liebe und einer glücklichen Ehe. Anläßlich der Verlobung ihrer Tochter Solange schreibt sie an ihren Vetter Vallet de Villeneuve, daß sie ihre Tochter zu nichts zwingen möchte: »Die Ehe, diese ewige und geheiligte Einrichtung, braucht, damit ein junges Mädchen den schicksalhaften Schritt tut, eine Art geteilter Begeisterung.«[27] Solange soll es nicht gehen wie ihr selbst: »Ich habe das größte Unglück erfahren, das nämlich, an ein Wesen gebunden zu sein, das in gar keiner Weise zu mir paßte.«[28] Auch wenn sie gelegentlich das Gegenteil behauptet, hat sie doch den Stand der Ehe mit der Überzeugung verlassen, daß in den meisten Fällen weder der Mann, noch die Frau an deren Scheitern schuldig sind, sondern die Institution selbst, wie sie zu ihrer Zeit verstanden und praktiziert wurde.

Gegen Ende ihres Lebens hat sie eines Tages behauptet, sich verheiraten hieße die Freuden der Mutterschaft allzu teuer zu bezahlen. Und doch hat diese hervorragende Erzieherin mit der ihr eigenen Intensität auch die Freuden und Leiden der Mutterschaft erlebt. Seit ihrer Kindheit liebt sie »die Kleinen mit mütterlicher Leidenschaft«.[29] Sie hat sich ein Kind gewünscht und hat es, kaum schwanger, schon geliebt: »Ich verbrachte den Winter von 1822 auf 1823 in Nohant, recht krank und doch ganz erfüllt vom Gefühl mütterlicher Liebe, die sich mir in den süßesten Träumen und lebhaftesten Hoffnungen entdeckte.«[30] Ohne Bedauern werden »Abendunterhaltungen, Lektüre, Phantastereien, jedes intellektuelle Leben« aufgegeben. Sie konzentriert sich ganz und gar auf »das körperliche und das Gefühlsleben«. In Paris macht sie im Hôtel de Florence, dessen Hof wie ein Garten angelegt ist und wohlgeeignet für ein kindliches Dasein, einen kleinen Pavillon ausfindig, in dem ihr Sohn Maurice am 30. Juni 1823 auf die Welt kommt, »unversehrt und sehr lebendig«. »Das war der schönste Augenblick in meinem Leben, als ich, nach einer Stunde tiefsten Schlafs, die auf die schrecklichen Schmerzen dieser Krise folgten, beim Erwachen das kleine Wesen erblickte, das auf meinem Kopfkissen schlief. Ich hatte schon im voraus soviel von ihm geträumt und ich war so schwach, daß ich mir nicht sicher war, ob ich nicht noch immer träumte. Ich fürchtete mich zu rühren und die Vision davonfliegen zu sehen wie an den Tagen zuvor.«[31]

Noch ein Jahrzehnt später erinnert sie sich an diese Vision: »Ich würde gerne jeden Morgen ein Kind auf meinem Kopfkissen finden. Ich bedaure es, daß ich so wenige habe. Aber unglücklicherweise habe ich vergessen, wie man sie macht. Ich bin alt.«[32]

Man kann zwischen den Zeilen den Kummer lesen: Ihre Situation als geschiedene Frau erlaubt es ihr nicht, Kinder zu haben. Glücklich verheiratet hätte die gute Dame von Nohant eine Schar von genäschigen Söhnen und Töchtern gehabt. Die Jugend, mit der sie sich umgibt, verschafft ihr einen Ausgleich. Ihre Adoptivtochter Augustine tröstet sie über eine wenig begeisternde Heirat mit der Versicherung: »Du wirst Mutter werden; für uns Frauen ist das ein Glück, ein machtvolles Lebensband, das durch nichts zu ersetzen ist.«[33]

Gegenüber ihrer Klosterfreundin Emilie rühmt sie, wie jede naive Mutter, ihren Sohn, seine Lebhaftigkeit, seinen Charme, seinen ersten Zahn. Sie ist völlig in ihn vernarrt und sein Vater »betet ihn an«. Ein um so rührenderes Familienbild, als sie ihn, eine gute

Schülerin Rousseaus, auch selbst stillt. Diese Vergötterung wurde mit den Jahren kaum geringer und auch Solange bekam ihr Teil davon ab. Als Maurice sechs Jahre alt ist, legt sie in einem Brief aus Périgueux dem Hauslehrer Boucoiran ihren »schlimmen Schelm« ans Herz, den sie mehr liebt »als alles in der Welt« und ohne den sie »vom Glück verlassen wäre«. Für Solange fügt sie besorgte Ratschläge hinzu, die ihre »mütterliche Schwäche« verraten, und sie bittet den Hauslehrer, ein Auge auf ihr »Dickerchen« zu haben und ein Ohr für sein Geschrei.[34] In Paris geht sie mit ihren Kindern selbst spazieren, »auf der sandbestreuten Terrasse vor dem Palais du Luxemburg«. Sie nimmt ihre Erziehung sehr wichtig, und oft unterrichtet sie sie auch selbst.

Dem einheimischen Deputierten, Duris-Dufresne, den die Dudevants bei seinem Wahlkampf unterstützt hatten, erklärt sie eine von ihr entwickelte Methode des Sprachunterrichts, die sie mit Maurice praktiziert. Sie formt den Geschmack und den Charakter ihres Sohnes, während sie ihm gleichzeitig größtmögliche Freiheit läßt. Als sie sich 1831 für sechs Monate jährlich von ihren Kindern entfernt, betont sie, welches Opfer sie Jules Sandeau damit bringt. Sie treibt die mütterliche Liebe noch weiter: Lieber nimmt sie ihr dreijähriges kleines Mädchen mit zu ihrem Liebsten nach Paris, als daß sie sich von ihm trennte. Diese Verwegenheit hat ihr die öffentliche Meinung nie verziehen.

In einem Brief an den Freund Franz Liszt in dem Augenblick, als ihr der Geliebte Michel de Bourges zu entgleiten droht, schreibt sie: »Ich kenne keine andere Leidenschaft mehr als die für meine Kinder. Das ist eine Leidenschaft wie jede andere, begleitet von Stürmen und Gewittern, von Kummer und Enttäuschungen. Aber sie hat vor allen andern den Vorteil der Dauer.«[35]

Wenn Maurice krank wird, schreibt sie ihrem Geliebten, sie leide »in ihrem innersten Fleisch und Blut«. Da sie von ihm wenig Tröstung erfährt, wendet sie sich an Sosthènes de La Rochefoucauld, den Freund für schlechte Zeiten: »Gott legt in uns einen Schatz von Zärtlichkeit und Nachsicht für unsere Kinder, und dies sind unsere einzigen wirklichen Interessen, unsere einzigen ernsthaften Empfindungen.«[36] Man muß sich das Datum dieses Briefes ansehen: Er stammt vom 20. Januar 1837, aus der Epoche zwischen Michel de Bourges und Chopin.

All die Mühen von Aurore für ihre Kinder waren nicht verloren. Die Erziehung des charmanten Maurice, von dem Victor Hugo sagte, er besitze »ein Stück vom Genie seiner Mutter«, wurde ein

Erfolg. Obwohl die Mütterlichkeit der George Sand ein wenig erdrückend gewesen zu sein scheint. Aber was wäre aus dem geworden, den Maurice Toesca »die größte Liebe der George Sand« nannte, faul und dilettantisch, wie er war, wenn ihn seine Mutter nicht gestützt hätte?

Mit ihrer Tochter dagegen hat George kein Glück. Solange, die ein gut Teil der Verantwortung für das Scheitern zu tragen hat, darf für sich mildernde Umstände in Anspruch nehmen: die ganz besonderen Bedingungen, unter denen sie herangewachsen ist. Man kann George Sand nicht vorwerfen, sie habe Maurice mehr geliebt. Vielleicht war der Junge, der eine schwache Gesundheit hatte, manchmal mehr verzärtelt worden. Die Briefe jedenfalls bezeugen es, daß sie sich, als die Kinder klein waren, um beide gleichermaßen bemühte und sogar Solange mehr verwöhnt hat.

George Sand, die in ihrer Jugend selbst nach Unabhängigkeit strebte, hat die charakterliche Eigenwilligkeit von Solange nur mit Mühe anerkannt. Sie hat ihr wohl »eine bemerkenswerte Intelligenz« bescheinigt, aber ihre »eisige Leidenschaftlichkeit« erschreckt sie. Zwei ganz konträre Persönlichkeiten stoßen hier aufeinander. Maurois meint dazu: »Inmitten der Unordnung aufgewachsen, hat Solange später nichts und niemanden respektiert.« Neben den üblichen Schwierigkeiten zwischen Eltern und Kindern gleichen Geschlechts gibt es noch eine weitere Ursache für die Unverträglichkeiten: Die Eifersucht von Solange auf Augustine Brault, diese von ihrer Familie ziemlich vernachlässigte Kusine, die George aufgenommen und wie eine Tochter behandelt hat.

Man hat sich darüber gewundert, daß sich George der Heirat von Solange mit dem Bildhauer Clésinger nicht widersetzt hat. Ein Satz stellt alles klar: »Wenn der Rubikon überschritten ist, schaffen die Wenn und Aber nur noch Unheil.«[37] Das erklärt die überstürzte Hochzeit von Solange. Und wenn George schreibt, »wir haben uns quasi überraschend verheiratet«,[38] so ist das nicht weniger klar.

Etwa von 1847 an schildert George in ihren Romanen junge Mädchen mit schwierigem Charakter, die ihre Familien unglücklich machen, und als Gegenstücke dazu sanfte Geschöpfe. Ihr Werk ist angefüllt mit Konflikten zwischen Müttern und Töchtern. Ohne Nachsicht hat sie ihre Tochter in *Mademoiselle Merquem* abkonterfeit. Doch sogar nach dem Bruch mit ihrer Mutter – für den die Clésingers selbst verantwortlich sind –, findet Solange jederzeit Hilfe in Nohant.

Wenn George am 25. April 1852, als Solange sich von ihrem Mann trennt, ihrer Tochter in einem großartigen Brief Ratschläge erteilt und Vorwürfe macht, dann scheint ein Satz der Gipfel der Selbsttäuschung bei einer Mutter, die immer Liebhaber gehabt hat. Sie schreibt: »Du, die Du herangewachsen bist in einer Atmosphäre der Würde und der moralischen Freiheit.«[39] Zweifellos liebt George das Idealisieren auch bei sich selbst, und oft beweist sie eine erstaunliche Ahnungslosigkeit. Aber der Kontext des Briefes – der auf die Klagen von Solange eingeht, die nach mehr Luxus verlangt und an ein Leben als ausgehaltene Frau denkt, wie sie es dann bald verwirklichen sollte – macht deutlich, daß George an eine bestimmte Würde denkt, nämlich an die der Frau, die arbeitet, die sich selbst verhält und darauf stolz ist. Wenn sie auch ihre Tochter nie aufgeben wird, so leidet George doch immer furchtbar unter deren charakterlichen Mängeln. In ihrem eigenen Tagebuch entwirft Solange nicht ohne Scharfsinn von sich das Bild einer Egoistin und Zynikerin. Es kann also kaum überraschen, wenn George bekennt: »Keine Neigung, keine Leidenschaft gebiert auch nur annähernd so tiefes Leid wie das verletzter Mutterliebe.«

Enttäuscht von Solange überträgt George ihre Zärtlichkeit auf die junge Pauline Garcia, die Schwester der berühmten Sängerin Malibran, die einen ihrer Freunde, Louis Viardot, geheiratet hat. Diese Tochter nach ihrem Herzen liebt sie wie eine Mutter. Die »Zartheit ihrer töchterlichen Gefühle« und die Ähnlichkeit der Interessen sind für George Sand bis zu ihrem Tod ein »Labsal«.

Als Maurice den Entschluß faßt, Lina Calamatta, die Tochter des italienischen Graveurs, zu heiraten, empfängt George ihre zukünftige Schwiegertochter mit folgenden Worten: »Ich fühle, daß ich dir eine wirkliche Mutter sein werde, denn ich brauche eine Tochter.«

Bis in ihre letzten Lebensjahre widmet sich George der Familie, ihrem Sohn, ihrer Schwiegertochter, ihren beiden Enkelkindern. Bei der frühreifen Aurore spielt sie die Rolle der Prägenden, die auch bei ihr ihre Großmutter übernommen hatte. Sie träumt davon, noch deren Heirat zu erleben: »Ich werde bis zum letzten Atemzug weitermachen, sprechen, denken, arbeiten für sie.«

Für dieses starke Bedürfnis der George Sand, mütterlich zu lieben, gibt es viele Gründe und verschiedene Ursachen. Als sie ihren Vater früh verloren hatte, spürte sie den Kummer ihrer Mutter und daraus entstand der Wunsch, sie zu beschützen. In der Folge hat Aurore, ihrer Mutter beraubt, versucht, diese Rolle in ihrem Leben mit doppelter Intensität zu spielen und allen möglichst erschöpfend das zu sein, was sie sich für sich selbst gewünscht hätte. Die Psychoanalytiker kennen diesen Vorgang der Übertragung sehr gut.

Auch in ihren Freundschaften und Liebesbeziehungen bricht dieses mütterliche Gefühl immer wieder durch. Die brüderliche Zuneigung, die sie für Aurélien empfinden wollte, verwandelt sich schon sehr bald: Ab dem 12. November 1825, sie ist gerade einundzwanzig Jahre alt, drückt sie ihm in ihren Briefen »den Kuß einer zärtlichen Mutter auf die Stirn«.[40]

An Jules Boucoiran, dem sie ihre Kinder anvertraut hat, schreibt sie: »Nehmen Sie es, wie Sie wollen, wie mein alter Pfarrer sagt, aber ich liebe Sie. Guten Abend, mein lieber Sohn, erzählen Sie Ihrer Mutter von mir: Sie soll wissen, wie teuer mir ihr Sohn ist.«[41]

Als sie einmal von Lamennais spricht, für den sie bewundernde Hochachtung empfindet, gesteht sie: »Soll ich alles sagen? Ich hatte eine Art mütterlicher Schwäche für diesen Greis, in dem ich gleichzeitig einen der Väter meiner Kirche, einen Schutzpatron meiner Seele sah.«[42]

Das ist für sie keine Frage des Alters. Trotzdem sind ihre Geliebten fast immer jünger als sie. Sie gefällt sich in der Betonung des Altersunterschieds, und verstärkt ihre Passion durch mütterliche Gefühle. In dem Briefwechsel mit ihren Liebhabern kommen die Begriffe Mutter und Sohn sehr häufig vor.

Madame Marliani, der Freundin von Chopin, versichert sie: »Ich werde mich um die Gesundheit dieses Geschöpfs kümmern, das ich als Sohn angenommen habe und das für mich zu einem zweiten Maurice geworden ist. Der richtige Maurice ... ist jetzt schon fast ein junger Mann.«[43]

Dieses Bedürfnis zu schützen, zu umsorgen, zu verwöhnen ist ihr angeboren. Die Zahl ihrer Patenkinder ist nicht feststellbar. Erst nachdem ihr der Tod zwanzig davon entrissen hat, entschließt sie sich, keine neuen mehr anzunehmen.

Sie beweint die Freunde, die sie verlassen haben, um in einer besseren Welt weiterzuleben. Sie weint um ihretwillen über die Trennung. »Es ist so wichtig für die Seele und so wohltuend für das Herz, unter dem Schirm und Schutz wahrer Freunde zu leben.« Sie meint hier Marcel Gaubert, den ergebenen Arzt von Maurice und Chopin. Dieser, ein belesener philosophischer Kopf, ist »in seiner Zuneigung nachsichtig bis zur Verwöhnung«. Sein Tod im Alter von dreiundvierzig Jahren trifft George Sand schwer: »Ich kenne Gaubert erst seit wenigen Jahren, ich habe ihn geliebt, von Anfang an, als hätten wir uns schon zwanzig Jahre gekannt. Das ist die reinste, vom Idealen berauschte Seele, der ich in meinem Leben begegnet bin.«[44] Suche nach der idealen Freundschaft zu einem Wesen auf der Suche nach dem Ideal.

Durch die gesamte Korrespondenz zieht sich ein Hymnus auf die Freundschaft, der in allen Tönen und am häufigsten in dem der Leidenschaft gesungen wird. Schon Aurore nennt einen langjährigen Freund gerne »mein Geliebter«. Sie preist die Freundschaft mit so lebhaften Worten, auch dann, wenn es sich um Freunde handelt, die nie etwas anderes gewesen sind, daß man die Briefe an die Schauspielerin Marie Dorval, trotz der heiklen und hemmungslosen Formulierungen, noch nicht als einen ausreichenden Beweis für eine homoerotische Beziehung ansehen darf, auch wenn das Vorleben der Dorval das nahelegte.

Man könnte tausend Beispiele anführen für diesen besonderen Ton, der vom leidenschaftlichen Charakter der Sand zeugt, von ihrer grenzenlosen Begeisterungsfähigkeit und von der Wichtigkeit, die sie der Freundschaft beimißt.

»O die Freunde, was sind sie für ein schwer zu bewahrender Schatz. Wenn man seine Hand nicht immer fest geschlossen hält, dann rinnen sie einem durch die Finger wie das Wasser«,[45] schreibt sie an Boucoiran. Vor allem die Angst, sie zu verlieren, läßt die nach Zärtlichkeiten hungernde George so überschwengliche Worte finden. Durch die Liebe zu ihren Kindern, zu ihrer Mutter, zu ihren Freunden und vor allem andern zu Gott hingezogen, fürchtet George Sand immer, der Tiefe und Stärke ihrer Gefühle keinen Ausdruck verleihen zu können.

Sie entwirft eine Religion der Freundschaft und predigt sie ihren Freunden mit Eifer. Alle sind bereit, diesem Kult mit derselben Glut und Ergebenheit wie sie zu dienen. Die meisten haben sich ihr ohnehin mit Leib und Seele verschrieben. Dieses Feuer, das in ihr brennt, diese Flamme, die sie anfacht oder die sich von selbst entzündet, ist der Motor ihrer Beziehung zu andern. Auch darin ist diese glühende Seele eine Romantikerin. Die Zahl ihrer Freunde und deren Anhänglichkeit spricht zu ihren Gunsten. Buloz, ihr Verleger, nannte sie stolz in der Liebe und gut in der Freundschaft. Sie beherrscht vortrefflich die schwierige Kunst, alle, die für sie zärtlichere Gefühle hegen, in den Grenzen der Freundschaft zu halten oder sie dahin zurückzuführen. In ihren Briefen verfolgt man nicht ohne Staunen den Wechsel im Tonfall. Von geradezu unwiderstehlicher Komik ist hier der Brief, den sie an Gustave Papet, jenen treuen Freund geschrieben hat, der in der Nacht, in Nohant, »wie ein Soldat im Feldlager« über das Glück gewacht hat, das Aurore mit dem kleinen blonden Jules genoß. Sie bittet ihn, ihr zu verzeihen, daß sie sich nicht aus den Armen ihres Liebhabers habe reißen können. »Ach, sicher dreißigmal sagten wir uns: Los! Es muß sein.« Und sie versichert ihm, daß seine Aufopferung ihr Glück »noch köstlicher« gemacht habe. Sie schließt: »Mein Gott, wie egoistisch ist die Liebe gegenüber der Freundschaft! Vergib uns! Liebe mich.«[46]

Am gleichen Tag beichtet sie Emile Regnault, dem Medizinstudenten, den sie immer »ihren geliebten Freund« nennt, daß sie nach einer tollen Nacht, »von Bissen und Schlägen entstellt« sei. Und sie fügt hinzu: »Wenn Sie jetzt hier wären, würde ich Sie bis aufs Blut beißen, um Sie ein wenig an unserem wütenden Glück teilhaben zu lassen.«[47] Hier übertreibt sie! Immerhin handelt es sich bei Gustave und Emile wirklich um bloße Freunde. Doch wer ihr die Liebe ermöglicht, wie Gustave, oder ihren Jules pflegt, wie Emile, hat Anspruch auf eine Über-Freundschaft. »Um sich seine Freunde zu erhalten oder ein paar neue zu finden, ist der Preis zu hoch, als daß man dieses seltene Glück aufs Spiel setzen dürfte!«[48]

Man muß allerdings zugeben, daß sie ihren Freunden in den meisten Fällen beständige und herzliche Gefühle entgegenbringt. Da sie in ihren Freundschaften durchaus zu nuancieren weiß, bedauert es George Sand, daß es »so wenige Worte gibt«, um die vielfältigen Qualitäten ihrer freundschaftlichen Beziehungen auszudrücken.

So liebt sie zum Beispiel die Roëttiers du Plessis aus Dankbarkeit. Sie nennt sie ihre »Gefährten«. Im Fall von Stéphane Ajasson de Grandsagne spricht sie von einem »Freund«, »weil er alles das ist, was ein Freund sein kann, ohne doch Liebe zu erregen«.[49] Sie verweist dabei auf die besonderen Umstände, unter denen sie sich in den unglücklichsten Tagen ihrer Jugend näher gekommen sind. Womit noch nicht gesagt ist, daß sie für ihn damals nur freundschaftliche Gefühle empfunden hätte. Eine »Carte du Tendre« aufzuzeichnen verlangt sehr viel Delikatesse.

Für sie ist die Freundschaft ursprünglich, heilig. Sie hat davon immer geträumt, sogar im eigentlichen Sinn des Wortes: »Dieses Traumbild von einer Freundesgruppe, deren Boot mich an ein glückliches Ufer trägt, habe ich im Kopf seit meinen ersten Lebensjahren.«[50] Sie scheut keine Mühe, um sich diese Freunde zu erhalten. Genau das erklärt sie Charles Meure, Staatsanwalt in Clamecy und verdienter Freund bis zu seinem Tod im Jahr 1848: »Sie haben immer vortreffliche Freunde, wo nehmen Sie sie denn her?« fragt sie jemand. »Auf Ehre, mein Lieber, darin bin ich wirklich begünstigt«, antwortet sie, »der Himmel schickt sie mir, und ich muß sie nur festhalten. Ich tue mein Bestes und liebe sie von ganzem Herzen. Und das ist die ganze Kunst . . .«[51] Es macht ihr Spaß, ihren Freunden einen Dienst zu erweisen oder sie um einen Gefallen zu bitten. Einem jungen Mann, für den sie von eben jenem Staatsanwalt aus Clamecy einen Dienst erbeten hat, schreibt sie: »Ich tue es aus Freundschaft für Sie, und er tut es aus Freundschaft für mich.«[52] Diese zwischen Freunden gesponnenen Fäden verstärken die Bindung.

Nohant ist der Tempel des Freundschaftskultes. Dorthin hat George Sand ihr ganzes Leben lang alle eingeladen, die sie liebte. Am Donnerstag zu Mittag hält sie offene Tafel. Der Traum von einer Art Abtei oder vielmehr einem Tuseulum der Freundschaft ist weit über ihre Hoffnungen hinaus Wirklichkeit geworden.

Aurore Dudevant hat die schon zahlreiche Schar ihrer Jugendfreunde aus dem Berry (Gustave Papet, François Rollinat, Jules Néraud, Alexis Duteil, Charles Duvernet, Gabriel de Planet, Emile Regnault) durch ihre Freundschaften aus Kunst und Literatur vergrößert (Liszt, Latouche, Balzac, Pauline und Louis Viardot, Delacroix, Flaubert, Turgenjew, Pierre Leroux, Marie d'Agoult, François Buloz, Grzymala, Berlioz, Heinrich Heine, Hetzel, Jules Boucoiran, Madame Marliani), denen man noch die Arbeiter-Dichter hinzufügen müßte: Charles Poncy und dessen Familie, und Agricol Perdiguier. Hinzu kämen noch ihre Freunde aus der Politik, vom Deputierten ihres Arrondissement, Duris-Dufresne, über Pâtureau-Francœur, Girerd, Emmanuel und Etienne Arago, Ledru-Rollin, Louis Blanc, Jérôme Bonaparte, Godefroy Cavaignac, Sostènes de La Rochefoucauld bis zu Emile Ollivier und vielen andern. Neben dieser wahrhaft überwältigenden Schar ihrer Freunde hat sie aber weder ihre Familie, noch die Freunde ihrer Familie je vernachlässigt.

Wenn auch nicht alle ihrer Einladung, »die man sich als Ehre anrechnete«, gefolgt sind, so waren doch die meisten getreue Stammgäste in Nohant. Diese gegenseitige Anhänglichkeit ist erstaunlich. Man stößt in der über sechs Jahrzehnte sich hinziehenden Korrespondenz immer wieder auf dieselben Namen. Die Freunde der ersten Zeit werden nicht aufgegeben, als sich nach und nach berühmte Namen zu ihnen gesellen. Freundschaften sind ihr stets wichtiger als Verbindungen.

Mehrere ihrer früheren Geliebten sind ihr in Freundschaft verbunden geblieben. Musset hat sie niemals vergessen. Sie jedoch war vorsichtig, mißtraute ihm und sich selbst, und hat es vorgezogen, ihn nie mehr wiederzusehen. Bocage und Borie sind weitere Beispiele dafür und entlarven all jene als Lügner, die wie Marie d'Agoult behaupten, sie habe in der Liebe immer hart gebrochen.
Allerdings ist die Zahl ihrer Liebhaber, die zu Freunden geworden sind, sehr viel kleiner als die ihrer Freunde, die gerne ihre Liebhaber gewesen wären, wie etwa Jules Néraud und Latouche. Latouche, der ihr geholfen hat, in die Welt der Literatur einzudringen, war lange verstimmt. Doch schließlich ist er zu ihr zurückgekehrt. Néraud, der »Madegasse«, der zum Kreis aus La Châtre gehört und mit ihr botanisieren geht, ist sehr verliebt in sie und steckt ihr Botschaften zwischen die Seiten ihres Botanik-Buches, aber sie gibt ihm keine Gelegenheit, die Grenzen der Freundschaft zu überschreiten.
Sie mag es, wenn ihre Freunde miteinander befreundet sind, und fördert ihr Zusammentreffen auch außerhalb von Nohant und unabhängig von ihrer Person. So empfiehlt sie Meure zuerst Aurélien und später Girerd, wegen deren »Seelenstärke«.
Wenn sie die Freundinnen aus dem Kloster der Englischen Augustinerinnen nach und nach aus den Augen verliert, so sind daran allein die äußeren Umstände schuld: Als sie vom Skandal beschmutzt wird, will sie ihre Klassengefährtinnen, aus denen junge Gräfinnen und Vicomtessen geworden sind, nicht in Verlegenheit bringen und bricht jede Verbindung mit ihnen ab.
Der Komponist Franz Liszt ist einer ihrer ersten berühmten Freunde. Das Gerede über eine Liaison zwischen den beiden entbehrt jeder Grundlage. Sie haben ganz andere Gründe, sich zu treffen und sich zu schätzen. Beide haben soziale Interessen und setzen sich für eine Verbesserung der Lage des Volkes ein. Die musikalische George kann den Komponisten und Klaviervirtuosen Liszt in seinem Wert recht gut beurteilen, und er schätzt dieses Urteil. Schließlich haben diese beiden »Mystiker« ein sehr verwandtes Temperament und eine ähnliche Philosophie. Nach dem Bruch mit Musset tröstet der Geliebte der Marie d'Agoult die Verzweifelte und versichert ihr, daß allein Gott es verdiene, geliebt zu werden.
Ihre freundschaftlichen Beziehungen zu Lamennais, dem Philosophen, sind ganz anderer Natur. Angezogen von den neuesten Erkenntnissen des Geistes, und dies besonders im Bereich des Religiösen, trägt sie sich ihm als Schülerin an. Sie stellt ihr Talent und

ihre Kräfte in seinen Dienst, »Kräfte, die noch sehr jung sind und die sie oft werden neu beleben müssen«.[53] Ihre Freundschaft ist für ihn von erheblichem Nutzen. Um seine Zeitschrift, *Le Monde*, zu unterstützen, überläßt sie ihm die *Lettres à Marcie* und *Visite aux Catacombes*. Ihm gestattet sie Kürzungen und Bearbeitungen, was sie sonst niemandem zugesteht. Die wohlbekannte Unverträglichkeit des Abbé bringt sie schließlich auseinander. Aber sie bewahrt ihm stets ihre Bewunderung.

Pierre Leroux, auch er Philosoph und Theoretiker des Sozialismus, dem nie gelingt, was er sich vornimmt, beherrscht perfekt die Kunst des Schmarotzens. George Sand weiht ihm eine maßlose und kaum gerechtfertigte Bewunderung, weil er sie in jene Welt der »Philosophie« eingeführt hat, aus der sie sich wegen der Unzulänglichkeit ihrer Grundausbildung ausgesperrt glaubt . . . Er ist für sie der Meisterdenker, dem sie widerspruchslos folgt. Sie hört nicht auf, ihm gegenüber eine intellektuelle Schuld einzugestehen, die sie sich zu einem guten Teil einbildet. Ohne nachzurechnen »löscht« sie dafür seine finanziellen Schulden und treibt die Großherzigkeit so weit, ihm auch dann noch von Dankbarkeit zu schreiben, nachdem sie zu ihren Lasten eines anderen belehrt worden war. Welche Exzesse begeht er, gestützt auf das unerschütterliche Vertrauen, das sie ihm entgegenbringt! Wie viele Jahre war sie ihm gegenüber mit Blindheit geschlagen, und was alles mußte passieren, bevor sie die Konsequenzen daraus zog!

Alexis Duteil, eine Rabelaissche Natur aus der Kleinstadt La Châtre, ist ein Freund, der wie sie das Lachen und Scherzen liebt. Wenn er da ist, fällt es George leichter, ihren Kummer und ihre Nöte in Ulk und Schabernack zu ertränken. »Ich habe allen unseren Freunden geschrieben, sie mögen nicht vor vier Uhr kommen, weil ich in der Nacht arbeite, spät aufstehe und ungern eine Menge Leute um mich habe, wenn ich mir das Hemd anziehe. Du persönlich kannst jedoch kommen, wann Du willst, denn für Dich ist mein Hintern nicht vorhanden.«[54]

Ursprünglich ein Freund von Casimir, nimmt er im Augenblick der Trennung für George Partei; sein Haus wird ihr vom Richter zum Wohnort bestimmt während des entscheidenden Prozesses. Noch im Jahr 1974 wird in einer Todesanzeige im *Figaro* hervorgehoben, daß der Verstorbene, ein General Duteil und direkter Nachkomme von Alexis, George Sand gekannt habe. Ein Beweis für die außerordentliche freundschaftliche Treue dieser Familie.

Der beste Freund aus La Châtre war jedoch François Rollinat, ein vielbeschäftigter Advokat, den die Last seiner Familie fast erdrückte. Eine der schönsten *Lettres d'un voyageur*, die fünfte, ist ihm gewidmet, und die *Histoire de ma vie* kündet ausführlich von der Bedeutung dieser vollkommenen Freundschaft: »Rollinat ist nicht der einzige unter meinen Freunden, der mir die Ehre antat, in mir nur einen Bruder zu sehen. Ich habe ihnen allen immer wieder bekannt, daß ich für ihn eine unerklärliche Vorliebe hätte«[55], obwohl ihr die andern gleichermaßen ergeben waren.

George analysiert dieses »unerklärlich« genannte Gefühl: Er ist kein Freund ihrer Kindheit, ihre Freundschaft beruht also mehr auf der freien Erwählung als auf der Gewohnheit. Er ist jünger als sie, aber ihr darum nicht weniger nahe, und beide verzweifeln sie an den harten Realitäten und bewahren sich trotzdem »einen unbesieglichen Enthusiasmus für das Ideale«. Beide haben »dieselbe Zergliederungswut, dieselben Gewissenszweifel, dasselbe Bedürfnis nach einem Begriff des höchsten Gutes, denselben Hang zum Träumen, denselben Mangel an Ehrgeiz, dieselben Vorzüge, dieselben Fehler«. François Rollinat ist der Sohn eines Advokaten. Sein Vater, ein im Grunde vortrefflicher Mann, hat ihm zugleich mit seiner Kanzlei auch die Last übertragen, für alle Bedürfnisse der Familie in Zukunft aufzukommen, eine wahrhaft erdrückende Last, die er, nach den Worten seiner Freundin, »mit der Geduld eines berrichonner Ochsen« erträgt. Der Lohnschreiber George Sand, der sich die Sorgen für so viele Leute aufgebürdet hat, kann den Freund verstehen und bewundern.

Um so mehr, als der einfallsreiche Rollinat imstande war, aus »der trüben Ernsthaftigkeit« seines Alltagslebens »in jene tolle Laune« überzuwechseln, die ihr so gefiel. »Die wunderbare Güte, die arglose Großherzigkeit, die tiefe Weisheit« dieser seltenen Seele bringen George Sand dahin, diese Freundschaft zu den »köstlichsten Segnungen ihres Schicksals« zu zählen. Die Pflicht hat sie beide, gefesselt an Händen und Füßen, in die Arbeit geworfen. George Sand ist Rollinat besonders dafür dankbar, daß er ihr nie mit Worten predigt, sondern mit gutem Beispiel vorangeht. Sie vergleicht ihre Freundschaft mit der zwischen Montaigne und La Boétie, und sie freut sich, daß sie fünfundzwanzig Jahre bestanden hat, ohne daß sich »die heilige Verbindung der Seelen auch nur einen Augenblick lang gelockert und ohne daß ein Zweifel den absoluten Glauben getrübt hätte«, den der eine dem andern entgegenbrachte. An andrer Stelle sagt sie, sie seien »eine einzige Seele in zwei Personen«. Da sie »auf der Wertschätzung« beruhte, hatte diese Freundschaft »gegenseitige Wertschätzung nicht mehr nötig«.[56] Sie würde ihm jede Verfehlung verzeihen, so gut wie er sie, wenn sie angegriffen wird, viele Male verteidigt, ohne von ihr eine Rechtfertigung zu verlangen.

Andere Freunde haben sich mit ihr über ihre Meinungen und Handlungen auseinandergesetzt, und gewiß hatten sie dazu ein Recht. Doch zwischen François und ihr herrscht die absolute Freundschaft. Um sie über die düsteren Tage von 1848 hinwegzutrösten, schreibt er ihr scherzhaft, er ziehe sie sogar der Republik vor. Da er die Güte, die Schlichtheit, die tiefe und aufrichtige Zärtlichkeit und die Seelengröße seiner Freundin kennt, fürchtet er, daß gerade diese Größe verletzend sei »für die Menge, die nur die kleinen Dinge und die kleinen Geister liebt«.[57]

Keiner der beiden ist eifersüchtig auf die intimeren Bande, mit denen jeder an andere geknüpft ist. Das grenzenlose Vertrauen und der feurige Glaube, mit dem sie aneinander hängen, macht diese Freundschaft zu einer idealen, so daß George zumindest hier, wenn auch nicht in der Liebe, ihr Ziel erreicht hat.

Als sie einmal Flaubert von Rollinat, »meinem wahrhaften Freund und Doppelgänger in diesem Leben« erzählt, fügt sie hinzu: »Ich habe ihm alles, was gut an mir ist, zu verdanken, und ich versuche es mir zu erhalten aus Liebe zu ihm.«[58]

Ihre Freundschaft mit Rollinat gründete sich auf Ähnlichkeiten. Das Gefühl, das sie für Flaubert empfindet, verbindet zwei völlig entgegengesetzte Naturen – ohne ihre unterschiedlichen Auffassungen von Literatur überhaupt zu erwähnen.

Sie ist optimistisch, und als Idealistin glaubt sie an den Menschen. Er ist ein Menschenverächter ohne Illusionen und sucht den Elan seiner Freundin zuweilen zu zügeln. Sie quält ihn mit ihrer Begeisterung für die Republik, während ihm, wie er sich eingesteht, »nur eine Sache fehlt, nämlich irgendeine Art von Enthusiasmus«.[59] Sie werden sich auch nicht ändern: »Die beiden alten Troubadoure« sind eine Antinomie. »Was Dir lästig ist, ergötzt mich. Ich liebe die Bewegung, den Lärm und die Verdrießlichkeiten des Reisens.«[60] Beide bemühen sich, in Güte einen Ausgleich zu finden zwischen seinen »Verstandeswahrheiten« und ihren »Gefühlswahrheiten«. Aber in der Politik gibt es keine Einigung: »Unsere wirklichen Auseinandersetzungen müssen unter uns bleiben, wie die Liebkosungen unter Geliebten, und vielleicht sind es zartere, denn auch die Freundschaft hat ihre Mysterien, doch ohne die Stürme der Persönlichkeit.«[61]

Er gesteht ihr zu Anfang ihres Briefwechsels, daß er als alter Romantiker glücklich sei, von der Autorin ein Bild zu bekommen, »die mich in meiner Jugend so sehr hat träumen lassen«.[62]
In Paris, in Nohant, sehr viel seltener in Croisset rösten sie sich in der Kaminecke »die Stelzen« und erzählen sich von ihrem Herzeleid.[63]
Nach einem ihrer Besuche in Croisset fragt er sie: »Unter welcher Konstellation sind Sie nur geboren, daß Sie in Ihrer Person so unterschiedliche, so zahlreiche und so seltene Eigenschaften vereinen? . . . Ich empfinde für Sie eine besondere Zärtlichkeit, die ich bisher noch für niemanden empfunden habe.«[64] Er bedauert ihren zu schnellen Aufbruch, während sie ihm gesteht, sie habe immer Angst, »sich zu eng anzuschließen und zu langweilen. Die Alten müssen äußerst zurückhaltend sein.«[65]
Schon im Mai 1867 schreibt er ihr: »Wie traurig ist es, daß wir nicht zusammenleben können, liebe Meisterin, ich bewunderte Sie so sehr, noch bevor ich Sie kannte. Doch von dem Tag an, da ich Ihr gutes und schönes Gesicht gesehen habe, habe ich Sie geliebt.«[66]
Er antwortet auf ihre tiefe Freundschaft, auf die Neigung, die sie ihm entgegenbringt: »Auch ich frage mich, warum ich Sie liebe. Ist es deshalb, weil Sie ein großer Mann oder ein liebenswertes Geschöpf sind? Ich weiß es nicht. Nur das ist gewiß, daß ich für Sie ein besonderes und schwer zu bestimmendes Gefühl empfinde.«[67]
Und George bekennt: »Ich liebe Dich sehr, sehr, mein guter Alter, Du weißt es. Das Ideal wäre, lange Jahre mit einem guten und großen Herzen wie Dir zusammenzuleben.« Aber sie findet sich dafür »tatsächlich zu alt«.[68]
Sobald er einen Teil des *Saint Antoine* vollendet hat, schreibt er »seiner lieben Meisterin vom Guten Gott«, wie gern er ihn ihr vorlesen möchte. Ihre Freundschaft wächst weiter. Sie stützt ihn, wenn er keinen Erfolg hat, und stärkt seinen Glauben an den Wert seines Werkes – besonders den der *Education sentimentale*, die so übel aufgenommen wurde. Sie hilft ihm, die »Abgründe« des künstlerischen Schaffens und die Trübsal der Einsamkeit zu ertragen, als er seine Mutter verloren hatte und seine Nichte krank wurde. Sie spricht ihm Mut zu. Und er antwortet: »Welch ein vortreffliches Geschöpf Sie sind!« Gerührt von seiner Verlassenheit, rät sie ihm zu heiraten. Aber vergeblich, er glaubt sich nicht zur Ehe geschaffen.
Der Tod von George Sand läßt ihn verstört zurück. Bei der Beerdigung kann er die Tränen nicht zurückhalten. Bis zu seinem eigenen

Tod wird er Maurice schreiben, wie sehr sich in ihm die Leere vergrößerte, die dieser Verlust in ihm hinterlassen habe.
Zu den Getreuen der Familie, die in sie verliebt waren, gehört auch Emmanuel Arago, der Sohn des Astronomen. Als Advokat, Mitarbeiter von Balzac und Sandeau, Mann der Politik, ist er einer der zuverlässigsten Berater von George Sand, einer der am intimsten Bescheid weiß über ihre Freuden und Qualen. Diese herausgehobene Stellung verdankt er der Tatsache, daß er eine unglückliche Passion in eine freundschaftliche Bindung umzuwandeln vermochte. Er ist es, der nach der großen Szene mit Solange einen einundsiebzig Seiten langen Brief erhält. George berichtet ihm darin alle Einzelheiten des Vorfalls und die Reaktionen, die sie in ihr auslösten, was das Ausmaß ihres in ihn gesetzten Vertrauens zeigt. Die Antwort von Emmanuel Arago beweist seine brüderliche Zuneigung.
Man könnte noch lange weitererzählen von den Herzensfreundschaften mit all jenen, die freudig die Überlegenheit ihres Genies anerkannten, und von den Freundschaften mit ihresgleichen: mit Turgenjew zum Beispiel.
Der Fall Delacroix verlangt eine besondere Erwähnung. Über Jahre hin besitzt der wohl berühmteste französische Maler der Romantik ein Atelier in Nohant, wo Maurice von seinem Unterricht profitiert. George respektiert seine Prinzipien, die sich von den ihrigen sehr unterscheiden. Seine den ihren entgegengesetzten politischen Ansichten und sein enger Klassizismus hindern sie nicht daran, ihn als Maler sehr hoch zu schätzen. Ihre Anhänglichkeit ist um so aufrichtiger, als sie sich in der Opposition gegen ihn selbst besser kennenlernt. Sie weiß ganz genau, daß er sie für eine »unverbesserliche Träumerin« hält, aber in dem, was er ihre Träumereien nennt, sieht sie ihren Glauben und ihre Kraft. »Nein«, sagt sie ihm zum Trotz, »nichts stirbt, nichts verliert sich, nichts endet«.[69]
Strenger gegen sie, als sie glaubt, ist er der einzige unter ihren Freunden, der ihr nicht absolut treu bleibt. Wenn sie seinen Mut und seinen Geist rühmt, vermutet sie sicher nicht, daß er diesen Geist unter Beweis stellen würde, indem er ihn gegen seine Gastgeberin wendet. Sie hat diesen von seinen Zeitgenossen verkannten Maler viele Male in der Presse verteidigen müssen. In den *Lettres d'un voyageur*, in *Horace*, in den *Impressions et Souvenirs* spricht sie von ihm stets mit Bewunderung. Denn auch in der Freundschaft, wie in der Liebe, hat sie das Bedürfnis zu bewundern.
Die Feministin George Sand war auch mit Frauen befreundet, aber

es sind nicht sehr viele gewesen. Die Gründe dafür hat sie mit großer Offenheit dargelegt:
»Von sehr wenigen Ausnahmen abgesehen, ertrage ich nicht lange die Gesellschaft von Frauen. Nicht deshalb, weil ich sie mir in der Intelligenz unterlegen fühlte. In den Geschäften des Lebens lege ich so wenig davon an den Tag, daß alle um mich herum mehr davon haben als ich. Aber die Frau ist in der Regel ein nervöses und unruhiges Geschöpf, das mir wider meinen Willen seine ewige, durch alles und jedes ausgelöste Verwirrung mitteilt. Zuerst höre ich ihm widerstrebend zu, dann lasse ich mich von einem sehr natürlichen Interesse packen, und am Schluß muß ich feststellen, daß an all den kindischen Aufregungen, von denen man mir erzählt, nichts dran ist.«[70]

Natürlich liefere ihre miserable Erziehung den Frauen eine Entschuldigung, aber auch wenn diese besser würde, bliebe ihnen eine Art krankhafte Erregung, die sie charakterisiere. So kommt George zu einem leicht vorhersehbaren Schluß: »Ich liebe also die Männer mehr als die Frauen . . . Denn die Befriedigung der Leidenschaften«, davon ist sie überzeugt, »macht nur einen beschränkten und zufälligen Teil der Anziehung zwischen den Geschlechtern aus«, die auch über das Alter der Leidenschaft hinaus bestehen bleibe.[71]

Trotz ihrer Vorliebe für die Männer, trotz der »üblichen Eitelkeiten« der Frauen, trotz ihres maßlosen Hochmuts, sobald sie »die Ebene der Tratschereien hinter sich gelassen haben«, hatte George mehrere Freundinnen: Marie Dorval, Marie d'Agoult, Pauline Viardot, Hortense Allart, Juliette Adam und die kleine Ursulette aus ihrer Kindheit.

Die Schauspielerin Marie Dorval, die »Heldin der romantischen Schule«, fasziniert George. Sie liebt noch ihre Laster und »verherrlicht« ihre Tugenden. Sie findet an der feurigen Dorval niemals einen Anflug von Kleinlichkeit oder Mittelmäßigkeit, und vor allem sieht sie in ihr die Frau, die sie hätte werden können, wenn sie als Kind fahrender Leute geboren worden wäre. »Bei ihr wurde alles zur Leidenschaft, die Mutterliebe, die Kunst, die Freundschaft, die Hingabe, der Unwille, die Frömmigkeit, und da sie sich in nichts mäßigen, in nichts beschränken konnte und wollte, war ihr Leben von erschreckender Überfülle und voller Erschütterungen, die das Maß menschlicher Kraft weit überstiegen.«[72]

Nach dem Tod von Marie, der kurz nach einem Sturz auf die Bühne eintrat, als sie kaum das fünfzigste Jahr überschritten hatte, bedankt

sich Luguet, ihr Schwiegersohn und einstiger Geliebter, bei George für die Hilfe, die sie Marie geleistet hatte.
George entwirft von ihr ein bei aller Begeisterung zutreffendes Porträt. »Sie war der Inbegriff weiblicher Unruhe in ihrer höchsten Form. Sie besaß im Übermaß eine seltene Wortgewalt, eine manchmal wilde, aber niemals gemeine und in ihrer Derbheit immer keusche Wortgewalt, die in allem durchdrungen war vom Streben nach dem unbegreiflichen Ideal, vom Traum des reinen Glücks, vom Himmel auf Erden.«[73] Diese Zeilen lassen die Ähnlichkeit zwischen den beiden Frauen hervortreten und könnten auch auf George Sand gemünzt sein. Ist sie nicht selbst der »Gummiball«, mit dem sie Marie Dorval vergleicht?
Einer der Briefe, die George Sand der Schauspielerin geschrieben hat, ist Guillemin als der Beweis lesbischer Beziehungen erschienen, die Alfred de Vigny, der Geliebte der Dorval, zwischen den beiden Frauen vermutete. Doch auch die übrige Korrespondenz, in der keine so verdächtigen Wendungen vorkommen, ist in glühenden Worten gehalten. In der *Histoire de ma vie* zitiert George Sand folgenden Ausspruch der Dorval:
»Sind es denn die Sinne, die uns zueinander ziehen? Nein, uns dürstet nach ganz anderem, wir jagen nach der wahren Liebe, die immer anlockt und flieht.«[74] Daß diese beiden Frauen, die sich in gewisser Hinsicht im Temperament so ähnlich waren, die »wahre Liebe« in dieser Form gesucht haben, ist sehr gut möglich. Sollte dies der Fall gewesen sein, so hätte Marie ihre Freundin sicher nicht für lange überzeugt. Wie dem auch sei, George Sand blieb ihr eine ergebene Freundin, die das Unglück und den Abstieg, der die alternde Aktrice erwartete, zu lindern versuchte. Sie hat Marie, als sie einen zärtlich geliebten Enkelsohn verlor, auf Freundesart getröstet. Wenn jemand ihr die Augen öffnen will über Marie, so entgegnet sie, daß ihr »Geschmack und Haltung wenig bedeuten«, daß sie sie liebe und auch weiterhin glaube, daß sie eine »wunderbare Seele« sei. Sollte sie sich wirklich in ihrem Urteil getäuscht haben, so wäre das nicht das erste Mal.
Wie anders verläuft dagegen die von Krisen unterbrochene Verbindung mit Marie d'Agoult! George ist es, die ganz offen den Anfang macht: Sie verbirgt dabei nicht, daß sie es auf Wunsch von Franz Liszt tut, mit dem sie schon befreundet ist. Man kann sich zwei gegensätzlichere Naturen nicht vorstellen. Marie, die blonde Sylphide, sehr aristokratisch und ein bißchen geziert, wird von George »die Prinzessin« genannt. Sicher ist sie in jeder Weise eifersüchtig

auf die Sand. Mehrere Jahre lang überhäufen Liszt und Marie George Sand mit ihrer Zuneigung, kommen nach Nohant, laden sie in die Schweiz zu sich ein. Der Auftakt ist vielversprechend. Nach dem ersten Besuch des Komponisten und seiner Geliebten in Nohant schreibt George: »Gute Marie, je länger ich Sie sehe, desto mehr liebe und schätze ich Sie. Ich könnte das nicht von allen Neigungen sagen, die ich der Feuerprobe der Intimität, des alltäglichen Zusammenlebens unterworfen habe.«[75] Doch Marie kann auf die Dauer die gröblichen Scherze und die derben Hanswurstiaden ihrer Freundin nicht ertragen. Vielleicht hat auch George Sand, um die stirnrunzelnde Empfindsamkeit der Prinzessin anzustacheln, in ihrer Gegenwart ein bißchen übertrieben.

Noch bevor Liszt und Marie sie mit Chopin bekanntmachten, hat George bereits die Heuchelei in der von beiden vorgeführten Liebe durchschaut. Die aufsehenerregende Flucht von Marie d'Agoult und die Art und Weise, in der beide ihre Passion zur Schau gestellt hatten, bindet sie noch widerwillig aneinander. In dieser Phase kommt es zu einem vollständigen Bruch zwischen den beiden Frauen, wobei sehr bittere und hinterhältige Briefe sie noch rascher auseinandertreiben. George erfährt durch die geschwätzige Charlotte Marliani, was die Prinzessin über sie schreibt. Und das ist so boshaft wie falsch.

Als Marie von Franz Liszt verlassen wird, nimmt die großmütige George den Kontakt mit der Einsamen wieder auf, aber sie können es beide nicht lassen, mit den Krallen aufeinander loszugehen.

Marie fängt unter dem ebenfalls männlichen Pseudonym Daniel Stern zu schreiben an. Bevor diese brillante, intelligente, ihrer Freundin so ungleiche Frau ihren eigenen Ton findet, ist der Einfluß von George Sand auf ihr Werk noch zu spüren.

Die Beziehungen von George Sand zu Hortense Allart sind weniger bekannt. Zumal Hortense viele der Briefe ihrer Freundin, die sie »die Königin« nannte, zerstört hat. Das sehr freizügige Leben, das sie führt, macht sie für George zu einer Ratgeberin besonderer Art. Vom Jahr 1837 bis zu ihrem Tod tauschen diese beiden kultivierten Frauen ihre politischen und literarischen Ansichten aus. Hortense, die von der Macht der Persönlichkeit und dem Talent ihrer Freundin beeindruckt ist, hat George dazu aufgerufen und angehalten, die Sache der Frauen zu verteidigen.

Die Freundschaft, die die Sand mit der Sängerin Pauline Viardot verbindet, steht im Zeichen der Musik. Für beide Teile wird sie zu einem dauerhaften, glückbringenden Erlebnis. Pauline brachte

George die Gefühle einer Tochter entgegen. Das gilt auch für Juliette Adam, die erst sehr spät in das Leben von George Sand trat. Sie hatte ihre literarische Karriere mit einem kleinen Bändchen begonnen, in dem sie die Frauen gegen die Angriffe von Proudhon in Schutz nahm und leidenschaftlich für George Partei ergriff. Diese hat ihr später als eine Art Testament ihre freundschaftlichen Ratschläge hinterlassen. Die sehr innigen Beziehungen zu Juliette zeigen, welchen Einfluß George noch bis zu ihrem Tod auf ihre Umgebung und besonders auf junge Menschen ausübte.
Mit Ursule, die schon als kleines Mädchen in Nohant die Spielgefährtin von George gewesen war und die für ein ganzes Leben ihre Schneiderin werden sollte, unterhält George über fünf Jahrzehnte hinweg einen regen Briefwechsel. George hat mit jener Ursulette, die auf Befehl ihrer Großmutter sie plötzlich mit »Mademoiselle« und Sie anreden mußte, immer ein sehr vertrautes Verhältnis gehabt. Sie nimmt an deren Sorgen Anteil, läßt deren Mann auf ihre Kosten pflegen, verschafft ihr Kundschaft; sie nennt sie »meine Alte« und ist froh, damit ein Wort gefunden zu haben, das in ihren Augen die sozialen Barrieren überwindet.
Der Ruhm bescherte ihr viele neue Freunde. Aber George hat nie auch nur den geringsten Unterschied gemacht zwischen den Mächtigen und den Einfachen. Sie lädt sie zusammen nach Nohant ein, vereint im Zeichen ihrer Freundschaft, und verbunden zu einem Miteinander, das allein die starke Persönlichkeit der Gastgeberin möglich macht.
Und natürlich sind auch die Kinder immer dabei, und der Geliebte der Stunde. Wenn es wie auch immer geartete Schwierigkeiten gibt, tragen immer die Kinder den Sieg davon: »Wenn ich mich prüfe«, schreibt sie in ihren späten Jahren an Juliette Adam, »erkenne ich, daß die beiden beherrschenden Leidenschaften meines Lebens die Mütterlichkeit und die Freundschaft gewesen sind«.[76]

DIE LITERARISCHE FRON

Du weißt gut, daß dieses abscheuliche Schreiberhandwerk einem den bloßen Anblick von Papier und Tinte verleiden kann.[1] G.S.

Ich hoffe, daß ich Zeit zum Arbeiten finden werde, denn durch Arbeiten verdient man nicht nur das Geld, das man braucht, sondern man vergißt, wofür man dieses Geld braucht.[2]
G. S.

Geld verdienen zu wollen, ist eine recht ungewöhnliche Idee bei einer Frau aus dem Milieu der George Sand. Vielleicht ist der alte Traum aus ihrer Kindheit wiederauferstanden, in dem Modeladen, den ihre Mutter angeblich eröffnen wollte, die Nadel zu führen. Arbeiten oder nicht arbeiten wurde für sie das *»to be or not to be* des modernen Lebens«.[3]

George Sand verheimlicht es ihrem Mann nicht, sie kündigt es ihm sogar offen an, daß sie die Absicht hat, zu arbeiten und selbst Geld zu verdienen. Er hält das für eine ihrer Kapricen und denkt nicht weiter darüber nach. Schon damals hat sie ihr Streben auf eine kurze Formel gebracht: »Mein Beruf ist die Freiheit!«

Aurore setzt zuerst auf ihr zeichnerisches Talent. Ihre Landschaften haben Charme, ihre Porträts besitzen Ähnlichkeit. Sie hat für ihre Freunde schon Dosen bemalt und mit Geschmack und Geschick Zierat aus Seide, Holz oder Leder verfertigt. Sie weiß, daß manche Frauen, verarmt durch das politische Auf und Ab in einer unruhigen Zeit, sich mit ihrem Einfallsreichtum ein paar Louisdors verdienen.

Nachdem sie sich in Paris niedergelassen hatte, bemerkt sie sehr schnell, daß die Frauen in dieser Situation Legion sind. Einen Zeichenstift, einen Pinsel zu halten oder mit der Nadel umzugehen, war alles, was sie gelernt hatten. Sie bilden eine »triste Kohorte«, dem vergoldeten Elend ausgeliefert. Der Markt ist überfüllt.

Ihre junge Liebe, Jules Sandeau, zeigt sich stolz mit ihr in den Redaktionsstuben und verspricht ihr, einem Plan zur Ausführung zu verhelfen, an den sie noch kaum gedacht hat. Sie hat noch eine an-

dre Saite auf ihrer Leier. Wie früher ihre Großmutter, so glauben auch ihre Klosterfreundinnen und ihr Vetter Vallet de Villeneuve an ihr literarisches Talent. Selbstverständlich kommt niemand auf den Gedanken, daß sie daraus etwa Vorteil ziehen könnte. Aber sie hat den Mut, daran zu denken. Mit zwei Empfehlungen versehen ist sie im Januar 1831 von Nohant abgefahren: die eine war an Latouche, die andere an Kératry gerichtet. Der Deputierte von La Châtre, Duris-Dufresne, den sie früher unterstützt hat, gibt sie ihr mit auf den Weg in die Hauptstadt. Kératry, der Romancier à la mode, empfängt sie mit herablassendem Wohlwollen, da er dem Deputierten entgegenkommen möchte. Auf ihn rechnet George mehr als auf den galligen Latouche. Doch Kératry wird über seine guten Worte hinaus nichts für sie tun. Ihre Enttäuschung darüber findet noch Jahre später, in der *Histoire de ma vie*, ihren Ausdruck. Sie schildert dort in einer komischen Szene, die ihrer Phantasie mehr Ehre macht als ihrer Wahrheitsliebe, ihren Besuch bei Kératry. Er habe sie nach Hause geschickt mit dem väterlichen Ratschlag: »Machen Sie keine Bücher, machen Sie lieber Kinder!«
Hyacinthe de Latouche, an den sie ein mit ihm entfernt verwandter Freund aus La Châtre verwiesen hat, sieht sich im Büro des *Figaro*, seiner kleinen satirischen Zeitschrift, einer jungen Frau gegenüber, die in ihrer Redingote wie ein Student im ersten Jahr aussieht. In diesem Redaktionsstubenmilieu, unter dieser Literatenfauna, entzückt ihre Originalität. Sie wird sofort als Mitarbeiterin der Zeitschrift engagiert, und schon ihr erster Artikel macht einen starken Eindruck.

Gleich bei ihrem Eintritt ins literarische Leben lernt die junge Frau, die sich noch nicht George Sand nennt, die Lohnschreiberarbeit kennen, unterwirft sich den rauhen Gesetzen der literarischen Galeere. Jetzt geht es nicht mehr darum, nach Lust und Laune zu schreiben, wie noch einige Jahre zuvor den Bericht über ihre Reise durch die Auvergne.

Zuallererst muß jetzt, um ihre Freiheit zu garantieren, die bescheidene Pension aufgebessert werden, die ihr Casimir ausgesetzt hat. Und später, nach der Trennung von ihrem Mann, müssen der Lebensunterhalt, die Kosten für die Erziehung der Kinder und für den Umtrieb eines großen Hauses mit vielen Dienstboten und offener Tafel verdient werden, denn die Erträge von Nohant werden sehr geschmälert durch Verwaltungskosten und durch Schenkungen, die sie wegen der Armut der Bauern für notwendig hält. Dann braucht ihre Tochter eine Mitgift und einer ihrer Neffen muß studieren. Auf den Reisen mit ihren Geliebten übernimmt meistens sie den größten Teil der Auslagen, und auch die Großzügigkeit, mit der sie ihre vielen Freunde verwöhnt, kostet eine Menge. Mit einem Wort, das Geld interessiert sie vor allem als das Mittel, das es ihr erleichtert, anderen einen Dienst zu erweisen, und sie lernt es nie, ihre Ausgaben auf die Summe der ständig steigenden Einkünfte zu beschränken, die der Erfolg ihr anschwemmt. Gerade die Großzügigkeit verleitet George, im Unverstand zu arbeiten. Ihre Zeiteinteilung ist unvernünftig, aber mit einem eisernen Willen hat sie sich immer daran gehalten.

Am Anfang ist es ihr glühendes Unabhängigkeitsstreben und der Wunsch, ihre weibliche Würde zu retten, was sie zum Geldverdienen anhält. Später ist es die Passion der Brüderlichkeit, ihre soziale Verantwortung, für die sie immer mehr Geld braucht. Von der strikten Erziehung ihrer Großmutter geformt, ist sie zu einer außerordentlichen Arbeitsleistung fähig: Sie verurteilt sich selbst zur Fronarbeit.

So entsteht das seltsame Paradox, daß diese vom Mystischen, vom Drang zum Absoluten beseelte Frau dazu getrieben wird, ohne Unterlaß und rücksichtslos um Geld zu kämpfen. Und daneben kämpft sie auch noch für ihr literarisches Ideal. Nach der Erregung über den kleinen Triumph ihres ersten Artikels, in dem sie mit Verve gegen das Regime anging, war sie enttäuscht darüber, daß sie nicht von der Zensur Louis-Philippes verfolgt wurde. Doch die hatte es klugerweise vorgezogen, sie zu ignorieren.

Sie lernt rasch die Schattenseite des Journalistenberufs kennen, aber das kann sie nicht abschrecken: »Im Augenblick bin ich mit Arbeit überhäuft, Hundearbeit! die bisher zu nichts geführt hat. Trotzdem verliere ich nicht die Hoffnung; wissen Sie, es ist eine seltsame Sache mit der Literatur, sie wird zur Passion, und je mehr Hindernissen man begegnet, je mehr Schwierigkeiten man sieht, desto stärker wird der Ehrgeiz, sie zu überwinden.«[4]

Aurore hat es gepackt, und dabei hatte sie anfangs im Journalismus nur das Mittel gesehen, ihren Lebensunterhalt selbst zu verdienen, um damit einer Existenz zu entkommen, die sich mit ihrem Gefühl für Würde nicht mehr vereinbaren ließ. Sie entdeckt, daß auch die Arbeit die menschliche Würde verletzen kann. Denn sehr schnell hat sie begriffen, daß auch Monsieur de Latouche die Journalisten und Schriftsteller als sein »Werkzeug« und seine »Federn« betrachtet. »Ich bin mit Arbeit überlastet wie nie zuvor . . . Ich weiß nicht, wann ich eine freie Stunde haben werde . . . Mein Artikel wurde von der *Revue de Paris* zurückgeschickt, weil ein Werk, das keinen bekannten Namen trägt, auch nicht gut sein konnte«[5], schreibt sie 1831 an ihren Mann.

Obwohl ihre Anfänge beim *Figaro* erleichtert werden durch den Charme des Neuen und Fremdartigen, dem gegenüber Latouche nicht unempfindlich ist, bemerkt sie doch sehr schnell, daß ein Direktor weder willfährig noch gefällig ist und daß die Dienstleistungen des Journalisten nur ihm gehören. Doch sie hat keine andere Wahl: »Man muß leben, und dafür arbeite ich sogar im letzten aller Gewerbe. Wir haben eigentlich keine Freiheit. Monsieur de Latouche, unser ehrenwerter Meister, sitzt uns im Genick, feilt herum und stutzt zurecht und drängt uns seine Grillen, Verirrungen und Launen auf. Und wir müssen schreiben, wie es ihm paßt, denn schließlich ist es sein Geschäft und wir sind nur seine Handlanger: Schreibergesellen, Redaktionslehrlinge.«[6] Die Veränderungen, die Latouche an ihren Texten vornimmt, läßt sie stillschweigend geschehen. Schwäche verpflichtet.

In ihren Briefen hält sie ihre Freunde auf dem laufenden über den kleinsten Versuch, den sie unternimmt. Sie klopft an alle Türen, bei der *Mode,* die der Royalist Girardin gegründet hatte, beim *Artiste,* und bei noch vielen anderen Zeitungen und Zeitschriften. Aurore gibt vor, sie würde ein freies und ungebundenes Leben führen, doch dann bekennt sie, daß sie den Mund ein wenig zu voll genommen hat. An manchen Tagen, in manchen Augenblicken ist sie optimistisch, an andern pessimistisch, aber niemals ist sie entmutigt und immer voll Leidenschaft. Es ist die Zeit der Illusionen: »Die meisten Schriftsteller leben in Bitterkeit und Kampf, das weiß ich, aber die, die nur den Ehrgeiz haben, das Geld zum Leben zu verdienen, führen ein friedliches Dasein im Schatten.«[7] Sie glaubt, all das, was am Journalismus so mühsam ist, die Laufereien, die Arbeitslast, sei nur ein Problem für den Anfänger. »Wenn ich die ersten Hürden genommen habe, werde ich mich ausruhen«, schreibt sie in ihrer Naivität. Ohne Zweifel hätte sie sich, wenn ihr einer die Schwierigkeiten dieser Karriere vorausgesagt hätte, davon abschrecken lassen. Sie wurde herumgestoßen, mußte Püffe einstekken und lernte den Horror vor der leeren Seite kennen. Doch schon fühlt sie sich ins Räderwerk hineingezogen, entschlossen und eifriger denn je und erfüllt von tausend Plänen. »Man schreibt, weil das ein Beruf ist, aber man denkt nicht nach, denn dazu hat man keine Zeit.«[8] Sie braucht Geld und hat im Augenblick keine Ideen, also bittet sie ihre Freunde in La Châtre, für sie welche zu finden.

Schon aus Eigenliebe will sie von Casimir nicht mehr verlangen, als ausgemacht ist. Ihr Mut und ihre Ausdauer sind beachtlich. An den Ruhm denkt sie zuallerletzt: »Ich bin mehr denn je entschlossen, die literarische Laufbahn einzuschlagen. Trotz der Widerwärtigkeiten, denen ich gelegentlich ausgesetzt bin, trotz der Tage, an denen ich aus Trägheit oder Müdigkeit meine Arbeit unterbrechen muß, trotz des mehr als bescheidenen Lebens, das ich hier führe, fühle ich, daß mein Dasein nun ausgefüllt ist.« Und sie fährt fort: »Ich habe ein Ziel, eine Aufgabe, ja, sagen wir das Wort: eine Leidenschaft. Der Beruf des Schreibens ist eine glühende, fast unzerstörbare Leidenschaft. Wenn sie sich eines armen Kopfes bemächtigt hat, kann er davon nicht mehr los.«[9]

Sie liebt das Lernen, die Anstrengung, die Mühe. Später wird sie zu Solange sagen, daß sie das Leben erst dann wirklich geliebt habe, als sie es sich selbst verdiente. Sie hat eingesehen, wie wichtig es für eine Frau, für alle Frauen ist, eine wirtschaftlich relevante Funktion auszufüllen – was sie bisher nur intuitiv erfaßt hat. Sie hat auch begriffen, daß dies die Würde des Proletariers ausmacht.

Casimir wird von ihr über alles informiert, doch es bewegt ihn nicht übermäßig. Er führt ein angenehmes Leben zwischen einer guten Flasche Wein und einem gefälligen Mädchen mit glatter Haut. Niemand mehr kritisiert ihn wegen der Verwaltung von Nohant. Er ist ein guter Vater. Das Leben der Kinder ist wohl geordnet. Sie werden von Jules Boucoiran beaufsichtigt, jenem vorzüglichen Hauslehrer, den seine Frau engagiert hat.

Die Geschäfte der George Sand dagegen gehen ziemlich schlecht, es gibt Tage voll Verdruß und Mühen ohne Lohn, bevor sich ihr endlich die Pforten der *Revue de Paris* öffnen. Casimir hat eine ganz andere Vorstellung vom Leben als seine Frau; er interessiert sich nicht sehr für das, was sie ihm berichtet. Er glaubt weder an ihre Kränkungen, noch an ihre Erfolge.

Aurore liebt das Knausern nicht. Sie hat Spaß am Schenken. Sie verwöhnt ihren Sohn, kauft für ihn ein. Mit Vergnügen gibt sie das Geld wieder aus, das sie mit ihrer Arbeit verdient hat.

Jules Boucoiran, dem Erzieher ihrer Kinder, vertraut sie sich an, berichtet ihm von ihren beruflichen Unternehmungen, von den Rückschlägen, und wie vorsichtig man in diesem Gewerbe vorgehen muß. Bis in alle Einzelheiten erklärt sie ihm, auf welche Art ein Journalist der Opposition eine Verleumdungsklage vermeiden kann und durch welche Schachzüge es ihm gelingt, sich nicht selbst zu kompromittieren. »Man muß eben leben, und ich bin ziemlich stolz, daß ich mir mein Brot selbst verdiene. Das ist ein Postulat, das man nicht nur im Journalismus erfüllen muß. Ich weiß, daß dieser Beruf manches Abstoßende an sich hat, aber man muß sich beim Schreiben nicht notwendig die Hände schmutzig machen, und ich hoffe, daß ich auch anders mein Ziel erreichen werde.«[10] Aber zu welchem Preis! Das scheint sie noch nicht zu ahnen. Und doch ist bei dieser Novizin von siebenundzwanzig Jahren ein Bewußtseinswandel im Gang, der sehr neu und interessant ist bei einer Frau ihres Milieus.

Natürlich begreifen die Leute aus La Châtre und der Umgegend nichts von alledem. Sie verurteilen ihre Mitarbeit beim *Figaro* aufs strengste und machen sich lustig über ihre kläglichen Erfolge. Sogar der gutartige Hippolyte hat nur ein Lächeln für sie übrig. Trotzdem hält er es, in einem Brief vom 5. August 1831, für seine Pflicht, Casimir zu benachrichtigen. Sein Brief ist so etwas wie ein Lagebericht. »Sie glaubte, mit Schreiben Geld zu verdienen; wie es scheint, hat sie in diesem Punkt alle Illusionen verloren ... Doch trotz ihrer Extravaganzen, hinter denen in Wirklichkeit wenig steckt, darf man sie nicht im Elend sitzen lassen, trüben Gedanken ausgeliefert, die sie zu einem äußersten Schritt treiben könnten, über den wir uns niemals trösten würden ... denn schließlich muß man sie trotz ihrer verteufelten Starrköpfigkeit lieben.«[11]

Seine Schwester hatte ihm kurz zuvor vorgeworfen, er habe sich mit Casimir gegen sie zusammengetan, sie hatte ihm auch nicht verheimlicht, daß sie drei Tage lang Hunger gelitten habe, und sie hatte noch hinzugefügt, sie werde, wenn sich dieser Zustand nicht ändere, ins Wasser gehen.

Um sich auch nur bescheiden einrichten zu können, muß sie Geld leihen. Aber den Rechnungen, die sie ihrem Mann zuschickt, hat sie ein kleines Kostüm der Nationalgarde für Maurice beigepackt. Casimir hat sicher den Kopf geschüttelt, als diese Verkleidung für seinen Sohn ankam. Die Frauen sind eben unvernünftig! Immerhin war er, als er die Schulden seiner Frau beglich, feinfühlig genug, nicht auf diese unnötige Ausgabe anzuspielen. Diese Torheit beweist jedoch, wie sehr Aurore unter der Trennung von ihren Kindern leidet. Ihr Debut in der literarischen Welt ist hart; mit zunehmender Erschöpfung läßt auch die Moral nach. Aber sie geht den eingeschlagenen Weg weiter. Durch Sandeau, ihren Geliebten, ist sie mit Balzac in Kontakt gekommen. Er leiht ihr Bücher und kümmert sich großmütig um die beiden, obwohl er selbst sich ständig mit seinen Gläubigern herumschlagen muß.

Gleichwohl möchte sie, um leben zu können, nicht »in den Balzac verfallen«.[12] Balzac hatte in diesem Jahr *Une passion dans le désert* veröffentlicht. »Man will das unerhört Neue«, schreibt sie in diesem Zusammenhang, »und um Neues zu schaffen, macht man Scheußliches«. Doch bald ist auch sie aus Geldmangel zu allem bereit: »Da Ungeheuer derzeit Mode sind, laßt uns Ungeheuer erfinden.« Regnault, ihrem Vertrauten, ihrem »geliebten Emile«, ihrem Doktor, schildert sie ihre Müdigkeit: Sie ist »furchtbar mit Arbeit überlastet«, und »geht um fünf Uhr in der Frühe blöde und gerädert zu Bett«.[13] Schon hat sie diese Gewohnheit angenommen. Die Nächte sind mit Arbeit ausgefüllt. Und dabei hat sie bisher nur einen Plan, an dem nur ein einziger Verleger interessiert ist, obwohl Sandeau und sie überall vorsprechen. Endlich tut sich eine Arbeit für sie auf: *Le Commissionaire,* ein Roman, der unter dem Namen des Erfolgsautors Alphonse Signol posthum erscheinen soll. Eine Ghostwriter-Arbeit also, vier schlecht bezahlte Bände, die sie sich mit Jules Sandeau teilt, eine Zeilenschinderei ohne jeden Reiz.
Im Frühjahr 1831 in Nohant, als sie sich mit dieser Arbeit abquält, denkt sie erneut an Porträtmalerei, was über die finanziellen Erfolge ihrer Literatur genügend aussagt.
Was wollen die Liebenden? »Die notwendigsten Mittel zum Leben und zusammen sein, das ist alles, das ist das Glück. Wir verlangen nicht mehr von der Kunst, von der Wissenschaft und vom Publikum. Brot, das heißt ein Beefsteak, zwei Koteletts und Käse, eine Mansarde mit Blick auf Notre-Dame und den Fluß, Arbeit, um den Hausbesitzer und den Garkoch zu bezahlen und gelegentlich den Schneider. Mögen andre sich einen berühmten Namen machen und ihre Gefühle der schwankenden Gunst des Publikums opfern, wir werden ihnen niemals nacheifern, es sei denn, wir wären verrückt geworden.«[14] Soviel ist klar. Sie rechnet ein wenig auf Balzac, »diesen reizenden Jungen«, um Jules dabei zu helfen, seinen und ihren Lebensunterhalt zu verdienen. Der Lebenskünstler Balzac hatte sie angesteckt mit seiner Zuversicht. Und endlich kommt auch der Auftrag. Sie schreiben gemeinsam: »Abends arbeite ich an meinem Roman; das würde mir viel Spaß machen, wenn ich nicht gezwungen wäre, mich zu beeilen.«[15]»Es ist sechs Uhr in der Frühe, ich arbeite seit sieben Uhr abends. In fünf Nächten habe ich einen Band zusammengeschrieben.«[16] Jules ist unfähig, dieses Tempo einzuhalten, also macht sie die Hauptsache. Es handelt sich hier um den mehrbändigen Roman *Rose et Blanche ou la Comédienne et la Religieuse,* der kein Meisterwerk wird. Ein paar schlüpfrige Szenen hat

sie von Jules schreiben lassen. Aber das Ganze hat sie wenig befriedigt: »Was ich hier gemacht habe, behagt mir wenig. Rose und Blanche sind zwei dumme Geschöpfe, die ödeste und widerlichste Mischung, die ich kenne.«

Doch die höllische Maschinerie ist in Gang gesetzt. Die Mühelosigkeit, die Schnelligkeit, mit der sie schreibt, sind verblüffend. Fünfehn Jahre später gelingt es ihr, *La Mare au diable* in vier Tagen herunterzuschreiben. Dreißig Jahre später war Théophile Gautier »angewidert«, als er sie bei einem Besuch in Nohant um ein Uhr nachts einen Roman beenden und unmittelbar darauf einen neuen in Angriff nehmen sah. Gewöhnlich benötigte sie, wenn sie mit einem Buch fertig war und ein neues anfangen wollte, ein oder zwei Tage, um darüber nachzudenken und sich auszuruhen.

Im Jahr 1831 macht sie sich noch etwas vor und schließt einen Brief an ihre Mutter mit der Versicherung, daß sie ein anderes Mal von ihrem Verleger einen späteren Ablieferungstermin verlangen werde, »um mit Vergnügen und ohne Erschöpfung arbeiten zu können«.[17] Und doch ist sie so gewissenhaft, daß sie den ersten Band von *Rose et Blanche,* nachdem sie ihn Latouche gezeigt hatte, noch einmal von vorn anfängt. Zum zweiten braucht sie dann nur noch ein paar Tage. Sie lernt ihr Handwerk schnell. »Sie sehen, daß ich arbeite, aber schnell und schlecht, wie meine Mutter sagt«,[18] schreibt sie Latouche. Sie hat einen solchen Horror vor Papier und Tinte wie »die Sträflinge vor ihrer Eisenkugel«.[19] Doch schließlich kommt der Erfolg, mit *Indiana,* die sie alleine schreibt und für die sie schon mit ihrem neuen Namen zeichnet: George Sand, und nicht mehr Jules Sand, wie zur Zeit ihrer Zusammenarbeit mit dem Geliebten. Die Aufträge nehmen überhand. Sie genießt es, sich bei ihrer Freundin Laure Decerfz aus La Châtre ein wenig zu beklagen. Wenn es sein muß, übertreibt sie auch ein bißchen: »Ich bin unter der Presse, vier Druckereien zerreißen mich, quälen mich, löchern mich, hauen mich in Stücke.« Sie kann ihre Befriedigung nur schlecht verbergen: »Ich bin nur noch damit beschäftigt, Korrektur zu lesen und mich maßlos zu ärgern.«[20] Sogar zum Korrekturlesen bevorzugt sie die Ruhe der Nacht. Sie wird sich darin nie mehr ändern.

Noch im selben Jahr behauptet sie, der Beruf des Schriftstellers sei für sie nichts anderes als 3000 Franken Rente im Jahr, um über das Nötige hinaus »Pralinen für Solange und guten Tabak für meine verdammte Nase« zu kaufen.

Noch nach *Valentine, Lélia,* dem *Secrétaire intime, Leone Leoni, Jac-*

ques und den ersten *Lettres d'un voyageur* kümmert sie sich wenig um den Lärm, den ihre Bücher hervorrufen, und findet die literarischen Ehren »lächerlich armselig«. Sie kann in »den Schmeicheleien einer kindischen Eitelkeit« keinen Ersatz für »die unermeßlichen Bedürfnisse der Seele« sehen. Kein Beruf, so schreibt sie ihrem alten Freund, ihrem Gefährten Charles Duvernet, sei ihrer Natur, ihren Neigungen, ihrer Erziehung und ihren Gewohnheiten so »zuwider« wie der des Schriftstellers. Aber sie muß sich diesem Frondienst unterwerfen, um unabhängig zu sein.
Von Anfang an zeigt sie sich mißtrauisch gegenüber jenen Verlegern, die entweder nicht oder mit Verspätung bezahlen. Sie ergreift ihnen gegenüber Vorsichtsmaßnahmen, die sich schon zu Prinzipien verdichten. Buloz wird sie zu spüren bekommen. Nach dem Erscheinen von *Indiana* im Mai 1832 will er sich die künftige Produktion dieser jungen, siebenundzwanzig Jahre alten Frau sichern, der ein so fulminanter Start gelungen ist. Er schließt mit ihr einen Vertrag ab, der ihr 4000 Franken jährlich garantiert und ihm monatlich zweiunddreißig Seiten, die in seiner Zeitschrift, der *Revue des Deux Mondes* erscheinen sollen. Sie verbraucht ihre Kräfte, um diesen Vertrag einzuhalten, sie opfert ihm ihre Nächte, aber sie will dafür bezahlt werden. Sie hat dafür eine hervorragende Methode gefunden, an die sie sich meistens hält: Sie liefert das Manuskript der Druckerei erst dann aus, wenn der entsprechende Anteil des Honorars bezahlt ist. »Andernfalls laufe ich Gefahr, nur für die Ehre zu arbeiten, und das ist ein schlechtes Honorar, wenn man so arm an Geist und Beutel ist wie ich.«[21] Buloz schreibt sie: »Es ist nicht nötig, daß ich die Nächte durcharbeite, damit sie Trüffeln essen können.«[22]
Die Träumerin, die Idealistin weiß sich zu verteidigen. Diese ständige erschöpfende Arbeit hält sie nicht davon ab, Pläne zu machen. Sie hat Ehrgeiz, was die Qualität betrifft, doch sie wird zwischen dem Bedürfnis nach Geld und dem nach Qualität aufgerieben.
Nach *Rose et Blanche* ist sie so ausgepumpt, daß sie meint, sie hätte einen »Blutandrang im Gehirn«. Jules wurde bei diesem Arbeitstempo ohnmächtig. Sie mußte an beiden Armen zur Ader gelassen werden, und davon blieb ihr ein entsetzlicher Kopfschmerz zurück. Mag es sich nun um Blutandrang gehandelt haben oder nicht, es begann damit jedenfalls eine Zeit der Überanstrengung, die kein Ende mehr nehmen sollte. Nach ihren eigenen Worten arbeitet sie wie ein Esel, ein armer Esel, ein Tier, ein Neger, ein alter Neger, ein berrichonnischer Ochse, ein Tagelöhner, ein Sklave, ein Sträf-

ling, führt sie das Leben eines Galeerensklaven, ist sie nur noch ein Pferd im Göpel.
Diese außergewöhnliche Schnelligkeit beim Schreiben verlangt eine ungeheure, über menschliches Maß hinausgehende Anspannung. Sie übertreibt kaum, wenn sie behauptet, sie habe »weder Zeit zum Schlafen noch zum Essen«.[23] Oft sei sie völlig stumpfsinnig und nehme sich nicht einmal mehr die Zeit zum Waschen.
Die eher chaotische Arbeitsweise der Anfangszeit ersetzt sie später durch eine noch weit erschreckendere Organisation. Der Frondienst wird schlimmer von dem Augenblick an, da sie beim Schreiben strengere Maßstäbe anlegt und es sich zur Pflicht macht, auf alle Bittbriefe zu antworten und sich an alle einmal getroffenen Verabredungen zu halten.
Einmal leistet sie sich den Luxus, frei ihrer Eingebung zu folgen, und schreibt *Lélia,* ein lyrisches Epos nach ihrem Herzen und ihrem Ideal. Die Kritik schreit empört und beleidigt auf. Enttäuscht kehrt sie zu dem Stil zurück, der ihrem Publikum gefällt.
Zweifellos arbeitet sie in dieser Zeit nicht nur aus edlen Motiven. Als sie Sainte-Beuve, ihren Förderer, um Rat befragt wegen des *Secrétaire intime,* gesteht sie ihm: »Ich glaube, daß das Werk viel zu breit angelegt ist, bei einem Stoff von geringem Wert. Ich hatte daraus zuerst eine Novelle gemacht. Doch der Geldmangel und ich weiß nicht welche spaßige Stimmung haben mich verführt, viel mehr Papier vollzukritzeln als nötig.«[24] Genau das nennt man Zeilenschinderei. Hat sie nicht selbst einmal eingestanden: »Ich mache immerzu Bücher aus Gewinnsucht und meine Geschäfte stehen gut.« Ein wohlfeiler Zynismus, hinter dem sich sehr leicht Verletzlichkeit verbergen könnte. Als jedoch das Alter und der Ruhm kommen, stellt sie sehr viel höhere Ansprüche an das, was sie schreibt, gibt sich also noch mehr Mühe, und ihr Arbeitsrhythmus beschleunigt sich.
Ein Brief an ihren Verleger Buloz aus dem Jahr 1838 vermittelt eine Vorstellung von ihrem Leben in jener Zeit. »Ich habe Planche gebeten, mir *Spiridion* zurückzuschicken, damit ich Änderungen an ihm vornehmen könne.« Sie verspricht Buloz, den Roman unverzüglich an ihn weiterzuschicken. Wenn *Lélia* noch nicht fertig sei, so liege das daran, daß sie eben an einer Geschichte arbeite, die den im Druck befindlichen Band der *Mosaïstes* vervollständige. »Ich kann nicht mit zwei Händen und zwei Füßen gleichzeitig arbeiten.«[25] Doch Buloz ist ihr immer auf den Fersen. Zwischen den beiden kommt es häufig zu lästigen Scharmützeln. Sie antwortet

ihm stets, manchmal sogar täglich. Am Morgen verspricht sie ihm den Rest von *Uscoque,* von wenigen Seiten abgesehen, am Abend den vollständigen Roman, den sie binnen achtundvierzig Stunden fertigstellen wolle. Zehn Tage später will sie ihm begreiflich machen, daß sie nicht gleichzeitig an *Spiridion* und *Lélia* arbeiten kann, und bittet ihn, selbst zu entscheiden, welches der beiden Werke er zuerst haben wolle. Sie erwarte eine schnelle Antwort, da sie es nicht liebe, »eine Arbeit nur wiederaufzunehmen, um sie zwei Tage später wieder zu unterbrechen«.[26] Dabei tut sie die ganze Zeit nichts anderes. Nachdem dann *Spiridion* endlich erschienen ist, erklärt sie Madame Marliani, ihrer Freundin, warum »die Lösung des Knotens ein wenig knapp ausfiel« und entschuldigt sich dafür: »Wie soll es auch anders sein, wenn man von einer verfluchten Zeitschrift gejagt wird.«[27]

Während sie, ständig unter Druck, auf Bestellung arbeitet, mangelt es ihr auch im Haus nicht an Sorgen. Es ist die Zeit, da sie unter unzähligen Schwierigkeiten mit ihrem kranken Sohn, Solange und dem vom Husten gequälten Chopin auf die Balearen reist. Die Kosten für eine annehmbare Unterkunft auf der noch unzugänglichen Insel Mallorca und für die Beschaffung von Lebensmitteln sind ruinös. Es nimmt nicht Wunder, daß sie sich von Zeit zu Zeit beklagt. Ihrem Bruder schreibt sie: »Bis jetzt habe ich nur von meiner Arbeit gelebt, und ich bin müde. Ich habe mir deswegen manchen Kraftakt zugemutet. Aber das dauert nun schon mehr als sechs Jahre, und ich kann das nicht mehr aushalten, zumal ich meinen Kindern täglich mindestens sechs Stunden Unterricht gebe. Ich versichere Dir, ich müßte aus Eisen sein, um all das auszuhalten.«[28] Dieses Doppelleben befriedigt sie geistig, aber es erschöpft sie körperlich, denn sie muß »nachts schreiben, um die Mägen zu füllen, nachdem ich am Tag die Köpfe mit Nahrung versorgt habe«.[29] Sie ist in solchem Maß erdrückt von der Last ihrer Aufgaben, daß sie aus Schlafmangel zusammenzubrechen droht. »Ich arbeite, solange noch ein Tropfen Öl in meiner Lampe ist, aber diese Arbeit muß etwas bringen.«[30]

Sie hat den Eindruck, daß Buloz sie ausbeutet, aber darf sie es ihrem Verleger anlasten, wenn sie sehr große Schulden zurückzahlen muß und wenn sie noch immer in der gleichen finanziellen Notlage ist wie am Anfang ihrer Karriere? Es geht jetzt nicht mehr darum, ihre Kinder zu verwöhnen und wohltätig zu sein. George hat sich nach und nach darauf eingelassen, ein riesiges Hauswesen zu unterhalten und in Nohant jeden aufzunehmen. Außerdem möchte Chopin für mindestens die Hälfte des Jahres in Paris leben, so daß George auch dort einen Wohnsitz braucht, und damit eine doppelte Lebensführung.

Sie ist ihrer Großmutter dankbar für die strikte Erziehung, die sie dazu befähigt, laufend sieben bis acht und im Notfall sogar dreizehn Stunden täglich zu arbeiten.

Nichts ist falscher als das Bild von George Sand als der reichen Schloßherrin, die in ihren freien Stunden zu ihrem Vergnügen Romane schreibt und aus Raffgier ihre Verleger auspreßt. Sicher hat sie ihr Leben so gewollt, wie es ihre Leidenschaftlichkeit ihr diktierte. Im übrigen ist dies der einzig begreifliche Antrieb und die einzig überzeugende Erklärung für die enorme Anspannung, die nur mit der des von Gläubigern verfolgten Balzac zu vergleichen ist. Zu Anfang der fünfziger Jahre muß sie zweimal den Gerichtsvollzieher und das Schuldgefängnis fürchten. In dieser Zeit zögert sie, zur Aufführung ihrer Stücke nach Paris zu reisen, und man sieht sie nur damit beschäftigt, ein paar Franken für die Ausgaben des täglichen Lebens aufzutreiben. Sie jongliert zwischen Schulden und Schenkungen.

Doch so wenig wie Balzac kann sie dem Teufelskreis entkommen, in den sie ihr Vollkommenheitsstreben getrieben hat. Und ihre Suche nach dem Ideal: Nach der idealen Liebe, wie der zu Chopin, die zwei Wohnsitze notwendig macht und eine Reise in mildere Landstriche, nach der idealen Freundschaft, die zu einem ständigen Geben verpflichtet, nach der idealen Erziehung, die ihr noch den Unterricht ihrer Kinder aufbürdet.

Diese Idealistin ist sehr klarsichtig: »Ich arbeite nur noch um den Preis meiner Gesundheit und unter Gefahr meines Lebens. Und das ist keine Metapher«,[31] schreibt sie an Buloz, den sie zu erweichen versucht. Sie wünscht sich »eine neue Rasse von freundschaftlichen Verlegern«. Aber Buloz bleibt eisern. Im Dezember 1839 ist sie zum ersten Mal in Verzug, und das gerät ihr zum Nachteil. Sie schickt ihm nur die Hälfte einer versprochenen Novelle und entschuldigt sich dafür: »Es ist acht Uhr in der Frühe und ich konnte erst um zwei Uhr nachts damit beginnen.«[32] Sie bittet um Aufschub, weil sie sich nicht wohl fühlt. Könnte sie nicht das Ende der Novelle für die nächste Nummer der Zeitschrift nachliefern? Zum Ausgleich dafür verzichtet sie auf das Honorar.

Im Jahr 1841 steht sie unter ganz besonderem Druck. Die *Revue indépendante* war eine von ihr mitbegründete Zeitschrift, bei der sie keinerlei Zensur unterworfen wurde. Dafür liefert George diesem

Blatt, das seine Spalten der sozialen Philosophie eines Leroux öffnet, viele Beiträge. Sie kümmert sich selbst um die Korrespondenz der Zeitschrift, und man frägt sich mit ihr, wie ihr noch Zeit bleibt, »an das zu denken, was ich in der nächsten Nummer veröffentlichen wollte«.[33]
So ist sie, neben ihren Romanen und Theaterstücken, neben ihren journalistischen Arbeiten, mit der Gründung und Redaktion einer Zeitschrift belastet. Der Journalismus ist für sie ein Mittel, das Publikum unmittelbarer zu erreichen und mit sich zu ziehen. Daher kommt ihre Begeisterung für dieses öffentliche Medium, für das sie mit ihrer schnellen, spontanen Schreibweise besonders geeignet ist. Ein Brief vom 27. September 1841 an Charles Duvernet gibt einen Eindruck von der äußersten Bedrängnis ihrer Situation: »Seit mehreren Tagen will ich Dir schreiben, aber in den letzten zwei Wochen war meine Müdigkeit einfach zu groß. Du wirst es an unserer nächsten Nummer sehen, daß ich eine Menge Papier vollgekritzelt habe. Und kaum habe ich volle zehn Tage lang nichts als geschrieben, so braucht es schon wieder vier oder fünf für die Korrektur der Probeabzüge.«[34]
Immer besser organisiert und immer stärker gefordert, schreibt und redigiert sie jeden Tag noch mehr: »Ich habe noch einen kleinen Roman gemacht außer dem, den *Epoque* gerade abdruckt, und seitdem habe ich mich in die Landarbeit gestürzt«, erzählt sie so nebenbei Charlotte Marliani. Nohant muß in der Tat herausgeputzt werden, um Chopin, der das Berry gar nicht liebt, ein bißchen bei Laune zu halten. »Ich lasse eine Manege, ein Gewächshaus, ein Atelier bauen, ich veranstalte eine Hochzeit, eine Weinlese und ich weiß nicht was noch alles! Ich kehre nur zum Abendessen ins Haus zurück.«[35] Sie braucht diese praktischen Tätigkeiten. Und auch ihre geistige Leistungsstärke nimmt zu, als sie sich den Vierzigern nähert. Aber zehn Kapitel von *Consuelo* schreibt man nicht in elf Tagen ohne Überanstrengung!
So kommt zu ihrer stupenden schriftstellerischen Schaffenskraft eine ebenso ungewöhnliche Aktivität auf vielen anderen Gebieten, die ihre Einbildungskraft beflügeln. Nach einem ausgefüllten Vormittag und einem Essen im Kreise zahlreicher Tischgenossen, zieht sie sich für viele Stunden an ihren Schreibtisch zurück und bringt dort auch meistens die Nacht zu. Denn diese Umgestaltungen von Nohant und diese ununterbrochene Gastlichkeit kosten sehr viel Geld.
Manchmal wird die Arbeit für sie zur Therapie. In einem Brief an

ihre Freundin Pauline Viardot gesteht sie: »Nicht die Arbeitswut oder das Romaneschreiben hat mich von Ihnen abgehalten. Nein, ich liebe Sie hundertmal mehr als meine Arbeit, obwohl die Arbeit für mich gut und heilsam ist.«[36] Hier drängt sich einem der Gedanke auf, daß sie in manchen Jahren ihre physische Energie erschöpfen muß, um die Stille, die Kargheit und vor allem die emotionale Öde ihres Lebens zu vergessen.

Das erinnert an die verrückte Pferdehatz ihrer frustrierten Jugend. Die Kosten, die ihre aufwendige Haushaltung verursacht, dienen ihr zur Rechtfertigung ihrer beruflichen Überanstrengung. »Es sind die Geldnöte und die Unmöglichkeit, zu leben ohne eine Aufgabe zu erfüllen«, schreibt sie Pauline, der Sängerin, und sie fügt hinzu: »Sie kennen, Gott sei Dank, solche Nöte nicht, und wenn ihre Arbeit manchmal langwierig und hart ist, so ist sie doch nicht gleichermaßen erzwungen.«

In der Abgeschiedenheit von Nohant arbeiten beide, Chopin und George, mit größerer Leichtigkeit als in Paris. In diesem Sommer des Jahres 1846 ist das Haus noch voll: Chopin, Solange, Maurice, Augustine und viele andere wohnen dort. Es ist die Zeit, in der man in Nohant das Theaterspielen entdeckt. Sie hat, wie der Brief an Pauline deutlich macht, ihren Arbeitsrhythmus, aber nicht ihr Arbeitspensum geändert: »Alle Tage von sieben Uhr in der Frühe bis abends um fünf Uhr hockte ich an meinem Schreibtisch, wenn man die Zeit für das Mittagessen und für eine halbe Stunde Luftschnappen im Garten einmal abzieht. Unmöglich, am Abend noch eine Feder in die Hand zu nehmen, so ermüdet waren meine Augen.«[37] Die Sorge um ihre nachlassende Sehkraft sollte sie für eine lange Zeit beunruhigen.

Im folgenden Jahr mußte sie unzählige Geschäftsbriefe schreiben, um das Hôtel de Narbonne in Stand zu setzen; Solange und ihr Mann hatten die Zinsen für die darauf lastenden Hypotheken nicht rechtzeitig bezahlt. Anschließend mußte sie deren Schulden regeln. Auch ihre politische Korrespondenz wird immer umfangreicher – die Revolution von 1848 nähert sich. Zu Pferde erholt sie sich von diesen ständigen Anspannungen. Mit Solange und Augustine zusammen badet sie im Fluß, streckt sich lang aus im Wasser und raucht dabei eine Zigarre. Ende 1846 und 1847 leert sich das Haus dann sehr schnell. Chopin, Solange und Augustine verlassen sie einer nach dem andern.

Gemeinsam mit ihren Freunden wirft sie sich immer entschlossener auf die Vorbereitung einer Republik der Zukunft. Wie alle ihre Gesinnungsfreunde überrascht sie über ihren Plänen die Revolution. Nun bedarf alles der Organisation und Leitung. Ihre intellektuelle Aufgabe verdoppelt und verstärkt sich. Da sie der »Schreiber« der Regierung ist, muß sie pausenlos schreiben. Ihre Geschwindigkeit hilft ihr dabei. Trotzdem muß sie am 31. März Agricol Perdiguier bitten, an ihrer Stelle einen Rundbrief abzufassen für die von ihr entworfene Folge der *Worte des Claude Bonnin an alle guten Bürger:* »Die vier Seiten für den *Claude Bonnin* sind für mich und sicher auch für Sie eine Affäre von zwei Stunden.«[38] Damit es schneller geht, schreibt sie diesen Brief in knappem Stil: »Können Sie gleichzeitig zwei Arbeiten tun? Die des Innenministers und die des Ministers für Öffentlichkeit?« Niemals mehr ist der Zwangscharakter ihrer Arbeit so offen zutage getreten.

Nach 1848 ändert sich alles. Die Zeiten sind hart. Die politischen Schriften von George waren eine Gratisleistung für die gute Sache. Die Preise steigen, die Landbevölkerung leidet, die Not wird größer. Und Literatur verkauft sich schlecht.

Im Juni 1852 gibt sie Augustine einen Eindruck vom Ausmaß ihrer Arbeit: »Ich habe bis zum Monat September noch ein Stück mit fünf Akten, einen zweibändigen Roman und mehrere Artikel zu den Zeichnungen von Maurice fertigzustellen . . . Wie die Dinge stehen, verdiene ich gerade ein Viertel von dem, was ich vor 1848 mit der halben Arbeit verdiente.«[39]

Doch bald herrschen wieder die alten Zustände, und die Verleger bemühen sich erneut um George Sand. Sie muß ihnen Manuskripte liefern, um die laufenden Schulden ihrer Tochter Solange bezahlen und die ständigen Bitten um Unterstützung erfüllen zu können, die ihr der Erfolg ins Haus schwemmt. Bis zum Tod muß sie diese Zwangsarbeit weitertreiben. Manceau, ihre letzte Liebe, nennt sie häufig den Steineklopfer. Sicher deshalb, weil sie, wie sie Flaubert schreibt, »das Handgelenk vom recht und schlechten Steineklopfen gebrochen« hat.[40] Seit ihren Anfängen im Jahr 1831 hat sie sich wie im Bagno gefühlt, hat sie sich als Sträfling bezeichnet.

Im Laufe der Zeit hat sie immer mehr Leute unterstützen wollen. Aber sie wollte sich auch durch ihre Literatur, ihre Schriften für die Sache des Volkes und für die Frauen einsetzen. Als sie sich einmal engagiert hatte, gab es kein Halten mehr. Wenn sie sich den Luxus leistet, ohne Lohn zu schreiben, so soll das wenigstens Wirkung zeitigen. Ihre Romane für das große Publikum verfaßt sie mit dem gleichen Elan wie ihre politischen Kampfschriften. Mit den einen bezahlt sie die Druckkosten für die anderen.

Es war ihr nicht mehr gegönnt, auch nur für einen Augenblick innezuhalten und »auf die Inspiration zu warten«, schreibt sie in ihrer Lebensgeschichte. Gelegentlich entflieht sie ihrer eigenen Routine. Gegenüber Flaubert klagt sie sich an, sich alles nur mögliche auszudenken, um ihrem Roman zu entkommen. Sie lasse sich zu »unentschuldbaren Einfällen« hinreißen, zu Kapricen, mit denen sie nur Papier verschwende und die ihr nichts einbrächten. Unnachsichtig mit sich selbst, wird ihr der Beruf schließlich zur Last, »wie dem Sträfling seine Kugel, die er hinterdreinzieht«, und dies nicht wegen der Mühe, sondern wegen der Leichtigkeit, mit der sie schreibt.

In fünfundvierzig Jahren schreibt sie ein gutes Hundert Romane, ein halbes Hundert Theaterstücke, ein lyrisches Epos, philosophische Essays, und eine kaum zu überblickende Anzahl von Zeitungs- und Zeitschriftenartikeln. Dieser gewaltigen Produktion muß man eine umfangreiche berufliche Korrespondenz und alle die vielen privaten Briefe hinzurechnen, die sie an ihre Familie, ihre Freunde und ihre Geliebten schreibt. Kein Wunder, daß sie häufig den Eindruck einer Schlafwandlerin erweckt, wie Théophile Gautier und andere berichten.

Mehrere Male in ihrem Leben hat sie geglaubt, nun sei der Augenblick für mehr Muße gekommen. Das schreibt sie nach dem Erscheinen ihres ersten Romans an ihre Mutter, das glaubt sie immer noch in dem Augenblick, als ihr die *Editions populaires* eine Jahresrente von 12000 Franken zusichern. Die Unterstützung der *Revue indépendante,* die Schulden ihrer Tochter, das Elend in den Dörfern, die Erkrankung von irgend jemandem legen sie wieder an die Kette. Oft lebt sie einfach nur dahin, »mit der Pistole im Nacken mein Tagwerk erfüllend«.[41] Und wenn sie einmal nicht Geld verdienen muß für diese oder jene gute Sache, so müht sie sich monatelang, ihre Gedanken in die richtige Form zu bringen, wie im Fall der religiösen Probleme in *Spiridion.*

Jung und feurig oder alt und müde, immer müssen wir sie uns erdrückt von Arbeit, gejagt von Terminen in der Einsamkeit der Nacht am Schreibtisch vorstellen.

Manchmal, so bekennt sie, hat sie die Schule geschwänzt, hat lieber Unnötiges geschrieben als die bestellten Seiten, manchmal hat sie alles liegen und stehen lassen, wenn es ihr die »Inspiration« befahl.

Doch kann man durch die Kraft der Eingebung Ruhe finden? Es ist die einzige, die sie gekannt hat.

DIE CHIMÄREN DES GLÜCKS

Wo keine Liebe ist, ist auch keine Frau.[1]

G.S.

Die Frau begreift alles durch die Liebe: wenn sie nicht hört, fühlt sie; wenn sie nicht fühlt, sieht sie; wenn sie nicht sieht, nicht fühlt und nicht hört . . . errät dich dieser irdische Engel, um dich zu beschützen, und verbirgt seinen Schutz unter der Anmut der Liebe.[2]

Balzac

Wenn ihre Biographen dem Liebesleben von George Sand auch oft allzu viel Bedeutung geschenkt haben und es mit Genuß ans Licht gezogen haben, so sind trotz dieser Bemühungen manche Episoden im dunkeln geblieben.

So hat zum Beispiel um 1900 ein Mitglied der Familie Ajasson de Grandsagne die Andeutung gemacht, es gäbe Briefe, die Aurore Dupin dem schönen, ein wenig wankelmütigen Studenten Stéphane geschrieben habe, der sie als Sechzehnjährige unterrichtet hatte. Wie es hieß, sollten diese Briefe sehr aufschlußreich sein. Die Familie Ajasson de Grandsagne ist inzwischen erloschen. Vielleicht sind die Briefe gar nicht mehr vorhanden. Jedenfalls ist es schwierig, ohne deren Kenntnis die wahren Beziehungen zwischen den beiden Jugendfreunden zu rekonstruieren.

Durch die Briefe, die Aurore an Casimir schreibt, sind wir darüber informiert, daß sie im Dezember 1827 bei einem Aufenthalt in Paris mit Stéphane zusammengetroffen ist. Sie sagen nichts aus über die berufliche Karriere oder den Erfolg des jungen Mannes in der Welt, sondern verbreiten sich über das wunderliche Wesen und die anfällige Gesundheit von Stéphane. Aurore kündigt an, sie werde ein wenig länger in Paris bleiben, dann schiebt sie den Termin ihrer Rückkehr noch zweimal hinaus. Man kann diese Briefe in verschiedener Weise interpretieren: Entweder bedient sich die junge Baronin Dudevant der List und heuchelt Aufrichtigkeit, um Casimir zu täuschen, der leicht durch Dritte von ihrem häufigen Zusammensein mit Stéphane erfahren könnte. Oder sie will ihn, gemäß einem wortlosen Übereinkommen, auf diese Weise vorwarnen, damit er gleich die richtige Antwort parat hat, falls ihn eine wohlmeinende Seele aus Nohant darauf ansprechen sollte.

Leute mit mehr oder minder guten Absichten haben die gemeinsamen Unterrichtsstunden von Stéphane und der jungen Aurore schon immer mit scheelem Blick betrachtet. Für das Gerede und die Vermutungen einer frühen Liebesbeziehung gibt es jedoch keine stichhaltigen Gründe. Womit noch lange nicht bewiesen wäre, daß Stéphane nicht doch der Vater von Solange ist, wie es dieselben Lästerzungen aus La Châtre behaupten.

Teilte Aurore mit Casimir nach der Rückkehr von dieser Reise noch ein gemeinsames Schlafzimmer? Wir wissen es nicht. Es gibt nur ein sicheres Indiz: Solange wurde auf den Tag genau neun Monate nach dem letzten Besuch von Aurore bei Stéphane geboren.

Es ist durchaus möglich, daß Aurore schon 1827, enttäuscht vom ehelichen Leben, auf der Suche nach einer Tröstung war. Ihrer Vertrauten aus jenen Tagen, Zoé Leroy, schreibt sie damals: »Ich muß annehmen, daß mir jede Verzeihung versagt wird und daß mir jedes Herz außer dem Ihren verschlossen ist nach solchen Verfehlungen ... Ich verdiene es nicht mehr, jemandes Freund zu sein.«[3]

Diese Sätze lassen vermuten, daß die Pflegerin, die den erkrankten Stéphane mehrmals besuchte, sich schließlich in den Armen des Patienten vergessen hat. Und nun ist sie entsetzt über ihre Schwäche ...

Allerdings hat sie selbst immer geleugnet, daß Stéphane mehr gewesen sei als das, was »ein guter Freund sein kann«, doch ihr Leugnen ist kein Beweis der Wahrheit. Sie hat auch bei anderen Gelegenheiten geschwindelt.

Die aufmerksame Lektüre eines Briefes an ihren Bruder Hippolyte vom April 1827[4] könnte wiederum den Eindruck erwecken, es habe zu dem jungen Ajasson keine Liebesbeziehung gegeben, sondern nur eine sehr zärtliche Freundschaft. Die verlorenen Briefe könnten trotzdem einen leidenschaftlichen, ja exaltierten Ton haben, wie etwa jene an ihren guten Kameraden Emile Regnault. Zu viele Jugenderinnerungen waren an den jungen Lehrer aus dem Jahr 1821 geknüpft.

Die glühende Passion für Aurélien de Sèze, die Aurore in trüber Zeit das Herz erleichterte, zieht sich über Jahre hin. Der angeschwärmte Staatsanwalt hält sich an sein Versprechen, in Aurore nur die Schwester zu sehen, und er bittet sie sogar brieflich, ihm zu widerstehen, falls er sich vergessen sollte. Soviel Entsagung klingt etwas beunruhigend. Läßt er sich doch hinreißen, als ihn

Aurore Ende 1829 in Périgueux oder Bordeaux wiedersieht? Nach diesem Zusammentreffen schreibt sie Boucoiran, dem neuen Hauslehrer ihrer Kinder, einen Brief, der einen rätselhaften Passus enthält: »Ich kann Ihnen jetzt nicht mehr schreiben, da ich in Eile bin. Gesundheitlich geht es mir gut, und übrigens bin ich in der Laune, das ›Nunc dimittis‹ zu singen. Sie Ungläubiger wissen nicht, was das bedeutet? Ich wede es Ihnen erklären.«[5] Nicht nur Boucoiran weiß nicht, was das zu bedeuten hat. Diese Worte aus dem Evangelium sollen ausdrücken, daß jemandem sein liebster Wunsch in Erfüllung gegangen ist. Welcher Wunsch könnte sich Aurore erfüllt haben?
Im Mai des folgenden Jahres reist Aurore, von Paris aus, ein letztes Mal nach Bordeaux. Zweifellos war Casimir über diese Reise unterrichtet. Aurore gibt sich gar keine Mühe mehr, sie ihm gegenüber sachlich zu rechtfertigen. Der Vorschlag an Casimir, ihrer Schwiegermutter, der Baronin Dudevant, diesen Besuch zu verheimlichen, und die Schlauheit, mit der sie dabei vorgeht, zeigen sie schon sehr erfahren im Schwindeln.
Letzten Endes gibt es für den einen oder den andern dieser Seitensprünge keinerlei Beweise. George hat sie immer abgestritten. Und wenn sie nicht immer die Wahrheit sagt, so sind doch auch denen, die auf ihre Kosten Skandale aufdecken, häufig Irrtümer und Falschmeldungen unterlaufen.
Obwohl sie sich aufs geschickte Argumentieren versteht, ist die Heuchelei keinesfalls ihre Stärke, und ihre persönliche Moral untersagt es ihr, gleichzeitig zwei Männer zu lieben. Man kann sehr gut verstehen, daß sie es nicht gerne eingestehen möchte, ihren Casimir wie eine ganz gewöhnliche Bourgeoise betrogen und hintergangen zu haben.
Es scheint, daß zumindest Aurélien seiner Verführerin widerstanden hat. In ihrem *Journal intime,* in dem sie vollkommen aufrichtig zu sein scheint, schreibt sie, diese Liebe sei platonisch geblieben. Und widersteht nicht in ihrem ersten Roman, *Indiana,* Raymon, ein leicht verzeichneter Aurélien, zweimal den Versuchen der Heldin, ihn zu verführen? Stößt er sie nicht zurück? Aurore weiß, daß ihr Aurélien nie versprochen hat, ihretwegen auf andere Abenteuer zu verzichten. Wenn er also Casimir nicht zu hintergehen wagt oder seine Karriere nicht durch einen Skandal zerstören will, so hat er seine kluge Vorsicht doch sicher bereut. Und sie selbst noch viel mehr. Lélia, ihre Romanheldin, gibt für Aurore ein Bekenntnis ab: »Er liebte mich, wie ich vorgab, geliebt werden zu wollen, aber in

der Tat gar nicht geliebt werden wollte. Dadurch erwachten in mir Zorn und Kummer.« Aurore-Lélia bedauert »die Chimären der platonischen Liebe«.[6]

Mit sechsundzwanzig Jahren setzt sie sich ganz offen über die Tabus hinweg. Sie muß jetzt beweisen, daß sie alle Vorurteile in den Wind schlägt. Sie vernarrt sich in den blonden Lockenschopf Jules Sandeau, dessen neunzehn Jahre sie anziehen und rühren. Aber sie gibt sich Mühe, Casimirs Zorn nicht herauszufordern, und sie vermeidet es, ihn lächerlich zu machen.

Nach tollen Eskapaden in einer entlegenen Ecke des Parks und noch gewagteren Liebesnächten im Zimmer von Aurore, trifft sie mit Casimir ein Abkommen. Sie gibt ihren Segen zu seinen Amouren und er ihr freie Hand für die Besuche bei ihrem Liebsten in Paris. Mit ihm zeigt sie sich öffentlich mehr als zwei Jahre lang. Trotz der Unterstützung durch alle ihre berrichonnischen Freunde kommt es in La Châtre zum Skandal: Ein Minderjähriger!

Die überschwenglichen Liebesbeweise, die ihr Jules im Feuer seiner Jugend darbringt, und seine glühende Erregung beunruhigen Aurore. Er könnte ja schwindsüchtig werden! Er wird so mager! Aus den Briefen, die sie ihm schreibt, tönt der Schrei ihrer Leidenschaft, doch untermalt von mütterlichen Seufzern. Die Trägheit, die er in seiner Arbeit an den Tag legt, hält sie für Ermattung, für die sie sich verantwortlich fühlt. Sie braucht lange, um sich über die wahren Werte des jungen Mannes klar zu werden. Gleich zu Anfang ihrer literarischen Vereinigung bemerkt sie, daß er das Tempo, mit dem sie Artikel und Romane produziert, nicht durchhalten kann. Er verschafft ihr ein Pseudonym, sie gibt ihm dafür Ratschläge. »Sie fand ihm seine Themen, sie entwarf ihm seine Stoffe . . . schließlich rettete sie mehr als einmal die Eigenliebe von Etienne, indem sie ihm seine Feuilletons diktierte, korrigierte, vollendete, um zu ihrer Verzweiflung dann ohne Ideen für sich selbst zurückzubleiben.«[7] In dieser Passage beschreibt Balzac die Zusammenarbeit zwischen der *Muse du Département* und Lousteau, jenem Journalisten aus der *Comédie humaine,* der Sandeau in vielem gleicht.

Diese falsche Passion findet ein sehr rasches Ende. Lélia sagt, sie habe sich eines Tages der Liebe so überdrüssig gefühlt, daß diese plötzlich ein Ende nahm. Wir kennen die Gründe nicht genau, die George veranlaßt haben, Sandeau ganz unverblümt mitzuteilen, sie habe ihm »sogar ihre Achtung« entzogen. Es ist die Rede von einem Wäschermädchen, in deren Armen sie ihn überrascht haben soll. Es gibt jedoch Gewichtigeres: Jules hatte bei einem Freund von

George, Sosthènes de La Rochefoucauld, auf den er sich eifersüchtig zeigte, Geld entlehnt. Lousteau ist in seinem Finanzgebaren keine sehr sympathische Persönlichkeit. Aber er ist nur eine Romanfigur von Balzac. Wie dem auch sei, die einzige Anspielung auf diesen Bruch, die George schriftlich hinterlassen hat, erwähnt gewisse »Schlechtigkeiten« gegen sie, die man ihm nicht ganz grundlos vorwerfe.[8] Sie kommt niemals mehr darauf zurück. Balzac hält Sandeau noch eine Weile die Treue und nimmt ihn nach der Trennung von George bei sich auf. Doch bald wendet auch er sich ziemlich brüsk von Sandeau ab und wieder George zu. Im März 1836 berichtet er Madame Hanska von seiner Enttäuschung: »Jules Sandeau war einer meiner Irrtümer. Sie können sich niemals eine solche Faulenzerei, eine solche Gleichgültigkeit vorstellen ... Er versagt in der Freundschaft, wie er in der Liebe versagt. Nunmehr ist mit ihm Schluß.«[9]

Bilanz für George: Sandeau hat ihr den Anlaß geliefert, mit der Gesellschaft zu brechen und sich ihren Lebensunterhalt selbst zu verdienen. Er hat sie in das Literatenmilieu eingeführt, das sie für ihren Start brauchte. Bilanz für ihn: Durch ihre Dynamik reißt sie ihn mit und bringt ihn dazu, Romane zu schreiben.

Am Tage des Bruchs kümmert sie sich noch ein letztes Mal um ihn und legt ihn dem guten Regnault ans Herz: »Versuchen Sie, Jules wieder Lebensmut einzuflößen. Es wird lange schrecklich für ihn sein, aber schließlich ist er noch so jung!« Dann überläßt sie sich trüben Gedanken über das, was sie ihre Unfähigkeit zu lieben nennt. Der verbitterte, verlassene Geliebte rächt sich später an ihr, als er in *Marianna* ihrer beider Geschichte erzählt.

An Gelegenheiten zur Liebe mangelt es George keineswegs. Zu Ende des Jahres 1832 ist die Autorin von *Indiana* die Frau, um die sich alle reißen. Es wird unter Literaten Mode, sich mit Erfolgen bei ihr zu brüsten, auch und gerade dann, wenn nichts dazu berechtigt. Sie ist von einer Schar mehr oder minder schüchterner Anbeter umgeben.

Die meisten hat sie abblitzen lassen. Henri de Latouche, ihr erster Auftraggeber, war allem Anschein nach nie ihr Geliebter. George hat es nicht nötig, mit Hilfe einflußreicher Liebhaber Karriere zu machen. Emmanuel Arago, der Sohn des Astronomen, auch er einer aus der Reihe der Verliebten, hat offenbar nicht mehr Erfolg gehabt, aber er bleibt für immer ein verläßlicher Freund. Charles Didier, der schöne Schweizer, Verfasser von *La Rome souterraine*, ist sofort in sie verschossen. In seinem Tagebuch notiert er, daß er diese blasse Frau mit den schwarzen Haaren besucht habe. Er findet sie sehr allein, »sanft und hingegeben; alles an ihr atmete Liebe«. Doch dieses Tagebuch berichtet nur von seinen Enttäuschungen und der Verweigerung der Angebeteten. Didier mußte sehr lange warten, bis 1836, als George verzweifelt und vereinsamt war, um auch dann nur zu einer Episode zu werden im Leben der Frau, die ihn nie geliebt hat. Im Frühjahr 1836 wohnt sie einige Tage bei ihm in seinem Pariser Appartement, aber erst als er ihr im Juni nach La Châtre nachreist, scheint sie ihn erhört zu haben. Didier, der sich nach ihr verzehrte, schreibt Ende des Jahres in sein Tagebuch: »In ihr liegt viel Grausamkeit«, aber er erinnert sich stets an die fünf glücklichen Tage von Nohant, »die zu den süßesten meines ganzen Lebens gehören«.[10] Wegen dieses Zwischenspiels, das für George nicht mehr als »ein paar Tage Krach, ein paar Tage Groll«[11] gewesen ist, glaubt er sich gegen jedermann eifersüchtig zeigen zu dürfen, und besonders gegen Bocage, den er im Sommer 1837, bei seinem letzten Besuch in Nohant, als Favoriten der Schloßherrin vorfindet. In seinem Tagebuch bekennt er, er sei »angeekelt« von der Rivalität mit einem Komödianten.

Diesen Schauspieler hat George 1833 bei der Premiere der *Lucrèce Borgia* von Hugo kennengelernt. Sie sieht in ihm nicht den »buckligen Hanswurst«, wie die ungnädige Marie d'Agoult, sondern ein »Kind des Volkes«, stolz wie sie selbst auf seinen »geheiligten Ursprung«. Auch nachdem die Liebelei vorüber ist, bleibt sie doch immer die Freundin dieses großherzigen Mannes, zu dem sie »eine Regung des Herzens« hingezogen hat. Später muß sie ihn bitten, sie in Nohant seltener zu besuchen. Chopin nämlich »bestrafte die Loyalität«, die sie ihm mit der Generalbeichte ihrer Herzensabenteuer bewiesen hatte, mit rückwärtsgewandter Eifersucht. Bocage muß begreifen, daß sie »den Frieden des Kranken« durch nichts stören möchte.

Im Jahr 1833 beklagt sie sich, daß es für eine junge Frau, die mit einem offen aufgetreten sei, sehr schwierig sei, sich in der Folge vor den Avancen der andern zu schützen. »Nachdem ich zweimal gewählt hatte, besaß ich nicht mehr das Recht, nur auf Freundschaft zu bestehen.« Sie versichert, daß es dazu sehr viel moralischer Autorität bedürfe, weil die Männer ungern nur als Freunde liebten.

Während sie *Lélia* schreibt, sucht sie angstvoll nach einem Gefährten, der sie nicht wieder enttäuscht. Sainte-Beuve, ihr Gewissensberater, stellt sich taub, weil er vor allem auf seinen Ruf und seine Seelenruhe bedacht ist. Er schlägt ihr ein Treffen mit Alfred de

Musset vor, dem romantischen Dichter, dessen »jugendliches Genie« er bewundert. Aber George winkt ab. Die Dandys, die frivolen Herzensbrecher interessieren sie nicht. Als sie ihn noch einmal um Rat fragt, wie einer, der um Hilfe ruft, spricht er ihr Mut zu. Und schließlich findet sich jemand.

Dieser Mann hat für die Seelenqualen von George nur ein Lachen übrig und macht sich stark, sie von ihren Komplexen zu heilen und mit der Liebe zu versöhnen. Dieser Mann, auch ein Schriftsteller, ist Prosper Mérimée.

Seit Anfang 1833 macht er der berühmten und schon auch berüchtigten George den Hof, die er gerne unter seine Eroberungen eingereiht hätte. Doch sie ist unschlüssig. Schließlich empfängt sie ihn, voll Hoffnung und doch ohne Illusionen, denn sie glaubt sich nicht geschaffen für die körperliche Liebe. Für dieses abendliche Tête-à-tête hat sie sich in ein Déshabillé verkleidet, das etwas von einer Orientalin, einer Türkin, einer Zigeunerin an sich hat. Ganz naiv denkt sie, diese originelle Gewandung sei das mindeste, um diesen Henker der Herzen zu verführen. Aber dieser von seinen Talenten allzu überzeugte Don Juan versagt bei ihr kläglich. Es ist eine so triste Erfahrung, ein so vollständiges Fiasko, daß man zögert, Mérimée auf die Liste ihrer Liebhaber zu setzen. Bevor George »ihren Abscheu und ihre Qual« Sainte-Beuve in einem Brief bekennt, hat sie die törichte Idee, sich Marie Dorval anzuvertrauen. Nach einem Tag weiß es ganz Paris.

Durch ihre Indiskretion setzt sie sich der Rachsucht Mérimées aus und mit verdoppelter Stärke den Angriffen der Gesellschaft. Dabei hat sie das Ende dieser kurzen Affäre aufrichtig bedauert. Ihre Beziehung zu Mérimée kann sich für sie nicht auf jenes peinigende Erlebnis reduzieren. Während einiger Zeit hatte ihr dieser »ruhige und starke« Mann die Hoffnung eingeflößt, er werde sie verstehen, lieben, sie sich unterwerfen, denn ihre Freiheit, ihre Bindungslosigkeit drückt sie schwer.

Die Intimität, die aus ihren Vertraulichkeiten mit Marie Dorval zu sprechen scheint, beunruhigt Alfred de Vigny, den Geliebten der Schauspielerin. Er fürchtet jetzt, seine Mätresse könne über ihn mit ähnlicher Offenheit berichten. Er möchte Marie von dieser gefährlichen Person abhalten, er argwöhnt sogar ein lesbisches Verhältnis. Solche Überlegungen beweisen nur die Naivität des Poeten, Malteserritters und Grafen de Vigny. Die feurige Marie hatte keineswegs auf George gewartet, um alle nur möglichen Erfahrungen zu machen. Sie hat die glühende Freundschaft eines liebeleeren und liebehungrigen Herzens sicher gerne angenommen. Sollte es zu einer Beziehung dieser Art zwischen den Frauen gekommen sein, dann war sie sicher nur flüchtig und bedeutungslos. Marie hatte für George eine weit wichtigere Funktion. Sie war ihre wirkliche Vertraute, und man darf annehmen, daß sie sich in jener schrecklichen Phase bei der liebeskundigen Freundin Hilfe und Rat geholt hat.

Im Juni 1833 gibt die *Revue des Deux Mondes* ihren Mitarbeitern ein Essen. George kommt neben Alfred de Musset zu sitzen, den Buloz gerade für seine Zeitschrift gewonnen hat. Obwohl sie schon seit einiger Zeit gegenüber ihren vielen Bewunderern die Kokette und Kapriziöse spielt, kann sie sich der Anziehungskraft dieses frühreifen Dichters nicht entziehen. Sie sieht ihn, wie Lamartine, »strahlend in jugendlicher Grazie«, sie bewundert »die Augen eines Träumers, zwei Sterne eher als zwei Flammen, ein byronsches Kinn, eine hohe, vom Genie geformte Stirn« und sein »blondes Haar«, das ihm das Aussehen eines »jungen Gottes verleiht«.[12] Sie möchte ihm dringend begreiflich machen, welche Bedeutung für sie die »geistige Liebe« hat, doch er, der schon mit achtzehn von der Liebe gefoppt wurde, glaubt nicht mehr daran.

Die literarische Vergangenheit dieses Vierundzwanzigjährigen ist erstaunlich: *Les Contes d'Espagne et d'Italie, André del Sarto, Les Caprices de Marianne* und *Spectacle dans un fauteuil*. In seinen beiden Stücken hat er schon das Drama der gespaltenen Persönlichkeit dargestellt, in dem sich sein eigenes zwiespältiges Ich widerspiegelt. *Rolla,* jene Verserzählung, die er bald darauf veröffentlicht, bringt zum Ausdruck, daß das Gesetz der Liebe die Natur bestimmt. Allem Anschein zum Trotz ist auch Musset, wie George, auf der Suche nach dem Absoluten.

Sie glaubt sich nicht geschaffen für diesen Dandy. Der Ruf eines Wüstlings, der ihm vorausgeht, lockt sie nicht. Sie zögert. Ihm ist »Seele und Blut aufgewühlt« durch diese schweigsame Schöne, ihre »olivfarbene Haut« mit den »bronzenen Lichtern«, und ihre »riesigen Augen einer Inderin«.

Er ist lustig bis zur Tollheit, er »spielt mit der Liebe«, und vergißt ihr dabei zu sagen, daß er Romane, »diese Literatur für Hausmeisterinnen«, eigentlich nicht sehr schätzt. Er liest *Indiana* und schickt ihr mit seinen Komplimenten ein kurzes Gedicht, zu dem ihn der Roman inspirierte – erstaunt darüber, daß George eine so verderbte, männliche Figur wie Raymon habe entwerfen können.

Er verfolgt sie, weil sie vor ihm flieht – wie Namouna, die Heldin aus einem seiner Versdramen. Er ist gefangen und müht sich, die

Rolle des enttäuschten, zur Liebe unfähigen Zynikers abzustreifen. Diese nach den Worten von George »so junge und schon so weltkluge Seele« gerät in Aufruhr: »Ich habe Ihnen etwas Dummes und Lächerliches zu sagen. Ich bin in Sie verliebt, ich bin es seit dem ersten Tag, da ich bei Ihnen war . . . Die Wahrheit aber ist, daß ich leide und daß mir die Kraft fehlt.«[13]

Noch immer zögert George. Sie ahnt etwas Krankhaftes an ihm. Sein Ruf als Nachtschwärmer und Trinker ist allzu wohlbegründet. Doch er ist jung, schön, elegant. Und natürlich ist er genial . . . Er seinerseits rühmt wenige Wochen nach ihrem Zusammentreffen das Genie der Autorin von *Lélia* und vergleicht sie mit Chateaubriand.

Da sie nicht darauf reagiert, versucht er einem Gefühl zu entkommen, das ihm neu ist: der Liebe. »Ich habe mich ohne nachzudenken dem Vergnügen hingegeben, sie zu sehen und zu lieben . . . Ich kann nicht meine Mutter küssen . . . Lieben sie solche, die zu lieben wissen, ich verstehe nur zu leiden.« Und dann findet er das magische Wort: Er liebt sie »wie ein Kind«.[14] Sie gibt nach. Doch sie habe sich, schreibt sie, »mehr aus Freundschaft als aus Liebe ergeben«. Wie dem auch sei, sie ist jedenfalls nicht mehr fähig, ihm zu widerstehen. »Ich habe mich verliebt, und diesmal ernstlich, in Alfred de Musset. Es ist dies nicht mehr eine Laune, sondern ein tief empfundenes Gefühl.«[15] Doch zwischen diesen beiden Wesen, die jedes auf seine Weise von der Sehnsucht nach dem Vollkommenen verzehrt waren, ist die Liebe von vornherein zum Scheitern verurteilt.

Die erste Zeit ist köstlich. Musset schildert, wie sie beide den ganzen Tag zusammen arbeiten: »Am Abend hatte ich zehn Verse gemacht und eine Flasche Schnaps getrunken; sie hatte einen Liter Milch getrunken und ein halbes Buch geschrieben.«[16] Die Skizzen, die Alfred, ein sehr talentierter Zeichner, in jener Zeit von ihr macht, atmen Glück und Fröhlichkeit.

Im August, als die Hitze in Paris unerträglich wird, gehen die Liebenden für ein paar Tage nach Fontainebleau. Es ist eine verzauberte Stimmung um sie; sie machen lange Wanderungen in den Wäldern von Franchard und führen in der Dämmerung zärtliche Gespräche miteinander. Doch dann wird George zum ersten Mal Zeuge, wie der Dichter das Opfer einer Halluzination wird. Er sieht ein bleiches Gespenst mit flatterndem Haar dahinjagen, und erkennt sich darin selbst. Diese Wahnvorstellung versetzt ihn in panischen Schrecken, und George in die größte Bestürzung. Er ist

plötzlich ein anderer Mann, bösartig und verletzend. Sie sieht ihn, wie ihn später eine andere Geliebte beschrieben hat, als »von einer Art Dämon besessen«.[17] Als verliebte Frau träumt sie davon, ihn zu heilen. »Wenn Sie mich zum Leiden bringen, sehe ich in Ihnen nicht mehr den Geliebten, sondern nur noch ein krankes Kind, das ich pflegen und heilen möchte, um den wiederzufinden, den ich liebe. Möge der Gott der Mütter und der Liebenden mich diese Aufgabe erfüllen lassen!«[18]
Sie will den Anfall von Franchard vergessen, den Schrecken, in den sie die Halluzinationen und das Koma des Dichters versetzt hatten. Sie hofft, daß eine Reise ihn von seinen »Gespenstern«, von seinen Ängsten ablenken könnte. Und so brechen sie auf nach Italien.
Als George gleich nach ihrer Ankunft in Venedig am Paratyphus erkrankt, kann sie Musset nicht zurückhalten. Er fühlt sich nicht zum Krankenpfleger berufen. Verdrossen kehrt er zum Trinken, zum nächtlichen Herumstreunen, zu den leichten Mädchen zurück. Manche Nächte findet er erst am Morgen in das gemeinsame Hotel zurück. Wenn er getrunken hat, nennt er George die Langeweile in Person, die Träumerin, die Einfältige, die Nonne. Im Casino des Hotels Danieli sagt er zu ihr: »George, ich habe mich getäuscht, es tut mir leid, bitte verzeih mir, aber ich liebe dich nicht.«[19] Die Küsse der Tänzerinnen vom Teatro La Fenice sind ihm lieber.
Musset macht George den Vorwurf, sie verstehe es nicht, in der Liebe auch Lust zu wecken. Sie war in seinen Umarmungen zu einer ganz neuen, naiven, instinktiven Liebesraserei erwacht, aber noch ist sie nicht sehr geschickt in der Kunst der Zärtlichkeiten.
Die Vergleiche, die er zwischen ihr und seinen andern, in den Liebespraktiken sehr erfahrenen Partnerinnen anstellt, müssen zu Georges Ungunsten ausfallen. Die Damen seiner nächtlichen Eskapaden haben mehr Talent. Das stimmt zweifellos, aber George kann ihm diese Überlegungen nicht verzeihen. Doch die Folgen seiner Ausschweifungen lassen nicht auf sich warten. Wieder wird er das Opfer von Halluzinationen und ein schweres Nervenfieber wirft ihn nieder. Und wieder erlebt George, wie plötzlich der Wahnsinn sich dieses entfesselten Mannes bemächtigt. Sie ruft einen Arzt. Sie ist nur aufgestanden, um ihn zu pflegen, aber sie zittert, seinet- und ihretwegen, vor einer neuen Nervenkrise. Sie weiß nicht mehr, welchen Heiligen sie anflehen soll; sie schreibt an Sainte-Beuve einen völlig verstörten Brief, den sie dann ins Feuer wirft. Sie hat nicht mehr die Kraft, ihre Verzweiflung zu schildern. An seinem Bett wachend, verbringt sie unruhige Nächte. Zwei

Männer, die man hatte rufen müssen, um den Rasenden zu bändigen, hindern ihn mit Gewalt daran, George in einer wilden Umarmung zu erdrosseln. Sie sieht ihn voll Entsetzen nackt im Zimmer umherlaufen, heulend, schreiend. Die Wärter fühlen sich überfordert. Der Arzt selbst muß bei dem Kranken bleiben.
Sie pflegt ihn achtzehn Tage lang. Ohne eine Ruhepause füllt sie im Zimmer des Kranken Seite um Seite, denn sie muß den Vertrag mit ihrem Verleger einhalten. Schließlich erliegt sie dem drängenden Werben des jungen, gesunden Doktor Pagello. Während er mit ihr zusammen am Bett des Kranken wacht, steckt sie ihm einen glühenden Brief zu.
Als sie ihn um seinen Besuch bat, hatte sie ihm den Zustand des Dichters, ihre Ängste, die Stunden geschildert, die sie bei »dem Wesen, das sie über alles liebt«, verbracht hatte. Er hat sie zuerst in medizinischer Hinsicht beruhigt, doch dann hat er ihr geschickt zu verstehen gegeben, daß sie sich von Musset nicht derartig behandeln lassen könne. Die verletzenden Bemerkungen, mit denen Musset sie immer noch quält, haben dazu beigetragen, daß sich George so schnell in die Arme des Arztes wirft. Mit einem wahren Aufschrei hat sie später in ihrem *Journal intime* die »gierige Liebe zum Leben« beschworen. Pagello ist vorsichtiger und rät ihr, dem Kranken die Wahrheit besser zu verschweigen, da er noch nicht in der Lage sei, sie zu ertragen.
Der genesene Musset reist nach Paris zurück, ohne zwischen seinen nervösen Visionen und der Realität genau unterscheiden zu können, ohne ganz genau zu wissen, was nun wirklich vorgefallen war. Er schreibt an George: »Ich liebe Dich noch immer aus Liebe«, sie antwortet ihm: »Ich liebe Dich, und das ist alles.«
Ein paar Tage später begleitet Pagello George auf einer Fußtour entlang der Vorberge der italienischen Alpen. Auf dieser Reise verfaßt sie die erste *Lettre d'un voyageur*, die nichts anderes ist als ein Schrei nach Musset. Und er antwortet ihr: »Mein George, wie dürstet, o wie dürstet mich nach Dir!«[20] Pagello begleitet sie nach Paris zurück, ohne sich irgendwelche Illusionen zu machen. Er hatte die Liebesbeteuerungen in der *Lettre* gelesen. Sobald George zurück ist, stürzen die Liebenden von Venedig einander in die Arme. Die Verdächtigungen des einen und die Lügen des andern verschärfen nur die Leidenschaft.
Mussets wütende Gereiztheit, seine Eifersucht, als er weiß, daß er betrogen wurde, bringen George dem Wahnsinn nahe. Während dieses von kurzen Atempausen unterbrochenen Dramas denkt sie

mehrere Male an Selbstmord. Nur der Gedanke an ihre Kinder hält sie zurück. Sie liebt »zum Sterben«: »Ich liebe und ich werde daran sterben, wenn Gott nicht ein Wunder für mich tut; er wird mir literarischen Ehrgeiz oder Frömmigkeit verleihen.«[21] So spricht eine Frau, der die Liebe den Sinn verwirrt hat.

Weder Sainte-Beuve noch Liszt hatten sich getäuscht, als sie George in diesem herzzerreißenden Zustand sahen: Dieses Mal liebte sie wirklich. Wenn sie meint, sie werde nun Musset niemals mehr wiedersehen, dann seufzt sie: »O ihr blauen Augen, ihr werdet mich nicht mehr anblicken! Schönes Haupt, ich werde nicht mehr sehen, wie du dich über mich beugst und dich verschleierst von einem süßen Sehnen! Du geschmeidiger und heißer kleiner Körper, du wirst dich nicht mehr auf mich legen . . . Lebt wohl, ihr blonden Haare, lebt wohl ihr weißen Schultern, leb wohl alles, was ich liebte und was mir gehörte.«[22] Eine Krise folgt der anderen. Von der »heimlichen Brüderschaft«, die sie anstrebten, sind sie weit entfernt. Mit glühenden Zungen gesteht er ihr, wie sehr sie ihm fehle. Er sucht »das Glück, das Glück, und danach den Tod«. Sie sehen sich wieder. Sie kann nicht einfach »hinweggehen über das Wohl und Wehe«, das er ihr angetan hat. Sie trennen sich wieder. Musset in seiner wahnsinnigen Eifersucht droht, sich und sie zu töten. Doch als er mit ihr brechen will, schneidet sie sich die schweren schwarzen Haare ab und schickt sie ihm. Stendhal ist den Liebenden auf ihrem Weg nach Venedig begegnet. Vielleicht haben sie von Mathilde de la Mole gesprochen.

Die Erregung von Alfred zeigt, wie tief er betroffen ist. Sie fleht ihn an. Sie klagt sich selbst an, und das ist der Beweis dafür, daß er in Wahrheit ihre größte Liebe ist, denn das hat sie bei keinem andern je getan und sie wird es auch bei keinem mehr tun. Sie magert ab und kann nicht mehr arbeiten; sie ist nur noch ein Schatten der robusten Aurore Dudevant. Den letzten Brief des Dichters versteckt sie in einem Totenschädel. Denn schließlich muß sie doch mit ihm brechen, sie ist am Ende, sie flieht und sucht Schutz in Nohant. Ein Leben ohne den andern scheint keinem von beiden möglich. Ein Leben gemeinsam noch viel weniger.

Während sie ständig hin- und herpendelt zwischen Nohant und Paris, sind ihre Freunde bestürzt über ihre Blässe, ihre Hinfälligkeit. Alles spricht für eine große Passion zwischen diesen beiden in ihrer Maßlosigkeit einander ebenbürtigen Menschen. Selbst an der Tiefe ihrer Verzweiflung läßt sich diese Leidenschaft messen. Ihr »nagt eine Natter am Herzen«, und er durchleidet alle Stufen des Mißver-

gnügens, Ekels, der Feindseligkeit und Wut und des »verächtlichen Spotts«, und plötzlich »kehren die Tränen, die Sanftmut und die unaussprechliche Liebe zurück«.
Die Liebe zu Musset hat George wie keine andere gezeichnet. Musset hat in seinem Werk, in der *Confession d'un enfant du siècle,* in den Gedichten *Nuits* und *Souvenir* der Bedeutung und der Stärke seines Gefühls für George Ausdruck gegeben. Als er die *Confession* schrieb, stützte er sich auf den Briefwechsel mit seiner Geliebten. Dieses Buch sollte für ihn die Sühne aller seiner Versäumnisse werden. Doch mitten in der Arbeit an diesem Werk erfährt er, daß ihn George tatsächlich mit Pagello betrogen hat. Da packt ihn erneut der Zorn, und es fällt ihm schwer, seine großmütigen Absichten durchzuhalten und zu verwirklichen. Und doch hört er nicht auf, sich selbst anzuklagen. Je nachdem, ob ihn gerade die Liebe oder die Wut beflügelt, nennt Alfred sie eine barmherzige Schwester oder eine hochmütige Törin.
Die *Confession* ist nicht ausschließlich autobiographisch. Brigitte, die Heldin, gleicht nicht in allem George. Doch wie sie ist auch Brigitte zuerst »Mutter und Geliebte«. Ihr Geliebter verlangt von ihr aus Sadismus, »sich herabzuwürdigen« um ihm zu gefallen, um letztlich die zu werden, zu der Musset George hatte machen wollen, vielleicht ganz unbewußt aus Rache am Verrat seiner ersten Geliebten.
Man kann das Talent und die Charaktere von Musset und George nicht vergleichen, indem man *La Confession* und *Elle et Lui* einander gegenüberstellt. Musset hat sein Buch unter dem frischen Eindruck des Erlebten geschrieben. Sand veröffentlicht ihre literarische Bilanz der Beziehung zu Musset zwanzig Jahre später, als Antwort auf die Angriffe von Paul de Musset, Alfreds Bruder, der George für den Wahnsinn und den Tod Alfreds verantwortlich machen will.
In *Lui et Elle* wiederum läßt Paul de Musset seinen Ressentiments freien Lauf. Das erstaunt um so mehr, als er die Laster seines Bruders sehr gut kannte und oft beklagt hat. Die unparteiischen Anhänger von Musset dagegen sind der Meinung, daß George in *Elle et Lui* nicht übertrieben hat, als sie für das Ende ihrer Liebe den ausschweifenden Lebensstil und die Krankheit von Musset verantwortlich machte.
Die verständnisvolle Mutter von Alfred hatte vor der Reise nach Venedig George bei sich empfangen, die sie beruhigen und ihr versichern wollte, daß sie sich um die labile Gesundheit des Dichters

kümmern werde, und die vielleicht ganz praktisch beraten sein wollte, wie man den, den sie »mein Kind« nannte, zu pflegen habe. Madame de Musset hatte sogar die Augen verschlossen, als George nach der Rückkehr von Venedig gekommen war, um Musset bei ihr zu pflegen.

Um sich gegen die Angriffe auf sie zu verteidigen, dachte George einen Augenblick daran, ihre Briefe an Musset zu veröffentlichen. Da ihr Sainte-Beuve davon abrät, gibt sie den Plan auf, aber daß sie daran gedacht hat, beweist, daß diese Briefe nicht gegen sie gesprochen hätten. Um so weniger versteht man ihre unselige Idee, etliche dieser Briefe zu verstümmeln, d. h. zu fälschen, indem sie davon Abschriften anfertigte. Warum hat sie ganze Passagen weggelassen? Weil sie sich auf Dritte beziehen, oder weil darin von Mussets Schulden die Rede ist? Enthalten sie zu deutliche Anspielungen auf die Angst vor seinem Wahnsinn? Oder sind sie einfach zu intim? Sie hat wiederholt ihre Abneigung gegen Indiskretionen dieser Art ausgedrückt. Vielleicht geschah es aus dem Wunsch zu idealisieren. Welches Motiv sie auch für ihr Verhalten gehabt haben mag, es war nicht nur ungeschickt, sondern peinlich und unzulässig.

Ein Jahr nach dem endgültigen Bruch stürzt sie das Erscheinen der *Confession d'un enfant du siècle* in solche Erregung, daß sie nach der Lektüre des Buches zu weinen anfängt »wie eine dumme Gans«.[23] In einem Brief dankt sie Musset dafür: Sie habe ihn sehr geliebt, sie habe ihm alles verziehen, sie möchte ihn nie wiedersehen. Er wird sich immer an diese Frau »mit den wunderbaren Augen . . . mit dem schweren, schwarzen Haar« erinnern. Und besonders ein Satz wird ihm immer wieder ins Gedächtnis zurückkehren: »Wenn Du allein sein wirst, wenn Du weinen möchtest und beten, dann wirst Du an Deinen George denken, an Deinen guten Kameraden, an Deine Krankenpflegerin, an Deinen Freund, an etwas Besseres als dies alles. Denn das Gefühl, das uns verband, vereinigte in sich so vieles, daß es mit keinem andern zu vergleichen ist. Die Welt wird nie etwas davon begreifen; um so besser, wir werden uns lieben und werden uns über sie lustig machen.«[24]

Nachdem die Hoffnungen zerronnen sind, die sie in diese Liebe gesetzt hat, beklagt sie ihren Hochmut und ihren Egoismus. Sie sieht ein, daß sie nur für sich selbst gelebt hat. Sie glaubt, sie könne freiwillig und leichten Herzens auf ihre Selbsterfüllung verzichten und »ihren Kindern eine alte und respektable Mutter sein«. Das jeden-

falls ist der Ratschlag von Sainte-Beuve. Hat sie nicht schon die Dreißig hinter sich gelassen?
Verwundet und erschöpft von der Leidenschaft, ist George eine willige Beute für ein neues Ideal. Sie braucht für die Regelung ihrer ehelichen Situation einen Anwalt. Ihre Freunde empfehlen ihr Michel de Bourges.
Am 6. März 1835 hat sie mit Musset endgültig gebrochen. Sehr schnell vergißt sie alle ihre guten Vorsätze. Michel erobert sie sehr bald nach ihrem ersten Zusammentreffen. Der Ring, den sie ihm schenkt, trägt ein graviertes Datum: 9. April 1835.
Michel de Bourges: Trotz seines unschönen Gesichts, seiner »hohlklingenden Stimme«, obwohl er, wie Lamartine bemerkt, »etwas Grobes und Primitives an sich hatte«, hat dieser redegewandte Mann darauf gerechnet, sie mit dem Brio seines privaten Plädoyers zu verführen, und hat sich an jenem Abend nach dem Urteil des Anwesenden wirklich selbst übertroffen. Er hat ihr ein Ziel gesetzt: über sich selbst hinauszublicken, er hat ihr ein neues Ideal aufgezeigt: die Gerechtigkeit, und er hat ihr das Mittel genannt, um dieses Ideal zu erreichen: die Politik. Zuerst ist sie angenehm berührt von dem Eifer, mit dem der brillante Advokat ihr soziale und politische Probleme auseinandersetzt, denn er ist Meister auf einem Gebiet, das ihr fremd ist. Es dauert nicht lange, und sie ist von ihm fasziniert. Und dabei hat sie ihn schon an diesem ersten Abend, während er sie zu blenden versuchte, erkannt und durchschaut. Sie fühlt bei diesem Bauernsohn, der als Kind Holzpantoffeln getragen hat und den sie dafür bewundert, das ehrgeizige Streben nach Macht. Sie begreift, daß ihre politischen Ideen sehr verschieden sind: »Du liebst die Menschen nicht, du bist nicht ihr Bruder, weil du nicht ihresgleichen bist. Du bist eine Ausnahme. Du bist zum Herrscher geboren!«[25] Die gefühlsbetonte George glaubt in diesem Mann, der älter ist als sie und ein so glühender Verfechter seiner sozialistischen Ideen, nun endlich den Partner gefunden zu haben, den sie schon lange sucht und den sie für immer lieben könnte. Und dieser ehrgeizige, in stürmischem Aufstieg begriffene Mann ist stolz darauf, eine Frau wie sie vor seinen Wagen spannen zu können. Aber gleichzeitig ist er vorsichtig bis zur Flegelhaftigkeit, damit seine reiche Ehefrau keinen Verdacht schöpft. Michel de Bourges hat »den Weg zu ihrem Herzen« nicht, wie oft behauptet, dadurch gefunden, daß er ihr die Probleme der Politik entdeckte, sondern dadurch, daß er ihr Zugang verschaffte zu dieser Welt, für die sie sich schon immer brennend interessierte.

Die soziale Frage hat Aurore Dupin schon mit sechzehn Jahren beschäftigt, weil sie einen so ausgeprägten Gerechtigkeitssinn besaß. Schon damals hat sie, symbolisch, ihr Pferd nach einem italienischen Revolutionär *Pépé* getauft.

Der Volkstribun, »dieser ungetreue und eifersüchtige Despot«, hat die marmorne Lélia zu erregen vermocht. »Als alle Fasern meines Seins bloßgelegt unter Deiner Hand erbebten, wurde meine Liebe so stark und tief, daß ich mir in meinem Leben kein anderes Ziel vorstellen konnte, als mit Dir zusammenzusein.«[26]

Schon lange bevor sie ihn kennenlernte, hat sie Rousseau, Franklin, Proudhon und die Saint-Simonisten gelesen und kommentiert. Die Revolution von 1830 in Frankreich und in Polen hat sie tief beeindruckt. Doch es hat nicht dieser Ereignisse bedurft, um ihr die Augen zu öffnen über die Ungerechtigkeiten und Mängel der Gesellschaft.

Die Redegewalt des berühmten Anwalts beeindruckt sie zweifellos, aber seit jenem Abend, da sie in eine heftige Auseinandersetzung gerieten über das System Babeufs, erschreckt er sie. Will er nicht mit Gewalt der Ungleichheit ein Ende machen? Kündet er nicht laut von Ereignissen, die das Wasser der Seine rot färben und den Louvre in Schutt und Asche legen werden?

George ist mit den Ideen des Gracchus Babeuf nicht einverstanden. Michel hat sich erst vor kurzem dazu bekehrt, doch er verteidigt sie mit dem Eifer des Neophyten. Er ahnt noch nicht, daß sein Ehrgeiz ihn schon bald wieder davon abbringen wird. Ihr Interesse an dem Neuen, Ungewohnten der mit ihm geführten politischen Diskussionen, aber auch die autoritäre Haltung ihres Partners bringen sie dazu, sich ihm zu unterwerfen. Er ist der erste, dessen Gesetzen sie sich beugt. Das ist es, was sie wünscht, schreibt sie an Sainte-Beuve, doch niemals wird sie so weit gehen, ihre eigene Persönlichkeit aufzugeben. Wenn sie diese Gefahr spürt, leistet sie Widerstand. Das ist es, was Maurois, Biograph von George Sand, ihr vorwirft, wenn er schreibt, sie sei ohne Demut.

Als sie sich von Musset trennte, wollte sie »auf immer« den gefürchteten Leidenschaften entsagen. Und schon ist sie wieder heftig verstrickt. Hat sie nicht selbst gesagt, sie sei von Natur aus ängstlich und unvorsichtig zugleich? »Das brachte meinen Erzieher auf den Gedanken, ich hätte den Charakter einer Amsel. Ich glaube erst dann an die Gefahr, wenn ich mitten drin stecke, und ich vergesse sie, sobald sie vorüber ist.«[27]

Was eben erst vergangen ist, hat sie bereits vergessen. Michel liebt sie »seit dem Tage, da ich geboren war, durch alle Wesen hindurch, in denen ich einen Augenblick geglaubt hatte, ihn zu finden und zu besitzen«.[28] Später versichert sie ihm, er sei der erste, den sie wirklich liebe. Zweifellos sind ihr alle früheren Lieben aus dem Gedächtnis geschwunden, oder vielleicht erinnert sie sich nur allzugut an »die Ohnmacht der Wollust«, die sie bei Musset empfunden hat und auf die sie nicht mehr verzichten mag.

Zwischen Michel und ihr gibt es eine Gemeinsamkeit der Interessen und physische Lust. Wenn er nach den Tagen der Erfüllung von ihr fort muß, schreibt sie ihm: »Ich werde Dir entgegengehen, wie im *Hohen Lied* die Freundin dem Vielgeliebten entgegeneilt.« Wenn sie sich in Nohant aufhält und er in Bourges, werfen sich beide aufs Pferd und treffen sich irgendwo, lieben sich unter dem Blätterdach der Alleen im Mondlicht, unter Hecken oder »unter unseren Akazien«.[29]

Wenn ihm sein guter Ruf oder seine Arbeit wichtiger zu sein scheint als sie, protestiert sie: »Guten Abend, liebst Du mich auch? Wenn du nicht zu mir kommst, werde ich Dich holen kommen; ich bin eine rechte Törin, ich will beißen, doch wo ist das Fleisch, das meinen Zähnen gefällt! Eines schönen Tages werde ich Dich während einer Deiner Deklamationen im Justizpalast aufstöbern, ich werde Dir die Robe herunterreißen und werde Dich vor Deinen Richtern abführen; paß nur auf. Dieser Schweiß, den Du für sie verströmst, macht mir Fieber. Willst Du meinen Tod, Unglücklicher! Versuche, versuche es doch, etwas außer mir zu lieben; Du wirst erkennen, was die Dinge und was die Menschen wert sind. Aber Du willst es so, also geh, tu, was Du nicht lassen kannst, werde zum Mörder, Dieb, König meinetwegen, ich werde Dich verfolgen bis auf den Grund des Meeres.«[30]

Aber sie leidet, weil sie allen Stolz verloren hat, weil er von ihren mystischen Sehnsüchten absolut nichts begreift, weil die Liebe für ihn einen ganz anderen Sinn hat als für sie. Und zu allem hin nagt an ihr die Eifersucht, für die er ihr mannigfache Gründe liefert. Er quält sie, zwingt sie, sein Haus, das eheliche Schlafzimmer sich anzusehen. Sie will sterben, und überhäuft ihn mit Anklagen. Er ist ein sehr nervöser Typ, er hat Alpträume und nächtliche Beklemmungszustände, aber er steht mit beiden Beinen recht fest auf dem Boden der Realität und weiß seine Interessen wahrzunehmen.

Sie will ihn nicht aufgeben, sie ist dazu einfach nicht fähig. Bei ihm ist sie in der Rolle der Bittenden: »Während einiger Tage liebtest Du mich genügend, um die materielle und absolute Vereinigung unserer Geschicke zu erträumen. Du hast Dich sogar auf einen Termin verpflichtet, der näherrückt ... Beruhige Dich, dieses Versprechen ist mir ins Herz geschrieben worden, und mein Herz gehört Dir.«[31] Sie macht ihm zum Vorwurf, daß er gegen sie diese banale List gebraucht habe, da er doch von ihr alles, was er wollte, hätte haben können, ohne sie »leichtfertig zu Zukunftsträumen zu verleiten, die Du als unrealisierbar erkanntest«.

Sie sieht die Situation sehr klar, aber sie hat nicht den Mut zur Trennung. Mit langen drängenden Briefen klammert sie sich an ihn, will ihn zurückerobern. »Los, Michel, Mut, ich verdiene Deine Freundschaft. Ich würde auch Deine Liebe verdienen, aber es steht nicht in Deiner Macht, sie mir zu gewähren.«[32] Mit Michel de Bourges hegt sie fast bis zum Schluß den Traum von der ewig dauernden Liebe. »Weißt Du, daß Du mich zu jeder Stunde, heute wie in zwanzig Jahren, gleich treu und ergeben fändest, falls Deine Liebe zu mir nicht ein Ende nähme?«[33] Trotz allem will sie an diese Liebe glauben, und sie gefällt sich in der Vorstellung, »wie ich Dich in Deinem Alter pflegen würde«.[34]

Doch schließlich revoltiert sie gegen den Egoismus ihres Geliebten, und sie ist aufgebracht gegen sich selbst, weil sie erträgt, was er ihr zumutet. Müde und angewidert sagt sie diesem Körper lebwohl, den sie »mit zitternden Knien« und einem »übervollen Herzen« begehrt hat. Zu hartnäckig hatte er sie immer wieder daran erinnert, daß sie »nur eine Frau sei und sich nicht auf die Höhe seiner Überlegungen erheben könne oder die Bedeutung seiner Arbeit begreifen«. Mehr als alles schätzt er Schmeicheleien. Sie hat sich mehrere Male vor ihm erniedrigt: »Noch immer zweifelte ich an allem, ließ nur das gelten, was von mir selber kam, haßte alle Irrtümer. Ich war noch Jungfrau im Geiste. Ich wartete darauf, daß ein Mann des Heils käme und mich belehrte. Du bist gekommen und Du hast mich belehrt.«[35] Im selben Brief vom Januar 1837 beginnt sie mit ihm zu rechten. Und bald wird sie begreifen, daß Michel de Bourges nicht der »Mann des Heils« ist, den sie sich erträumt hat. Marie Dorval ist der Meinung, man könne nur den lieben, den man nicht achte – Marie Dorval, nicht George. Schon kurze Zeit nach ihrer Trennung hatte er aufgehört, für sie ein Freund zu sein.

Die Liebe von George für Michel de Bourges hat in wunderbaren, sinnlichen, gefühlsstarken Briefen einen Ausdruck gesucht. In so langen Briefen, daß sie gelegentlich nicht zu Unrecht bezweifelt, ob ihr Geliebter sie zu Ende gelesen habe. Sie erinnert ihn an die glühenden Nächte, sie besingt den »abgöttisch geliebten Körper«

ihres Freundes, den »so manche Male erschöpften und von unserer Liebeswut schmerzenden und so oft durch meine Lippen, meine Haare, meinen Atem geheilten und wiederbelebten Körper«.[36]
Der letzte, veröffentlichte Brief stammt vom 8. Juni 1837. Die Briefe, die darauf folgten und von ihrem Bruch handeln, fehlen. In den *Entretiens journaliers* gibt George unter dem Datum des 11. Juni eine halbe Erklärung dafür: »Piffoël« – hinter diesem Decknamen verbirgt sie sich – »du wurdest erwählt unter allen Tröpfen; die Frucht deines Leides ist gereift. Heilige Mattigkeit, Mutter der Ruhe, steig herab zu uns armen Träumern . . .«[37] Sie hat sich nicht noch einmal dazu hingegeben, Michel »in gemeiner Weise zu umschmeicheln« und ihren Stolz noch einmal niederzutreten.
Die Briefe mit ihren Beschwörungen, Versprechungen, Enttäuschungen, Drohungen, flehentlichen Bitten, Triumph- und Verzweiflungsschreien sind ein getreues Spiegelbild des Auf und Ab ihrer Beziehung. Diese Korrespondenz wurde 1890 in der *Revue illustrée* veröffentlicht, aufgrund einer Abschrift, in der die Namen und die Örtlichkeiten verändert worden waren, um den Leser irrezuführen.
Schon am 25. Mai 1836 hat sie in einem Brief an Marie d'Agoult ihren Glauben an die ideale Liebe als einen Irrtum entlarvt. Doch sofort berichtigt sie dieses Eingeständnis: »Vielleicht habe ich auch falsch gewählt.«[38] Es ist die Zeit der kurzlebigen Liaison mit Charles Didier, in der zumindest auf seiten Georges von Liebe nicht die Rede sein kann. Dabei wird ihr bewußt, daß sie von der Leidenschaft für Musset schon ganz geheilt ist. Die Verbindung mit Michel sollte sich noch ein Jahr hinschleppen, ehe sie vor der Unmöglichkeit einer sinnlichen und seelischen Erfüllung kapitulierte. Nach dem vollständigen Bruch mit dem Advokaten läßt sie sich auf eine Liebelei mit dem Schauspieler Bocage ein, um auf andere Weise »das Volk« zu lieben.
Im Januar 1838 zieht sie Bilanz gegenüber dem Comte de Chatauvillard, der für sie, wie sie argwöhnt, eine etwas ungesunde Neugier hegt: Galanterien können sie nicht locken, sie hat »die gleichen Schulen« durchlaufen wie die andern, hat »die gleichen flüchtigen Freuden und tiefen Leiden kennengelernt«, und sie kann nicht mehr ohne Betrübnis an die Liebe denken, »an diese große und einzigartige Wohltat des Himmels«.[39]
Félicien Mallefille, ein junger Dramatiker, den Liszt und Marie d'Agoult als Hauslehrer für Maurice empfohlen hatten, ist sofort in sie verliebt. Aber Marie, die sich schon über den Höcker von Bo-

cage lustig gemacht hatte, spöttelt nun darüber, daß Mallefille zu George übergelaufen sei. Sie konnte nicht begreifen, daß George, die nach zwei großen, erschütternden Leidenschaften enttäuscht zurückgeblieben war, sich trotzdem mit einer Schar von Verehrern umgab.

Als Balzac im Februar 1838 nach Nohant kommt, um »die Löwin des Berry in ihrer Höhle«, »die Nachtigall in ihrem Nest«[40] zu besichtigen, trifft es sich günstig, daß Mallefille gerade mit einer Mission nach Paris gereist war. Nach dem völligen Scheitern der großen, idealischen Liebe findet sie Balzac in sehr herabgestimmtem Zustand vor. Sie lebt ziemlich zurückgezogen und hat sich ganz auf die Arbeit geworfen. Auch das Interesse an ihrem eben erst durch die Scheidung zurückeroberten Gut lenkt sie von ihren trüben Gedanken ab.

Sie hat nun Zeit, sich die Ratschläge Sainte-Beuves durch den Kopf gehen zu lassen. Immer auf der Suche nach einem zu ihr passenden Mann, rät er ihr doch, wie alle ihre Freunde, zu Würde und Ehrbarkeit, wie es ihre dreiunddreißig Jahre und die Zukunft ihrer Kinder von ihr verlangten.

Da George mit Liszt, Berlioz, Meyerbeer befreundet ist, versäumt sie kein Konzert in der Académie royale oder im Théâtre-Italien. Eine der *Lettres d'un voyageur* ist der Musik gewidmet und an Meyerbeer gerichtet. Daneben beweisen ihre vielen Artikel über Musiker ein originelles und sicheres Urteil. Chopin hatte im April 1836 an einem Konzert von Liszt teilgenommen und noch im selben Jahr haben Franz und Marie ihn bei sich im Hôtel de France George vorgestellt, weil sie wußten, daß der unglückliche Komponist das Bedürfnis hatte, »am Gängelband geführt zu werden«. Aber er findet George auf den ersten Blick ausgesprochen unsympathisch. Ihre Extravaganz, ihre Scherze, ihre gewagte Art sich zu kleiden, alles mißfällt ihm, erschreckt ihn an ihr. Zu einem Konzert bei ihm erscheint sie in einem türkischen Gewand. Er dagegen ist immer ohne Fehl und Tadel in seinen eng anliegenden Hosen und seinem makellosen Rock, blau mit goldenen Knöpfen, wie der von Musset. Sein Geschmack ist um so aristokratischer, als für das Scheitern seiner Heirat mit Maria Wodzinska nicht allein seine labile Gesundheit, sondern auch die bescheidene Herkunft seiner Eltern als Ursache gilt, und zwar besonders die seiner Mutter, die lange Zeit bei einer Familie von Stand Gouvernante gewesen war.

Er verleugnet, als er auf George trifft, nicht nur seinen Ursprung aus dem Volk, sondern er ist auch politisch ganz anders orientiert als sie. Man darf seinen Patriotismus und den Wunsch nach einer Befreiung seines Heimatlandes Polen nicht mit sozialer Fortschrittlichkeit verwechseln. George lauscht dem Pianisten mit Entzücken und schätzt den Komponisten. Sie rennt in die Salons, in denen sie ihn zu sehen hofft, und heftet sich ihm an die Fersen. Die Episode mit jenem Billett, das als so gewagt bezeichnet wurde, ist bekannt. »Man betet Sie an« steht auf dem Zettel, den George mit Marie Dorval gemeinsam unterzeichnet und Chopin auf einer Soiree zugesteckt hat. Er soll ihn übrigens sehr sorgfältig aufbewahrt haben.

Leider ist der Briefwechsel zwischen George und Frédéric verschwunden, was um so bedauerlicher ist, als man inzwischen das Tagebuch von Chopin für unecht erklärt hat.

Aber es läßt sich erkennen, in welchem Bereich sich diese beiden außergewöhnlichen Menschen näherkommen würden. Die Musik versetzt George in eine ideale Welt, sie erschließt ihr »eine himmlische Ruhe«, sie ist für sie Philosophie und Ästhetik zugleich, »die Sprache der Seele«.

George versteht also die Sprache der Töne und ist fähig, Chopin zu würdigen. Als Komponisten stellt sie ihn sehr hoch, sie findet ihn sogar kraftvoller als Beethoven, von dem sie allerdings zu diesem Zeitpunkt noch nicht alles kennt. Nur Mozart schätzt sie noch höher, und sie hat die Freude, in diesem Urteil mit Chopin einer Meinung zu sein.

Aber nicht allein die Musik verbindet sie. Eine rasch wachsende Zärtlichkeit zieht sie zueinander hin. George hat sich ins Bild gesetzt über die unglückliche Liebe von Chopin zu seiner Verlobten. Sie möchte mit ihm eine fast eheliche Verbindung eingehen, die dauerhafter werden soll als die früheren. Ihre Tochter ist inzwischen neun Jahre alt, ihr Sohn dreizehn. Ihr Heranwachsen soll nicht mehr vom Skandal überschattet werden. George hat das Bedürfnis zu achten, zu bewundern. In Chopin begegnet ihr das Genie. Er ist jung, schön, elegant, von sehr anfälliger Gesundheit, und er ist sechs Jahre jünger als sie. Die Rolle einer mütterlichen Geliebten, einer besorgten Betreuerin, die sie immer so genießt, kann sie bei ihm vollkommen ausleben.

Trotz seiner Erfolge in der eleganten Welt und obwohl ihm die hübschen Damen der Gesellschaft seine Klavierstunden vergolden, belasten ihn die Sorgen des alltäglichen Lebens. In George findet er eine praktische, lebenstüchtige Frau, die ihn davon befreit. Sie wird ihm die idealen Bedingungen schaffen für seine Kunst.

Es war für sie ein Spiel, ihm zu gefallen. Sie sind einander trotz der Verschiedenheit ihrer Temperamente in vielem verwandt. Er läßt sich bereitwillig von ihr in die ätherischen Regionen der idealen Liebe entführen. Es wird ihnen schwer, wieder auf die Erde herabzusteigen, nachdem sie »das himmlische Feuer« erfahren und »das Reich der Seligen« durchquert hatten. Wer möchte auch wiederkehren von »einer Reise zu den Sternen«. »Wir müssen uns im Himmel begegnen«, sagt sie. Er wird für sie immer »ein Engel« sein, den sie »an der Flügelspitze« festhalten muß. Und doch beunruhigt sie eine gewisse Scheu, die Chopin der körperlichen Liebe gegenüber empfindet und äußert. In einem Brief an Grzymala,[41] einem polnischen Emigranten und Vertrauten des Komponisten, erklärt sie, es sei nach ihrer Meinung nicht möglich, die Liebe von den sinnlichen Freuden zu trennen. In Erinnerung an ihre eigenen Erlebnisse glaubt sie, eine frühere Geliebte von Chopin sei die Ursache seiner Abneigung. Erst später wird sie erfahren, daß diese Enthaltsamkeit in der Natur ihres Geliebten liegt.

Wieder einmal haben der fremdartige Charme von George und die »einzigartigen Augen« ihre Wirkung getan. Chopin entschließt sich ganz plötzlich.

Eine sehr innige Zuneigung verbindet für einige Monate diesen kühlen Dandy und dieses feurige Originalgenie, die beide in die Liebe und die Musik verliebt sind. Die romantische Blässe und die aschblonden Haare des Musikers kontrastieren mit der umbrafarbenen Haut und der schwarzen Mähne von George. Mallefille kann dagegen nicht aufkommen. Obwohl er sich auflehnt und Chopin bedroht.

Nicht ohne Schwierigkeiten begreift Mallefille, daß sein Interregnum zu Ende ist. George möchte unverzüglich und in solcher Weise ihr Leben mit Chopin einrichten, daß nichts die Freiheit und das künstlerische Schaffen des Komponisten beeinträchtigt.

Da erkrankt er aufs neue. Und auch die Gesundheit von Maurice gibt seiner Mutter Anlaß zur Beunruhigung. Sie denkt an die Balearen, um die beiden Kranken wiederherzustellen. Doch auf dieser Reise nach Mallorca wird Chopin kränker als zuvor. Er bewundert die vitale George, die nach ausgedehnten Spaziergängen mit ihren Kindern acht Stunden ohne Unterbrechung an ihrem Schreibtisch verbringt, um ihren Roman *Spiridion* fertigzuschreiben.

Ungeachtet der Gitarrenklänge, der »Palmen, Oliven-, Orangen- und Granatapfelbäume, des türkisfarbenen Himmels, des lapislazuliblauen Meeres und der smaragdenen Berge«, ungeachtet alles dessen, was Chopin bei seiner Ankunft entzückte und was er in seinen Briefen rühmte, ist der Aufenthalt in der Kartause von Valldemosa ein völliger Fehlschlag. Chopin fühlt sich dem Tod nahe, doch George gelingt es immer wieder, ihn seinen Angstvorstellungen, seinen Phantasmen und der fatalen Wirkung des verlassenen Klosters zu entreißen.

Nicht allein, daß dieses seltsame Paar, das zwei Kinder mit sich schleppt, die Bevölkerung zutiefst schockiert. Die Mallorquiner vermuten, der ewig hustende Chopin leide an Schwindsucht, und fürchten sich vor der Ansteckung. Vielleicht wäre es sogar besser, nach dem Abzug der Fremden das Mobiliar zu verbrennen und sie es vorher bezahlen zu lassen? Solche Widrigkeiten machen den Aufenthalt unerträglich und zudem kostspielig. George macht sich über die lächerliche Ansteckungsfurcht der Nachbarn lustig. Sie sieht sich ausgebeutet, ohne etwas dagegen tun zu können, und wird es den Spaniern nie vergessen, unter welchen schikanösen Umständen sie auf Mallorca leben mußte.

Sie wurde später verantwortlich gemacht für die Anfälle Mussets, obwohl er darunter lange vor ihrem Zusammentreffen gelitten hatte. Andere klagten sie an, sie habe »durch ihre zuchtlosen Begierden« die Gesundheit des unglücklichen Chopins untergraben und dadurch sei er ein Opfer der Tuberkulose geworden. Auch von ihm ist bekannt, daß er, schon bevor er sie kennenlernte, ernsthaft erkrankt war. Sie scheut indes keine Kosten, um ihn von den besten Ärzten des Landes behandeln zu lassen. Da sie ihn mit Nachdruck dazu angehalten hatte, sich einer Diät zu unterziehen, darf sie im Glauben, er sei geheilt, nach einem Zwischenaufenthalt in Marseille mit ihm nach Nohant zurückkehren.

Er ist ein angenehmer Gefährte: »Bescheiden aus Prinzip und sanft aus Gewohnheit«, aber »gebieterisch aus Instinkt und voll eines rechtmäßigen Stolzes, der von sich selbst nichts weiß«.[42] Chopin liebt das Berry nicht besonders. Er hat nicht das Herz eines Landmanns und verbringt kaum die Hälfte des Jahres in Nohant, obwohl ihn die friedliche und arbeitsame Atmosphäre des Hauses beruhigt und stärkt. Auf einem Esel reitend und mit einer Decke um die Schultern begleitet er George und ihre Freunde auf ihren oft mehrtägigen Ausflügen in die Umgebung von Nohant. Er schläft nie so gut wie auf Stroh. George entreißt ihn dem mondänen und künstlichen Leben, für das er eine besondere Neigung hat. In Nohant vor allem komponiert er während der neun Jahre, die ihre Verbindung dauert.

Die Werke, die er im Berry und auf Mallorca geschaffen hat, werden in Paris der Öffentlichkeit vorgestellt. Doch das Leben in der Hauptstadt, die Klavierstunden und die Konzerte, die er gibt, lenken ihn allzusehr ab. George versucht deshalb, seine Kreativität auf jede nur mögliche Weise zu fördern.

Aber auch sie wurde durch ihn inspiriert. Er ist der Geist der Leier in den *Sept Cordes de la lyre,* die sie unter dem Eindruck dieser Inspiration niedergeschrieben hat. An manchen Abenden, während er komponiert oder spielt, sitzt sie dabei und stickt; so hat sie Delacroix einmal überrascht.

Sie kann schreiben, während sie ihm zuhört. Oder sie zeichnet mit sicherem Strich sein schönes Profil. Er lebt nicht gerne auf dem Land, und sie nicht gerne in der Stadt. Aber mit Hilfe der gefälligen Charlotte Marliani, bei der sie »alle zusammen essen«, hat sie zwei getrennte, doch in einem Häuserblock am Square d'Orléans liegende Appartements gefunden. Hier hat Chopin endlich seinen eigenen, eleganten Salon, in dem er Besuche empfängt und begabten Aristokratinnen Klavierunterricht gibt. George und Chopin verbindet noch immer eine innige Zuneigung. Die romantische Liebe hat sich zu einem tiefen Einverständnis entwickelt, zu einer Ehe, die schließlich keusch bleibt. Er schätzt ihren Mut und ihre Energie, sie rühmt seine Liebenswürdigkeit. Sie arbeiten Seite an Seite, spielen oder lesen einander ihre neuen Werke vor, »wobei sie des anderen Einwände annehmen oder entkräften«[43], und ermuntern sich voll Zärtlichkeit und Achtung gegenseitig zum Schaffen. Jeder empfindet für den andern eine zugleich fordernde und begeisterte Bewunderung. In Paris tauschen sie ihre Freunde aus: Maler, Damen der Gesellschaft, Musiker, Dichter. Sie lobt seine Güte, die Stärke seines Gefühls, seinen exquisiten Geschmack, seine feinen Manieren. Sie hält ihn für den diskretesten, »den bescheidensten unter allen genialen Männern«, für einen »so ernsthaften wie angenehmen Freund«.[44] Und doch glaubt Madame Juste Olivier, eine gemeinsame Bekannte, er habe kein Herz, und alle seine Freunde werfen ihm seine Unbeständigkeit und seine Vorurteile vor, ohne deshalb gleich so harte Worte wie Mickiewicz zu gebrauchen.

Es dürfte der Sand sehr schwer gefallen sein, wie »eine Jungfrau« zu leben. Mit diesen Worten beschreibt sie Albert Grzymala ihr Leben neben Chopin. Andrerseits befriedigt eine solche Existenz ihre Sehnsucht, sich einem Wesen aufzuopfern, es zu umsorgen. Wenn Chopin allein nach Paris reist, empfiehlt sie ihn der Obhut von Madame Marliani: »Ich fürchte, daß er morgens in der Eile seiner Unterrichtsstunden vergißt, eine Tasse Schokolade oder Fleischbrühe zu schlucken, was ich ihm, wenn ich da bin, trotz seines Protestes einflöße.«[45]

In dieser Zeit behauptet die stets zynische, aber gelegentlich auch klarsichtige Marie d'Agoult, George sei in Chopin vernarrt und doch seiner überdrüssig, und wundert sich keineswegs darüber, da die beiden doch allzu entgegengesetzter Natur seien.

Zweifellos beklagt sich George über die trübe Stimmung, in die der unglückliche Gesundheitszustand Chopins das große Haus in Nohant versetzt hat. Aber noch vereint sie die Musik stärker als alles andere und versöhnt sie, wenn es nottut. »Sein Genie war erfüllt von den geheimnisvollen Harmonien der Natur, die er wiedergab in den erhabenen Ausdrucksformen seines musikalischen Denkens, nicht jedoch durch eine knechtische Wiederholung äußerer Töne.«[46] George ist eine begabte Zuhörerin; wenn sie beim Komponieren seinem Spiel lauscht, begreift sie die Pein und die Abgründigkeit dieses verschlossenen Menschen, den sie »Samtfinger« nennt.

Mit ihrem sicheren weiblichen Instinkt und ihrer Mütterlichkeit gelingt es ihr, Chopin immer wieder zu beruhigen, wenn seine nervösen Angstzustände zu nächtlichen Visionen, zu quälenden Träumen führen. Doch nur der Briefwechsel, der leider vernichtet wurde, hätte es uns erlaubt, dem Mäander ihrer gegenseitigen Gefühle zu folgen.

Nach dem Tode von Chopin hat seine Schwester die von George an ihn gerichteten Briefe wiedergefunden, und zwar »aufbewahrt, geordnet und eingeschlagen im allerheiligsten Angedenken der Liebe«. Sie will vermeiden, daß diese Briefe von der polnischen Polizei gelesen werden, und übergibt sie daher, bevor sie die Grenze überschreitet, einem Freund, der sie dann 1851 an Dumas den Jüngeren weiterreicht. Dumas stellt diese Briefe George Sand zur Verfügung und schickt sie ihr zu, nachdem er ihr gestanden hat, daß er sie gelesen habe. In ihrem Antwortbrief dankt sie ihm für sein Entgegenkommen und gibt zu verstehen, daß sie die Briefe vernichtet habe, weil sie darunter leiden würde, »dieses Buch meines intimen Lebens aller Welt aufzublättern«, und weil darin vertrauliche Mitteilungen über den peinlichen Charakter ihrer Tochter enthalten seien. Ein Satz in diesem Brief an Dumas wirft ein Licht auf den Ton dieser Briefe: »Sie kennen jetzt die mütterliche Zärtlichkeit, die neun Jahre meines Lebens erfüllt hat . . . Gewiß liegt darin kein Geheimnis, und ich könnte mich eher rühmen, als daß ich darüber erröten müßte, dieses edle und unheilbare Herz wie mein Kind gepflegt und getröstet zu haben.«[47] Der Verlust dieser Briefe kann durch nichts aufgewogen werden, weder durch die Briefe Chopins an seine Familie noch durch die von George an ihre Freunde.

In den Briefen an die Seinen preist er George mit lebhaften Worten, er vergleicht sie sogar mit »einer Heiligen«, mit »einem Engel«. Ihr Mut und ihre Güte beeindrucken ihn. Nur über ihre politischen Ansichten spottet er, und er kann nicht verstehen, daß eine Sozialistin ihre Dienstboten entläßt, und vor allem den seinigen, einen Polen, unter dem Vorwand, er trinke. Beide werden verzehrt vom »Traum des Idealen«, und trotzdem haben sie in der Politik und Philosophie nicht die geringste Gemeinsamkeit. Dabei wirft ihm George vor allem seinen Mangel an Toleranz vor.

In seinem letzten Sommer in Nohant, dem von 1846, ist er gereizt wie nie zuvor durch die fortschrittlichen politischen Theorien, die von George und ihren Gästen vertreten werden. Vielleicht findet er, wie früher Charles Didier, die Nachbarn schmutzig, die George besuchen kommen, vielleicht mißfällt ihm das ungepflegte Äußere von einigen Gästen.

Der stets zurückhaltende Chopin, den schon die wilden und derben Späße seiner Freundin verwirren, erträgt noch viel weniger den lärmenden Enthusiasmus und die Gewöhnlichkeit mancher Besucher.

Im selben Jahr hat er in Nohant mimische Szenen eingeführt. Dabei kann er sehr komisch sein. Chop Chop, wie ihn George nennt, spielt auch die Begleitmusik zu den kleinen Sketches der jungen Leute. Und Maurice pinselt die Dekorationen. Was man mit Chopin zusammen veranstaltet, ist etwas ganz anderes als die früheren, dem Zeitgeschmack entsprechenden Aufführungen. Er hat in den theatralischen Versuchen des Jahres 1846, die das Theater von Nohant vorbereiteten, eine wichtige Rolle gespielt. Auf diese Weise nimmt »Chopinet« auch an den gemeinsamen Vergnügungen teil. Er entspannt sich gerne in der Gesellschaft der Jungen und genießt den Beifall seiner Bewunderer, den seine amüsanten, karikierenden Darbietungen auslösen.

Aber sehr oft erschwert seine mißtrauische Natur das Leben mit ihm. Ein Brief, in dem George Louis Blanc ein Rendezvous vorschlägt, ist das einzige, auffindbare Indiz, das diese ruhelose Eifersucht während der neun Jahre ihres gemeinsamen Lebens erklären könnte. Zweifellos ist dieser einzige Brief unter so vielen verschwundenen ziemlich eindeutig. Und Louis Blanc hat außerdem ähnliche politische Ansichten wie George Sand. Die Empfindlichkeit von Chopin ist peinigend. Es sind nur »grundlose Verdächtigungen aus Trotz, Ärger und Eifersucht«, aber er schmollt beleidigt. Maurice wiederum nimmt Anstoß daran, daß Chopin in Nohant allzuviel Aufmerksamkeit entgegengebracht wird. Nun ist Chopin verletzt.

Dieser gleichermaßen verschlossene und aggressive Charakter ist es, der einen Landsmann von Chopin, den Dichter Mickiewicz, Professor am Collège de France, zu der Meinung verführt, der Musiker sei der »böse Geist«, der »Vampir« und das »Kreuz« der Romanciere.[48]

Vielleicht war George durch die Keuschheit, zu der sie diese Verbindung zwang, dahin gelangt, Chopin so zu lieben, wie sie zu lieben wünschte, nämlich »mit der Leidenschaft, die nötig wäre, um sich selbst zu entsagen«.[49]

Die jahrelange Gemeinsamkeit endet ganz plötzlich und auf eine Weise, die dem Scharfblick des guten Chopin wenig Ehre macht. Solange ist die geborene Kokotte. Da sie in allem auf ihre Mutter eifersüchtig ist, versucht sie deren Freunde zu becircen. Für diese sprachlose Trennung nach neun Jahren des Zusammenlebens, dieses kommentarlose Auseinandergehen ist Solange verantwortlich.

Im Juli 1847 kam Solange mit ihrem ihr eben angetrauten Mann, dem Bildhauer Clésinger, nach Nohant auf Besuch. Der verschuldete Schwiegersohn, der die Mitgift bereits durchgebracht hatte, brauchte Geld. Es kam vor Zeugen zu einer brutalen Szene zwischen den Clésingers und George. Chopin, der in Paris ist, erfährt die Vorgänge in der Darstellung von Solange. Dabei verschweigt sie geflissentlich, daß der jähzornige Bildhauer mit einem Hammer auf Maurice losgegangen war und seine Schwiegermutter geschlagen hatte, so daß der anwesende Dorfpfarrer sich dazwischenwerfen mußte. Ohne zu zaudern, nimmt Chopin für die junge Frau gegen George Partei. Wahrscheinlich war Solange noch ein bißchen koketter als sonst mit »Chopinsky«, den sie mit allen Mitteln von ihrer Mutter abziehen wollte. Es macht ihr nichts aus, dabei George zu verleumden, ihr eine Liebschaft mit dem jungen Victor Borie anzuhängen, um den argwöhnischen, eifersüchtigen Chopin an seiner empfindlichsten Stelle zu treffen.

Emmanuel Arago, der mit den Koketterien von Solange eigene Erfahrungen gemacht hatte, nennt die Dinge in einem Brief an

George von Ende Juli 1847 klar beim Namen: »Ich habe es gesehen, genau gesehen, daß er (Chopin) für sie (Solange) eine starke Neigung empfand, die anfangs väterlichen Gefühlen glich, sich dann aber, vielleicht gegen seinen Willen, verändert hat, als sie aus einem Kind ein junges Mädchen und schließlich ein junges Weib geworden war.«[50] Arago fügt hinzu, daß so etwas häufig vorkomme in Verhältnissen, die denen von George vergleichbar seien.

Soviel ist sicher, daß Solange, sobald sie nach Paris zurückgekehrt war, die schreckliche Szene in ihrer Version Chopin geschildert hat. Doch George ist zuerst nur in Sorge, weil Chopin ihr nicht schreibt, weil sie »seit mehreren Tagen keine Nachricht« von ihm hat, zu einem Zeitpunkt, da er nach Nohant überzusiedeln pflegt. Sie glaubt, er sei krank, und unruhig und aufgeschreckt berichtet sie Marie de Rozières, sie sei schon bereit gewesen, nach Paris zu eilen, um ihn zu pflegen. Doch der Gedanke, Solange könne an dieser Verspätung und an diesem Schweigen schuld sein, geht ihr nicht mehr aus dem Sinn. »Um mich zu beruhigen, denke ich manchmal, daß Chopin sie viel mehr liebt als mich, daß er mir böse ist und längst für sie Partei ergriffen hat.«[51] Endlich erreicht sie ein Brief von Chopin, in dem er sich tatsächlich auf die Seite von Solange geschlagen hat. Er sollte der letzte werden, den er an George geschrieben hat.

Der Schlag ist hart, und George antwortet ihm zweifellos recht kühl, denn sie ist zutiefst verletzt. Marie de Rozières, der gemeinsamen Bekannten, schreibt sie, ihr seien die Augen ein wenig spät geöffnet worden, aber jetzt sei sie sehr ruhig. »Ich habe immer vorausgesehen, daß seine Freundschaft zu mir sich in Abneigung verwandeln wird, denn er tut nichts halb.« Er sei eben von den Clésingers getäuscht worden.[52] Doch gegenüber Pauline Viardot macht sie ihrem bedrängten Herzen Luft. Ihr bekennt sie den doppelten Kummer, von Chopin verlassen worden zu sein, »dessen Krankenpfleger ich neun Jahre lang gewesen war«, und dies wegen ihrer Tochter, deren »geschicktem Einfluß« er erlegen sei und die über ihre eigene Aufrichtigkeit gesiegt habe. »Ich glaube, ich bin mit dem Weinen am Ende, was mir seit langem nicht mehr geschehen ist! Ich konnte über mein Unglück keine einzige Träne vergießen, und noch immer habe ich einen Marmorklotz auf der Brust. Er ist sehr schwer und erstickt mich.«[53] Noch den ganzen Sommer über ist George krank.

Im darauffolgenden Frühjahr haben sich die Liebenden noch ein letztes Mal getroffen, als sie beide Madame Marliani besuchten.

Ihre Wege kreuzten sich an der Wohnungstür. Sie begrüßten sich, und Chopin, den Solange noch vor ihrer Mutter informiert hatte, teilte ihr mit, daß sie Großmutter geworden sei. Chopin verabschiedete sich, doch da er vergessen hatte, ihr zu sagen, daß es Mutter und Kind gut gehe, schickte er seinen Begleiter noch einmal hinauf. George kam selbst herunter, sie wechselten ein paar Sätze im Treppenhaus, und sahen sich nie mehr wieder. Als sich der gesundheitliche Zustand von Chopin im nächsten Jahr gefährlich verschlechterte und seine Schwester zu ihm kam, versuchte George über diese noch einmal eine Annäherung. Doch der Brief blieb unbeantwortet.[54]

Währenddessen ruinieren sich die Clésingers und stürzen sich in unsinnige Schulden, die letztlich George sich aufbürdet. Nun muß sie mit doppelter Kraft arbeiten, und diese Anstrengung bewahrt sie davor, ihrer Verbitterung, ihrem wirklichen Kummer und ihrem Lebensüberdruß zu erliegen, der sie nach dem Bruch überwältigt hatte und gegen den auch ein neuer Liebhaber nichts auszurichten vermochte. Chopins Kommentar zur gemeinsamen Vergangenheit klingt versöhnlich: »Ich bedaure es nicht, daß ich ihr geholfen habe, die schwierigsten Jahre ihres Lebens zu überstehen, in denen ihre Tochter heranwuchs und sie ihren Sohn großgezogen hat.« Während sie trostlos in Nohant sitzt, das ihm nun für immer verschlossen ist, geht er auf eine Konzertreise nach England und stirbt kurze Zeit nach seiner Rückkehr an den Folgen des britischen Klimas.

Diese Nachricht läßt die kaum verheilte Narbe wieder aufbrechen. »Seit vier Tagen bin ich zu nichts mehr nütze«, schreibt sie an Bocage.[55] Sie kann nicht mehr arbeiten, was bei ihr sehr selten vorkommt und ein Zeichen ist für die Heftigkeit des Schocks.

Balzac und Sainte-Beuve erkennen in dieser Frau, trotz »ihrer Tollheiten«, die Leidenschaft für das Göttliche in der Liebe zum Menschen. Sie scheinen beide mit ihrem Urteil recht zu haben.

Auch 1850 haben sich ihre Ansichten über die Liebe nicht geändert. Ihrem Sohn, der sich nicht zur Heirat entschließen kann, schreibt sie: »Eine Ehe ohne Liebe, das ist eine lebenslängliche Galeerenstrafe.« Weil sie ihn hatte sagen hören, er halte sich nicht für fähig, in der Ehe treu zu sein, rät sie ihm ab, überhaupt zu heiraten: »Wenn man liebt, ist man überzeugt, daß man treu sein wird. Man kann sich zwar täuschen, aber man glaubt daran, man schwört darauf guten Gewissens, und man ist glücklich, solange man dabei beharrt. Wenn die ausschließliche Liebe nicht für das ganze Leben

möglich ist (was noch nicht bewiesen ist), so möge es wenigstens eine Reihe schöner Jahre geben, in denen man sie für möglich hält«.[56]
Es besteht kein Zweifel, daß die sechsundvierzigjährige Frau, die das geschrieben hat, aufrichtig ist, trotz Aurélien, Stéphane, Jules, Alfred, Michel de Bourges, Charles Didier, Bocage, Mallefille, Chopin und Borie. Vielleicht hofft sie sogar noch 1850, in ihrem zukünftigen Leben der ausschließlichen Liebe zu begegnen.
»Eine Vereinigung ohne Liebe auch nur zu erwägen, wäre würdelos«, schreibt sie in ihrer *Histoire de ma vie.* »Wir sind eine Einheit aus Körper und Geist . . . Wenn der Körper Funktionen hat, mit denen die Seele gar nichts zu schaffen hat, wie essen und verdauen, läßt sich dann die liebende Vereinigung zweier Menschen mit solchen Funktionen vergleichen? Allein der Gedanke daran ist empörend.«[57] Balzac hat sie »keusch« und »spröde« genannt, und Musset fand sogar Worte wie »Nonne« und »Mädchenunschuld« für sie.
Im Jahre 1847 steht George mit den Oppositionellen aus ganz Europa in eifrigem Briefwechsel und schreibt Artikel für zahlreiche Blätter in Frankreich und sogar im Ausland. Ihre politische und soziale Tätigkeit nimmt sie von Tag zu Tag mehr in Anspruch. Schon ein paar Jahre früher hatte sie mit ihren republikanischen Freunden aus dem Berry eine sozialistische Zeitschrift, *L'Eclaireur de l'Indre,* gegründet. Chefredakteur ist der Journalist Victor Borie, den sie als Sekretär angestellt hat. Dieser »Masse aus Fett«, wie sie ihn humorvoll bezeichnet, hatte sie den Kosenamen Potu gegeben. Potu wurde ein Freund von Maurice, der diesen sensiblen neuen Geliebten seiner Mutter, weich, diensteifrig und leicht zu Tränen gerührt, besser ertrug als den anspruchsvollen Chopin. Um dem Gefängnis zu entgehen, mußte er 1850 nach einem Presse-Prozeß ins Exil, bestraft dafür, daß er trotz aller Warnungen in der Revolution eine bedeutende Rolle hatte spielen wollen, »den Politiker, den großen Nationalökonomen, den glänzenden Redner«[58]. George hat ihn nie im Stich gelassen, obwohl sie ihn ohne Nachsicht und vielleicht nach seinem wahren Wert beurteilte. Mit ihm beginnen die späten Liebesverhältnisse.
An Weihnachten 1849 gibt es in Nohant zwei neue Gäste: Hermann Müller-Strübing und Alexandre Manceau. Müller-Strübing ist ein deutscher Gelehrter und überdies ein hervorragender Musiker, ein Freund von Bakunin und Turgenjew. Nachdem er in Deutschland zweimal zum Tode verurteilt worden war wegen seiner politischen

Artikel und revolutionären Aktionen, mußte er aus Deutschland fliehen. Er findet in Nohant Zuflucht und verliebt sich in George.

An ihren Verleger Hetzel, den letzten ihrer vertrauten Ratgeber, schreibt sie schon im Dezember 1849: »Ich bin sehr zufrieden, daß ich den Mut hatte, sehr zufrieden mit mir und mit dem andern. Wir haben uns beherzt und aufrichtig miteinander eingelassen. Alles weitere steht in Gottes Hand. Es ist das erste Mal, daß ich mich mit einem moralisch und körperlich starken Mann verbinde. Bis jetzt hat mich mein mütterlicher Instinkt immer zu den Schwachen hingezogen, ich habe Kinder verwöhnt und bin zu einer ›Mama‹ geworden, deren Nachgiebigkeit man nur zu gut kannte. Man wird immer von den Schwachen beherrscht.« Sie erhofft sich von einem starken Charakter Ebenbürtigkeit. Mehr nicht. »Ich glaube nicht an das Glück«, fährt sie fort, »ich suche es auch nicht. Aber ich will und ich kann nicht ohne Liebe leben.«[59]

Immer in Zeiten der Depression, die diesmal mit dem Tod von Chopin zusammenfällt, wird George von dem Gedanken an Selbstmord heimgesucht, vom »Ekel vor dem Leben«. Wieder einmal rettet sie ihr gesunder Instinkt. Aus dieser Liaison, diesem Strohfeuer sollte sich trotzdem eine dauerhafte und echte Freundschaft entwickeln. Denn sehr schnell hat sie erkannt, welcher Art die Gefühle sind, die sie ihrem neuen Geliebten entgegenbringt: »Diese (Freundschaft) kann besonders von meiner Seite nur gelassen und sogar kühl sein, denn wenn ich für ihn auch wirkliche Achtung empfinde, so ist darin doch keine Sympathie . . . nein, ich suche ein anderes Wort dafür, keine instinktmäßige Übereinstimmung, kein ähnlicher Eindruck der äußeren Dinge, und letztlich kein geheimes Einverständnis sich gleichender Geister.«[60] Dieser Deutsche, so meint sie, kann sie weder »krank noch gesund machen«.

Der Deutsche, den sie dem Elend des Exils entrissen hat, kann sie nicht von ihrem »ewigen Spleen« befreien. George ist wieder einmal trübe gestimmt und glaubt, Glück bestehe lediglich im Mangel an Unglück.

Doch dann verfällt sie »einem schönen Traum« und fürchtet den Augenblick des Erwachens. Nach der Durchquerung der Wüste findet sie »eine Oase«. Alexandre Manceau, der zu den jungen Künstlern gehört, die Maurice ins Haus zieht, ist dreizehn Jahre jünger als sie, aber vieles spricht für ihn: »Er stammt aus einer armen Familie und hat keine Erziehung erhalten, weder moralischer

noch anderer Art, er hat nichts studiert, er war Handwerksgeselle. Er ist ein Arbeiter, der seinem Handwerk nachgeht, weil er sich seinen Lebensunterhalt selbst verdienen will und kann. Er ist künstlerisch unglaublich begabt und außerordentlich intelligent.« George ist jedoch nicht blind gegenüber seinen Fehlern. »Er ist gleichzeitig heftig und berechnend . . . doch im Grunde seiner Seele besitzt er einen so starken Gerechtigkeitssinn, daß alle seine Heftigkeiten aufgewogen werden, alle seine Berechnungen in vielleicht vorbedachte, aber doch tiefe, aufrichtige und treue Ergebenheit übergehen.« Dann ist er zärtlich wie eine Katze und treu wie ein Hund und »er liebt, er liebt, wie ich es noch bei keinem andern erlebte«. Es kümmert sie nicht, wenn die andern ihn nicht leiden können, solange er ihr zu gefallen sucht.[61]
In dieser glückseligen Stimmung schreibt sie im Juli 1850 an den vertrauten Hetzel: »Ich bin glücklich, sehr glücklich. Ich glaube, es ist das erste Mal im Leben, daß ich dies von mir sagen kann und daß ich mich ein wenig egoistisch dem hingeben darf. Ich will nicht selbstsüchtig werden, aber bis jetzt hatte ich mich in der Liebe stets so sehr aufgeopfert, daß ich nicht einmal daran dachte, mich zu befragen, ob ich um des eigenen Vergnügens willen liebte. Oder die Augenblicke, in denen ich dies von mir hätte sagen können, waren so flüchtig und wurden sofort von schmerzlichen Überraschungen und unerwartetem, unbegreiflichem Kummer durchkreuzt! Man hat mir so viel angetan, daß ich jetzt ganz erstaunt bin, wenn sich nicht alle Welt als verrückt, sonderbar, böse oder schwach erweist.« Die Sand ist sechsundvierzig Jahre alt und hat ein paar weiße Haare, und wieder einmal glaubt sie an die ewig währende Liebe. »Mein Gott, es ist so gut, geliebt zu werden und selbst zu lieben, daß es eine Torheit wäre, an das Ende zu denken.«[62] Sie glaubt an ihre Chance, und sie hat recht. Diese Liebe wird fünfzehn Jahre dauern, bis zum Tode des Geliebten. Manceau, der sie nie anders als *Madame* nennt, auch in seinem Tagebuch, umhegt sie mit stiller Bewunderung. Seine unbedingte Ergebenheit, seine über jeden Zweifel erhabene Treue und seine seltene Gefühlsstärke bringen George Sand endlich den Frieden, den sie nie gekannt hat und der ihrem Werk so förderlich ist. Nach seinem Besuch in Nohant im Jahr 1863 schildert Théophile Gautier, wie Manceau auf allen Tischen des Schlosses Papier und Federn verteilt, damit George, wenn sie die Inspiration ereilt, auch außerhalb ihres Arbeitszimmers jederzeit und allerorts alles bereitfände zur Niederschrift.
Manceau hat ihr in der Umgebung von Argenton-sur-Creuse, in

dem Dörfchen Gargilesse, ein kleines Haus gekauft, in dem sie sich von Zeit zu Zeit erholt von den Lasten und Besuchermassen des Schlosses. Der Ort ist malerisch, von einem halb zerfallenen Turm überragt, und die Landschaft bezaubernd.

Als Maurice nach dreizehn Jahren des Zusammenlebens und trotz aller Diskretion des Paares eifersüchtig wird und wie schon einmal den Einfluß, den der Geliebte seiner Mutter in Nohant gewonnen hat, nicht mehr zu ertragen vermag, überläßt George das Schloß und das Gut ihren Kindern und Enkelkindern. Mit mütterlicher Fürsorglichkeit pflegt sie ihren Geliebten, der schwindsüchtig ist wie Chopin, bis zu seinem Ende, in einem kleinen Anwesen in Palaiseau, das sie gekauft hatte und das später die Villa Sand genannt wurde: »Es ist ein grüner Teller mit einem kleinen wasserhellen Diamanten in der Mitte, das Ganze in einer zauberhaften Landschaft, ein echter Ruysdael.«[63]

Manceau »leidet wie ein Hund und spuckt Blut«, und um den Schwerkranken nicht aufzuregen, geht sie in ihrer zärtlichen Vorsicht so weit, ein für ihn gefälschtes Tagebuch zu führen. Sie möchte dem Schwermütigen eine Freude machen und kommt auf die Idee, für ihn einen Roman zu schreiben, *Le Bonheur*. Manceau schreibt in seine Agenda: »Madame arbeitet an unserem Roman«.

Aber es gibt auch Augenblicke, in denen sie der eintönige Dienst der Krankenschwester belastet. Sie ist erschöpft und beschließt plötzlich, mit dem Maler Marchal, der sie in Palaiseau besucht hatte, ein paar Tage in ihrem Häuschen in Gargilesse zu verbringen. Daß sie Manceau mit ihm betrogen hat, ist so wenig bewiesen wie damals ihre Untreue gegenüber Chopin. Doch der unglückliche Manceau ist natürlich davon überzeugt. Am 29. September 1864 schreibt er in sein Tagebuch: »Marchal ist so unverschämt wie der Gehilfe des Henkers.«

Dies ist jedoch das einzige Mal, daß sie ihren Kranken allein läßt. Danach pflegt sie ihn monatelang, ohne einen Tag von seiner Seite zu weichen. Sie rühmt ihn gegenüber ihren Freunden. Er sei es, der sie endgültig mit der menschlichen Natur versöhnt habe, sagt sie zu Dumas dem Jüngeren. Maurice dagegen, noch immer voll Mißgunst gegenüber Manceau, der ihm den Platz im Herzen seiner Mutter streitig gemacht hatte, stellt in seinen späteren Eintragungen in das handschriftliche Tagebuch den Graveur als Gecken und Dummkopf dar.

Nach dem Tode von Manceau wird aus der Freundschaft mit Marchal ein neues Liebesverhältnis. George gewinnt dadurch neue Energien. Marchal, der ihr herzlich zugetan ist, will sich allerdings nicht binden lassen. Noch mit siebzig Jahren hängt sie ihm an, und viele ihrer Getreuen sind unangenehm berührt, daß er zu ihrem Begräbnis zwei Jahre später nicht erscheint.

Diese Leidenschaftliche und Unbesonnene, die sich immer aufrichtig hingab, war natürlich von manchen ihrer Freunde deswegen kritisiert worden. Marie d'Agoult hat an den jungen Männern, die ihre Freundin umgaben, oft Anstoß genommen. Und wie die »Prinzessin« schreibt auch einer der jungen Freunde von Maurice, der Maler Eugène Lambert, niemand wisse besser zu lieben als George, aber niemand breche auch schneller. Marie ist vielleicht eifersüchtig gewesen auf das heißblütigere Naturell ihrer Freundin. Und Lambert, einer der Getreuen, war von ihr gekränkt worden und hatte gute Gründe für sein Urteil. George Sand, wie viele große Liebende, bricht hart und endgültig. Aber sie hat es auch klaglos ertragen, von Michel de Bourges und Chopin verlassen zu werden.

Unglücklich verheiratet und sehr umworben, wie sie war, darf man ihr die Zahl ihrer Liebhaber nicht automatisch als Beweis der Zügellosigkeit anlasten. An der Kurzlebigkeit ihrer Liebe waren häufig ihre Partner schuld: Musset, den sie maßlos geliebt hat, war ganz gewiß kein Geliebter für geruhsame Zeiten. Nicht sie, sondern Michel de Bourges und Chopin zogen sich zurück. Das Exil und der Tod trennte sie von Borie und Manceau. Wenn man der Frau dieselben Rechte zugesteht wie dem Mann – was sie immer wieder gefordert hat –, so ist die Zahl ihrer Geliebten kaum höher als die der Mätressen von Chateaubriand, Balzac, Victor Hugo oder Dumas. Doch nur bei ihr hat die öffentliche Meinung empört aufgeschrien. Das prüde und heuchlerische neunzehnte Jahrhundert ist mit ihr viel härter ins Gericht gegangen als die Gesellschaft des ausgehenden achtzehnten Jahrhunderts mit Madame de Staël, die weiß Gott mit der Vielzahl ihrer Partner glänzte. Dieselben, die sie des Donjuanismus' und der schrankenlosen Freizügigkeit beschuldigen, witzeln über ihre Frigidität. *Lélia,* dieses philosophische Poem, dieser Gesang von der Sehnsucht nach dem Unendlichen, war nur als Eingeständnis physischen Unvermögens, sinnlicher Ohnmacht interessant und wurde deshalb 1833 zum Anlaß eines literarischen Skandals. George Sand wurde in allem schuldig gesprochen. Kann man ihr denn beides vorwerfen, daß sie in *Lélia* ihre intimsten Gedanken und Erfahrungen unverhüllt dargestellt habe, und daß sie in der *Histoire de ma vie* dies gerade nicht getan habe, um sich freizusprechen und zu idealisieren?

Guillemin hat nur sehr grob ausgedrückt, was viele von ihr denken, wenn er sie als »Menschenfresserin«, als »Nymphomanin«, als »Spinne« bezeichnet, wenn er ihr vorwirft, sie habe es in *Lélia* gewagt, sich darüber zu beklagen, daß sie in den Armen eines Mannes kalt geblieben sei. Sicher gehört er noch zu denen, die glauben, die Frigidität sei eine Art Krankheit der Frau.

»Mein Begehren war eine Glut der Seele; sie lähmte die Kraft der Sinne, noch ehe sie sie geweckt hatte. Es war eine wilde Raserei, die sich meines Gehirns bemächtigte und sich ausschließlich darin konzentrierte«, sagt Lélia.[64] Könnte man es genauer ausdrücken?

»Die Erregung der Sinne genügt uns nicht. Die Natur besitzt nichts in der Schatzkammer ihrer naiven Freuden, das unseren Hunger nach Glück zu sättigen vermag.«[65]

Guillemin, der gesteht, daß ihm, sobald er ein Buch von George in die Hand nimmt, der »Angstschweiß« ausbricht, kann wohl kaum für sich in Anspruch nehmen, ein gerechter und gelassener Richter zu sein. Aber sogar ihre wohlwollenden Kritiker haben ihr vorgeworfen, frigide zu sein, und einige, wie André Maurois, sehen darin eine Erklärung für das, was sie Donjuanismus nennen.

Diese Zensoren aus neuerer Zeit wagen es wohl nicht mehr, wie die Frauenverächter des vorigen Jahrhunderts, ihr jedes Talent abzusprechen, weil sie eine Frau und dazuhin eine unabhängige Frau ist, die sich ihre Geliebten auf ungeheuerliche Weise selbst gewählt hat. Aber sie bespötteln ihre männlichen Allüren, ihre knabenhaften Hüften und ihre maskuline Lebensweise.

Andere wieder behaupten in vollem Ernst, sie habe ihre Geliebten unglücklich gemacht, weil sie, frigide und schwierig, die Empfindliche gespielt habe, weil sie eben keine richtige Frau gewesen sei. Eine richtige Frau darf nicht mehrere Geliebte haben, sondern sie muß sich in Demut dem Glück eines einzigen widmen. Sie darf nicht schöpferisch sein. Sie kann es gar nicht. Denn wenn sie schöpferisch ist, dann ist sie männlich und egoistisch und folglich keine Frau. Entweder ist sie eine feile Dirne und eine klägliche Schriftstellerin, oder sie ist eine Frau, die schreiben kann, aber nicht lieben.

Offenbar ist es an der Zeit, die leidige Frage nach der Frigidität aufzuwerfen, da sie im Kopf der Kritiker die Bedeutung eines literarischen Urteils gewonnen hat.

Maurois, der vor rund einer Generation seine Sand-Biographie geschrieben hat, entspricht mit seiner Deutung nicht mehr dem heutigen psychologischen und physiologischen Kenntnisstand. Die Frigidität ist keine unheilbare Krankheit, und schon gar nicht, wenn man sich, wie George, davon befreien möchte.

Als im Jahr 1958 eine Neuausgabe der ersten *Lélia* erscheint, liefert Maurois im Vorwort eine Interpretation, die dem sehr nahe kommt, was George schon 1833 sehr verärgert »die törichten Deutungen des Publikums« nannte. Er nimmt von ihren Berichtigungsversuchen keine Notiz, er glaubt nicht daran. Daß er seiner Biographie von George Sand den Titel *Lélia* gegeben hat, zeigt seine Einstellung. Und auch sein am 28. Oktober 1958 in der Zeitschrift *Arts* erschienener Artikel beschäftigt sich wieder mit den Beweisen dieser angeblichen Frigidität, die er vor allem dem Roman selbst entnommen hat.

Die peinlichen Erklärungen von George zu ihrem Buch genügen nicht. Sie hat wohl zwanzigmal beteuert, die Person der Lélia verkörpere die Spiritualität und die Enthaltsamkeit. Natürlich kann man sich weigern, ihr das zu glauben. Das ist die Haltung, die eine andere Biographin, Louise Vincent, unumwunden dazu einnimmt.

Trotzdem ist es erstaunlich, daß ein Autor mit so feinem psychologischem Verständnis zu der Überzeugung gelangen konnte, George sei frigide gewesen. Eine etwas sorgfältigere Überprüfung der Dokumente hätte ihm die Haltlosigkeit seiner These offenbart.

Der physische Appetit von Aurore ist nicht zu leugnen. Doch die jugendliche Unerfahrenheit von Sandeau erregt sie sicher in viel stärkerem Maße, als sie sie befriedigt. Zweifellos reagiert sie nicht sehr schnell, doch sie bedauert das: »Sich einzugestehen, daß Deine Zärtlichkeiten ein Feuer sind, das verzehrt!« Vielleicht gehört George zu jenen durch ein Trauma ausgelösten Fällen von Frigidität. Vom Standpunkt des Mediziners aus sind diese Fälle unter den großen Liebenden nicht die Regel. Aber könnte George nicht zum Beweis des Gegenteils werden? In *Lélia* erklärt sie sich sehr genau: »Es war die Maßlosigkeit ihrer Erwartung, die sie unbefriedigt ließ, denn ihre Sehnsucht nach dem Unendlichen konnte sich mit einem nur mittelmäßigen Genuß nicht zufriedengeben.«[66]

Das Erlebnis mit Mérimée, bei dem sich George, nach einem Brief an Sainte-Beuve, »unbedingt und vollkommen als Lélia« fühlte, könnte auf den ersten Blick die These von Maurois stützen. »Wie von diesem Marmor loskommen«, seufzt Lélia, »der mir bis zu den Knien reicht und mich gefangenhält wie das Grab die Toten?«[67]

Ist damit nicht bewiesen, daß die Autorin ihre Kälte eingesteht und bedauert?
Der sibyllinische Satz: »Wenn ich alles wüßte, wäre ich nur noch mehr zu bedauern, weil ich nichts vermöchte«,[68] klang nach einem eindeutigen Geständnis, das den Skandal anheizte und den Reiz des Buches verstärkte, obwohl Lélia hier gar nichts Körperliches gemeint hat. Durch einen andern Satz, durch die Klage »Oh Leben! Oh Qual! Alles erhoffen und nichts erfassen, alles begreifen und nichts besitzen«,[69] könnte auch der erste erklärt werden. In beiden äußert sich eine Verzweiflung, die alles, das Denken und das Fühlen erfaßt.
Wenn sie über ihren Körper spricht, ist Lélia ihren Zeitgenossen allzu offen: »Meine Sinne, weit davon entfernt, sich zu beruhigen, wurden also von neuem erregt.« Vergeblich versucht sie, ihre »unklaren und ohnmächtigen Begierden im Traum zu verfolgen« und erwacht beim anbrechenden Tag, »keuchend und wie gerädert«, wie es einer heißblütigen Frau von dreißig Jahren geschehen kann, wenn sie unerfüllt bleibt.
Die Verfasserin von *Lélia* leidet extrem darunter, daß sie den Orgasmus, den sie so sehr ersehnt, nicht erreicht. Das will jedoch nicht heißen, sie sei kühl von Natur aus. Viel eher ist sie beeinträchtigt und sogar gelähmt durch ihre Erziehung, und schwer verletzt durch das Trauma ihrer ersten sexuellen Erfahrung. Das »Feuer«, das Lélia verzehrt, ihr »Zittern« vertragen sich nicht mit wirklicher Kälte. Sie besteht nur aus Sehnsucht und Verlangen. Welcher Mut gehörte dazu, aufrichtig und unumwunden zu bekennen, welchen Mangel sie leidet! Aber man versteht sie nicht. Im Jahr 1833 wird es als höchst unpassend und äußerst schockierend empfunden, daß eine Frau von solchen Dingen spricht. Sie selbst wagt nicht offen einzugestehen, wieviel von Pulchérie, der sinnlichen Schwester der Lélia, in ihr ist, so stark sind die Tabus, die sie zurückhalten. Immerhin wird klar, daß von dieser nicht so viel in ihr ist, wie sie möchte.
George will dagegen angehen, daß die Gesellschaft die Frauen benachteiligt, daß sie die zur Liebe begabtesten frigide macht, und daß eine Frau wie sie selbst, verliebt in die Leidenschaft und von überwältigender Vitalität, in ihren Lebensfunktionen derart beschnitten wird. Das sind, neben anderen, die Forderungen von Lélia.
Man kann die Berichtigungen und Rechtfertigungen von George im Jahr 1833 nicht alle anführen, aber was sie 1838 an einen indiskreten Verehrer geschrieben hat, setzt unter alle Fehldeutungen ei-

nen Schlußstrich: »Es gibt nichts Ungewöhnliches, nichts Seltsames, nichts Byronsches in meiner Natur. Ich bin nicht Lélia und noch viel weniger Pulchérie.«[70]

Der Satz ist aufschlußreich. Wenn man die Person der Lélia eingrenzt auf eine frigide Frau, so ist George noch mit Mérimée »ganz und gar Lélia«. Fünf Jahre später ist sie es nicht mehr. Man muß nicht *Lélia* gelesen haben, um zu erkennen, daß Aurore Dupin in den Armen ihres Mannes keine sinnlichen Freuden genossen hat. Nach der Reise in die Pyrenäen berichtet sie Aurélien de Sèze von der Aussprache, die sie mit ihrem Mann gehabt hat, nach jenem Tag, da er sie in den Armen ihres neuen Freundes überrascht hatte. »Du, die meine Umarmungen immer zurückweist und deren Sinne mir vor jeder Versuchung gefeit schienen«,[71] soll Casimir gesagt haben, der wohl immer nur mit einer eisigen Frau das Bett geteilt hat. Er war darüber nicht übermäßig bekümmert, er hat sich nicht die Mühe gemacht, seine Frau zu erwecken, sondern hat sich sehr rasch Ersatz gesucht. Aurore Dupin, eine begeisterte Leserin der *Nouvelle Héloïse,* träumt indes von einer höheren Liebe. Da sie Casimir schlechterdings nicht als Helden bewundern kann, hat sie ihm seine Aufgabe sicher nicht erleichtert. Wäre er behutsam und zartfühlend vorgegangen, hätte sie in ihm wahrscheinlich genausowenig den Mann ihrer Träume gefunden.

Die Erziehung von Aurore Dupin wurde vom Puritanismus ihrer Großmutter geprägt. Um Casimir Gerechtigkeit widerfahren zu lassen, muß man eingestehen, daß auch die Erziehung der jungen Mädchen jener Zeit zu einem guten Teil verantwortlich ist für den glücklichen oder dramatischen Verlauf der Hochzeitsnacht.

George schreibt es selbst in einem ihrer Briefe, daß die jungen Mädchen ihrer Zeit »aufgezogen werden wie Heilige« und ausgeliefert werden »wie Stutenfüllen«. Die Frigidität war unter den Frauen eines bestimmten Milieus damals weit verbreitet. Wer hätte auch die junge Baronin Dudevant die körperliche Liebe lehren sollen? Es war ihr nicht einmal beigebracht worden, natürlich, zutraulich und entspannt zu sein oder gar das Begehren als etwas ganz Normales zu betrachten. Im Gegenteil. Bei jeder Gelegenheit hatte man ihr verboten, sich gehenzulassen, hatte ihr gepredigt, aufrecht zu gehen, sich zu straffen, standzuhalten, sich zu überwinden, sich zu übertreffen. Ihre Großmutter, Madame Dupin de Francueil, wollte der leichtfertigen Lebensweise ihrer Familie entkommen und schien vollkommen glücklich gewesen zu sein mit einem um dreiunddreißig Jahre älteren Mann, nachdem sie schon als junge

Witwe »ehrbar« geblieben war in einem Milieu, wo dies keineswegs üblich war. Sie empfand ganz sicher gegenüber den als Sünde gebrandmarkten »Fleischeslüsten« starke Abneigung und vielleicht sogar Abscheu. Ihre Mutter, Sophie Delaborde hatte dagegen unter recht schwierigen Bedingungen ihre eigenen Erfahrungen gesammelt. Sie hat ihre Tochter nicht aufgeklärt, sei es, um nicht einzugreifen in die Erziehungsweise der Großmutter, sei es aus einer gewissen Eifersucht gegenüber diesem »behüteten« jungen Mädchen.

Da sie von der »vollständigen, natürlichen Liebe« abgestoßen wird, fällt es Aurore Dudevant nicht allzuschwer, von Aurélien de Sèze, diesem streng erzogenen Jüngling, eine platonische Liebe zu fordern. Die keusch verhüllten Zweideutigkeiten, die sie aus der Literatur kennt, sind nicht dazu geeignet, ihrer Unwissenheit abzuhelfen. Und doch vermitteln die ätherischen Briefe, die Aurore an Aurélien schreibt, einen Eindruck von den Gefühlen, die der um ihre Hüfte gelegte Arm des jungen Mannes oder sein erster Kuß auf ihren Hals in ihr ausgelöst haben. Aurore hat den Anspruch auf ein so hohes Ideal des Geistes und des Gefühls entwickelt, daß sie die Wirklichkeit der Liebe nur erschrecken kann. Dieser mystische Anspruch kann natürlich auch die Sublimation eines sinnlichen Bedürfnisses sein.

Eine vollkommen frigide Frau verfehlt nicht nur den Orgasmus, sondern kennt überhaupt keine Lustgefühle und hat nicht einmal Sehnsucht nach dem Liebesakt, von dem sie ohnehin nichts für sich erwartet. Die frigide Frau, die Maurois meint und mit der er Aurore vergleicht, ist jedoch unbefriedigt und deshalb immer auf der Suche nach dem erlösenden Partner.

Aurore spielt mit dem Feuer. Ihr Mann muß nach drei Jahren Ehe mit Staunen entdecken, daß sie bei Aurélien empfänglich ist für sinnliche Reize. Wenn sie, was durchaus möglich ist, ein paar Jahre später, bei jenem Pariser Aufenthalt 1827, dem Jugendfreund Stéphane Ajasson in die Arme fiel, so hat sie sicherlich die Neugier und das Verlangen dazu getrieben, und nicht das Mitleid mit dem verliebten Kranken. Damals war sie dreiundzwanzig Jahre alt. Der überreizte Zustand des jungen Mannes, der nach ihrer Meinung schon an Verrücktheit grenzte, war gewiß nicht angenehm. Eine neue Enttäuschung. Das schlechte Gewissen wegen der Sünde des Ehebruchs ist nicht dazu angetan, die sinnlichen Freuden zu beflügeln. Doch die Neugier wächst und die Verlockung wird stärker. Trotzdem kann der neunzehnjährige Jules Sandeau, ihr schüchter-

ner, kränklicher Geliebter, mit all seiner stürmischen Jugend diese verwirrende Frau nicht befriedigen, die so Maßloses von der Liebe und von ihm erwartet. Trotz der pikanten Begleitumstände, des nebenan schlafenden Gatten, des Kitzels der Gefahr, spricht aus ihren Schilderungen eher das Verlangen als die genossene Lust. Eine kalte Frau hätte so nicht reagiert. Doch Jules, der Gierige, eher ein Vielfraß als ein Feinschmecker, begnügt sich mit Ergüssen, die George nicht genügen können. Sie wirft sich vor, ihm zuviel Kraft zu rauben. Ihre unermeßlichen Erwartungen stehen in deutlichem Mißverhältnis zu dem »schmächtigen und unvollkommenen Geschöpf«, auf das sie gerichtet sind. Daher die »fieberhafte Gereiztheit, die durch den Mangel einer eigenen Befriedigung mein ganzes Wesen erfaßte«.[72] Die Lélia von 1833 hat ihre Enttäuschung nach den fruchtlosen Versuchen deutlich geäußert: »Wenn er satt und befriedigt eingeschlummert war, lag ich noch immer reglos und bestürzt an seiner Seite. Manche Stunde habe ich so damit verbracht, ihn in seinem Schlaf zu betrachten.«[73]
Der körperliche Widerwille, den Aurore von dem Augenblick, da Jules ihr Geliebter wird, ihrem Mann gegenüber empfindet, ist nicht nur ein Beweis für ihr physisches Unbefriedigtsein, sondern auch dafür, daß sie die Freuden des Fleisches mächtig anziehen. Ihre Erziehung und eine gewisse Schüchternheit hemmen und behindern sie in vielen Situationen. Sie bewundert Marie Dorval, die Schauspielerin, gerade dafür, daß sie sich rückhaltlos ihren Begierden hingibt. Bei ihr hat sie manche Züge entlehnt für Pulchérie, die andere, sinnliche Heldin aus *Lélia.* »Ich weiß nicht mit welchen Worten ich diese Kälte in mir ausdrücken soll,« klagt George. Der Dorval dagegen hat Gott die Macht gegeben, ihren Gefühlen Ausdruck zu verleihen.[74] Auch Lélia hat Gefühle, doch sie sind in ihr erstarrt.
Zu Anfang dieses Jahres 1833 bestätigt also Lélia selbst die These von Maurois. Trotz aller Erschütterungen bleibt George kalt. Aber Pulchérie in ihrer triebhaften Direktheit ist auch ein bißchen George, wie sie sich darzustellen wünschte. Sie fühlt wie Marie Dorval ein Bedürfnis nach dem Absoluten, doch ihrer beider »Ausbildung«, um George selbst zu zitieren, ist vollkommen verschieden. Ihre Erziehung ist es nicht weniger, und die von George, die man gelehrt hat, nie der ersten Regung nachzugehen, ist sicher mit verantwortlich für die »Blockierung«, unter der sie leidet. Da sie die körperliche Liebe nicht kennt, hat sie Angst davor. Noch mehr aber fürchtet sie, von Tabus umstellt, offen zu zeigen, wie

sie wirklich ist. Denn eben diese körperliche Liebe ersehnt sie mit derselben Leidenschaft, die sie in allen Dingen beweist. Es verlangt sie nach einer Erfüllung ihrer Sehnsüchte. In einem Brief an den Medizinstudenten Emile Regnault beschreibt sie mit klinischer Genauigkeit die Liebesnächte mit dem kleinen Jules: »Er war bei mir in meiner Kammer, in meinen Armen, glücklich, gebeutelt, gebissen, umarmt, schreiend, weinend, lachend . . . Mein ganzer Körper ist bedeckt mit blauen Flecken und den Spuren seiner Zähne.«[75] Darin ist nichts von Besänftigung oder Linderung.

Welch ein dankbares Opfer für die literarische und medizinische Fachwelt! Vielleicht ist eine schöpferische Frau doch keine richtige Frau?

In *Lélia* kann man ihre Gefühlsentwicklung in allen Phasen verfolgen: »Ich finde Vergnügen daran, Sie zu liebkosen, als wären Sie mein Kind . . .«[76] Durch eine doppelte Übertragung vereinigt sich in ihr die Begierde nach einem jungen Männerleib mit der mütterlichen Liebe, denn die Mutterliebe war in ihr entstanden durch die im übrigen wirkungslosen Zärtlichkeiten von Casimir. Lélia hat nachgedacht über die Ursachen ihrer Schwierigkeiten, ihres Versagens, ihres Unvermögens: »Ich, deren Körper geschwächt war durch die strengen mystischen Kontemplationen, deren Blut ermüdet war durch die Bewegungslosigkeit des Studiums, ich vergaß, jung zu sein, und die Natur vergaß, mich zu erwecken. Meine Träume waren allzu erhaben gewesen; ich vermochte nicht mehr hinabzusteigen zu den groben irdischen Gelüsten. Eine vollständige Scheidung hatte sich ohne mein Wissen zwischen Körper und Geist vollzogen.«[77]

Bei dieser Lebensweise ist es nicht verwunderlich, daß George noch im Jahr 1832 immer wieder über Beklemmungszustände klagt, über Herzklopfen, Schwächeanfälle und Übelkeiten, unter denen sie litt, noch ehe sie Nohant verließ, und die sie »mehr erschreckten als die heftigsten Schmerzen«. Sie hat Angst zu sterben, nun, da sie liebt.

Diese Unpäßlichkeiten offenbaren eine unbefriedigte nervöse Unruhe, eine frustrierte Frau. Die These von Maurois stimmt also tatsächlich bis 1833, wenn man einmal davon absieht, daß er Aurore für gefühllos hält und das, was ihre Feinde Nymphomanie nennen, ihrer Frigidität zuschreibt. Doch er hat ihr noch anderes vorzuwerfen. »Sand«, so schreibt er, »irritierte die Männer, weil sie Subjekt blieb«.[78] Und außerdem sei sie zu jener Demut unfähig gewesen, ohne die es keine Liebe gebe. Doch damit nicht genug:

Daß sie keine gute Bettgefährtin ist, daß sie »die Wonnen der Liebe« nur ungeschickt zu vermitteln weiß, hat auch Musset seiner »Georgeot« nachgetragen. Um seine Ansicht zu untermauern, ändert Maurois in seinem Artikel zu diesem Thema sogar die Chronologie der Briefe von Musset.[79] Er verlegt jene, die aus der Zeit stammen, da George in Venedig geblieben war, vor die Reise nach Italien. Auf diese Weise glaubt er nachweisen zu können, daß alle Männer, die sie geliebt hat, durch ihr Unvermögen unglücklich geworden sind und sich schließlich von ihr getrennt haben.
Wer sind diese unglücklichen Geliebten, von denen er spricht? Sie verläßt Sandeau, Musset, Pagello, Bocage, Didier und Mallefille, wobei die beiden letzteren untröstlich zurückbleiben. Von Borie trennt sie das Exil, von Manceau der Tod. Michel de Bourges hat tatsächlich mit ihr gebrochen, aber der Briefwechsel bezeugt, daß es nicht deshalb geschah, weil sie ihn in physischer Hinsicht unglücklich machte. Für Chopin, der keine sehr großen Ansprüche stellte, scheint dieser Aspekt ihrer Beziehung nicht so entscheidend gewesen zu sein, und überdies hat er immer darauf gewartet, daß sie ihn bitten werde, zurückzukommen.
Gerade Musset hat George niemals vergessen. Wenn er in Venedig von seinen nächtlichen Ausflügen zurückkam, machte er ihr heftige Szenen wegen ihrer Scheu und ihrer Ungeschicklichkeit. George kann nicht konkurrieren mit den erfahrenen Demoisellen der Lagunenstadt. Sie ist tief getroffen und entgegnet ihm: »Ich bin froh darüber, daß diese Wonnen keuscher und geheimnisvoller gewesen sind als jene, die Du anderswo finden magst.«[80] In seinen Armen wird sie erweckt und mit dem erfahrenen Musset erreicht sie endlich die »Ohnmacht der Wollust«. Wenn George nicht sehr bewandert ist in der Liebeskunst, so ist sie deshalb noch lange nicht frigide. Musset hat ihr ihren eigenen Körper entdeckt. Deshalb kommt sie physisch so schwer von ihm los. Deshalb wirft sie sich aber auch, so paradox das klingen mag, nachdem er sich plötzlich gegen sie wendet, in die Arme von Pagello.
Das *Journal intime* und die erste *Lettre d'un voyageur,* die sie während ihrer Liebesbeziehung zu Musset geschrieben hat, vibrieren von ihrem Aufschrei. Der Ton ist neu. Die Autorin ist inspiriert. Sie entbehrt die Umarmungen, die nichts gemein haben mit den Rangeleien der Epoche Jules. Sie denkt mit verzweifeltem Bedauern an ihre »glühenden Nächte«, denn nun, so schreibt sie in ihrem *Journal intime,* ist sie dazu verdammt, von den Wonnen nur noch zu träumen. Sein heißer und geschmeidiger Körper »wird sich nicht mehr

auf mich legen, wie Elisa auf das tote Kind, um mich neu zu beleben«.[81]
George ist nicht mehr frigide, aber sie denkt mit Schrecken an die Zeit zurück, da sie es war. An Pagello, den jungen venezianischen Arzt, schreibt sie: »Weißt Du überhaupt, was das ist, das Verlangen der Seele, das die Sinne nicht stillen können und das keine menschliche Liebkosung einschläfert oder erschöpft?«[82] Musset hat sie erweckt und befriedigt, und nun, da sie ihn verliert, fürchtet sie, diese wesentliche Erfüllung nicht mehr wiederzufinden. Das meint sie, wenn sie entschuldigend von der »gierigen Liebe zum Leben« spricht, die sie in die Arme des Doktors getrieben hat.
Michel de Bourges lernt eine schon voll erblühte Frau kennen und unter seinen Händen »erbeben alle Fasern ihres Seins«. Beim Gedanken an ihn zittern ihr die Knie vor Wollust und Begierde. Jeder ihrer sinnlichen, leidenschaftlichen Briefe an ihn ist der Ausdruck dieser vollkommenen körperlichen Vereinigung. Wenn sie von ihrem Geliebten getrennt ist, leidet sie. Während eines Aufenthalts in der Schweiz im Herbst 1836 schreibt sie ihm: »Ich habe mir eine heitere Gelassenheit bewahrt, von der sich selbst meine lieben Freunde Franz und Marie haben täuschen lassen. Selbst sie, denen ich fast alles erzähle, wissen nicht, daß ich manches Mal leide bis zum Aufschrei, bis mir die Sinne schwinden. Die andern glauben, ich sei Lélia in der ganzen Tragweite des Wortes, und ich sei nur deshalb so blaß, weil ich zuviel marschiert sei.«[83] Sie hatte Michel das Gegenteil bewiesen und sie erinnert ihn daran in ihren Briefen, in denen sie »diesen so schönen, so angebeteten, von meinen Liebkosungen gesättigten Körper« beschwört, »der so oft in meinen Umarmungen erschöpft und mit meinen Küssen wiederbelebt wurde«.[84]
Was will Maurois noch mehr? Als George 1839 eine umgeschriebene *Lélia* erscheinen läßt, hat sie sie nicht nur entschärft, um den Skandal zu vermeiden, sondern auch deshalb, weil sie selbst nicht mehr »in der ganzen Tragweite des Wortes« Lélia ist. Doch Maurois findet einen anderen Grund dafür: »So sehr bedauert sie ihre Offenheit, daß sie sich drei Jahre später entschließt, sie zu verleugnen. – Das Geständnis des Unvermögens sollte daraus verschwinden.«[85]
George ist sicher eine zwiespältige, verwirrende, oft inkonsequente, aber doch voll entfaltete Frau. Wenn die körperliche Liebe für sie nicht von allergrößter Bedeutung wäre, warum hätte sie dann jenen berühmten Brief an Grzymala, den Freund Chopins,

geschrieben, in dem sie sich besorgt darüber zeigt, daß ihr zukünftiger Geliebter nur eine ätherische Verbindung im Sinne haben könnte? »Wenn man zusammenleben möchte, darf man nicht der Natur und der Wahrheit hohnsprechen, indem man vor einer vollkommenen Vereinigung zurückschreckt . . . Nur etwas an ihm hat mir mißfallen . . . Er schien nach Art der Frömmler die groben menschlichen Begierden zu verabscheuen, schien sich seiner Versuchungen zu schämen und zu fürchten, unsere Liebe zu besudeln, wenn er sich hinreißen ließe. Diese Einstellung zur äußersten Liebesvereinigung hat mich immer abgestoßen. Wenn diese äußerste Vereinigung nicht ebenso heilig, rein und fromm ist wie alles übrige, so liegt in der Enthaltsamkeit keinerlei Tugend. Das Wort von der körperlichen Liebe, dessen man sich bedient, um etwas zu bezeichnen, was einen Namen nur im Himmel hat, mißfällt mir und schockiert mich wie eine Ruchlosigkeit und gleichzeitig unsinnige Idee. Für die höheren Naturen kann es doch keine bloß körperliche Liebe geben, und für die aufrichtigen keine nur geistige?«[86]

Wenn George noch immer eine kalte Frau war, wie hätte sie dann von sich behaupten können, sie habe Chopin aus Liebe ihre »Sinne zum Opfer« gebracht? Warum hat sie nach Chopin bis in ihre späten Jahre niemals ohne einen Geliebten leben können? George betont immer ihre starken Gefühle, und doch hat sie auch rein körperlichen Versuchungen nicht widerstehen können, wie die Affäre Müller-Strübing zeigt.

Trotzdem war die Liebe für sie eine allumfassende, alles umgreifende Leidenschaft: »Hat es jemals eine Liebe ohne einen einzigen Kuß und einen Kuß der Liebe ohne Begehren gegeben?« schreibt sie an Grzymala. »Das Fleisch zu verachten kann nur bei denen recht und billig sein, die nichts als Fleisch sind; bei denen, die man liebt, sollte man nicht von verachten, sondern von achten sprechen, wenn man enthaltsam bleibt.«[87] George vermutet, Chopin habe wie sie ein traumatisches Erlebnis gehabt: »Wer ist denn die unglückliche Person, die solche Eindrücke von der körperliche Liebe bei ihm hinterlassen hat?« Mit glühender Feder wendet sie sich gegen »diese Denkart, die Geist und Fleisch trennt«.[88]

Die angebliche Frigidität von George ist also nicht die Ursache für das, was man ihre Unbeständigkeit zu nennen pflegt, und auch darin scheint sich Maurois, wie seine Vorläufer, getäuscht zu haben. Um zu belegen, daß sie keinen wankelmütigen Charakter habe, nennt George die Ursache ihres häufigen Partnerwechsels: »Ich bin dem, was ich liebe, allezeit treu gewesen in dem Sinne, daß ich niemals jemanden hintergangen habe und nur aus schwerwiegenden Gründen, wenn durch die Schuld anderer eine Liebe in mir getötet worden war, die Treue aufgekündigt habe.«[89] Zweifellos idealisiert sich George hier ein wenig! Aber sie ist aufrichtig. Sie hätte noch hinzufügen können, was sie Pagello geschrieben hat: »Ach, ich habe so sehr gelitten, ich habe so sehr nach Vollkommenheit gestrebt, ohne ihr zu begegnen . . . Wirst Du es sein, wirst Du es endlich sein, mein Pietro, der meinen Traum verwirklichen wird?«[90] Sie ist stets auf der Jagd nach einem Traum, der sich ihrer Umarmung entzieht, auf der Suche nach dem Absoluten.

Im Alter wird sie klüger; sie ist immer noch eine Leidenschaftliche, aber nicht mehr in der alten Weise. Es genügen ihr friedliche Liebesbündnisse, in denen Zärtlichkeit und körperliche Harmonie vorherrschen. George hat sich verändert, sie ist gelassener, besonnener geworden; sie lebt im Frieden mit sich und der Liebe, auf die sie nicht verzichten kann. »Wie hübsch dezent sie doch aussieht bei alledem!«[91] sagte einmal eine alte Frau, der sie im Theater begegnete, und gab damit dem allgemeinen Staunen derer Ausdruck, die sich George Sand als Bacchantin vorgestellt hatten.

In ihrem *Journal intime* antwortet sie uns auf die große, immer neu gestellte Frage: »Ach Gott, was ist denn die Liebe, daß sie ihre Natur so verändern kann und in unsere Seele auf göttliche Weise ein neues Objekt einzuführen vermag? Vielleicht gibt es in alledem nur eine wahre, nur eine starke Liebe. Welche ist das in meinem Leben? Aurélien? Es ist die schönste in meinem Herzen. Doch eine Liebe ohne körperliche Vereinigung ist bloß mystisch und unvollkommen.«[92]

IM GEIST DES EVANGELIUMS

> Jemand entwirft ein Ideal; man lacht darüber, doch man verzeiht ihm und sagt: das ist schön, aber es ist zu schön. Dann schreitet die Zeit fort, die Tatsachen erfüllen sich, und es kommt der Augenblick, in dem das Ideal überholt ist. Nun ziehen die Menschen Vergleiche und wenden sich lächelnd zurück zu der Vorhersage. Sie wundern sich über deren Zaghaftigkeit und verzeihen ihr nun aufgrund der guten Absicht ihren mangelnden Weitblick.[1] G. S.

> Beim Gedanken an eine neue Metzelei zwischen den Söhnen desselben Vaterlandes preßt sich mir das Herz zusammen und meine Seele ist voll Qual.[2] G. S.

Die Zeitgenossen von George Sand haben sie wegen ihrer religiösen, philosophischen, sozialen und politischen Theorien und vor allem wegen ihres Feminismus viel heftiger angefeindet als wegen ihrer Geliebten. Deshalb sehen in ihr die Bretonen, wie Renan erzählt, den Leibhaftigen persönlich und die Genfer, laut Stendhal, die Quelle allen Übels.

Diese Mystikerin, die das Evangelium wörtlich nahm und sich intensiv mit religiösen Fragen beschäftigte, war eine kühne Pionierin. Manche Spezialisten sind heute darüber erstaunt. Zahlreiche Feministinnen legen ihr heute zur Last, sie sei zu zaghaft gewesen, sie habe zum Beispiel das Recht der Frau auf die freie Liebe nicht entschlossen genug postuliert. Andere stellen darüber Vermutungen an, wie sie sich verhalten hätte gegenüber der Forderung nach Liberalisierung der Abtreibung: Sicher würde sie konservative Ansichten vertreten haben. Angesichts solcher Mutmaßungen scheint es vernünftiger, ihre Ideen vor dem Hintergrund ihrer eigenen Epoche zu studieren und zu werten.

Hat George Sand wirklich nur bescheidene Rechte für die Frauen

gefordert? Hat sie nur an sich gedacht und jede andere Frau an der Selbstverwirklichung gehindert? Ist sie nur »ein schamloses Geschöpf«, das die »schöne Rolle der Frau« nicht zu spielen wußte? Wie kommt es, daß so viele Feministinnen sie nicht als eine der ihrigen akzeptieren, während sie die französische Befreiungsbewegung der Frauen (M.L.F.) als eine Vorkämpferin herausstellt?
Ist die politische Rolle der George Sand die einer Pasionaria der Aufstände vom Juni 1848 oder die einer Machtlüsternen, die, nur notdürftig hinter Ledru-Rollin verborgen, ein öffentliches Amt usurpieren wollte? Oder soll man in ihr die ehrlose Reaktionärin sehen, die aus Angst, ihre Güter zu verlieren, sich 1871 auf die Seite von Versailles geschlagen hat? Ist sie die hochmütige Aristokratin, die mit den Großen dieser Welt verkehrt, oder die solide und verläßliche Freundin von einfachen Leuten? Ist sie die geizige Schloßherrin, die nur darauf sinnt, ihren ererbten Besitz gewinnträchtig zu verwalten und ihre Dienstboten mitleidlos aus dem Haus jagt, oder ist sie »Unsere gute Frau von Nohant«, die die Armen des Dorfes ernährt, die großzügig die Freunde unterstützt. Kann man sich von ihr überhaupt eine Meinung bilden im Dickicht der Karikaturen, Kritiken, Pamphlete und Briefe? Kann man diese Meinung mit allen Nuancen vertreten, wenn die Persönlichkeit von George einen zwangsläufig zu leidenschaftlicher Anteilnahme verführt?
In seinem Werk *Les Soleils des romantiques* erhebt Claude Roy die Romantikerin Sand in den Rang der größten Schriftsteller dieser Schule und bemerkt, daß auch sie auf den Trümmern der alten eine neue Religion errichten wollte, wie Hugo, Lamartine, Nerval und Michelet. Waren sie sich bewußt, zu den Genies eines neuen Christentums zu gehören? George war sich zumindest der Unzulänglichkeit ihrer Vorbereitung bewußt, sie hielt sich nicht für einen Magus wie Hugo oder Michelet. Für sie geht es darum, zu den Quellen der christlichen Religion zurückzukehren, die nach und nach durch die Kirche verschüttet worden waren. George möchte das Evangelium durch eine neue Soziallehre ersetzen. Ihre religiöse Überzeugung dürfte dem verjüngten Katholizismus des 2. Vatikanischen Konzils durchaus nahe gekommen sein. Trotz ihres Antiklerikalismus und der Kühnheiten in *Spiridion* hat sie sich nicht außerhalb der Kirche gestellt wie Lamennais, dessen Schülerin sie eine Zeitlang gewesen war.
Nach der Bekehrung im Kloster, die sie so beeindruckt, daß sie während einiger Jahre daran denkt, den Schleier zu nehmen, fängt

George an, nachzudenken und aufzubegehren. Es ist die Zeit von *Lélia.* Auch Lélia spielt noch manchmal mit dem Gedanken an das Kloster, doch in anderen Augenblicken ist sie vom Zweifel befallen, der bis zum Atheismus geht. Sténio, der Dichter, auch er in manchen Zügen ein Selbstbild der Autorin, entgegnet ihr, »daß man mit der Logik Gott nicht finden kann, sondern an ihn glaubt, weil ein himmlischer Instinkt ihn uns offenbart«.[3] Lélia, die auf Gott nicht verzichten will, rechtet mit ihm in beleidigendem Ton.

Christus wird in *Lélia* dargestellt als »die Personifikation eines großen Gedankens«, als »das erhabene Sinnbild der immateriellen Seele«, als »der Erste unter den Menschen« oder als »eine große Seele, aus der Poesie strömt und Begeisterung flutet«.[4] Wenn man Lélia fragt, ob sie an Gott glaube, so antwortet sie, »fast immer«. Wie ihre philosophischen Freunde war auch George Sand immer davon überzeugt, daß sich Christus niemals eine Göttlichkeit angemaßt habe und daß seine Worte »ein bewundernswertes Dogma« enthüllten, »eine Art pythagoreischen Pantheismus, der reiner, weiser und tiefgründiger« sei als der von Spinoza.[5] Sie hält die religiöse Philosophie für »die einzig schöne . . . die einzig wahre Philosophie«[6].

Deschartres, ihr Erzieher, hat ihr mit sechzehn Jahren Leibniz entdeckt, den sie immer wieder mit Begeisterung liest. Auf jeder Seite, die »der größte Theologe der Aufklärung« geschrieben hat, erkennt George Sand »das gesunde Gesetz des Geistes, dem zu folgen ich mich mehr und mehr befähigt fühle«. Denn sie glaubt Gott mit der »selbstlosen Liebe« zu verehren, die der Philosoph als die einzig wahre Liebe anerkennt.

Darin liegt für sie der ganze Leibniz: »Wir müssen versuchen, Gott zu lieben, indem wir ihn begreifen, und indem wir ihn lieben, ihn zu begreifen suchen; wir müssen versuchen, das zu glauben, was nicht zu begreifen ist, doch um besser zu glauben, müssen wir versuchen zu begreifen.«[7]

Weil sie es leider nicht lassen kann, immer wieder wie Lélia zu fragen, warum es Gott gefallen hat, ein solches Mißverhältnis zu schaffen »zwischen den Illusionen des Menschen und der Wirklichkeit«, läßt sie sich von einem Philosophen minderer Geisteskraft und Tragweite beeinflussen, dessen Philosophie allerdings in Ansätzen von Leibniz beeinflußt scheint.

In der *Revue indépendante*, einer literarisch-philosophischen Zeitschrift, die George mit Pierre Leroux zusammen 1841 gegründet hat, bekennt sie sich mit starken Worten zur Philosophie von Leroux, der einzigen, »die klar ist wie der Tag und zum Herzen spricht wie das Evangelium«: »Ich habe mich hinein versenkt und habe mich dabei verändert; ich habe darin Ruhe, Kraft, Glauben, Hoffnung und die geduldige, beharrliche Liebe zur Menschheit gefunden.« Wie Leroux möchte auch sie ihre Stimme erheben »für die Sklaven und gegen die Aufseher, für die Schwachen und gegen die Starken, für die Armen und gegen die Reichen, für alles, was auf Erden leidet, und gegen alles, was von der herrschenden Ungleichheit profitiert und die Gaben des Schöpfers mißbraucht.«[8] Sie empört sich über das Los der Leibeigenen in Rußland und der schwarzen Sklaven. Vom Augenblick der Eroberung Algeriens an hat sie sich in ihren politischen Betrachtungen oft beunruhigt über den Kolonialismus geäußert. Ihre Meinung zu diesem Thema ist der Entwicklung der Zeit weit voraus.

George folgt Leroux in seiner Theorie der Vervollkommnung, weil er für die Liebe und für das Recht des Körpers, aber gegen die Ungleichheit der Geschlechter ist. Sie folgt ihm, weil er an die Utopie glaubt, an den Fortschritt der Menschheit, und schließlich, weil er eine neue Verteilung des Eigentums vorschlägt, die das Kollektiv wohl bedenkt, aber den individuellen Besitz doch nicht ganz abschafft.

Heine, der von George Sand fast nur bewundernd spricht, nennt den »philosophischen Kapuziner Pierre Leroux« spöttisch ihren »literarischen *directeur de conscience*«: »Dieser wirkt leider sehr verderblich auf ihr Talent, denn er verleitet sie, sich in unklare Faseleien und halbausgebrütete Ideen einzulassen.«[9] George hat sich auch in anderen Fällen in ihrem Urteil getäuscht, doch bei Leroux ist die Täuschung besonders kraß. Durch Sainte-Beuve mit ihm zusammengebracht, meint sie, seine Werke würden eines Tages so viel gelesen werden wie der *Contrat social*, und anfangs hat sie in ihm sogar einen neuen Plato, einen neuen Erlöser gesehen.

Später zögert sie, ihm gleichermaßen blind zu folgen, und Balzac, der Spötter, kann an Madame Hanska schreiben: »Der philosophisch-republikanisch-kommunistisch-Pierre-Lerouskisch-germanisch-deistisch-Sandistische Zug ist plötzlich zum Stillstand gekommen.«[10]

Diesem Zögern entsprechen die Glaubenskämpfe in *Spiridion*. In diesem Roman, an dem sie lange gearbeitet hat und der ihr sehr am Herzen lag, kommt sie zu einem Schluß, der ihre persönlichen, vom Evangelium geprägten Ansichten zusammenfaßt:

»Die Religion hat drei Epochen, die den drei Wesen der Dreifaltig-

keit entsprechen. Das Reich des Vaters herrschte in der Zeit des mosaischen Gesetzes, das Reich des Sohnes, das heißt die christliche Religion, kann nicht auf ewig herrschen. Es muß eine Zeit kommen, da diese Mysterien ein Ende nehmen, und dann wird das Reich des Heiligen Geistes beginnen . . .
Wie die Heilige Dreieinigkeit drei Gesichter hat, so muß auch die Vorstellung, die der menschliche Geist von der Dreieinigkeit im Christentum gehabt hat, drei aufeinander folgende Ausprägungen haben . . .
Wir durchlaufen vielleicht in unendlicher Folge diese drei Phasen der handelnden, der liebenden und der wissenden Offenbarung, denn das sind die drei göttlichen Prinzipien, die jeder Mensch, der in die Welt kommt, als Sohn Gottes empfängt. Und je vollkommener es uns gelingt, diese drei Gesichter unseres Menschseins gleichermaßen auszuprägen, desto näher kommen wir an die göttliche Vollkommenheit heran . . . Ihr Menschen der Zukunft, euch ist es vorbehalten, diese Prophezeihung zu verwirklichen, so Gott in euch wohnt. Dies wird das Werk einer neuen Offenbarung sein, einer neuen Religion, einer neuen Gesellschaft, einer neuen Menschheit. Diese Religion wird dem Geist des Christentums nicht abschwören, aber sie wird es seiner alten Formen entkleiden. Diese Religion wird sich zum Christentum verhalten wie die Tochter zur Mutter, wenn sich die eine dem Grabe zuneigt und die andere voll im Leben steht. Sie wird, als Tochter des Evangeliums, ihre Mutter keineswegs verleugnen, doch sie wird ihr Werk fortführen, und sie wird das erklären, was ihre Mutter nicht begriffen hat. Sie wird wagen, was ihre Mutter niemals gewagt hat, und was ihre Mutter nur eben angefangen hat, wird sie vollenden.«[11]

Leroux ist, wie sich zeigt, nicht der einzige, der George in ihrem religiös-reformerischen Denken beeinflußt hat. Sie ist auch eine sehr ernsthafte Schülerin von Lamennais und Reynaud. In der *Histoire de ma vie* bekennt sie sich zu ihren Lehrmeistern: »*Erde* von Pierre Leroux, *Himmel*[12] von Jean Reynaud, *Universum* von Leibniz, *Nächstenliebe* von Lamennais, ihr steigt gemeinsam empor zum Gott des Jesus Christus.«[13]

Leibniz hat ihr Denken in Bewegung gebracht. Und später, nach dem unglücklichen Tod ihrer Enkeltochter Nini, hat er ihr geholfen, wieder Mut zu fassen.[14] Die Leibnizsche Philosophie harmonisiert in diesem Augenblick mit einem Bedürfnis ihrer Seele und ihres Geistes. Sie muß daran glauben können, daß »das Böse zum Guten beiträgt«. Dieser philosophische Umgang ist die Quelle ihrer Altersweisheit, wie sie in ihrem Werk zum Ausdruck kommt und längst eine eingehendere Untersuchung verdienen würde.

George Sand war ein zutiefst religiöser Mensch, aber gleichzeitig entschieden antiklerikal, was ihr die heftige Kritik der orthodoxen Katholiken eintrug. Als im Jahr 1862 Octave Feuillet, ein Romancier mit modischem Mittelmaß, in der *Revue des Deux Mondes* einen frömmlerischen und bigotten Roman mit dem Titel *Sibylle* veröffentlicht, läßt George im folgenden Jahr in derselben Zeitschrift einen Gegenroman, *Mademoiselle La Quintinie*, erscheinen. Das in zwei Lager gespaltene Publikum gerät in Aufruhr und Sainte-Beuve wird zum Chronisten des Kampfes: »Der Verfasser von *Sibylle* hat in diesem Roman große Fragen berührt, größere vielleicht, als er anfangs gedacht hatte: theologische und soziale Fragen, Fragen der Gegenwart und der Zukunft. Wie man weiß, hat sich George Sand darüber erregt. Das mächtige Adlerweibchen erzürnte sich wie am Tage ihres ersten Aufschwungs; sie stürzte sich auf die weiße Taube und trug sie mit sich empor in die Lüfte, hoch über die Berge und Wildbäche der Savoyen, und noch zu dieser Stunde hält sie ihre Beute fest in den Klauen. These gegen These, Theologie gegen Theologie, und dies alles im Roman, das ist ein wenig viel.«[15] Bald greift der Kampf über die literarische Welt hinaus. Sie wird in den Augen der Jugend und der Arbeiter zu einer bedeutenden Figur der Opposition. Vor der Premiere ihres Stückes *Le Marquis de Villemer* im Jahr 1864 kommen die Studenten »zu vieren, die Karte am Hut, um Plätze zu erbitten! Seit zehn Uhr morgens stehen sie schon Schlange auf der Place de l'Odéon, schreien und singen ... Unerhörter, riesiger Erfolg, Schreie, Gesänge, Hochrufe, Herausklatschen der Schauspieler. Es ist fast ein Aufruhr, denn die sechshundert Studenten, die keinen Einlaß fanden, gehen und singen Choräle vor der Tür des Katholischen Klubs und dem Haus der Jesuiten! Sie werden von der Polizei auseinandergetrieben und manche steckt man in Arrest. Beim Verlassen des Theaters schreite ich durch ein Spalier: ›Hoch lebe George Sand! Lang lebe *La Quintinie!*‹«[16]

Man wird sich die Reaktion der offiziellen Kirche vorstellen können, und man begreift, daß Victor Hugo in seinem fernen Belgien das Bedürfnis hat, George gegen die Angriffe des Klerus zu verteidigen. In dieser Epoche, da sie zu Felde zieht gegen die Klerisei und ihr der Ton der Kirchenglocken »dumpf« im Ohr klingt, gehören zu ihren Schutzbefohlenen auch jene Priester, die sich wie sie geistlichen Reformen verschrieben haben. Denn wer aus ihren Angriffen gegen die Kirche und den kühnen Blasphemien in *Lélia* folgerte, sie sei kein religiöser Mensch, erliegt einer Täuschung. Für sie ist alles Religion, die Politik und die Kunst.

Sie kann es der katholischen Kirche und ihren Priestern nicht verzeihen, daß sie die ideale Religion verraten haben, wie sie es dem entfesselten Volk nicht verzeihen kann, daß es ihr Bild vom idealen Volk beschmutzt hat. Sie wird von Zweifeln gequält und hofft auf einen Augenblick der Sicherheit, in dem sie einmal frei von Zweifeln anbeten dürfte, ohne sich fragen zu müssen, welches Verbrechen sie begangen habe, daß sie zur »Rolle des ewigen Juden verdammt« sei.

Von der »göttlichen Poesie« angezogen, der die Religion von ferne gleicht, findet sie beim Näherkommen nur noch »eine Ansicht des Gottes«, den sie sucht.[17] In einem Brief an die Redakteure der Arbeiterzeitung *Atelier* bedauert sie, daß in der religiösen Praxis ihrer Zeit das Evangelium entstellt und verkrüppelt wird. Sie möchte keine neue Religion begründen, sondern sie versucht, die christliche Religion den neuen Bedürfnissen anzupassen, eine »Verwandlung und Läuterung« der »einzigen und ewigen Religion der Menschheit« herbeizuführen, damit man »Christus nicht mehr wie ein Idol anbetet und sich vor seinen Priestern erniedrigt.«[18]

Ihre erste Regung geht bei George dahin, sich in die Natur zu flüchten, ihre zweite, sich um ihren Nächsten zu kümmern. Sie kennt nichts Höheres und Edleres als die Liebe, die dem Menschen den Willen und die Kraft verleiht, sich zu opfern.

In ihren späten Jahren bekräftigt sie immer wieder ihren Glauben an ein Leben nach dem Tode. »Ich glaube, daß wir ewig leben, daß die Mühe, der wir uns unterziehen, um unsere Seele dem Wahren und Guten näherzubringen, uns immer reinere und gewaltigere Kräfte verleihen wird für die Entwicklung unserer künftigen Existenzen.«[19] Schon Jahre zuvor hatte sie geschrieben: »Ich bin fest überzeugt von der ewigen Dauer aller Geschöpfe und vom Bewußtsein dieser Dauer für den Menschen.«[20] Diese Überzeugungen sollten bei ihr länger anhalten als der Atheismus, den sie in der ersten *Lélia* gepredigt hat.

In den *Lettres à Marcie*, in denen sie immer wieder auf gefährliches Terrain vorstößt, bekennt sie sich zu ihrer eigenen Wahrheit: »Es ist die Liebe zur Vollkommenheit, und die Vollkommenheit ist der ewig erneuerte Versuch des Geistes, die Materie zu zähmen.« Nach dieser Wahrheit sucht sie unablässig. Aber so begeistert und überzeugt sie auch sein mag, verficht sie ihre Ideen doch niemals

»blind«, wie die unnachsichtige Marie d'Agoult behauptet. Im Gegenteil:
»Gerade unsere Philosophie, die wir uns als Fortschrittliche begreifen, sollte eine gewisse Toleranz fördern. In der Kunst, in der Politik und eigentlich in allem, was nicht zu den exakten Wissenschaften zählt, möchte man nur eine Wahrheit gelten lassen, und in der Tat ist es eine Wahrheit, aber sobald man sie für sich selbst formuliert hat, sobald man die richtige Formel gefunden zu haben glaubt, meint man, es gebe nur diese einzige, und von da an nimmt man die Formel für die Sache. Hier beginnen der Irrtum, der Kampf, die Ungerechtigkeit und das Chaos der sinnlosen Diskussionen.
Es gibt nur eine Wahrheit in der Kunst: das Schöne; nur eine Wahrheit in der Moral: das Gute; nur eine Wahrheit in der Politik: das Gerechte. Doch sobald wir einem jeden einen Rahmen geben wollen, aus dem all das ausgesperrt bleibt, was wir nicht für schön, gut oder gerecht halten, gelangen wir dahin, das Bild des Idealen in solchem Maße zu schmälern und zu mindern, daß wir zu unserem Glück und Unglück mit unserer Ansicht fast allein dastehen. Die Grenzen der Wahrheit sind viel weiter, immer noch weiter, als sich einer von uns vorstellen kann.«[21]

DIE SACHE DER FRAUEN

Das Engagement der George Sand für die Sache der Frauen, das zu ihrer Zeit soviel Staub aufgewirbelt hat, war weder unbesonnen noch maßlos. Aber wer damals die völlige Gleichberechtigung des Mannes und der Frau in der Ehe postulierte, versündigte sich an der sakrosankten männlichen Autorität. Wenn man die Motive für den Feminismus von George zu bestimmen versucht, darf man nicht vergessen, daß ihr Urgroßvater mit seiner zweiten Frau zusammen und unter Beihilfe von Rousseau ein Werk über das *»Verdienst der Frauen«* entworfen hat. Aurore wurde nach Grundsätzen erzogen, die den Wert der Frauen anerkannten, Grundsätze, an die auch ihr Großvater, der Geliebte der Madame d'Épinay, glaubte wie jeder Aristokrat des achtzehnten Jahrhunderts. Doch nach ihrer Heirat entdeckt sie sehr schnell, wie unvorteilhaft die Lage der Frauen ist, die vom Code Napoléon rechtlich und wirtschaftlich als Unmündige behandelt werden. Mit vierunddreißig Jahren, nach ihrer Ehescheidung, muß sie diese bittere Erfahrung noch einmal machen.

George erzählt in der *Histoire de ma vie*, wie sie im Garten von Ormesson über Montaigne meditiert und sich gedemütigt fühlt, weil sie eine Frau ist. Sie hat sich immer aufgelehnt gegen die moralische Minderwertigkeit, die der Frau in den philosophischen und auch in vielen religiösen Werken angelastet wird. Sie sieht darin nur ein Ergebnis der minderwertigen Erziehung. Unter denselben Bedingungen würden Männer und Frauen sehr schnell beweisen, daß ihre »Seelen von Gott einander ähnlich geschaffen wurden«. Sie selbst fühlt sich »nicht ganz und gar als eine jener Frauen, wie sie die Moralisten verspotten und tadeln«, weil sie »die Begeisterung für das Schöne und das Streben nach dem Wahren in ihrem Herzen trägt«, und doch hält auch sie sich für »eine Frau wie alle anderen, leidend, nervös, von ihren Einbildungen beherrscht, und auf kindische Weise anfällig für die Rührseligkeiten und Sorgen der Mutterschaft«.[22]

Obwohl sie sich der Andersartigkeit der Frau wohl bewußt ist, glaubt George an die sexuelle Gleichberechtigung von Mann und Frau. Sie kann sich nur schwer damit abfinden, daß man dem Manne Jugendsünden zugesteht, die der Frau nicht verziehen werden. So denkt sie auch, wenn es sich um eine freie Bindung handelt.

In einem Brief an Michel de Bourges nach ihrem Aufenthalt in der Schweiz im Herbst 1836, währenddessen sie an ihrer Tugend fast »erstickte«, wehrt sie sich gegen den Vorwurf der Untreue, den ihr Geliebter unvorsichtigerweise gegen sie erhoben hat: »Falls ich das Unglück gehabt hätte, Ihnen untreu zu werden . . ., würde ich darüber nur Gewissensbisse haben, die der Bedeutung des Verbrechens angemessen wären, und auf keinen Fall in die Wüste gehen, um wegen einer Sünde Buße zu tun, die Sie und viele achtbare Männer ich weiß nicht zu wieviel tausenden Malen begangen haben.«[23] Solche Ansichten sind skandalös. Die Frau, die in den meisten Fällen sich gezwungen sieht, ohne Neigung zu heiraten, muß sich damit abfinden, daß die Gesellschaft dem Gatten mit Nachsicht begegnet und der Gattin mit Strenge.

George glaubt an die Liebe, sogar an die ausschließliche, die möglichst ewig dauernde Liebe, und sie ist überzeugt von der Notwendigkeit der Ehe, zumindest für die Aufzucht der Kinder. Aber es scheint ihr unerläßlich, daß der Ehevertrag eine ehrliche Abmachung zwischen zwei als ebenbürtig anerkannten Menschen werden müsse, die in dieser Verbindung »den gleichen Anspruch auf Glück und Erfüllung« haben. Für sie ist es die größte aller Sünden, sich ohne Liebe hinzugeben, und eben das hat man ihr wie so vielen anderen auferlegt. Der Mann darf sicher sein, daß ihm »seine Lüsternheit, seine Ausschweifung und seine Gewalttätigkeit verziehen werden«. Besonders den verheirateten Männern verübelt sie das. Wenn sie die schlechten Ehen anprangert, so hofft sie doch dabei, daß es auch gute geben kann, ohne jedoch ihre Überzeugung aufzugeben »von der gänzlichen Unmöglichkeit eines vollkommen idealen Liebesglücks unter den Bedingungen der Ungleichheit, Minderwertigkeit und Abhängigkeit des einen Geschlechtes vom anderen«.[24] Sie kann niemandem »zu einer Ehe raten, die, gestützt auf das Zivilgesetz, die Abhängigkeit, Minderwertigkeit und soziale Nichtigkeit der Frau absegnet«.[25] Dabei fühlt sich George keineswegs als Suffragette, sie möchte lediglich ihre Würde als Frau bewahren: »Die Welt findet es ganz natürlich und entschuldbar, daß man sein Spiel treibt mit den Frauen in dem, was ihnen am heiligsten ist. Die Frauen zählen weder in sozialer, noch in moralischer Hinsicht. Oh, ich will einen Eid darauf schwören – und dies ist ein erstes Aufblitzen von Mut und Ehrgeiz in meinem Leben! – daß ich mit meiner Person und meinen Schriften die Frau aus der Erniedrigung erheben werde, und Gott wird mir dabei helfen. Vorbei sind die unwürdigen Leidenschaften und die törichte Selbstverdummung.«[26]

Mit solchen Vorsätzen erntet sie nur Hohn und Empörung. Behauptet sie nicht sogar, daß die Ehre einer Frau denselben Wert habe wie die eines Mannes? Sind denn die männlichen Tugenden, »die Rechtschaffenheit, die Unparteilichkeit, die Verschwiegenheit, der Arbeitseifer«, den Frauen untersagt? Sie hält sich »weder für falsch, noch für eitel, was nach Meinung der Männer alle Frauen sind.«[27] Diese Unverschämtheit wird sie teuer bezahlen müssen.

Sie weiß genau, daß sie sich »viele Feinde macht unter jenen, die sich bequem einrichten in den Lastern der Zeit«, wenn sie alles niederschreibt, was sie denkt.[28] Sie rechnet damit, einer Verfolgung ausgesetzt zu sein, die auch vor der Schwelle ihres Privatlebens nicht haltmacht. So vorsichtig und vernünftig uns Heutigen ihre Ansichten zur Frauenfrage auch erscheinen mögen, die Zeitgenossen haben sie nicht nur ein Leben lang dafür kritisiert, sondern mit wütendem Spott verfolgt.

Die Rolle der Mutter hat für sie eine große Bedeutung. Der »mütterliche Instinkt«, meint sie, muß beteiligt werden an »der Aufrichtung des politischen und sozialen Friedens«. Sie hat eine sehr genaue Vorstellung von der Notwendigkeit der Arbeit für die Frau, und sie erhofft sich auf der Basis einer gerechten Gesellschaft eine wirtschaftliche Gleichberechtigung von Mann und Frau. Die Verwirklichung dieses Traumes erwartet sie allerdings erst in späterer Zeit. Sie hat sich durch Arbeit aufgerichtet und hat auch anderen Frauen dazu geraten. Vielleicht war es die Arbeit, an der ihre Liebe in Venedig scheiterte, aber die Arbeit hat sie andrerseits gerettet.

George ist der Meinung, daß die Frau sich vor allem andern das erstreiten muß, was sie »das Recht auf Zuneigung« nennt, und stellt deshalb das Wahlrecht und jedes andere politische Recht für die Frauen hintan; zumindest rät sie zum Abwarten und erklärt ihre Gründe dafür.

Ihre Überlegungen zur Teilnahme der Frau am politischen Leben hat sie klar und überzeugend in einem Brief an die Mitglieder des Zentralkomitees im Revolutionsjahr 1848 festgehalten, der nie vollendet oder gar abgeschickt wurde: »Sollen sich Frauen politisch betätigen? Ja, eines Tages. Aber ist dieser Tag schon nahe gerückt? Nein, ich glaube nicht. Denn bevor die Stellung der Frau in dieser Hinsicht geändert werden kann, muß die Gesellschaft radikal geändert werden . . . Sollten die Frauen also nicht, gerade um die Gesellschaft zu verändern, schon heute politisch auf die öffentlichen Angelegenheiten Einfluß nehmen? Ich wage zu entgegnen, sie sollen es nicht, denn die Strukturen unserer Gesellschaft werden es ihnen nicht erlauben, ihr politisches Mandat ehrenvoll wahrzunehmen. Da die Ehe eine Frau völlig abhängig macht von ihrem Ehemann, ist es ihr absolut unmöglich, eigene politische Zusagen zu machen, es sei denn, sie bricht als einzelne unter Mißachtung der Sitten und Gesetze aus dem Abhängigkeitsverhältnis aus, das eben diese Sitten und Gesetze sanktionieren.«[29] Für sie ist die Emanzipierung der Frau nur möglich, wenn man ihr die bürgerlichen Rechte zurück gibt, »die ihr die Heirat raubt und nur das Zölibat beläßt«. Sie betont es immer wieder, daß es darum geht, »die bürgerliche Gleichheit, gleiche Rechte in der Ehe, gleiche Rechte in der Familie« zu fordern.[30]

George ist keine kämpferische Frauenrechtlerin vom Format einer Jeanne Deroin oder Pauline Roland, Saint-Simon-Anhängerin, Sozialistin und schon damals Gewerkschaftlerin. Mit dieser steht George seit 1842 in Verbindung und für sie setzt sie sich ein, als sie nach dem Staatsstreich von 1851 deportiert werden soll, ohne jedoch mehr als eine Strafminderung zu erreichen.

Schon im Jahr 1830, mit sechsundzwanzig Jahren, schreibt sie einen Brief an Charles Meure, der Gedanken enthält, die auf Erfahrungen

in der Anfangszeit ihrer Ehe zurückgehen, und in dem deutlich wird, daß ihre sozialpolitischen Ideen nicht zu trennen sind von ihren feministischen. Sie fragt ihn ein wenig spöttisch: »Warum wollen Sie nicht, daß eine Frau, und das heißt ein allen Männern dieser Welt unendlich überlegenes Wesen, wenn wir von der Körperkraft und vom Bartwuchs einmal absehen . . . warum wollen Sie nicht, daß eine Frau daran glaubt, daß die Menschen besser und glücklicher werden können, wenn nur der Zustand einer verderbten und in ihren Prinzipien überlebten Gesellschaft geändert wird?«[31]
Gerade heute macht man George zu Unrecht den Vorwurf, sie habe den andern Frauen nicht geholfen und habe sie sogar davon abgehalten, selbst politisch und öffentlich tätig zu werden, nur damit sie allein habe glänzen können. In diesem Sinne wird ihr immer wieder ihre Haltung gegenüber der sozialistischen Frauenrechtlerin Flora Tristan angelastet. Dabei hat George auf ihren ersten Brief sofort geantwortet und hat auch deren Autobiographie, *Pérégrinations d'une paria,* subskribiert. Wenige Monate nach dem ersten Kontakt stirbt die *Paria,* so daß es zu Hilfsmaßnahmen gar nicht mehr kommen kann. Doch läßt sich nicht abstreiten, daß George, wie übrigens alle ihre proletarischen Freunde, die Anstrengungen von Flora nicht ganz ernst nimmt. Nach deren Tod bemüht sie sich immerhin, ihre Tochter finanziell zu unterstützen.
Im Vergleich zu der Revolutionärin Flora, deren Verhalten sie recht lieblos als kindisch abtut, ist George nicht mehr als reformistisch. Aber der Schritt, den sie getan hat, ist schon gigantisch, und ihre Vision der Zukunft hat sich schließlich als realistisch erwiesen.
Die unerhört neuen Ideen von Flora Tristan beziehen sich auf den ökonomischen Bereich und haben aus diesem Grund heute mehr Gewicht als die von George, aber sie waren zu ihrer Zeit noch umstrittener, weil sie nicht verstanden wurden. Während die der engagierten Schriftstellerin Sand in ganz Europa Aufsehen erregten und sich seither fast alle verwirklicht haben.
Bei Eugénie Niboyet, der militanten Feministin aus Lyon, liegen die Dinge anders. Sie gehörte zu den Frauen, die anders als George das aktive und passive Wahlrecht für ihre Geschlechtsgenossinnen forderten. Als nun 1848 von der provisorischen Regierung die Wahlen zur Nationalversammlung vorbereitet wurden, versuchten die Frauenclubs, obwohl keine Frau wählen durfte, auch weibliche Kandidaten aufzustellen. So kam es dazu, daß auf Vorschlag von Eugénie Niboyet der Club der Rue de Tarenne George Sand als Kandidatin vorschlug, ohne jedoch George vorher von der Nomi-

nierung unterrichtet zu haben. In der *Voix des femmes*, einem von ihr gegründeten Frauenblatt, schreibt sie am 6. April 1848: »Der Kandidat, der unsere Sympathien auf sich vereinigt, ist ein Er und eine Sie in einer Person: ein Mann durch seine Tatkraft, eine Frau durch den Willen Gottes und ihre poetische Kraft. Wir schlagen George Sand als Kandidatin vor. Die erste Frau, die für die Nationalversammlung vorgeschlagen wird, wird von Männern gewählt werden müssen. Sand ist anders als sie, doch ihr Genie beeindruckt sie, und vielleicht werden sie, als Männer, die eine bessere Zukunft erträumen, ihr die Ehre erweisen, ihr Genie als männlich anzuerkennen. Sie hat sich durch ihren Geist zum Manne gemacht, ist aber durch Mutterliebe eine Frau geblieben. George Sand ist einflußreich und schreckt niemanden ab. Sie soll nach dem Wunsch aller (Frauen) zur Wahl durch alle (Männer) aufgerufen werden.«
Da sich ein solches Amt mit den Ansichten von George nicht verträgt, kann sie nicht einfach schweigen. Also schreibt sie am 8. April einen offenen Brief an die Chefredakteure der beiden Pariser Blätter *La Réforme* und *La Vraie République*, die ihre Erwiderung abdrucken: »Ich möchte mich bei jenen Damen dafür entschuldigen, daß ich ihrem Eifer mit Vorsicht begegne. Ich maße mir nicht an, gegen die Ideen anzugehen, die diese oder andere Damen unter sich diskutieren; die Meinungsfreiheit steht beiden Geschlechtern gleichermaßen zu. Aber ich kann nicht dulden, daß mein Name ohne meine Zustimmung als Symbol für eine Frauengruppe benutzt wird, mit der ich niemals eine wie auch immer geartete Verbindung gehabt habe.«[32]
Eugénie Niboyet, für die vorher George Sands Wort »geheiligtes Gesetz« gewesen war, ist von dieser Ablehnung bestürzt. Von ihr stammen die Mutmaßungen, daß die Verfasserin von *Indiana* und dem *Compagnon du tour de France* nicht sehr hilfreich ist gegen ihre Gefährtinnen und sich selbst die Ehren vorbehält. Obwohl dieser Vorfall als Beweis dafür genommen werden könnte, daß George an offiziellen Ehren gar nichts liegt. Im Revolutionsjahr 1848 versteht sich George als die Feder im Dienste der republikanischen Partei, im Schatten von Ledru-Rollin. Sie erhebt den Anspruch, nicht offiziell in Erscheinung zu treten, aber es gibt halbamtliche Posten, auf die aller Augen gerichtet sind, und ihre herausgehobene Position als bekannte Schriftstellerin macht es ihr von vornherein unmöglich, im Hintergrund oder im Schatten anderer wirken zu können. Im Grunde ihres Herzens glaubt George, daß ihre Lage als Frau, dieses »in Ketten geboren sein«, sie daran gehindert hat, die

»heroische Bestimmung« zu erfüllen, zu der ihr Stolz sie hätte treiben können.[33]

George Sand möchte die *Condition féminine* an der Basis verbessern, damit die Frauen endlich als vollwertige Menschen anerkannt würden. Doch ohne dabei wichtige Entwicklungsstufen zu überspringen. Die Zeit ist nach ihrer Meinung noch nicht reif für das Wahlrecht der Frauen, da ihnen bisher nicht allein Erziehung und Ausbildung fehlten, sondern das Leben, das sie führten, keinen Zugang zur Welt offenhalte. Der Mann dagegen sei weniger eingesperrt und brauche deshalb nicht erst unterwiesen zu werden, um wählen zu können.

Sie beharrt durchaus auf den Unterschieden, die sie zwischen Mann und Frau im physiologischen, im emotionalen und auch im Tätigkeitsbereich zu erkennen glaubt. »Ich zweifle nicht daran, daß die Frau vom Manne verschieden ist, daß Herz und Geist ein Geschlecht haben . . . Aber muß dieser für die Harmonie der Dinge wesentliche Unterschied eine moralische Minderwertigkeit bedeuten?«[34] Sie möchte zuerst einmal die Grundwerte der Gleichheit festschreiben, bevor sie die Anwendung dieser Gleichheitsgrundsätze im konkreten Fall fordert.

Der Sturm, den allein schon ihre auf die allgemeinen Grundwerte begrenzten Forderungen hervorrufen, beweist immerhin, daß ihre Vorsicht berechtigt war. Sie wird angeklagt, mit der Ehe auch die Säulen der Gesellschaft zu untergraben. Zu ihrer Verteidigung schreibt sie 1836 die zwölfte *Lettre d'un voyageur*, als Antwort auf die Angriffe des Kritikers Nisard, und behauptet mit etwas spitzfindigem Humor, sie habe wohl etwas gegen Ehemänner, aber nichts gegen die Ehe. An anderer Stelle sagt sie das Gegenteil und entschuldigt die Ehemänner, indem sie die Institution der Ehe anklagt. Was sie wirklich will, und immer wieder in ihren Büchern wiederholt, ist eine Fortdauer der Institution Ehe unter neuen Bedingungen. Doch für den Augenblick, beim »herrschenden Stand der Dinge«, predigt sie Aufruhr gegen die Ungerechtigkeit.

Nicht nur die unglücklichen, sondern »alle Verbindungen werden unzumutbar sein, solange es der Brauch ist, den Irrtümern des einen Geschlechtes mit grenzenloser Nachsicht zu begegnen, während die rücksichtslose und heilsame Härte der Vergangenheit ausschließlich deshalb in Kraft bleibt, um die Irrtümer des andern zu unterdrücken und zu verdammen«.[35]

Ihre »heftige Gerechtigkeitsliebe« ist hier wie in anderen Bereichen der Motor ihres Handelns. Sie möchte »diesem wesentlichen Vertrag, der die Frau an den Mann bindet«, einen sittlichen Wert verleihen. Dem Mann wirft sie vor, es sei seine Idee gewesen, »durch die Gesetze der Knechtschaft die unvermeidbare Abhängigkeit der Frau zu sanktionieren«, und er habe dabei seine körperliche Kraft gegenüber seiner schwächeren Gefährtin mißbraucht.

George liegt viel daran, daß die Frauen und auch sie selbst, Frauen bleiben – wie man das früher sagte und auch heute noch hört. Vater und Mutter sollen die Kinder aufziehen, ein Mann und eine Frau, die sich die Aufgabe teilen »gemäß ihrem Vermögen«. Schon deshalb, weil Vater und Mutter für eine richtige Erziehung der Kinder nötig sind, möchte sie an der Ehe festhalten. Doch damit die Ehe bestehenbleiben kann, muß sie unbedingt gerecht sein für beide Parteien, mit gleichen Rechten und Pflichten für den einen und den andern. Der Partner muß dabei von dem gewählt werden, der heiraten soll, und nicht von den Eltern, und die beiden zukünftigen Eheleute sollen sich der Gewichtigkeit dieser Entscheidung bewußt sein.

Sie verteidigt die Scheidung im gegenseitigen Einvernehmen in allen den Fällen, da die Pflicht zur Trennung einem jeden deutlich wird. Doch in allen ihren Romanen und Schriften arbeitet sie darauf hin, durch die Umwandlung der Ehegesetze die Scheidung überflüssig zu machen. Leroux sagt einmal, daß nur durch die Vervollkommnung der Ehe die Emanzipation der Frauen Wirklichkeit werden könne. Die unbelehrbare Utopistin George bleibt auch im Bereich der Liebe und Ehe wie in vielen anderen vom Sieg des Guten überzeugt. Sie glaubt an die Möglichkeit der stetigen Verbesserung.

Doch die Zeiten waren nicht günstig für die Frauen. »Man wirft ihnen die Dummheit vor, in der man sie niederhält; man verachtet ihre Unwissenheit und spottet über ihr Wissen. In der Liebe behandelt man sie wie Kurtisanen, in der Ehe wie Dienerinnen.«[36] Sie findet es verwunderlich, daß man hofft, sie dem Gesetz der Treue zu unterwerfen, »ohne sie zu lieben, indem man sich ihrer bedient, sie ausbeutet«. George ist in der Tat die *émancimatrice*,[37] wie sie Heine so treffend genannt hat. In einem Brief an ihre freizügige Freundin Hortense Allart macht sie deutlich, was sie unter weiblicher Tugend versteht: »Ich lege nicht mehr Wert als Sie auf die Tugend, die man (den Frauen) vorgeschrieben hat, doch ich lege großen Wert auf eine Tugend, die geübt werden kann und ohne die es nichts Schönes auf dieser Welt gibt.«[38]

Immer wieder nimmt George daran Anstoß, daß sich fromme,

reiche und wohlangesehene Frauen in Geldangelegenheiten keineswegs ehrenhaft verhalten und den Männern das Verdienst überlassen, auch in Geschäften loyal zu sein. Das sei kein Beweis für eine den Frauen angeborene Falschheit, sondern das Resultat ihrer einseitigen moralischen Erziehung, in der nur die Schamhaftigkeit und die eheliche Treue zähle. »Können die Männer leugnen, daß eine anständige Frau, die gleichzeitig anständig ist wie ein Mann, nicht in doppelter Weise Anspruch hätte auf ihre Achtung und ihr Vertrauen?«[39]

Man hat George vorgehalten, sie habe, wo es um die Ehe ging, offen ihren besonderen Fall ins Spiel gebracht. Andrerseits hat sie von den Schwierigkeiten, denen sie als Frau bei ihrer schriftstellerischen Tätigkeit begegnete, nicht sehr viel berichtet. Obwohl sie die Nützlichkeit und den Vorteil der außerhäuslichen Arbeit für die Frau erkannte, hat sie sich dafür nicht intensiv eingesetzt und hat auch aus ihrer persönlichen Erfahrung keine Folgerungen gezogen. Vielleicht, weil die wirtschaftlichen Zustände im neunzehnten Jahrhundert es nicht erlaubten, oder weil die allgemeinen Arbeitsverhältnisse der Epoche kaum dazu verführten. Die Frauen, die damals in den Manufakturen arbeiteten, taten das unter empörenden Bedingungen. Wahrscheinlich schien George eine Umgestaltung der Gesellschaft die Vorbedingung für die Frauenarbeit, und diese Umwandlung hat sie sich zum Ziel gesetzt. In den *Lettres à Marcie*, die auf echten Briefen an eine junge Frau namens Eliza Tourangin basieren und sich mit der Lage der Frauen auseinandersetzen, warnt sie vor zu großen Hoffnungen: »Hüten Sie sich vor diesen verrückten Ambitionen. Die Frauen sind noch nicht tauglich für die Beschäftigungen, die ihnen bis heute die Gesetze verweigert haben, und zwar nicht wegen ihrer mangelnden Intelligenz, sondern wegen der Andersartigkeit ihrer Erziehung.«[40]

Anders als die Feministinnen unserer Tage schätzt George die Arbeiten mit der Nadel, in denen sie Meisterin ist. Sie findet sie keineswegs eintönig, und deren Regelmäßigkeit scheint ihr sogar der weiblichen Ausgeglichenheit förderlich. Sie hält es für wünschenswert, daß durch die Erziehung, die Einrichtungen der neuen Gesellschaft und die neuen Gesetze der Frau diese täglichen Arbeiten im Haus vorbehalten bleiben, damit sie die Mühsal des Mannes teile, bis sich die wirtschaftlichen Bedingungen so weit verbessert haben, daß sie auch auf andere Weise ihr Brot verdienen könne. Sie plädiert dafür, daß der Frau ihre Fähigkeit zur Hingabe und ihre Rolle als Trösterin erhalten bleibe. Dagegen bekämpft sie ein Übel, unter dem sie gelitten hat und das alle Frauen betrifft: die mangelhafte Ausbildung. Die Unwissenheit ist die Ursache vieler Schwächen, die der weiblichen Existenz anhaften. Unter der Restauration sind die Pläne für die Ausbildung der Frauen, die Condorcet 1792 formuliert hat, nur noch tote Buchstaben. Die Zahl der Frauen, die mit ihrem Namen zeichnen können, ist sehr klein; noch kleiner ist die Zahl derer, die lesen und schreiben können. An ihrem eigenen Beispiel hat George erlebt, wie unzureichend und oberflächlich die Ausbildung der Töchter der privilegierten Klassen ist und um wieviel niedriger im Niveau als die der Jungen.

Seit Molière, oder zumindest seit der Chrysale aus den *Femmes savantes*, hat die Erziehung der Mädchen nicht den geringsten Fortschritt gemacht. Doch die Bücher und Artikel von George Sand, die auf ihrer eigenen Erfahrung beruhen, tragen wenigstens dazu bei, daß sich die Situation verändert und verbessert. Im Jahr 1882 wird die allgemeine Schulpflicht für die Mädchen noch nicht in die Praxis umgesetzt, aber immerhin im Gesetz verankert.

George hat begriffen, daß die Frau zuerst einmal ausgebildet werden muß, ehe sie wählen kann. Diese Ausbildung ist unbedingt nötig, sowohl für ihre Gleichstellung in der Ehe als auch für eine ihr angemessene Arbeit außerhalb des Hauses. Deshalb predigt George in allen ihren Schriften mit leidenschaftlicher Überzeugung das Recht der Frau auf Erziehung und Ausbildung. Doch immer vertritt sie die Politik der kleinen Schritte, um die öffentliche Meinung nicht noch mehr gegen sich aufzubringen. »Die Erziehung der Frauen wird dieselbe sein wie die der Männer, aber das Herz der Frau wird trotzdem das Refugium der Liebe, der Hingabe, der Geduld und Barmherzigkeit bleiben. Sie muß inmitten der rohen Leidenschaften den christlichen Geist der Nächstenliebe bewahren. Eine Welt, in der die Frau diese Rolle nicht mehr spielt, wäre sehr unglücklich.«[41] Das meint sie aufrichtig; sie hat den christlichen Glauben ihrer Kindheit nie aufgegeben, und das Thema der Barmherzigkeit der Frau taucht in ihrem Werk immer wieder auf, besonders in *Consuelo*, dessen Titel bereits darauf anspielt.

In der Liebe sind die Frauen, so glaubt sie, »fordernder« und machen sich damit unglücklich, ohne daß sich das ändern ließe. Sie fragt sich, ob sich das »ändern werde, und eine bessere Erziehung, ein tätigeres Leben, eine größere Bedeutung unseres Geschlechts auch unsere Instinkte verwandeln werde, unsere Eifersucht, unser Elend, unsere Leidensfähigkeit«. Sie ist davon nicht gänzlich überzeugt, denn sie erkennt, daß die Künstlerinnen, wie Hortense Allart

oder sie selbst, die »fast wie Männer leben« können, trotz alledem Frauen bleiben.[42]
So beschränkt sich die Frauenrechtlerin George darauf, für Mann und Frau die sexuelle Gleichberechtigung zu fordern, die gleichen Rechte in der Ehe, gleiche Ausbildung und Erziehung, und gleiche Verantwortung in der Familie, was das gleiche Recht auf Arbeit mit einschließt.
Diese Ziele sind, bei aller Zeitbedingtheit, gar nicht so weit entfernt von denen einiger Gruppen der Frauenbewegung. George hat allerdings die Gleichheit in den staatsbürgerlichen Rechten erst für einen späteren Zeitpunkt angestrebt, wenn die Frau besser dafür gerüstet wäre. Aber sie will ein Ende machen mit der Ausbeutung der Frau durch den Mann, sei es nun als sein Sexualobjekt oder als seine Dienstmagd. Denn hier steht für sie die Würde der Frau auf dem Spiel.
Ihr Feminismus ist überlegt und trägt den Verhältnissen der Epoche Rechnung. Sie will nicht das Pferd von hinten aufzäumen. Und sie möchte auf keinen Fall, daß die »Geschlechterfrage . . . bei der Frau den Begriff des Menschlichen auslöscht«,[43] was sie Eliza Ashurst, der englischen Frauenrechtlerin, vorwirft. Mit ihrem Rat und ihren Erkenntnissen hofft sie den Frauen, die weniger begünstigt sind als sie, die Schwierigkeiten zu ersparen, die sie gehabt hat. Mit allen ihren Kräften will sie dazu beitragen, diese für die Machtlosen und unter ihnen besonders die Frauen so übel beschaffene Gesellschaft zu verändern. Sie versucht das unterdrückte Selbstbewußtsein der Frauen aufzurichten, die geschwächt sind durch ihre »Sklavenmanieren«. Aus ihrer Revolte erwächst ihre Leidenschaft für die Politik, aber diese Leidenschaft hat dort eine Grenze, wo die Gewalt anfängt.
Die Wirkung und die Stärke von George beruhen darauf, daß sie ein Beispiel gegeben hat und selbst unter den Übeln gelitten hat, die sie bekämpft. Sie hat mit ihrer Person bewiesen, daß eine Frau gleichzeitig Geliebte und Mutter sein kann, sozial eine Rolle spielen, ihren Lebensunterhalt verdienen und schöpferisch tätig sein kann.

DAS VOLK VON MORGEN

»Meiner Treu, ich habe eine hübsche kleine Revolution erlebt! Ich sah die bischöfliche Bibliothek auf den gelben Fluten der Seine hinabtreiben. Ich sah das Volk, halb komisch, halb schrecklich, herausgeputzt mit dem pontifikalischen Ornat, die Möbel, Dächer, Bäume in den Fluß werfen; ich sah dieses gereizte, grobe, tobende Volk, abstoßend, aber ehrlich, hochmütig in seiner Rechtschaffenheit, das sich nicht dazu hergab, aus den Plünderungen seinen Vorteil zu ziehen, und den Priester respektierte, der die Gräber der Juli(-Revolution) geweiht hatte.«[44] Der Aufstand vom 14. Februar 1831 läßt sie erzittern. Sie steht auf »der Seite des Volkes« und wirft dem Bürgerkönig Louis-Philippe seine Untätigkeit vor. »Was nützt es ihm, daß er zu Fuß ausgeht mit dem Schirm über dem Arm und dem Stuhlflechter an der Ecke die Hand gibt, wenn er die Meinung und die Sorgen seines Volkes nicht kennt? Das alles sind vergebliche Maskeraden. Amt des Königs! Du bist nicht mehr zu halten, und daß du das nicht begriffen hast, ist dein Unglück! . . . Heute kennt das Volk seine Bedürfnisse und seine Freunde.«[45] Seit 1830 ist sie überzeugte Republikanerin und verliert schon die Geduld über den zähen Gang der Geschichte.

Wenige Tage vorher, in einem Brief an ihren Mann, wagt sie ihr Interesse für die Politik nicht offen zu zeigen: »Die Politik beherrscht hier alles, sie beschäftigt alle Welt.« Sie gibt vor, sich nicht einmischen zu wollen – »schließlich ist das nicht meine Sache und sie erheitert mich keineswegs« –, und doch spricht sie deutlich für eine Kandidatur von Duris-Dufresne in La Châtre, der »ein wirklich liberaler Deputierter ist und nicht einer jener kaltherzigen Angsthasen aus dem *juste milieu*, denen Ihr den Vorzug gebt.«[46] Sie hat also durchaus ihre eigenen politischen Vorstellungen.

Freilich hat sie schon am 31. Oktober 1830 Charles Meure, einem mit ihr befreundeten Richter, recht geben müssen, der vorausgesehen hatte, daß die Juli-Revolution »verdorben« werden müsse. »Sie ist bereits verkommen und verfault«, schreibt sie ihm. Denn voll Illusionen hatte sie an »die wunderbare Ruhe nach dem Sieg« geglaubt und die Verrücktheit besessen, »sich über die möglichen Folgen einer dreitägigen Revolution zu täuschen«.[47] »Ich glaube, wir brauchen eine Republik«, hatte sie ihm ein paar Wochen vorher geschrieben.

In einem andern Brief von 1832 an Meure tut sie noch immer so, als gehe sie die Politik nichts an, obwohl sie im nächsten Satz ganz entschieden Stellung nimmt: »Ich habe nie meine Nase in die Politik gesteckt, kaum daß ich das Feuilleton meiner Zeitung lese ... Die Juli-Revolution ist in den Rinnstein gefallen, unsere Liberalen von gestern sind die Tyrannen von heute geworden. Ach! mein armer Freund, welche Schmach ist das für rechtschaffene Leute wie uns, die wir uns zur Partei dieser Schurken bekannten.«[48] Ihrer Freundin Charlotte Marliani schreibt sie einmal, daß die Frauen, die sich nicht mit Politik beschäftigen, wenigstens das Recht haben sollten, für das unterdrückte Polen zu weinen. Man sieht, wie brennend sie sich für die sozialen und politischen Probleme interessiert, die außerhalb ihres engen Lebenskreises liegen, auch wenn sie sich unablässig bemüht, an dem der Frau zugewiesenen Platz zu bleiben.

Wenn sie ins Ausland reist, sticht ihr der schleppende Verlauf der Geschichte nur noch störender ins Auge. »Jenseits der Grenze gibt es eine Art Chinesische Mauer zwischen den Nachrichten der Zivilisation und der erstarrten alten Welt. Doch die Nachrichten sind traurig. Wieder sind verwirrte, hochherzige Menschen unnötig geopfert worden, wieder wurde Zeit vertan, wieder weht ein frischer Wind für die Monarchie, während wir auf den unvermeidlichen, aber allzu späten Schiffbruch warten.«[49]

Nach ihrer Scheidung von Casimir lebt sie im Einklang mit ihren Prinzipien, trotz der daraus erwachsenden Schwierigkeiten. Sie untersagt ihrem Sohn Maurice, eine Einladung des Bürgerkönigs zum Spielen mit dem Duc de Montpensier anzunehmen, der im Gymnasium Henri-IV mit ihm in dieselbe Klasse geht. Später wird sie die Hilfe des Ministeriums immer zurückweisen, auch wenn sie in größter Geldnot ist. Ihrem Verleger erklärt sie einmal, daß sie ausnahmsweise vom Ministerium ein Engagement für Marie Dorval erbeten habe, weil es sich hier »um die Kunst« und weil es sich »um sie« handele. Aber sie will sich auf keinen Fall »den Mund stopfen lassen«, um dem Ministerium zu gefallen.[50]

Die Probleme ihrer Bauern aus dem Berry sind ihr seit langem wohl vertraut. Nach ihrem Umzug nach Paris wendet sie ihre Aufmerksamkeit bald den Schwierigkeiten und Nöten der städtischen Arbeiter zu. Die Lektüre eines Buches, *Le Livre du compagnonnage,* wird für sie zum entscheidenden Erlebnis. Es ist der Bericht des proletarischen Dichters Agricol Perdiguier über seine Gesellen- und Wanderjahre. Er gehört zu jener Gruppe von autodidaktischen Schriftstellern aus der Arbeiterschaft, die aus sozialem Antrieb zur Feder gegriffen haben. George will den Tischlergesellen aus Avignon kennenlernen, der für seine Arbeitskollegen Abendkurse veranstaltet. Sie befreundet sich mit ihm und fördert ihn auf mannigfache Weise. Wenn man den Briefwechsel zwischen den beiden verfolgt, begreift man, welche politische Rolle sie für die Arbeiter und Handwerker gespielt hat, denen sie rät, ihre Interessen selbst zu vertreten.

Ihre Bücher sind ein Spiegel ihrer Ideen. Perdiguier liefert ihr das Vorbild für ihren sozialistischen Roman *Le Compagnon du tour de France,* den Buloz nicht akzeptieren will. George gibt nicht nach, sie streicht nichts, sondern verläßt ihren alten Verleger Buloz und veröffentlicht das Buch 1840 bei einem anderen Verlag. Um in Zukunft der Zensur zu entgehen, gründet sie 1841 mit ihren Freunden die *Revue indépendante,* die es ihr erlaubt, sich frei zu äußern.

In dieser Zeit lernt sie auch Magu, den Weber, Charles Poncy, den Maurer, Gilland, den Schmied, und viele andere proletarische Dichter kennen. Sie kümmert sich um deren Familien, ermutigt sie zum Schreiben und Publizieren und später zur Kandidatur bei den Wahlen. Denn sie fühlt, daß die Massen sich von den Bürgern alleine nicht mitziehen lassen werden.

Der alte Dorfweber Magu möchte »Volksklassen« einrichten, in denen Arbeiter und Bauern unterrichtet werden sollen. George besucht ihn in seiner Wohnung im Faubourg Saint-Antoine. Er macht sie mit der Vorstadtbevölkerung bekannt. In seinem Werk schildert er die Liebe zu seiner Kusine, die ihm später als »Mutter Magu« vierzehn Kinder geboren hat.

Sie veranlaßt die Arbeiter, sich die *Revue sociale* von Leroux zu abonnieren. Es wäre interessant, ihre politischen und privaten Beziehungen zu den Proletariern genauer zu untersuchen. Sie hat den ehrlichen Wunsch, deren Lage kennenzulernen und zu begreifen, und wenn sie begriffen hat, handelt sie. Sie hilft ihnen mit Geld aus und gibt sich alle Mühe, sie dadurch nicht zu verletzen. Sie spornt sie an, sich weiterzubilden. Sie macht ihnen begreiflich, daß sie ihr Talent in den Dienst ihrer Brüder stellen und den Platz des Bürgers einnehmen müssen, ohne zu werden wie dieser.

Vinçard, der Chansonnier, ein Anhänger Saint-Simons, ist der Sohn einer sehr armen Wäscherin und wird Tischler werden wie sein Vater. Abends und sonntags sitzt er auf der Schulbank; daneben komponiert er Arbeiterlieder, *Les Chants des travailleurs* und *Le Chant du travail,* und veröffentlicht die Zeitschrift *La Ruche populaire.* George hat es ihm abgeschlagen, für seine *Histoire du travail et des travailleurs* ein Vorwort zu schreiben, wie sie es zum Beispiel für *Les Conteurs ouvriers* von Gilland, dem Schmied, getan hatte. Doch sie hat ihn dadurch nicht verletzt, denn er wendet sich auch weiterhin an sie um Hilfe für alle seine Freunde, die Arbeit suchen oder Geld brauchen. In seinem vollmundigen Stil hat er George ein Denkmal gesetzt: »Große und würdige Frau, deren literarischer Ruhm niemals die schlichten und großmütigen Gefühle ihres goldenen Herzens getrübt hat.«

Von allen diesen proletarischen Dichtern steht ihr Charles Poncy am nächsten. Auch mit seiner Frau ist George befreundet. In ihrem ersten Brief, vom Februar 1842, schreibt sie ihm: »Sie sind ein großer Dichter, der einfallsreichste und der begabteste unter allen den prächtigen Arbeiterdichtern, die wir in der letzten Zeit zu unserer Freude ins Licht treten sahen.« Wenn sich die Eitelkeit, die alle bürgerlichen Poeten tötet, seiner nicht bemächtigen werde, könne er »der größte Dichter Frankreichs« werden.[51] Auf ihren Rat hin veröffentlicht er einen Band mit Gedichten, *Le Chantier*, und mit Liedern, *La Chanson de chaque métier*. »Ich habe mir immer gewünscht, ein Dichter möge eine Sammlung von zugleich heiteren und naiven, ernsthaften und großartigen Liedern des Volkes zusammentragen, die einfach und leicht zu singen sind, mit einem Rhythmus, dem man bereits bekannte und beliebte Melodien unterlegen könnte, oder neue, die in einfacher Art komponiert wären.«[52] George hofft, daß Poncy diesen Wunsch verwirklicht. Ein Start, wie er ihn genommen hat, verpflichtet auch in der Zukunft zu großen Leistungen, und so ist sie sehr streng mit ihm. Sie klärt ihn auf über ihre eigene Abstammung, damit er nicht glaubt, sie »dränge sich ein ins Volk« und sie könne es sich als besonderes Verdienst anrechnen, wenn sie ihn wie ihresgleichen behandle. Sie ist nur dem Anschein nach und nicht ganz legitim in das aristokratische Milieu hineingeboren worden, doch »mit dem Blut und mit dem Herzen« fühlt sie sich zum Volk gehörig.

Als Poncy den Wunsch äußert, nach Paris zu gehen, schickt sie ihm hundert Franken für die Reise. Die Hauptstadt enttäuscht ihn; auf dem Rückweg kommt er über Nohant. Erst jetzt sehen sie sich zum ersten Mal. Sie gibt ihm den Ratschlag, ein Mann des Volkes zu bleiben. »Kelle und Pfeife« solle er nicht aufgeben, solange sie ihn inspirierten. Seine Aufgabe sei es, »in seinem Herzen, in seiner Kunst und in seinen Gefühlen Proletarier zu bleiben«.[53] Leroux dagegen meint, die Arbeiterdichter sollten ihre handwerkliche Arbeit aufgeben.

Im Jahr 1841 hatte der Saint-Simonist Olinde Rodrigues das Werk

Poésies sociales des ouvriers veröffentlicht. Die soziale Bedeutung der schreibenden Handwerker wurde anerkannt. Wenn sich George für die proletarischen Dichter interessiert, ist das kein Beweis für ihre Originalität. Auch andere bürgerliche Schriftsteller beschäftigen sich mit ihnen. Doch nur George betrachtet sie wirklich als Brüder und befreundet sich mit ihnen und ihren Familien. Es geht ihr um soziale und politische Wirksamkeit. Es ist ihr Ziel, das Volk von morgen heranzubilden, es dahin zu bringen, sein Schicksal selbst in die Hand zu nehmen.

Zweifellos sind die Handwerker und Arbeiter, mit denen George in Kontakt kommt, bei weitem nicht die Ärmsten der Armen. Das Elend der Arbeiter in den Manufakturen der ersten industriellen Revolution ahnt sie vielleicht, aber sie kennt es nicht. Die Realistin George fühlt jedoch, daß man damit beginnen muß, jene zu fördern, die ihre Brüder zu führen und mit sich zu ziehen fähig sind.

In der *Revue indépendante* kommt sie zu folgendem Schluß: »Das Aufblühen von so vielen schöpferischen Talenten beweist, daß das Volk zu intellektueller Reife gelangen kann, wenn seine Gefühls- und Empfindungskräfte einmal geweckt sind. Diese Blüte beweist die Solidarität aller Menschen in der Menschlichkeit, sie bestätigt die Fähigkeit des Menschen zur Vervollkommnung.«[54]

Sie begnügt sich nicht damit, die Annäherung der Klassen nur zu predigen, sondern sie lebt danach, wenn sie bei sich Leute aus ganz verschiedenen sozialen Schichten vereint. Ihre Verwandtschaft mit der königlichen Familie hindert sie nicht daran, über Adel, Rasse und Volk vorurteilsfrei zu denken. In *Indiana* schreibt sie: »Wenn Gott zu uns herabzusteigen geruhte, hieße er die Könige ihren Purpur den Bettlern als Fußmatte hinwerfen.«[55]

Ihrer Kusine Apolline Vallet de Villeneuve erklärt George, warum ihre Tochter keinen Aristokraten heiratet: »Wir haben kein Verständnis für die Begriffe Rang und Geburt. Wir glauben nicht daran, wir sehen den Genius vom Himmel herabsteigen und sich niederlassen, wo es Gott gefällt, und auf keiner einzigen Seite des Evangeliums können wir ein Gebot der sozialen Unterschiede entdecken, im Gegenteil.«[56]

Wäre sie sicher gewesen, daß ihre Kusine ihre Romane gelesen hat, dann hätte sich diese Erklärung erübrigt. Denn in ihren Romanen sind die Mesalliancen Legion. Da gibt es keine Beziehung zwischen Liebe und Vermögen. Geldheiraten werden angeprangert, Standesvorurteile in den Wind geschlagen. Soziale Barrieren kommen nicht vor. Schon 1832 wird in *Valentine* die Vereinigung der Klassen vollzogen. Die junge Frau verläßt ihren adeligen Ehemann und folgt Bénédict, dem Bürgerlichen, den sie liebt. George ist die erste, die in ihren Romanen systematisch die Klassenschranken überwindet.

Nach dem *Compagnon du tour de France* von 1840 sind alle ihre Romane, die sie zwischen 1843 und 1847 schreibt, eine Auseinandersetzung mit sozialen Problemen. Den *Meunier d'Angibault* charakterisiert sie selbst als »archi-sozialistisch und kommunistisch«. Ein großherziger Aristokrat gibt darin sein Vermögen hin, um die soziale Ungerechtigkeit zu mildern. In ihren Dorfromanen verteidigt sie mit sehr viel Geschick die sozialen Forderungen der Bauern und schildert das Elend der Landbevölkerung, deren Wünsche und Sehnsüchte sie für legitim hält. *François le Champi* ist eine Anklage gegen das Verhalten der Gesellschaft gegenüber Bastarden und ausgesetzten Kindern. Immer wieder gelingt es George, in ihren Büchern die Bildung der Armen anzuregen und auf diese Weise ihre Ideen auch in reaktionäre Leserkreise einzuschleusen.

In ihrem antiklerikalen Roman *Mademoiselle La Quintinie* sind es Sätze wie der folgende, die den Skandal auslösen: »Die Könige und die Priester, der Thron und die Kirche, das sind die großen Urheber der Verderbnis, die schlimmen Kräfte der Zerstörung.« Graf Albert, der Held aus *Consuelo*, ein ekstatischer Phantast, der als verrückt angesehen wird, vertritt die sozialen Ideen von George und verkörpert das zu erstrebende Ideal: Als Kind, »wenn er den Armen begegnete, brach er in Tränen aus und verteilte alle seine kleinen Schätze, während er sich vorwarf, ihnen nicht mehr geben zu können.«[57] Wie Aurore spielt auch er am liebsten mit den Kindern der Armen. Er findet die Lebensweise seiner immerhin großherzigen Eltern »dem Geist des Evangeliums völlig entgegengesetzt«.

Mit Bitterkeit beklagt er das Los der Elenden, die nur »leiden und arbeiten, während die Reichen in Wohlstand und Müßiggang leben«. »Haben wir das Recht, etwas abzuschlagen, solange wir noch mehr als das Nötige besitzen?« Albert haßt die Päpste, »diese Apostel von Jesus Christus, die sich mit den Königen verbünden gegen den Frieden und die Würde der Völker«.[58]

Im selben Jahr, in dem sie ihre Tochter verheiratet, schreibt George an ihre Halbschwester Caroline: »Du kannst Dir eine Vorstellung davon machen, was man dieses Jahr den Armen geben muß, wenn Du das Elend in Deiner Gegend siehst. Bei uns ist es dasselbe, wenn nicht sogar schlimmer. Ich glaube, die gesamten Einkünfte von Nohant werden dafür hingehen. Ich muß also Romane schreiben,

die sich überdies sehr schlecht verkaufen in diesem Jahr der allgemeinen Krise. Wir haben für Solange kein Hochzeitsfest ausgerichtet und wir werden es auch für Augustine nicht tun. Dies ist nicht der Augenblick, um Musikanten zu bezahlen. Jetzt muß man Brot geben.«[59] Sie geht sogar noch weiter, wenn sie Maurice anvertraut, sie schenke lieber den Armen ein schönes Stück Geld, als daß sie Leute, die es nicht nötig haben, mit Wein und Essen vollstopfe.[60]
Noch vor diesem schlimmen Jahr 1847 bedrängt sie ihren Verleger, erklärt ihm, sie brauche Geld für »die Krankheiten, die Nöte, die Unternehmungen« eines ganzen Dorfes. Sie fragt sich, wie sie es anstellen soll, um genügend zu verdienen für alle ihre Bedürfnisse, »das heißt für die einer ganzen Schar von Leuten, die kaum etwas verdienen können und Besseres wert sind«.[61] Entspricht das nicht dem Leitsatz des Sozialistenführers Louis Blanc, »Jedem nach seinen Bedürfnissen«? George spielt auch im Leben die Rolle der Barmherzigen, die sie als der Frau ureigen empfindet. Consuelo ist die beste Illustration dafür. Hat George damit recht? Wird den Frauen diese Mission der Barmherzigkeit für immer bleiben? Noch hundertdreißig Jahre später bieten die Regierungen den Frauen fast ausschließlich solche Posten an, bei denen sie mit den Notleidenden, den Kranken, den Gefangenen, der Erziehung und der Lage der Frauen zu tun haben.
Für George selbst gilt diese Einschränkung nicht. Ihr Gerechtigkeitsgefühl und ihre Vorurteilslosigkeit haben sie dazu getrieben, sich mit Sozialpolitik zu beschäftigen. Schon sehr jung hat sie Rousseau gelesen, hat den *Contrat social* wörtlich genommen, hat die Schriften und Taten eines Franklin mit begeistertem Interesse verfolgt. Nach ihrem Tode 1876 hat Hippolyte Taine, ein Mann mit recht gegensätzlichem politischem Credo, in seinem *Journal des débats* anerkennend vermerkt: »George Sand hat niemals geschrieben, nur um des Schreibens willen. Weil sie von einem Glauben beseelt war, hat sie 1848 einige Wochen lang gehofft, nun werde ein neues Leben beginnen . . . man werde sich lieben und gemeinsam die soziale Wahrheit suchen und finden . . . Sie war ein reiner und aufrechter Geist.«[62]

DIE REVOLUTION VON 1848

Die politische Reife und das soziale Engagement von George Sand sind keineswegs aus ihrer Zugehörigkeit zu einer privilegierten Schicht zu erklären, sondern im Gegenteil aus ihrer Revolte gegen jeden Klassenbegriff. Die Mischung von Aristokratie und Volk in ihr scheint eine explosive Wirkung gehabt zu haben.

Als George 1830 zum ersten Mal die erregende Erfahrung der Revolution macht, hat sie zu den Ereignissen schon eine wohlbegründete eigene Meinung. Seit jenem Abend, an dem sie sich zum ersten Mal begegneten, diskutiert sie darüber mit Michel de Bourges. Aber dieser redegewandte Volkstribun bemüht sich vergeblich, aus ihr eine Anhängerin von Babeuf zu machen. Sie weiß sehr genau, wie weit sie gehen will, und lehnt grundsätzlich jede Gewalt ab. Im Mai 1835 begleitet sie Michel mit allen ihren neuen Politikerfreunden nach Paris, zu jenem »Monsterprozeß« gegen die Teilnehmer am April-Aufstand, den die Sozialisten in ein Tribunal umfunktioniert haben.

Als sie Leroux und Lamennais kennengelernt hat, baut sie sich mit deren Ideen eine neue Religion für die Republik. Je berühmter sie wird, je entschlossener engagiert sie sich. Sie besucht Versammlungen, schreibt politische Artikel in verschiedenen Zeitungen und Zeitschriften. Sie ist es, die den Begriff »Kommunismus« in die Literatur einführt, und zwar 1840 in ihrem Roman *Le Compagnon du tour de France*. Sie hat ihre eigenen Vorstellungen von Politik. Das Parteienwesen mißfällt ihr. Sie fühlt sich keiner zugehörig, es sei denn »der Partei des Volkes«, dieses Volkes, dem sie dienen will, das sie unterweisen, auf seine Aufgabe vorbereiten will. Sie träumt mit ihren Freunden zusammen von einer idealen, vollkommenen, utopischen Republik, die sich buchstabengetreu an die Gebote des Evangeliums halten und von einem aufgeklärten, gerechten und guten Volk in seiner Gesamtheit geführt würde. Es ist die Liebe zum Volk, die sie zur Ablehnung der Parteien veranlaßt und die ihre ganze Politik bestimmt. Ihre literarische Karriere hatte sie im *Figaro* mit einer ironischen Attacke gegen die Regierung von Louis-Philippe begonnen. Und schon im ersten Jahr seiner Regierungszeit verkündet sie in einem Brief, daß die Monarchie zum Sterben verurteilt sei und die Stunde der Republik nicht mehr lange auf sich warten lasse.

Zu Anfang des Jahres 1843 bestätigt ein Revolutionär wie der Anarchist Bakunin, daß George »nicht nur Dichter, sondern auch

Prophet und Verkünder« sei. Als er vier Jahre später aus Frankreich ausgewiesen wird, schreibt er ihr, im Dezember 1847, vor seiner Abreise einen Brief: Er habe sie verehrt, noch bevor er sie kennengelernt hätte, denn sie sei für ihn in den traurigsten Augenblicken seines Lebens oft eine Tröstung und ein Licht gewesen.[63] Die Meinung der Sand hat für ihn ein solches Gewicht, daß er ihr den Text einer Rede zur Begutachtung vorlegt. Diese Freundschaft ist weit über Frankreichs Grenzen hinaus bekanntgeworden, so daß George 1848 in einem Artikel aus Nummer 36 der *Neuen Rheinischen Zeitung* beschuldigt wird, bei sich Papiere aufzubewahren, die Bakunin als Agenten des russischen Zaren auswiesen. In einem Brief vom 20. Juli an Karl Marx, den Herausgeber der Zeitung, verteidigt sie den Exilierten gegen »die Unterstellungen«, die ihn zu einem Verräter stempeln. Sie bestreitet die gegen ihn vorgebrachten »Tatsachen« und widerlegt, was dem Verbannten vorgeworfen wird. Wie sie Marx gebeten hatte, wird dieser Brief als Gegendarstellung in der Zeitung abgedruckt.[64]

Inzwischen steht sie mit zahlreichen Republikanern aus Frankreich und dem Ausland in engen Beziehungen und ist bereit, ihre Feder in den Dienst eines militanten Blattes zu stellen. Im Jahr 1844 gründet sie daher mit ihren Freunden aus dem Berry die sozialistische Zeitschrift *L'Eclaireur de l'Indre*. Zum Start schreibt sie den Herausgebern einen offenen Brief: »Ich glaube, daß der Traum von einer besseren Gesellschaft auf Prinzipien gegründet sein muß, die sich von denen, welche die jetzige Gesellschaft beherrschen, sehr unterscheiden. Ich glaube fest, daß dieser Traum nicht nur in meiner, sondern auch in anderen Seelen wohnt, und daß er folglich eine Art Realität besitzt.«[65]

Achtzehn Jahre nach dem Start ihrer Karriere überraschen sie in Nohant die revolutionären Ereignisse vom Februar 1848 und die Abdankung des Königs. Weder sie noch ihre Freunde hatten in ihren Prognosen die Republik so bald erwartet. Sie fühlen sich »ziemlich überrumpelt«. Sofort schreibt sie Maurice, er möge nach Nohant zurückkehren, und fährt sogar selbst nach Paris, um ihn heimzuholen.

Kurz darauf erhält sie einen Passagierschein, der ihr jederzeit freien Zugang zu den Mitgliedern der neuen provisorischen Regierung verschafft. Sie wohnt in der Rue de Condé in der Mansarde ihres Sohnes. Nach den ersten Aufständen von Ende Februar marschiert am 4. März ein Trauerzug von 400000 Menschen von der Madeleine zur Juli-Säule, den George zusammen mit Lamartine, dem

Aurore Dupin,
gemalt von ihrer Großmutter

Hippolyte Chatiron,
der Halbbruder

Madame Dupin de Francueil und ihr Sohn Maurice, der Vater von George Sand

Die junge Baronin Dudevant mit 26 Jahren

George Sand im Jahr 1833, von Alfred de Musset porträtiert

Solange Dudevant, die Tochter von George Sand

Maurice Dudevant, der Sohn von George San

George in der Zeit ihrer Begegnung mit Chopin

Mutter Glucke in der Politik,
Karikatur aus dem Revolutionsjahr

George in Männerkleidern,
mit unbekanntem Begleiter

Unterwegs nach Venedig,
von Musset gezeichnet

George Sand als General der Republik, Karikatur aus dem Revolutionsjahr

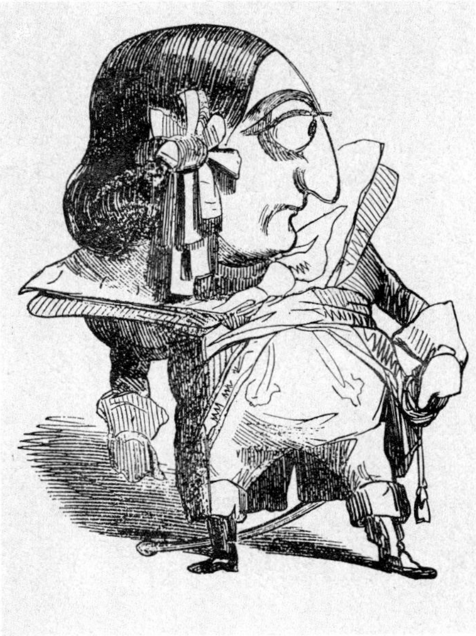

Schloß Nohant

RÈGLEMENT
Trop de zèle
Manceau, dès le début se pose en
directeur de la troupe de Nohant.
Lecture du règlement. Vives et nombreuses réclamations

Linke Seite:
George Sand, Lithographie von Alexandre Manceau aus dem Jahr 1850

Die Theatertruppe von Nohant, gezeichnet von Maurice

George im Jahre 1835

Balzac und George sehen den Kindern beim Spielen zu, Zeichnung von Maurice Sand-Dudevant aus dem Jahr 1838

Ein erfülltes Leben – ein glückliches Alter. George Sand von Nadar photographiert.

Außenminister der neuen Regierung, vom Amtssitz des gestürzten Ministers Guizot aus verfolgt. Das Volk von Paris beklagt seine Toten ruhig und diszipliniert. »Kein Gendarm, kein Polizist, und doch soviel Ordnung, Anstand, Andacht und gegenseitige Höflichkeit, daß nicht einmal ein Fuß verstaucht, ein Hut verbeult wurde. Es war wunderbar. Das Volk von Paris ist das erste unter den Völkern der Welt.«[66] Sie beruhigt ihre Pflegetochter in Nohant: »Alles geht hier so gut wie nur irgend möglich. Die Regierung ist rechtschaffen und gütig, das Volk vortrefflich. Die Bourgeoisie hat Angst und tut, als sei sie entzückt.«[67] Ein ideales Volk für die ideale Republik. Am 6. März rät sie Frédéric Girerd, der zum Kommissar für das Département Nièvre ernannt wurde, »nicht zu zögern und alles hinwegzufegen, was bürgerlicher Gesinnung ist«.[68] Am 8. schärft sie ihm ein, für die Nationalversammlung auch Männer aus dem Volk anzuwerben. »Das ist eine Frage des Überlebens für die Republik . . . und eine wesentliche Garantie für die Ruhe und Geduld des Volkes.«[69]

Er soll unter seinen Kandidaten auch ein oder zwei Männer aus dem Volke, einen Arbeiter und einen Bauern aufstellen. Inzwischen ist sie nach Nohant zurückgekehrt, um über die ersten Schritte der Republik im Berry zu wachen. Von dort schreibt sie am 8. März an ihren proletarischen Dichterfreund Poncy: »Es lebe die Republik! Welch ein Traum, welche Begeisterung und gleichzeitig welche Haltung, welche Ordnung in Paris! Ich komme soeben von dort, ich bin hingeeilt, ich sah, wie sich unter meinen Schritten die letzten Barrikaden öffneten. Ich sah ein großes Volk, erhaben, naiv, großherzig, das französische Volk im Herzen Frankreichs, im Herzen der Welt, das wunderbarste Volk des Universums.«[70] Alles geschieht wie in ihren Träumen. Sie wird fortgerissen von der Begeisterung nach Nächten ohne Schlaf und Tagen voll Tatendurst. »Wir sind wie von Sinnen, wir sind überglücklich, weil wir abends im Dreck eingeschlafen sind und am Morgen im Himmel erwachten.« Sie predigt Mut und Vertrauen. »Die Republik ist erobert, sie ist gesichert, wir würden lieber alle sterben, als sie wieder preiszugeben.«[71]

Ganz sicher war sie dazu entschlossen. Doch nur drei Monate genügten, um ihre Entscheidung zu ändern. Es war die »ideale Republik«, dieser große Entwurf ihrer Einbildungskraft, für die sie gerne ihr Leben hingegeben hätte.

Die Republik, für die sie sich am 8. März begeistert, wird von einer Regierung vertreten, die sich aus »vortrefflichen Männern« zusammensetzt. Daß sie einer so schweren Aufgabe, die »das Genie eines Napoleon und das Herz eines Jesu« verlangte, nicht ganz gewachsen sein könnten, beunruhigt sie. Doch sie glaubt sie geleitet von einem höheren Prinzip, »dem Willen aller, dem Recht des Volkes«. Im Volk von Paris findet sie alle Tugenden vereinigt, auf seine Sache vertraut sie. Wenn es keinen Rückschlag gibt, wird das »soziale Ideal« erreicht werden. Sie will diesem Volk helfen, es anspornen. »Mein Herz ist voll, mein Kopf glüht. Ich lebe, ich bin stark, ich bin tätig, ich bin zwanzig Jahre alt . . .«[72] schreibt sie an Poncy. Sie hofft, mit allen ihren Freunden gemeinsam auf den Barrikaden von Paris zu sterben, wenn die Republik unterliegen sollte. »Jeder muß der Republik helfen und sie vor ihren Feinden retten!«[73]

In Nohant muß sie feststellen, daß die Provinz, und vor allem La Châtre kaum republikanisch gesinnt ist. Seit dieser Erfahrung betont sie bei jeder Gelegenheit, welches ernsthafte politische Problem für Frankreich der große Mentalitätsunterschied zwischen der Provinz und der Hauptstadt sei. Sie tut alles, um die konservative Trägheit des Landes anzustacheln, aber sie vergißt darüber nicht, die Revolutionäre in Paris zu warnen. In einer Republik, die auf dem allgemeinen Wahlrecht beruhe, sei es unklug, der Meinung von drei Vierteln der Bevölkerung Frankreichs nicht die Bedeutung beizumessen, die ihr gebühre.

Am 7. März hat sie in ihrer ersten *Lettre au peuple* zur Vereinigung aller linken Parteien und sogar zur Vereinigung aller Klassen aufgerufen. »Es ist das Gesetz der Menschheit, daß sich die Wahrheit nicht in der Vereinzelung findet und daß es der Mithilfe aller bedarf.«[74] Ihr Aufenthalt in Nohant beeinflußt ihre zweite *Lettre au peuple,* die am 19. März erscheint. Der Ton, den sie darin anschlägt, ist ruhiger und besonnener. Die ersten Schwierigkeiten lassen sich erkennen: »Nun ja, ein paar Tage sind vergangen und mein Traum hat sich noch nicht verwirklicht. Ich habe Dinge erlebt, die ich nicht voraussehen konnte, weil ich sie auch jetzt noch nicht begreifen kann.«[75] Am 8. März hatte das *Journal du Loiret* einen Artikel an die »Mittelklasse« veröffentlicht, in dem George den Kleinbürgern die Vorzüge des Sozialismus anpreist. Doch gegenüber Bocage bekennt sie am 11. März, wie überrascht sie gewesen sei, die sie geglaubt habe, sterben zu müssen, ohne die Republik erlebt zu haben. Sie habe erst in zwanzig oder fünfzig Jahren damit gerechnet und sie hätte es lieber gesehen, wenn für dieses große Gebäude der Zukunft erst das richtige Material hätte entstehen können: »Die Republik überrascht uns alle, und wir müssen nun auf dem Grund aufbauen, den wir vorfinden, und mit den Steinen, die sich auftreiben lassen.«[76] Sie stellt fest, daß die Wirklichkeit die Meinung aller auf der Stelle verändert habe.

Am 12. März veröffentlicht sie als Broschüre in La Châtre ihre *Lettre aux riches,* in der sie, nach der Verkündigung einiger sozialpolitischer Weisheiten, erst einmal abzuwiegeln versucht. »Die große Angst und die scheinbare Hauptsorge der Aristokratie in der jetzigen Stunde ist die kommunistische Idee.« Diese Idee »ist das Streben nach Abschaffung extremen Reichtums und extremer Armut mit Hilfe aller durch das öffentliche Gewissen akzeptierter Mittel, damit der Weg für die wahre Gleichheit geebnet werden kann.« Sie macht jedoch im nächsten Satz deutlich, daß der »sofortige Kommunismus« ein Hirngespinst sei.

Den Reichen und der Bourgeoisie wirft sie Egoismus und Panikmache vor. »Beruhigen Sie sich doch! Sie sind keineswegs vom Kommunismus bedroht. Durch seine Billigung der jungen Republik hat uns das Volk soeben den Beweis geliefert für seine legale Unterwerfung unter die bestehende Ordnung . . . Der Kommunismus ist das wahre Christentum, und eine Religion der Brüderlichkeit bedroht weder den Geldbeutel noch das Leben von irgend jemandem. Können Sie mir unter allen Organen der kommunistischen Glaubenslehre auch nur ein einziges nennen, das gegen die Gesetze protestiert, die das rechtmäßige Eigentum oder die Heiligkeit der Familie garantieren?«[77]

In Nohant haben ihr die Bauern vielleicht noch deutlicher als die Bürger zu verstehen gegeben, daß sie sich wehren würden, falls das Eigentum angegriffen werde. In diesem Brief an die Reichen prophezeit sie, Frankreich werde in weniger als einem Jahrhundert kommunistisch sein. Aber sie predigt tauben Ohren. Die Bourgeoisie hatte sich in ihren Privilegien und Theorien gut eingerichtet. Sie will nicht teilen.

George erkennt schnell, daß der Kampf mit der Feder nicht genügt. Sie regt an, alle wichtigen Positionen mit verläßlichen Männern zu besetzen. Carnot, den Unterrichtsminister, überzeugt sie von der Notwendigkeit, eigene Leute in die Provinz zu schicken, um dort gegen die Reaktionäre vorzugehen und für die Wahlen zu agieren. Als Carnot nicht schnell genug reagiert, wendet sie sich an Ledru-Rollin, den Innenminister der provisorischen Regierung, und schlägt ihm für diese Aufgabe ihre proletarischen Freunde Gilland und Poncy vor. Charles Duvernet läßt sie zum Steuereinnehmer von La Châtre, Duteil zum Oberstaatsanwalt in Bourges, Planet

zum Präfekten des Département Cher, Fleury zum Kommissar der Republik in Châteauroux und ihren Sohn Maurice zum Bürgermeister von Nohant-Vicq ernennen. Sie plaziert ihre erprobten Gesinnungsfreunde wie Bauern auf dem Schachbrett, was man ihr später, als die Reaktion triumphiert, zur Last legen wird.
Die provisorische Regierung hatte ein offizielles Organ, das *Bulletin de la République,* gegründet und George zur Mitarbeit aufgefordert. Wieder in Paris, publiziert sie ab Mitte März zahlreiche Artikel in diesem Blatt, das an allen öffentlichen Gebäuden ausgehängt wird. Daneben hat sie am 25. März eine neue Artikelfolge gestartet, die anonym erscheint: *Paroles de Blaise Bonnin aux bons citoyens.* Den Autorennamen für diese »Worte an die guten Bürger« entleiht sie bei einem Handwerker von Nohant. Unter diesem Generaltitel veröffentlicht sie fünf Broschüren, die durch ihre schlichte und herzhafte Art den Leser überzeugen sollen. Gleichzeitig schreibt sie für die Eröffnung des *Théâtre de la République* einen Einakter mit dem Titel *Le Roi attend.* Ihrem Sohn schildert sie ihr hektisches Leben in dieser Zeit: »Ich bin so beschäftigt wie ein Staatsmann. Heute habe ich zwei Regierungserlasse verfaßt ... Mich amüsiert dabei, daß dies alles an die Bürgermeister gerichtet ist und Du auf dem Dienstweg Anweisungen von Deiner Mutter erhalten wirst. Haha, Herr Bürgermeister, man wird Ihnen schon den Tritt beibringen, und um damit anzufangen, werden Sie jeden Sonntag Ihrer aufmarschierten Nationalgarde das *Bulletin de la République* vorlesen. Wenn Sie es vorgelesen haben, werden Sie es erklären, und wenn Sie das getan haben, werden Sie das besagte *Bulletin* an die Kirchentüre heften ... Ich weiß nicht, wo mir der Kopf steht, von allen Seiten ruft man nach mir. Aber ich will es nicht anders. Inzwischen werden meine beiden *Lettres au peuple* gedruckt. Mit Viardot werde ich eine Zeitschrift machen und für Lockroy einen Prolog. Ich habe Ledru-Rollin überredet, von Pauline (Viardot) eine neue *Marseillaise* komponieren zu lassen. Man erzählt, daß auch (die Schauspielerin) Rachel jeden Abend ganz hinreißend den Franzosen die alte *Marseillaise* vorsingt.«[78]
Am 7. April berichtet sie Maurice, sie habe weder Zeit zum Schlafen noch zum Luftholen – weil sie ohne Unterlaß arbeitet und immer tiefer in die politische Aktion hineingezogen wird. Dies alles tut sie wohlverstanden gratis und ehrenamtlich. In der Hoffnung auf einen Steuernachlaß für die Armen meint sie, daß »die Mitglieder der provisorischen Regierung nicht gegen den Willen des Volkes dagegen Widerstand leisten können. Dieser Wille wird sich in

der Nationalversammlung oder auch außerhalb manifestieren und sie mit sich fortreißen.«[79]

Am 13. April teilt sie Maurice mit, daß sie nicht an der Hochzeit von Augustine teilnehmen kann, weil sie in Paris durch eine (wohl erst geplante) politische Kundgebung festgehalten werde, bei der sie nicht fehlen dürfe – und durch andere »geheime Zusammenkünfte«.[80]

In ihren *Souvenirs de mars-avril 1848* wird sie etwas deutlicher. Es ging den sozialistischen Republikanern um nichts weniger als um die Machtergreifung, nachdem sie die allzu gemäßigte Fraktion aus der provisorischen Regierung verdrängt hätten. Leroux, Barbès und George Sand, Louis Blanc, Ledru-Rollin, Flocon und Caussidière planten so etwas wie einen 18. Fructidor.[81] Sie bereiteten sich auf die Übernahme der Regierung vor. Aber in der Zwischenzeit haben die sozialistischen Freunde von George Wind bekommen von einem Zusammenschluß zwischen den radikalen Linken Blanqui, Cabet und wahrscheinlich Raspail. Angesichts eines drohenden Triumvirats von Diktatoren und um, nach ihren Worten, einen Handstreich von »Blanqui und anderen« zu unterbinden, beschlossen sie und ihre Freunde, die provisorische Regierung weiterhin zu stützen.

George hat sich später oft die Frage gestellt, ob es diese Verschwörung um Blanqui überhaupt gegeben habe. Jedenfalls war sie, trotz ihrer Beteuerungen, sie habe von keinem Komplott gewußt, in weitreichende Pläne verwickelt.

Mit ihrer gewohnten Energie und nicht immer mit der nötigen Diskretion unterstützt sie die Kandidatur sozialistischer Republikaner und treibt die verantwortlichen Männer an. Aus Sparsamkeit wohnt sie auch weiterhin in der Mansarde ihres Sohnes, zu der die provisorische Regierung hinaufsteigt. Sie lernt Jean Reynaud, Barbès, Baudin, der als Volksvertreter für das Département Indre kandidieren will und ihr ein »recht verwegener Republikaner« scheint, kennen. Immer wieder schärft sie Maurice ein, die Umerziehung seiner Gemeinde doch ja nicht zu vernachlässigen. »Du hast Dein gerüttelt Maß Arbeit zu leisten, jeder muß mithelfen, selbst Lambert soll den Bewohnern von Nohant in allen Tönen die Republik predigen . . . Die Regierung und das Volk rechnen mit schlechten Deputierten . . . sie werden sie gemeinsam aus dem Fenster werfen, Du kommst her, und wir gehen hin und lachen sie aus. Hier ist man so dreist, wie man bei Euch feige ist. Man setzt alles auf eine Karte, aber die Partie lohnt sich.«[82]

Ihr Geliebter in diesen Tagen, Victor Borie, beklagt sich, daß er bis nachts um ein Uhr am Ausgang der Ministerien auf sie warten muß. Die Zeit drängt. Mitte März hat sie Viardot geschrieben, daß die Revolution sie alle überrumpelt habe und daß die Wahlen zu überstürzt kämen für die langsam denkenden Bauern. Sie sieht Schwierigkeiten und Hindernisse voraus.[83]

In den Monaten März und April arbeitet sie mit einer ungeheuren Kraft und Begeisterung. Zusätzlich zu den Briefen an die Reichen und an das Volk gründet sie am 9. April eine neue Zeitschrift, *La Cause du peuple,* von der allerdings nur drei Nummern erscheinen sollten. In halbamtlicher Funktion redigiert sie auch weiterhin die *Bulletins de la République* des Innenministeriums, die sie zum großen Teil alleine abfaßt. Hinzu kommen Artikel und Briefe in verschiedenen anderen Blättern.

Doch die Dinge nehmen eine schlimme Wendung. Sie sieht, wie sich unter den Besitzenden Mißtrauen und Skepsis verbreiten, sie ahnt, daß sich bei manchem Ehrgeiz und Korruption hinter der Maske der Zustimmung verbergen. Die Mittelklasse wird von ihr aufgerufen, dem Volk ein Beispiel zu geben, damit es »gerecht, ruhig und gut« bleibe.

In der sechzehnten Nummer des *Bulletin,* die eine für sie unerfreuliche Berühmtheit erlangen sollte, warnt sie vor den Folgen eines Wahlsieges der konservativen Kräfte:

»Wenn die Wahlen der sozialen Wahrheit nicht zum Sieg verhelfen, wenn sie nur der Ausdruck der Interessen einer Gruppe sind, zu dem das Vertrauen und die Loyalität des Volkes mißbraucht wurden, dann werden die Wahlen, die das Heil der Republik sein sollten, zweifellos deren Untergang herbeiführen. Dann würde es für das Volk, das schon einmal Barrikaden errichtet hat, nur eine Rettungsmöglichkeit geben: es müßte ein zweites Mal seinem Willen Ausdruck verleihen und die Entscheidungen einer falschen nationalen Vertretung für null und nichtig erklären. Wird Frankreich Paris zwingen, zu diesem äußersten und beklagenswerten Mittel seine Zuflucht zu nehmen? Gott verhüte es.«[84] Am 16. April, einen Tag nach der Veröffentlichung des *Bulletin,* fand in Paris eine von den Sozialisten organisierte Demonstration statt. Die Demonstranten forderten den Sturz der bürgerlichen Republikaner, doch die Nationalgarde hielt den Aufstand in Schach. George wurde wegen der aufrührerischen Töne ihres *Bulletin* für die Ereignisse mit verantwortlich gemacht.

Nach dieser Enttäuschung war das Fest der Brüderlichkeit am

20. April eine Tröstung. Von der Höhe des Arc de Triomphe sah sie in Gesellschaft der provisorischen Regierung eine Million Menschen vereinigt. »Dieses Fest war der schönste Tag der Geschichte«, schreibt sie Maurice. »Es bedeutet mehr als alle Intrigen vom 15. Es beweist, daß das Volk von all unseren Zwistigkeiten und Parteizänkereien nichts wissen will, vielmehr lebhaft für die großen Dinge empfindet und sie will.«[85]

Am 23. April finden die Wahlen statt, die gar nicht gut ausfallen. Durch das allgemeine Wahlrecht hat die konservative Provinz über Paris gesiegt. Ihr schöner Optimismus ist ihr vergangen. Das Volk scheint ihr bereit, »das Gewehr wieder in die Hand zu nehmen, falls die Nationalversammlung versuchen sollte, die Existenzfrage des Proletariats vom Tisch zu wischen«.[86] Nach drei Nummern hatte sie *La Cause du peuple* eingestellt. Die Zeitschriften ihrer Freunde verschwinden eine nach der andern. Mit dem Ruf »Die Armen sollen schweigen« läutet Lamennais den Untergang seines Blattes ein.[87] Die Begeisterung von George Sand ist in Unruhe umgeschlagen. Sie erwartet das Schlimmste, doch gerade um das zu verhüten, vollführt sie in ihren Artikeln in der *Vraie République* eine Art Balance-Akt: Sie versucht sowohl das Volk als auch die Bourgeoisie zu beruhigen, und beschwört letztere, das Volk nicht zur Verzweiflung zu treiben. Inständig bittet sie die Majorität, die Minorität nicht zu reizen. Diese Taktik des Ausgleichens, die sie schon seit einiger Zeit betreibt und aus der sie fast eine politische Moral macht, vertritt sie auch bei einem Essen, zu dem der britische Parlamentsabgeordnete Richard Monckton Milnes eingeladen hatte. Von diesem Essen, an dem auch Madame Marliani und Mérimée teilnahmen, berichtet Alexis de Tocqueville in seinen Erinnerungen. Es fand am 4. Mai, und nicht, wie Tocqueville fälschlich behauptet, am 4. Juni statt. Er war der Tischnachbar von George, und obwohl er zugibt, daß er keine schreibenden Frauen leiden mag und die »Welt der literarischen Abenteurer« nicht kennt, ist er doch erstaunt, in ihr »etwas von der natürlichen Schlichtheit großer Geister« zu entdecken.

Tocqueville interessiert an der Sand vor allem »der Politiker«: »Ich für mein Teil zweifelte nicht daran, daß wir am Vorabend eines schrecklichen Kampfes stünden. Die Gefahren begriff ich allerdings erst dann, als ich mit der berühmten Madame Sand ein Gespräch geführt hatte.«[88] Eine Stunde lang diskutieren sie über die öffentlichen Ereignisse. Tocqueville ist tief beeindruckt von George. »Frau Sand schilderte mir in allen Einzelheiten und mit seltener Lebendigkeit den Zustand der Pariser Arbeiter, ihre Organisation, ihre Zahl, ihre Waffen, Vorbereitungen, Gedanken und ihre schreckliche Entschlossenheit.« Er gesteht, daß er mit George zum ersten Mal jemandem begegnet sei, der die Arbeiter kenne. »Ich hielt ihre Schilderung für übertrieben, aber sie war es nicht, wie die späteren Ereignisse bewiesen haben. Sie selbst schien sich über den Sieg des Volkes zu erschrecken und über das Schicksal, das uns erwartete, Mitleid zu empfinden. ›Versuchen Sie, Ihre Freunde zu beeinflussen‹, sagte sie zu mir, ›daß sie auf keinen Fall das Volk beunruhigen oder reizen und damit auf die Straße treiben. Auch ich werde die meinen zur Geduld mahnen, denn wenn es zum Kampf kommt, so werden Sie alle, glauben Sie mir, darin umkommen.‹«[89] Man erkennt, wie George ihre neue Methode einsetzt: Sie macht der Bourgeoisie Angst, damit sie Ballast abwirft.

Wenige Tage später, am 7. Mai, im politischen Wochenbericht der *Vraie République,* argumentiert sie umgekehrt und wendet sich gegen eine Verteufelung der Kommunisten. »Wenn man unter Kommunismus eine Verschwörung versteht, die darauf abzielt, einen Staatsstreich anzuzetteln, um eine Diktatur zu errichten, dann sind wir keine Kommunisten . . . Versteht man aber unter Kommunismus das Verlangen und den Willen, daß mit Hilfe aller gesetzlicher Mittel und der Billigung durch das öffentliche Gewissen die empörende Ungleichheit zwischen äußerstem Reichtum und äußerster Armut sofort verschwinden soll, um einem Beginn wahrhafter Gleichheit Platz zu machen – ja, dann sind wir Kommunisten.« Deutlich sagt sie, daß sie den »sofortigen Kommunismus« ablehne, der sogar die Verneinung des Kommunismus sei, »da er ja mit Gewalt und durch die Zerstörung des evangelischen und kommunistischen Prinzips der Brüderlichkeit vorgehen möchte«. Man muß sich dies genau einprägen, um zu verstehen, daß sie zwischen 1848 und 1871 ihre Prinzipien nicht geändert hat.

In der *Vraie République* veröffentlicht sie am 11. Mai einen Aufsatz über die Religion Frankreichs, am 12. einen über das Dogma Frankreichs und schließlich am 13. einen über den Kultus Frankreichs. Für sie wie für viele ihrer Zeitgenossen ist die Politik eine neue Religion. Maurice rät sie, seiner Gemeinde zu »predigen«, Perdiguier soll die Republik »evangelisieren«.

Dann kam die Stunde der Märtyrer. Am 15. Mai, aus Anlaß einer Kundgebung für die unterdrückten Polen, an der George teilnimmt, versucht die Menge unter der Führung radikaler Sozialisten die Nationalversammlung zu stürmen. Doch wieder scheitert der

Staatsstreich durch den Einsatz der Nationalgarde. Nach diesem Aufstand wird Louis Blanc aus der Regierung ausgeschlossen, Leroux und der Arbeiterführer Albert werden verhaftet, Barbès, dieser »Held«, dieser »Märtyrer«, wird ins Gefängnis geworfen. George Sand verleugnet ihre Freunde nicht, doch da sie sich gefährdet glaubt, verbrennt sie ihre politischen Papiere und einen großen Teil ihres Tagebuchs. Sie will nicht fliehen und harrt deshalb noch zwei Tage in Paris aus, ehe sie sich nach Nohant zurückzieht, denn sie hat Angst um Maurice ... Von diesem Tag an hält sie die Sache für verloren, auch wenn sie weiterkämpft. »Mein Glaube ist nicht erschüttert, aber mein Herz ist sehr betrübt: Die sinnlose Affäre vom 15. Mai verschiebt den Fortschritt der Ideen auf unbestimmte Zeit«, klagt sie am 24. Mai Charles Poncy.[90]
Sie zieht aus dieser Lektion ihre Konsequenzen: »Es gibt keine Doktrin, die zu neu oder zu kühn sein könnte ..., doch mit der Tat darf man nicht spielen ... Das Volk ist noch nicht reif, und wenn wir es zu sehr aufstacheln, werfen wir es zurück.«[91]
Es hat sie getroffen, daß Barbès, der »Legalist«, ins Gefängnis geworfen wurde wie die Abgeordneten der extremen Linken. In den ersten Juni-Tagen veröffentlicht sie noch Artikel in der *Vraie République*, hauptsächlich um ihre Freunde zu rechtfertigen: Porträts von Louis Blanc und Barbès und eine »Antwort der Frau«.
Wenn sie über die peinlichen Winkelzüge der Regierung nachsinnt, die zum Ausschluß und zur Verhaftung ihrer Freunde geführt haben, kann sie nicht umhin, nun, da alles verloren ist, davon zu träumen, wie die Republik hätte gerettet werden können. Ledru-Rollin, Louis Blanc, Flocon, Caussidière und Albert, die das *Juste milieu* zwingen wollen, sich aus der Regierung zurückzuziehen, hätten Lamartine und Arago, »Männer ohne Überzeugung«, beibehalten und gemeinsam die Steuern der Armen gesenkt, das Wahlgesetz geändert und das Volk der Republik zurückgewonnen, die das Bürgertum ihm schon in allen Provinzen verleidet hatte.
Nach dem Scheitern der Partei ihrer Freunde befällt George die Resignation. Gegenüber dem italienischen Patrioten Giuseppe Mazzini äußert sie ihre schmerzlich gewonnenen Einsichten: »Das Volk muß sich mit Hilfe aller regieren, mit Hilfe der reaktionären wie der demokratischen Bourgeoisie und der Sozialisten.« – »Wenn die herrschende Klasse nicht einen offen demokratischen und aufrichtig brüderlichen Weg einschlägt, wird es große Verwirrung und großes Unglück geben, denn das Volk ist noch nicht fähig, allein zu regieren ... Wir lieben das Volk wie unser Kind. Wir lieben es,

wie man einen Unglücklichen, Schwachen, Betrogenen und Hingeopferten liebt, wie man liebt, was jung, unwissend und noch rein ist und in sich den Keim einer idealen Zukunft trägt . . . Kann man so lieben und wollen, daß das Objekt einer solchen Liebe sich im Elend erniedrigt oder sich mit Plünderung besudelt?«[92]
Sie hatte richtig gedacht, als sie das Volk stärker am politischen Geschehen beteiligen wollte. Doch sie hatte sich getäuscht über die Möglichkeiten der Arbeiterklasse, die seit der Juli-Revolution immerhin beträchtliche Fortschritte gemacht hatte. Sie hatte für das Volk das allgemeine Wahlrecht angestrebt. Sie hatte gegen seine Trägheit angekämpft und alles versucht, damit es in die Kammer nicht nur »sich demokratisch gebärdende Bürger« entsende. Auch Charles Poncy hatte sie, neben anderen, mit ihrer Begeisterung anzustecken versucht: »Die Republik ist das Leben. Sie ist verloren, wenn die wahren Freunde des Volkes schlafen . . . Auf! Auf!«[93]
Sie möchte, daß sich dieser Arbeiterdichter, der die Wünsche des Volkes kennt, zur Wahl aufstellen läßt. Doch er zögert. Sie treibt ihn an. Er kandidiert, bekennt jedoch seinen Wählern seine Unfähigkeit für dieses Amt. Also wird er geschlagen. Sie tröstet ihn: »Ich bedaure es sehr, daß Sie gescheitert sind. In der Nationalversammlung hätte Sie ein schöner Platz inmitten meiner Freunde Etienne und Emmanuel Arago und Barbès erwartet . . . Die Intrigen haben überall gesiegt, doch überall beginnt eine Reaktion der gesunden Meinung gegen die Reaktion der bürgerlichen Meinung. Trösten Sie sich also, verkannter und besiegter Mann des Volkes. Ihr Tag wird kommen.«[94]
In Wahrheit war Poncy gar nicht enttäuscht, er hatte niemals Vertrauen zu den Republikanern des Jahres 1848, wie er George 1871 rückblickend gestand. Gestützt auf Georges eigene Worte in der achten *Lettre d'un voyageur*, hatte er den Mut gefunden, sich ihren Aufforderungen zu politischer Aktivität zu entziehen. »Als sie aus mir einen Volksvertreter machen wollten und ich bereits sah, wie die heiligen und berechtigten Hoffnungen, die wir in die Republik setzten, durch die Ereignisse in den Dreck getreten wurden . . . kam mir die Einsicht, daß unsere Art Republik leider dem Reich Gottes glich, das heißt, nicht von dieser Welt war . . . Durch die Ratschläge der George Sand, deren Autorität Sie nicht anzweifeln werden, habe ich 1848 die Kraft gefunden, George Sand zu widerstehen, und ich habe soviel Mühe aufgewandt, um kein Volksvertreter zu werden, wie andere aufwenden, um einer zu werden.«[95]
Es handelte sich um folgende Passage aus der achten *Lettre d'un*

voyageur: »Wie oft, glaubst du, wird in einem Jahrhundert ein Christus geboren? Bist du nicht entsetzt und entrüstet über diese ungeheure Zahl von Erlösern und Gesetzbringern, die Anspruch erheben auf den Thron der Weltmoral? . . . O Gott, welche strengen Geistesübungen und reinigenden Prüfungen muß man durchlaufen, um sich darauf vorzubereiten, in der Welt eine Rolle zu spielen! . . . Bleiben wir rein, riskieren wir nicht vergeblich unser kleines Tugendpäckchen auf dieser rollenden See, in der so manche Unschuld umkam und so viele Prinzipien Schiffbruch erlitten!«[96]

Diesen Passus zitiert Poncy und liefert damit einen neuen Beweis für die Kontinuität der politischen Ideen und Überzeugungen von George Sand. In ihrem *Journal d'un voyageur pendant la guerre* von 1870 versichert sie aufs neue, daß es keine rechtmäßige Tyrannei geben könne, auch nicht die des Ideals.

Erst im Juni 1851 wird sie den berühmten Satz prägen: »Ich bin Kommunistin wie man im Jahr 50 unserer Zeitrechnung Christin war. (Der Kommunismus) ist für mich das Ideal des gesellschaftlichen Fortschritts, die Religion, die in einigen Jahrhunderten herrschen wird! Ich kann mich an keine aktuellen Formen des Kommunismus anschließen, weil sie alle ziemlich diktatorisch sind . . . Denn eine Religion wird sich niemals mit Gewalt durchsetzen.«[97]

Schon in ihren Artikeln für die Zeitschrift *La Vraie République* hatte sie die mystischen Quellen ihrer von Lamennais inspirierten Glaubenslehre aufgezeigt: »Wie heißt sie? Sie heißt Republik. Wie lautet ihr Leitsatz? Freiheit, Gleichheit, Brüderlichkeit. Welches ist ihre Doktrin? Das von den Überfrachtungen und Fälschungen des Mittelalters gereinigte Evangelium, das vom gesunden Verstand des Volkes begriffene und frei ausgelegte Evangelium. Welches sind ihre Priester? Wir alle. Welches sind ihre Heiligen und Märtyrer? Jesus und alle anderen, die vor oder nach ihm seit Anbeginn der Welt für die Wahrheit gelitten haben und gestorben sind. Das ist das ganze Dogma, mit dem sich das aufgeklärte Frankreich und alle Aufgeklärten des Universums seit langem begnügen. Warum sollten sie sich nicht für immer damit begnügen? Es ist einfach und knapp.«[98]

In dem Fragment ihres Tagebuches von 1848, das erhalten geblieben ist, findet sich unter dem 26. April eine aufschlußreiche Eintragung: »Ich glaube, wir forderten vom Volk mehr, als es leisten konnte. Es liegen genauso viele Gefahren darin, eine Nation zu schnell auf dem Weg des Fortschritts voranzutreiben, als sie darin aufzuhalten.«[99] Das ist für George kein Trost, aber sie muß die Reaktion des Volkes gelten lassen.

Ein Brief vom 12. Juni an Hortense Allart ist aufschlußreich für das Verständnis der Sandschen Politik.

Eine Einigung zwischen den »Republikanern von gestern und denen von morgen« hält sie für ganz unmöglich. Sie fürchtet eine Republik, die von der Oligarchie beherrscht würde. Eine solche Republik schiene ihr schlimmer als eine Monarchie, »denn das wäre der Absolutismus einer ganzen Klasse, ein länger währender und besser organisierter Absolutismus als der eines konstitutionellen Königs. Kann sich Monsieur Thiers noch etwas anderes wünschen? Vielleicht ist er Bonapartist? Louis Bonaparte ist ein liebenswürdiger Prinz, ich habe persönliche Sympathien für ihn, die jedoch den mißglückten oder erfolgreichen Versuch eines 18. Brumaire[100] kaum überstehen würden.«

Kann man sich klarer und prophetischer ausdrücken?

Im selben Brief rühmt sie das »unvergleichliche Talent des Herrn Thiers«, bittet jedoch ihre Adressatin, dem Betroffenen das nicht zu erzählen, denn es ist keinesfalls der Politiker, sondern der Historiker Thiers, den sie schätzt. »Die Politik im eigentlichen Sinne verabscheue ich, denn ich halte sie für die Schule der Undankbarkeit, der Verdächtigungen, der Herzenskälte und der Falschheit.«[101]

Hortense Allart jedoch hat nichts Besseres zu tun, als diesen Brief sofort Herrn Thiers zu zeigen. Auch Sainte-Beuve berichtet sie darüber und spöttelt über George, »die das goldene Zeitalter und die vollkommene Gleichheit erblickt haben muß und nun aus dem Traum auftaucht.«[102]

Nach diesen zuerst so erregenden und dann so enttäuschenden Erlebnissen beklagt George Sand den Mangel an Mut und Aufrichtigkeit in allen Klassen, bekennt sich aber immer noch zum Volk. Ihren Brief an die Allart beschließt sie mit einem Resümee: »Sie haben Angst vor einer Republik, wie ich sie mir gewünscht hätte, und ich ergebe mich kummervoll in eine Republik nach Ihrem Geschmack, sofern sich dieses Volk ohne Einsicht und Begeisterung entschließen sollte, noch einmal mit der Vergangenheit zu paktieren.«

Obwohl sie einige Tage lang betrübt und niedergedrückt ist, faßt George bald wieder Mut. Sie tröstet sich mit dem Glauben, daß »die Republik in ihrer grundsätzlichen Form bereits gesiegt hat« und daß nun, »da diese Form anerkannt ist, es unmöglich scheint, ihre fundamentalen Prinzipien noch einmal in Frage zu stellen«. Dafür sieht sie einen heimlichen Abbau einzelner Werte voraus: »Das wird mehr oder weniger weit gehen, je nachdem, ob das Volk mehr oder weniger Interesse an der öffentlichen Sache nehmen wird und ob es einen mehr oder weniger starken moralischen Druck auf seine Vertretung ausüben wird. Gerade seine Gleichgültigkeit hat uns bei den Wahlen am meisten geschadet. Aber schließlich ist die Erfahrung eine Sache, die sich nur auf eigene Kosten erwerben läßt. Das Volk wird die Augen öffnen, und der Kampf wird sich zugunsten der Wahrheit entscheiden.«[103] Gegenüber Poncy, ihrem Arbeiterfreund, erklärt die unverbesserliche Idealistin wenige Wochen später, daß sie niemals von der Passion für die Politik besessen sein werde: Sie habe »nur eine Passion für die Idee«.[104] Niemals wird sie diese Lektion vergessen und sich für den Sieg ihrer Idee, der sie ihr »Leben geweiht hat«, noch einmal allein auf das Volk verlassen.

Am 15. Juni 1848 ist sie verstört und voll Unruhe. »Was können jene tun, die ihr Leben der Idee der brüderlichen Gleichheit gewidmet haben, die die Menschheit glühend geliebt haben und die in Christus das Symbol des erlösten und geretteten Volkes anbeten, was können mit einem Wort die Sozialisten tun, wenn das Ideal die menschliche Brust verläßt, wenn sich die Menschheit selbst aufgibt, wenn das Volk seine eigene Sache verkennt?« fragt sie Giuseppe Mazzini, den italienischen Revolutionär. Und gleichzeitig versucht sie vernünftig und realistisch zu sein: »Es ist nicht zu bezweifeln, daß Frankreich in Zukunft eine Republik sein wird, weil einerseits die ärmste und zahlenmäßig größte Klasse diese Regierungsform liebt, die ihr die Pforten zur Zukunft öffnet, und andrerseits die reichste, mächtigste und politisch aktivste Klasse an einer Oligarchie interessiert ist.«[105]

Dann kamen die Volksaufstände vom 23., 24. und 25. Juni, die mit blutiger Gewalt von den Soldaten des Kriegsministers niedergeschlagen wurden. Zehntausend Menschen fanden dabei den Tod. »Du weißt, was ich leide angesichts einer solchen Auflösung unseres schönen Traums von einer brüderlichen Republik«, klagt sie Augustine.[106] Sie ist von solchem Abscheu erfüllt und wird von solchem Entsetzen erfaßt, als sie die unheilvollen Nachrichten erfährt, daß ihr »Herz für immer gebrochen sein wird«. Mit Ingrimm verurteilt sie eine Republik, die nun »ihre Proletarier abzuschlachten beginnt«. Noch zwei Jahre später schreibt sie an den Verleger Emile de Girardin: »Die Juni-Tage des Jahres 48 haben mir einen

Schlag versetzt, von dem ich mich nicht mehr erholt habe, und seit damals bin ich ein Menschenfeind.«[107] In ihrer *Histoire de ma vie* steht über die Juni-Massaker ein Satz, der auf die Kommune von 1871 hindeuten könnte: »Nach diesen fürchterlichen Tagen, in denen die Republik getötet worden war, indem man ihre Kinder gegeneinander bewaffnete und zwischen den beiden revolutionären Gewalten, dem Volk und der Bourgeoisie, einen so tiefen Graben aufriß, daß er vielleicht in zwanzig Jahren noch nicht wieder geschlossen sein wird, war ich in Nohant, wo man mich mit dem feigen Haß und der törichten Angst der Provinz bedrohte.«[108]

Nach diesen Wochen der Hoffnung und der Verzweiflung hat sie das Artikelschreiben aufgegeben und sich in Nohant vergraben. Sie ist zu »ihrer Herde« zurückgekehrt. Die empfängt sie keineswegs freundlich. Mitte Juli schreibt sie an Madame Marliani: »Ich muß hier durch meine Gegenwart eine Bande von Dummköpfen aus La Châtre in Schach halten, die täglich damit drohen, mir das Haus anzuzünden. Sie sind keineswegs mutig, weder physisch noch moralisch, und wenn sie hier vorbeikommen, gehe ich geradewegs auf sie zu, und sie ziehen den Hut vor mir. Doch sobald sie vorüber sind, sind sie wieder kühn und rufen: *A bas les communisques!*«[109]

Sie verübelt es der Provinz, dieser schweigenden Mehrheit, daß sie das Land in seiner politischen Entwicklung bremst. Aber gleichzeitig erkennt sie die Bedeutung der Region und des Regionalismus und entdeckt, daß Paris nicht das ganze Frankreich ist. Daran wird sie sich stets erinnern, und 1871 um so mehr, als sie die Tage der Kommune in Nohant erlebt. Die Reaktionäre aus dem Berry bringen sie zur Verzweiflung, denn sie kennt die Gefahren ihrer Unbeweglichkeit. Die erste politische Wahl war ein Reinfall, doch das kann sie nicht entmutigen. Sie glaubt, daß das allgemeine Wahlrecht dann, wenn das Volk davon Gebrauch zu machen versteht, zu einer Entmachtung der Bourgeoisie führen muß. In den Jahren nach 1848 fürchtet sie in gleichem Maße »die mangelnde Klugheit des Reichen und die Verzweiflung des Armen«. Sie sieht ein, daß es schwierig ist für eine Gesellschaft, sich ohne Kämpfe und Gewalt zu verändern. »Und doch war es unser Ideal, diese Veränderung ohne öffentliche Zwietracht zu erreichen, ohne diesen ruchlosen Krieg zwischen den Bürgern derselben Nation.«[110]

Sie wiederholt es immer wieder, daß sie es unter keiner Bedingung vertreten kann, die Idee mit Gewalt durchzusetzen. »Wir sind gezwungen, uns für den Augenblick eine Art Tyrannei zu wünschen, doch das ist eine traurige Lage, weil die Ideen von den Ereignissen

verdrängt werden und wir zur Rettung der Republik genötigt wären, den gutzuheißen, der sie in Ketten legt.«[111]
Nach den Erfahrungen dieser Monate, die sie Vorsicht gelehrt haben, ist ihre Haltung dieselbe wie 1871. Es bedarf einer, wenn nicht idealen, so doch annehmbaren Republik, damit das Volk nicht zu Verzweiflung und Gewalt getrieben wird und so einem Diktator den Boden bereitet.
Auch nach dem Scheitern ihrer Hoffnungen gibt George ihre politischen Ziele nicht auf. In allen ihren späteren Büchern fordert sie die Bildung des Volkes und der Frauen. Andernfalls würden diese beiden unterdrückten Gruppen niemals zu ihrem Recht kommen. Sie ist sich durchaus bewußt, daß Bildung auch mißbraucht werden kann. Aber dieses Risiko muß eingegangen werden. Das Volk wird lernen, damit umzugehen. Und alle müssen ihm dabei helfen.
Doch nicht nur in ihren Büchern versucht sie weiterhin die bürgerliche Meinung zu beeinflussen. Im November 1849 und im April 1850 veröffentlicht sie in der Zeitschrift *L'Événement* zwei Artikel »An die Gemäßigten«, in denen sie mutig zu den Deportationen Stellung nimmt.
Die Regierung war nach den Aufständen zum Gegenangriff übergegangen. Ihre sozialistischen Freunde waren fast alle in Gefahr. In den unruhigen Zeiten der folgenden Jahre hat sie Pâtureau-Francœur, den republikanischen Bürgermeister von Châteauroux, bei sich versteckt, hat Borie ins Exil verholfen, um ihn nach seinem Presse-Prozeß der Verhaftung zu entziehen, und hat Leroux und anderen nach ihrer Freilassung die Mittel zum Verlassen des Landes verschafft. Selbst wenn sie es borgen muß, hilft sie mit Geld.
Die Gewalt der Umstände verlangsamt und verhindert den Fortschritt der Ideen. »Die wahre Doktrin (des Kommunismus) ist noch nicht entworfen und wird es zu unseren Lebzeiten vielleicht nicht mehr werden. Ich fühle sie tief in meinem Herzen und in meinem Bewußtsein, doch es ist mir wahrscheinlich nicht möglich, sie auszudrücken, weil ein einzelner seinem historischen Milieu nicht zu weit voraus marschieren kann. Hätte ich das Wissen und das Talent, die mir fehlen, so hätte ich deshalb noch lange nicht den göttlichen Schlüssel zur Zukunft . . . Mein Kommunismus baut nicht auf Menschen, wie sie sind, sondern wie ich fühle, daß sie sein sollen . . .«[112]
Aus »Instinkt und aus einer angeborenen Liebe zu den Opfern der Menschheit« hat sie immer für das Volk Partei genommen. Der Name ihrer Zeitschrift, *La Cause du peuple*, hat für sie programma-

tische Bedeutung. Für sie ist das Volk nicht nur ein abstraktes Kollektivwesen. Zu Jérôme-Pierre Gilland, dem Schlosser, spricht sie aufrichtig und mit der ihr eigenen Mütterlichkeit: »Ich habe das Volk geliebt, wie man ein Kind liebt, das keine genaue Vorstellung von gut und böse hat und dessen Überlegungen sich auf das Gute richten können, wenn man sie im Laufe der Zeit darauf lenkt. Unter dem Volk habe ich die edelsten Menschen, die aufrichtigste Zuneigung, die Tugend der Geduld und jene Herzenseinfalt gefunden, die ich bei weitem einer komplizierten Intelligenz vorziehe.«[113]
Aus Liebe zum Volk ist sie bereit, auch seine vorauszusehenden Dummheiten einzustecken. Denn das Volk »hat sich der ausgezeichneten Waffe des allgemeinen Wahlrechts bedient wie ein tapferes und zutrauliches Kind, das sich beim Umgang mit seinem ersten Gewehr verletzt«.[114] Sie sorgt sich ganz konkret um die Leute aus dem Volk, um »das wachsende Elend jener, deren normaler Zustand die Armut ist«.[115] Auf dem Lande ist dieses Elend der einfachen Leute eine ständige Belastung für sie, und in den Krisenzeiten verfolgt sie das Gespenst der Hungersnot. Sie hilft jedem, so gut sie nur kann.
Ihre Einstellung zu Louis Napoléon, dem späteren Napoléon III., war immer eindeutig gewesen. Im Jahr 1844 hatte ihr der Prinz aus der Haft seine Broschüre über die »Ausrottung des Pauperismus« zugesandt, und sie schrieb ihm daraufhin einen langen, ermutigenden Brief.
Sie hatte in ihren Schriften klar ausgesprochen, daß sie eine »Personifizierung des Volksgenies in einem einzelnen« niemals billigen werde. Eine Einrichtung wie das Präsidentenamt schien ihr im Prinzip schlecht, weil es »eine Art halbmonarchischer Restauration« darstelle. Zumindest müsse der Präsident vom Volk gewählt werden. Sie weiß, daß das Volk eine törichte Wahl treffen wird, aber sie findet das immer noch besser, als wenn über seinen Kopf hinweg eine Entscheidung getroffen wird. Dabei hält sie in der augenblicklichen Situation das Volk für blind und Ledru-Rollin und Lamartine für »zwei schwache Köpfe mit gutem Herzen«. Hugo prägte damals das Wort, in Paris gebe es einen Mann, der sich George Sand, und eine Frau, die sich Lamartine nenne.
Als Louis Napoléon, der Mitglied der Nationalversammlung ist, im Dezember 1848 zum Präsidenten gewählt wird, ist sie niedergeschmettert, doch sie veröffentlicht dazu in der *Réforme* einen keineswegs feindseligen Artikel. In einem Brief an Hetzel nennt sie ihre Gründe dafür: »Ich bin wieder sehr ruhig geworden, als ich die

große Mehrheit des Volkes für Louis Bonaparte stimmen sah. Es blieb mir nichts anderes, als mich in den Willen des Volkes zu ergeben, das mir zu sagen scheint: Schneller möchte ich nicht vorangehen, und ich werde den Weg wählen, der mir gefällt.«[116] Der Staatsstreich Louis Napoléons Ende 1851 bekümmert sie, mehr nicht. Sie hat den unmittelbaren Sieg ihrer Sache ohnehin aufgegeben. In ihrem *Journal de novembre-décembre* 1851 wendet sie sich wieder an das Volk und rät ihm zur Vorsicht. »Was dir geschehen ist, hast du gewollt: einen Kaiser. Du hast von ihm geträumt, du hast ihm Beifall geklatscht . . . Deine Stunde ist noch nicht gekommen, aber sie wird kommen. Meide den Kampf.«[117]

Seit jenem Abend des 2. Dezember sieht sie im Geist der Reaktion ein blindes Verhängnis, das sich nur mit Geduld und Zeit überwinden läßt. Nun, nach dem Staatsstreich, muß die Bourgeoisie ihre Verbrechen vom Juni 48 bezahlen. »Die Bourgeoisie hat sich zur Armee geschlagen, um das Proletariat auszulöschen, und damit ein Verbrechen begangen, das sie später wird büßen müssen.« Was hätte sie tun sollen? Kehrtmachen und »mit dem Volk gegen die Soldaten von Monsieur Cavaignac (dem Kriegsminister) marschieren, die von diesem Augenblick an ganz dieselben waren wie die von Louis Bonaparte«.[118]

Das neue Regime beginnt mit einer brutalen Verfolgung aller Republikaner. In diesen finsteren Tagen bewährt sich in George die unerschrockene Realistin. Sie hat keinen anderen Gedanken, als nützlich zu sein, die Proskribierten zu retten, die Verurteilten aus dem Gefängnis zu befreien und denen das freiwillige Exil zu ermöglichen, die eine Verhaftung zu fürchten haben. Sie macht ihren persönlichen Einfluß geltend, um die Unglücklichen zu retten, und interveniert direkt beim Präsidenten, den sie ja aus der Zeit seiner Gefangenschaft unter Louis-Philippe kennt.

Im Januar 1852 schreibt sie an Louis Napoléon: »Genug, Sieger, gebieten Sie Einhalt! Verschonen Sie die Starken wie die Schwachen . . . Amnestie, eine baldige Amnestie, mein Prinz!«[119] Zweimal, am 29. Januar und am 6. Februar, wurde sie bei Louis Napoléon vorstellig und erreicht das Unmögliche. Sie entreißt bereits Verurteilte dem Hinrichtungskommando, erreicht für die Deportierten Begnadigung oder Strafverkürzung, bewahrt zahlreiche politische Häftlinge aus dem Indre vor der Verbannung oder erwirkt ihnen Freilassung. Nicht nur für ihre Freunde bittet sie, sondern für alle, die sich hilfesuchend an sie wenden, auch wenn es gänzlich Unbekannte sind wie jene vier afrikanischen Soldaten.

Der Umfang ihrer Aktionen wird unterschätzt, sie hat sich für Hunderte eingesetzt, beim Präsidenten, beim Innenminister, bei den Präfekten, und meistens mit Erfolg. Ihr außerordentliches Prestige, das sie in Frankreich und sogar in ganz Europa genießt, war ihr dabei von Nutzen. Bald heißt sie unter den Verfolgten »die Heilige aus dem Berry« und ihre Bauern, die sie vor dem Hunger bewahrt, nennen sie »Unsre liebe Frau zur guten Hilfe«. Als sie sich als Bittstellerin an die Regierung des prinzlichen Präsidenten wendet, hat sie ein Interesse daran, ihre Rolle während der Zweiten Republik möglichst zu verharmlosen. Man darf sie nicht beim Wort nehmen, wenn sie beteuert, sie habe niemals auch nur den geringsten politischen Einfluß ausüben wollen auf die Bauern, »aus dem einzigen Grund, weil sie von mir abhängig sind und ich es als schmählich angesehen hätte, ihren Wunsch, mir gefällig zu sein, dazu auszunützen, ihnen meine Meinung und meine Ansichten aufzudrängen«.[120]

Für ihre Bittgesuche an den Präsidenten ist sie von manchen ihrer sozialistischen Freunde getadelt worden, besonders von Fleury, der die Begnadigung, die sie für ihn erreicht hat, gar nicht annimmt. Auch ihr Verleger Hetzel lehnt ab. Greppo, der nach Cayenne deportiert werden sollte, was einer Hinrichtung gleichkam, und für den sie die einfache Verbannung erreicht, macht ihr vom sicheren belgischen Exil aus Vorwürfe. Bitter, aber entschlossen schwört sie ihm, sie werde in Zukunft nur noch für die »Partei der Menschheit« eintreten.[121] Sie kann mit gutem Gewissen behaupten, daß sie die Überzeugungen der Männer, für die sie bittet, nicht verleugnet habe und daß sie in deren Namen nichts versprochen habe, das sie verpflichten könnte. Sie hat vor dem Prinzen entschieden darauf hingewiesen, daß man die Meinung nicht verfolgen könne. Das Denken müsse frei sein. So schreibt sie ihm in eigener Sache: »Wenn Sie an mir auch nicht das akzeptieren, was man meine Überzeugungen nennt, bin ich doch wenigstens sicher, daß Sie es nicht bedauern werden, an die Aufrichtigkeit und Uneigennützigkeit meines Herzens geglaubt zu haben.«[122] Sie macht ihn darauf aufmerksam, daß es für sie nicht in Frage komme, diese Überzeugungen aufzugeben, selbst wenn er ihren Bittgesuchen entspräche. Und schon bald liefert ihm diese Republikanerin den Beweis, daß sie es ernst meint. Als er sich im Dezember 1852 zum Kaiser proklamieren läßt, bricht sie jeden Kontakt zu ihm ab und weist alle Pensionen und Ehrungen des Zweiten Kaiserreichs zurück.

In einem Brief vom Februar 1852 nennt sie Louis Napoléon

»menschlich und gerecht von Natur, aber besessen von der falschen und heillosen Idee, daß der Zweck die Mittel heilige«.[123] Während der Tage der Kommune wird sie das Falsche dieser Idee erneut erkennen. Und wie schon 1852 wird sie klagen: »Und was wird aus dem christlichen Geist, der allein eine Republik am Leben erhalten kann?«

GEORGE SAND UND DIE KOMMUNE

Lamennais findet sie zu elegant und bezweifelt, daß man Sozialistin sein kann und dabei einen Kaschmirschal tragen, Tocqueville ist die Schlichtheit ihrer Kleidung allzu betont, und Chopin kann die politischen Ansichten seiner Gefährtin nicht akzeptieren und spöttelt über ihren Umgang mit den Dienstboten.

Doch schon in ihrer Kindheit hat sich George empört, daß man den Ährenlesern so wenig liegenläßt, daß man das Privateigentum so brutal verteidigt und die kleinen Diebereien so hart bestraft. Deschartres schockiert sie, als er ihr in jungen Jahren ein Gefühl für den Besitz einpflanzen will. Sie kann nicht begreifen, wie die christliche Gesellschaft sich in diesem Maße von den Geboten des Evangeliums entfernen konnte. Andrerseits hindern sie ihre Herzenswallungen nicht daran, ihr Gut in späteren Jahren mit fester Hand zu verwalten, und haben sie nicht dazu bewogen, es mit den Enterbten zu teilen.

Vor Widersprüchen ist sie nicht bewahrt geblieben. »Ich hasse den Grundbesitz. Mein Herz hängt höchstens am Haus und am Garten«, bekennt sie einmal. An andrer Stelle rechtfertigt sie ihr Festhalten am Privateigentum damit, daß sie sich ihren Kindern gegenüber verantwortlich fühlt. »Wenn uns die Gesellschaft eines Tages in der Zukunft den Verzicht auf das Erbe abverlangen sollte, wird sie ohne Zweifel für die Existenz unserer Kinder Sorge tragen müssen.«[124] Während der heftigen Unruhen im Berry im Revolutionsjahr rät sie den Reichen, ohne Zögern von ihrem Hab und Gut abzutreten. Doch wenn einer meint, die Sozialisten müßten ihren gesamten Besitz wegschenken, so hat sie für ihn eine klare Antwort parat: Sie gebe die Einkünfte von Nohant und von einem Teil ihrer Arbeit den Bedürftigen und teile ihren Gewinn gemeinschaftlich mit ihren Freunden. Sie hat deshalb auf Reisen verzichtet, die sie leidenschaftlich gerne unternommen hätte, und auf eine Wohnung in Paris, die ihr beruflich von Nutzen gewesen wäre. Weder für ihre

Garderobe noch für andere Äußerlichkeiten gibt sie viel Geld aus.
Ihre politische Bildung hat sie sich zum größten Teil selbst beigebracht, und oft durch die Praxis. Besonders im wirtschaftlichen Bereich fehlen ihr die Grundkenntnisse. So war es auch hier vor allem ihre eigene Erfahrung mit den Bauern, die sie gelehrt hat, wie weit der Sozialismus in Frankreich gehen darf, wenn er noch Erfolg haben will. Sie ist davon überzeugt, daß das private Eigentum nicht ganz abgebaut werden darf. Die Gleichheit darf nicht in der sofortigen und totalen Gütergemeinschaft gesehen werden, der soziale Kommunist darf nur das beanspruchen, was allen gemeinsam zusteht. Auf diese Überlegungen gründet sie ihre Theorie, die die Unruhe unter den grundbesitzenden Bauern dämpfen soll. In einem Brief an Hetzel vom 8. August 1848 erklärt sie ihre neue Idee: »Ich werde langsam ungeduldig, wenn ich noch länger mitansehen muß, daß niemand einen sehr einfachen Unterschied begriffen hat, der, einmal durchgesetzt und akzeptiert, vielen Greueln und Ausschreitungen ein Ende machen würde. Es geht um den Unterschied zwischen dem gemeinsamen, sozialen Besitz und dem privaten, individuellen, den man in beiden Lagern auf völlig absurde Weise leugnet. Dabei ist das so klar wie der helle Tag. Es sind die Produktionsmittel, die der Allgemeinheit gehören, was alle Gesellschaften im Prinzip anerkannt haben, und die von den Spekulanten des letzten Regimes gestohlen worden sind. In diesem Falle hätte Proudhon recht, wenn er Eigentum als Diebstahl bezeichnet.«[125]
Proudhon hat nach ihrer Meinung keine Lösung gefunden, sein Irrtum ist ein anderer, aber nicht weniger gravierender als jener der »absoluten Kommunisten«, die sich weigern, »den privaten Besitz anzuerkennen«, den George als »unserer menschlichen Natur inhärent« und als unverzichtbar erklärt.
Sie glaubt mit der Durchsetzung dieses Unterschieds die fruchtlosen Diskussionen der politischen Schulen eindämmen zu können. In ihrem Brief kommt sie zu dem Schluß: »Eine Gesellschaft wird dann gerecht und dauerhaft sein, wenn der öffentliche Besitz den privaten Besitz in ebenso rechtmäßigen Grenzen hält wie der private Besitz den gemeinsamen, sozialen. Dieses glückliche Gleichgewicht ist zunehmend gestört worden durch die Gier und den Einfallsreichtum der Spekulanten«, die verantwortlich sind für das »wachsende Elend inmitten eines immer größeren Reichtums«.[126]
Wir sind hier weit entfernt von der marxistischen Theorie, die al-

lerdings 1848 auch noch keine Bedeutung besaß – das Manifest der Kommunistischen Partei stammt aus dem Jahr 1848; drei Jahre zuvor war Marx aus Frankreich ausgewiesen worden. Heute würde man sagen, daß sich George Sand hier als bürgerlich und kleinbürgerlich entlarvt. Doch die Bourgeoisie von 1848 dachte ganz anders und hielt George für revolutionär und radikal. Das gestörte Gleichgewicht wieder einzurenken, heißt für sie »kommunistisch zu sein, soweit es die Vernunft erlaubt«. Es jedoch immer mehr zu zerstören, »indem man den individuellen Besitz im sozialen aufgehen läßt«, heißt für sie, auf unvernünftige Art kommunistisch zu sein.[127]

Ihre Theorie ist eher visionär als revolutionär, eher prophetisch als realistisch, und damit mancher Theorie unseres Jahrhunderts nicht unähnlich, um die sich nicht wenige Revolutionäre sammeln – in Erwartung einer besseren.

Die Rolle, die sie in den Ereignissen des Jahres 1848 gespielt hat, ist niemand entgangen, und am allerwenigsten den Karikaturisten, die in diesem Falle eine doppelte Wirkung zu erzielen hofften, indem sie eine politische Bewegung verächtlich machen, weil sie von einer Frau beraten wird, und gleichzeitig eine Frau dem Spott preisgeben, weil sie nicht den Anstand besessen hat, an ihrem Platz zu bleiben.

Selbst Dostojewski, der George Sand bewunderte, verurteilte die sozialistische Utopistin, doch aus unerwartetem Grund: Erst im Jenseits habe uns Christus die Gerechtigkeit versprochen.

Als 1852 der weiße Schrecken der kaiserlichen Diktatur beginnt, bekommen die Gewalttätigkeiten von 1848 für George Sand einen noch unheilvolleren Charakter, weil sie nach ihrer Meinung den Anlaß für die Machtübernahme Louis Napoléons geliefert haben. Unter dem Zweiten Kaiserreich versucht sie deshalb durch ihre viel gelesenen Romane die öffentliche Meinung zu formen, damit sie vorbereitet wäre, wenn die Zeit für die ideale Republik endlich käme.

Es ist allerdings erstaunlich, daß diese Frau, die 1851 die geistige Lage eines Kommunisten mit der eines Christen aus dem Jahre 50 verglichen hat, nicht begriffen hat, daß es auch diesmal Märtyrer geben würde. Noch am Vorabend des Staatsstreichs weigert sie sich, die Gefahr zu erkennen, so unvorstellbar scheint ihr diese Aussicht. Doch in der Regel sind ihre politischen Analysen richtig. Sie sind nachzulesen über ein Vierteljahrhundert hinweg in ihrer Korrespondenz, die innerhalb wie außerhalb der Grenzen Frank-

reichs das Ansehen einer außerordentlichen Persönlichkeit und eines bedeutenden Schriftstellers verbreitet. Sie gehört ganz sicher zu denen, die im Revolutionsjahr 1848 den Sturm des Geistes über Frankreich und Europa entfacht haben. Sie war im Zentrum der revolutionären Bewegung.
Vor den Aufständen und deren blutiger Unterdrückung im Juni 1848 hat George gegenüber Hortense Allart ganz unverblümt geäußert, wie wenig Thiers ihren politischen Vorstellungen entspräche und wie wenig Vertrauen sie in ihn setze. Sie werde sich nur dann mit einer bürgerlichen Republik abfinden, wenn das Volk selbst damit einverstanden sei. Auch 1871 ist sie nach der Versprengung und der Niederlage ihrer sozialistischen Freunde wieder gezwungen, sich auf Thiers einzulassen, um das Schlimmste, die Wiedereinführung der Monarchie oder des Kaiserreichs, zu verhüten. Als glühende Republikanerin und strikte Gegnerin jeder Diktatur hat sie zwanzig Jahre lang mit der Faust in der Tasche gelebt. Die verheerende Erfahrung von 1848 hat sie vorsichtig gemacht.
Als 1870 die Franzosen wieder kämpfen, doch diesmal gegen die Preußen, gehört sie zu den Gegnern dieses Krieges: »Dieser Krieg ist schändlich . . . das Elend brütet vor sich hin, bis es in einen Volksaufstand umschlägt; aber wir wollen die Preußen schlagen. *Malbrough s'en va-t-en-guerre.*«[128] Aufmerksam folgt sie dem Verlauf der Kämpfe. Die Nachrichten werden immer spärlicher und die Unruhe von George nimmt zu. Das Gleichmaß des bäuerlichen Lebens besänftigt sie wieder: »Der Bauer arbeitet und bestellt seine Felder, ob er nun fröhlich oder traurig ist. Es heißt, er sei dumm: Nein, im Wohlstand ist er ein Kind, doch im Unglück ist er ein Mann, und zwar mehr als wir alle, die wir uns beklagen. Er sagt kein Wort, doch während die anderen töten, sät er und macht auf seiner Seite wieder gut, was auf der anderen zerstört wird.«[129]
Als der Zusammenbruch beginnt, ist sie immer noch ohne genaue Nachrichten, aber sie sieht um sich die Auflösung, die versprengten Regimenter, den Mangel an Waffen, und sie glaubt bei Bauern und Bürgern eine »Erkaltung des monarchischen Gefühls« zu erkennen, eine Entschlossenheit, bei der künftigen Wahl »die Strafe zu vollziehen«. Nach der vernichtenden französischen Niederlage in der Schlacht bei Sedan schreibt George am 4. September in ihr Tagebuch: »Endlich eine offizielle Depesche! Unglückselig! . . . Ein einziger Trost: Der Kaiser wurde gefangengenommen. Aber unsere armen Soldaten! Wie viele hat man töten müssen, damit sich vierzigtausend ergeben . . . Das ist das Ende des Kaiserreichs, aber

unter welchen Umständen!« Am andern Morgen weckt sie Maurice und teilt ihr mit, daß »in Paris die Republik ausgerufen wurde, ohne einen Schwertstreich, ein ungeheures und in der Geschichte der Völker einzigartiges Geschehen«. Sie hatte einen so widerstandslosen Sieg der Republik nicht erhofft! In ihrer Bewegtheit schreibt George: »Gott schütze Frankreich! Es ist seines Blickes wieder würdig geworden.«[130]

In ihrem *Journal d'un voyageur pendant la guerre* gibt sie ihrer Freude darüber Ausdruck, daß nun zwanzig lange Jahre zu Ende gegangen seien, in denen das Volk seine Wünsche habe unterdrücken müssen: Frankreich werde in weiteren zwanzig Jahren durch seine Republik neu erstanden sein, während Deutschland durch seinen neuen Kaiser getäuscht und betrogen werde.

Doch die Kämpfe gehen weiter. Die Regierung ist nach Bordeaux ausgewichen, und Paris wird seit September belagert.

George quälen schlimme Ahnungen. Unter dem 23. Oktober notiert sie im *Journal:* »Ich fühle eine entsetzliche Krise auf uns zukommen, die nichts mehr abwenden kann, und zwar nun, nach der politischen, die soziale Krise. Ich raffe alle Kräfte meiner Seele zusammen, um an meinen Prinzipien festzuhalten, den Tatsachen zum Trotz, die sie bekämpfen und verdunkeln werden.«[131]

Sie hat sich nicht getäuscht. Mitten im Krieg liegen die Parteien im Streit miteinander. Im von Unruhen und Hungersnot erschütterten Paris haben die radikalen Sozialisten den Boden vorbereitet gefunden. George ist irritiert, daß sie die Theorien von vor zwanzig Jahren gänzlich unverändert wiederauftauchen sieht. »Theorien, die die Prüfungen der Zeit und der Erfahrung unbeeindruckt überstanden haben, sind voller Gefahren. Wenn es wahr ist, daß sich der Fortschritt nur durch die Initiative einiger weniger vollbringen läßt, daß er unweigerlich dem Herz und Hirn einer Minderheit entspringt, so ist es doch nicht weniger wahr, daß die Gewalt das brutalste und sicherste Mittel ist zu seiner Durchsetzung. Niemand zweifelt daran, daß die Mehrheiten im allgemeinen mit Blindheit geschlagen sind, aber daß man sie unterdrücken muß, um ihre Unterdrückung zu verhindern, das begreife ich nicht mehr.«[132]

Sie wirft den Fanatikern vor, sie hätten nur eine »Koterie oder eine kleine Gemeinde« um sich geschart, die sie für das Universum hielten. Sie weiß natürlich, daß es deren Stolz nicht zuläßt, »sich der Kontrolle des gesunden Volksverstands zu unterwerfen«. Sie erinnert sich noch genau, daß das Ideal des allgemeinen Wahlrechts 1852 zu einem Kaiserreich mit »unbeschränkter Vollmacht« geführt hat.[133] George ist vorbelastet durch die Erfahrungen vom Juni 1848 und deren heillose Folgen, und sie fürchtet nichts mehr als eine neuerliche Rückkehr des Kaisers oder eines Königs. Sie ist tief beunruhigt über die vielen Feinde der Republik. »Wird die wahre Republik ihre Prinzipien aus dieser Sintflut retten können?« fragt sie sich angesichts des allgemeinen Chaos.[134]

Sie schlägt vor, alle Parteien sollten sich zusammenschließen. Die »Roten« trifft ihre Kritik, weil sie sich als die Partei der »Unfehlbarkeit« aufspielten, aber sie wehrt sich gegen deren Verteufelung. Sie hat unter den Pariser Radikalen alte Freunde wie Félix Pyat, Revolutionär und Schriftsteller seit dreißig Jahren. »Die Roten, das ist wieder so ein Wort ohne Sinn. Man muß es für das nehmen, was es tatsächlich bezeichnet: Eine Fahne des Aufstands. Doch in den Reihen dieser Partei hat es talentierte und verdienstvolle Männer, die an ihrer Spitze sein sollten und sie zusammenhalten sollten, um ihr die Zukunft zu sichern, denn so wenig das den Gemäßigten gefallen will, diese Partei hat Zukunft, vielleicht hat sie sogar die größte Zukunft, da sie sich mit Leidenschaft der Zukunft verschreibt, ohne sich um die Gegenwart zu kümmern.«[135]

George hat sich für keine der Parteien entschieden. Sie ist aufrichtig, aber sie weiß nicht immer, was im Lande vorgeht, sie fürchtet, falschen Informationen aufzusitzen. Trotzdem versucht sie, nicht den Durchblick zu verlieren »in der Finsternis, in die man uns systematisch einhüllt«. Ihre Abneigung gegen das politische Verhalten der »reinen Lehren«, die »ihre Widersprüche und Skrupel in den Wind schlagen«, äußert sich unverhüllt. Nach ihrer Meinung gehört der echte Republikaner keiner Partei an, er prüft alle, urteilt über sie, aber er hat nie eine »systemtreue Meinung«.[136]

George betet um ein Ende der Metzeleien. In den letzten Tagen des Januar 1871 kommt es zum Waffenstillstand und zu Verhandlungen. »Ach! . . . Mein Gott, endlich, endlich! Ein Waffenstillstand ist unterzeichnet, für einundzwanzig Tage. Zusammenberufung einer Nationalversammlung nach Bordeaux. Ein Mitglied der Pariser Regierung wird sich dorthin begeben. Weiteres weiß man nicht.«[137]

Wie schon 1848 siegte bei den Wahlen im Februar die bürgerliche Rechte. Die Friedenspartei setzt sich durch, nur nicht in Paris. Auch die Hauptstadt hatte Ende Januar kapituliert, aber die durch eine lange Leidenszeit geprüften Einwohner fühlten sich verraten. Paris war nicht gewillt, den Frieden anzuerkennen, den die Regierung Thiers ausgehandelt hatte, und die Sozialisten konnten sich mit ei-

ner reaktionären Nationalversammlung in Versailles nicht abfinden.
Am 5. März notiert George in ihr Tagebuch: »Die Preußen, die am 1. März in der Frühe auf den Champs-Elysées einmarschiert sind, haben Paris am Morgen des 3. verlassen, ohne mit der Bevölkerung in Berührung zu kommen. Paris hat sich vernünftig und sehr würdig verhalten, aber man befürchtet nach ihrem Abzug so etwas wie die Juni-Tage.« George erfährt, daß die Regierung Truppen nach Paris geschickt hat, die den Montmatre eingeschlossen und dann, ihrerseits umzingelt von den bewaffneten Arbeitern der Vorstadt Belleville, sich ergeben hatten. In ihrem Tagebuch berichtet sie, was sie selbst gehört hat, von »jähem Feuerwechsel, der sofort aufhörte, weil sich die Soldaten weigerten, auf das Volk zu schießen«. – »Im Laufe des Tages hat die Regierung eine Verordnung des Inhalts herausgegeben, daß sie sich in ihrer Gesamtheit in Versailles befinde und man nur ihre Befehle entgegennehmen dürfe, was ein Beweis dafür sein könnte, daß man sich des Rathauses bemächtigt hat und Aufstand, Revolution oder Verschwörung in Paris die Oberhand gewonnen haben. Sind dies neue Juni-Tage? Die ganze Sache macht mich krank.«[138]
Was George am 19. März befürchtet, sollte als der Aufstand der Kommune in die Revolutionsgeschichte eingehen. Franzosen kämpften erbittert gegen Franzosen, dreißigtausend Menschen kamen dabei um, zweihundert Häuser sanken in Schutt und Asche.
George steht diesmal nicht auf der Seite der Revolte. Sie kann in den Führern der Kommune nicht die Pioniere eines neuen Sozialismus erkennen. Am 23. März empört sie sich: »Sie halten alle Rathäuser und alle öffentlichen Gebäude besetzt. Sie plündern Munition und Lebensmittel. Sie sind lächerlich und grob ... Die Nationalversammlung in Versailles ist auf stupide Weise reaktionär, sie will keine Versöhnung, und Jules Favre ist noch reaktionärer als sie. Er hetzt sie gegen Paris auf. Thiers ist geschickter, selbstbeherrschter, obwohl man fühlt, daß er sehr gereizt ist. Die Nationalversammlung zeigt sich gegen ihn widerspenstig und hindert ihn, das Wort zu ergreifen.«[139]
Am 24. März schreibt sie an Edmond Plauchut, diesen glühenden Republikaner und langjährigen Freund, daß die Republik mit dieser »Partei der Überspannten« zugrunde gehen werde, die »vielleicht aufrichtig, aber kopflos handeln und sich fröhlichen Herzens in einen Abgrund stürzen«. Sie habe das alles vorausgesehen, »aber wenn einem das Unglück recht gibt, ist das eine traurige Sache«.

Paris halte sie für »wahnsinnig«, weil es seine Rechnung glaubt ohne die Provinz machen zu können, die es allein durch die Zahl beherrsche und eine geschlossen reaktionäre Masse darstelle.[140] Plauchut hatte sie gebeten, in der Provinz zu verkünden, daß die Pariser Republikaner die Regierung von Versailles haßten. Doch George versucht ihm begreiflich zu machen, daß die Provinz sie alle für allzu fortschrittlich halte und sich schon bemühen müsse, Thiers, Favre, Picard, Jules Simon und andere gemäßigte Regierungsmitglieder zu akzeptieren. Nur mit ihnen werde die reaktionäre Provinz die Republik billigen. »Herr Thiers hat das sehr gut begriffen, er will eine bürgerliche Republik, und leider täuscht er sich nicht, wenn er sie allein für machbar hält. Ihr andern laßt Euch gesagt sein, daß, auf das ganze Land berechnet, nur einer von Hundert ein fortschrittlicher Republikaner ist.«[141] Sie rät ihnen zur Besonnenheit. Sie sollen die Radikalen, diese Fraktion, die ihnen über den Kopf gewachsen sei, wieder an die Zügel nehmen. Sie sieht schon die schreckliche Rache der Gegenseite heraufziehen, die wieder einmal das Volk treffen wird. Als sich die Ereignisse überstürzen, fühlt sie sich verpflichtet, etwas zu unternehmen. Am 25. März übermittelt Plauchut einen Brief von ihr an den »Bürger Eudes im Stadthaus«, den sie als einen anständigen und überzeugten Mann kennt. Sie hat kaum eine Hoffnung, dadurch die Kommunarden zur Besinnung zu bringen, »aber man muß tun, was man kann«.

Guillemin hat behauptet, sie sei in dieser verzweifelten Zeit nur mit ihren eigenen Angelegenheiten beschäftigt gewesen. Als Beweis zitiert er aus einem Brief an Plauchut den Satz: »Sieh zu, daß Du mir die Abrechungen von Aucante mit Lévy und die von Boutet mitbringst«.[142] Doch man muß ihn im Zusammenhang lesen. Durch eben diesen Boutet hat sie der neuen Regierung erst zweihundert und dann nochmals tausend Franken für die Verwundeten schicken lassen. Guillemin hätte im *Journal d'un voyageur pendant la guerre* und in allen ihren Briefen hundertfältig nachlesen können. wie sehr sie »von Sorge verzehrt und niedergeschlagen« war.

Am 26. März schreibt sie Plauchut, ihrem Pariser Berichterstatter: »Binnen kurzem wird Euch das Volk überwältigen, wie es bereits sein Komitee überwältigt hat. Die Nationalversammlung, die ihr so haßt, ist nicht so sehr schuldig als dumm.« Es wäre ihr lieber gewesen, wenn die linken Republikaner Thiers unterstützt hätten, um die reaktionäre Nationalversammlung kaltzustellen. »Herr Thiers ist nicht ideal, das darf man nicht von ihm erwarten. Man muß ihn akzeptieren als die Brücke zwischen der Republik und der Reaktion, denn das Frankreich außerhalb der Barrikaden von Paris ist die Reaktion.«[143] Der Bürgerkrieg werde diese Reaktion nur immer weiter rückwärts treiben, »aus Furcht vor der Zukunft und einer törichten Liebe zur Vergangenheit«. Mit den fortschrittlichen Republikanern wie »Louis Blanc und Genossen« geht sie streng ins Gericht, weil sie geglaubt hatten, das Volk von Paris führen zu können, und es nun ziemlich illusionslos ertragen müßten.

Sie hat es nicht vergessen, daß im Jahr 1848 die Entwicklung durch die Unbeweglichkeit der ländlichen Massen gebremst worden war. »Ich wünschte alle Pariser kämen in Kontakt mit der Provinz, nicht um sich zu deren verwerflichen Ansichten zu bekehren, sondern damit sie erkennen, mit welchen Hindernissen sie es zu tun haben und wie schwierig diese zu überwinden sind.« Sie hat den Elan von 1848 verloren, Alter und Erfahrung haben sie vorsichtig gemacht. Aber gleichzeitig fürchtet sie die Preußen, die trotz ihrer Versprechungen gegenüber dem Zentralkomitee in Paris intervenieren könnten und vollkommene »Grabesstille« herstellen.[144]

Die Folgen einer tiefgehenden Spaltung zwischen Paris und der Provinz erschrecken sie. Das »große Beispiel der Selbstaufopferung und Brüderlichkeit«, das Paris in diesem Augenblick der ganzen Welt demonstriere, werde die Provinz nur noch mehr erbittern und verärgern. Plauchut, der es für seine Pflicht hält, in der Hauptstadt auszuharren, beschwört sie zum Aufgeben: »In diesem Bürgerkrieg, wo Gewehre gegen Kanonen und Mitrailleusen kämpfen, können Sie außerhalb von Paris mehr ausrichten.«[145] Sie ist völlig verstört und hofft immer noch auf eine Verständigung der Parteien.

Endlich treffen die beiden Lambert und Plauchut in Nohant ein. George ist sich über das Ausmaß der Massaker nicht im klaren. Sie kennt nur die Berichte der Provinzzeitungen, die von der Regierung mit Nachrichten beliefert werden. Doch selbst wenn sie die Parteilichkeit der reaktionären Blätter berücksichtigt, ist sie sicher, daß die Kommunarden ihren Widerstand nicht mehr lange durchhalten können. Und daß es das Volk sein wird, das die Fehler und Verbrechen wird bezahlen müssen. Das Volk, das zurückgeblieben ist inmitten des allgemeinen Exodus der »wohlhabenden Schichten aller Parteien«, die fluchtartig die Hauptstadt verlassen.

Wieder einmal fürchtet sie, daß die Monarchie aus den Ruinen aufsteigen wird, und hofft, die Republik möge nicht ganz untergehen in diesem letzten Akt des Dramas. An Boucoiran schreibt sie: »Ar-

mes Frankreich! Muß es sich im Augenblick seiner Niederlage auch noch zurückentwickeln . . . Das ist ein großer Schmerz für mich, die ich das Proletariat fast schon klassisch liebe und immer nur an seine Zukunft gedacht habe. In welche sinnlose, finstere Vergangenheit wird es jetzt wohl zurückfallen.«[146] Poncy gegenüber, dessen »Herz aus vielen Wunden blutet«, spricht sie von einem »Alptraum«, der ihr den Verstand raube, und fragt sich, was nun aus Frankreich werden solle. »Man ist so niedergedrückt, daß man seine eigenen Leiden vergißt.«[147]
Was in Paris vor sich geht, ist für sie kein »soziales oder humanitäres Symptom«, sondern nur »das Ergebnis eines extrem auf das materielle gerichteten Zivilisationsprozesses«. Diese Ereignisse sind »die Saturnalien des Pöbels, nach denen des Kaiserreichs«.[148]
Begierig auf Nachrichten und Lageberichte, »die nicht nur den offiziellen Standpunkt der Zeitungen wiedergeben«, bedankt sie sich bei Borie, ihrem alten Freund, für einen aufschlußreichen Brief. Da er durch seinen Kontakt mit »herausragenden Persönlichkeiten« vielleicht das Gefühl für »die Masse der Provinzler« verloren haben könnte, schildert sie ihm, wie wütend diese zuerst nur ängstlichen Provinzler inzwischen sind. Diese Wut gegen Paris geht so weit, daß es George nicht mehr wagt, »dieses unselige Unternehmen zu verteidigen«. »Die Unterdrückung wird grausam werden, und nach den vielen Grausamkeiten gibt es mehr Feinde als zuvor«, folgert George mit Klarsicht.[149]
Ganz offensichtlich ist George nach wie vor schlecht informiert über die Vorgänge in Paris. Sie hört nur von Plünderungen, wie sie stets im Gefolge der Bürgerkriege einhergehen. Wütend attakkiert sie die Pariser Bevölkerung, »die mit Hundert gegen einen im Recht ist und sich unterdrücken, beschimpfen, bestehlen und erniedrigen läßt. Die wenigen, die noch ihre Stimme erheben, sind so hundsföttisch, daß sie so tun, als fürchteten sie eine Restauration, um nicht den paar betrunkenen Halunken Widerstand leisten zu müssen, die sie in ihre Keller werfen sollten und könnten.«[150] Sie hofft, daß es bald zu einer Entscheidung kommt, und gesteht, daß sie sich ziemlich verhärtet habe gegen das Schicksal derer, die bleiben. Trotzdem sorgt sie sich über das Los von Villot, jenem Konservator des Louvre, der auf seinem Posten blieb, um die ihm anvertrauten Kunstschätze zu retten. Sie ist gänzlich zerfallen mit »dieser verrückten Stadt, die ihre Verachtung für die Meinung des übrigen Frankreich so teuer hat bezahlen müssen, eine wie ich zugebe allzu rückschrittliche Meinung, die jedoch durch diesen klei-

nen Aufstand kaum schneller fortschreiten wird, im Gegenteil«. Sie klagt, daß die Kämpfe »sehr blutig gewesen sind für unsere armen Soldaten«, und fügt in ihrem Zorn hinzu: »Die andern bedaure ich weniger, sie haben es so gewollt.«[151]
Man muß ihre Heftigkeit und Ungerechtigkeit nicht zu entschuldigen, aber doch zu erklären versuchen. Ihre größte Sorge ist es, daß durch diese Ereignisse wiederum eine monarchistische oder kaiserliche Restauration eingeleitet werden könnte. Voll Angst beobachtet sie die gleichen Fehler wie 1848. Am 25. Mai schreibt sie an Poncy: »Nun ist sie besiegt, diese trügerische Erhebung ... Ich weiß nicht was Frankreich Schlimmeres hätte geschehen können ... Es ist schmerzlich für alle, die so wie ich an die Gleichheit geglaubt haben und an die edlen Instinkte der Massen.« Sie macht sich Sorgen, wie alles weitergehen soll. »Unser Korn ist erfroren, und wenn wir kein Heu für das Vieh haben, wird es eine Hungersnot geben. Geld kann vieles in der Welt, wenn man es hat ... doch wenn man keines hat?«[152]
Auch Ende Mai besitzt George noch nicht ausreichende Informationen, um Joseph Dessauer, einem deutschen Künstler, einen wahrheitsgetreuen Bericht über die Vorgänge in Paris liefern zu können. Er hatte sich um sie gesorgt und um Nachricht gebeten. »Ihr in Deutschland werdet gar nichts davon begreifen. Doch glaubst Du, daß wir hier im Herzen von Frankreich etwa mehr begreifen? Unruhen, Schießereien, Aufstände waren vorauszusehen gewesen. Aber ein Sturm, der aus der Erde aufstieg und solche Ausmaße annahm, das ist wie ein Alptraum für uns. Man hat Mühe, dabei nicht den Verstand und das Gewissen einzubüßen.«[153]
Am 13. Juni, in einem Brief an Juliette Adam, zieht George für Frankreich eine erste Bilanz. »Ich glaube eher an einen dürren, kalten und anmaßenden Liberalismus; er wird nicht ideal sein, aber man muß ihn annehmen oder im Schlamm und Blut der Internationale untergehen. Sie ist viel beunruhigender als die Frömmler, und sie hat es verstanden, sich noch verhaßter zu machen.« Nun, da alles zu Ende sei, weine sie »blutige Tränen« über ihre Illusionen und Irrtümer. Sie habe das Volk in den Städten für gut und tapfer gehalten. »Doch es ist böse, wenn es tapfer ist, und wenn es gut ist, feige. Unter dem Kaiserreich ist es gefährlich geworden. Die mögliche Republik kann es wieder friedlich machen, und die ideale Republik ist noch weit, weit entfernt in der Zukunft.«[154] Wieder predigt sie Geduld; die Prinzipien müßten und könnten dieselben bleiben,

doch deren Anwendung sei ferngerückt. Ihre Freunde, die sozialistischen Republikaner, seien dazu verdammt, etwas zu billigen, was sie eigentlich gar nicht gewollt hätten. Adam, Louis Blanc und die anderen haben nach Meinung von George »einen großen Akt der Vernunft« geleistet, als sie Thiers gegen die Exzesse der Kommune einerseits und die der Legitimisten andrerseits unterstützten.

Am 16. Juni schreibt sie Plauchut, er solle nicht versuchen, sie zu verteidigen, falls man sie beschuldige, nicht republikanisch gesinnt zu sein. »Im Gegenteil! Sag ihnen, ich sei es gewiß nicht auf ihre Weise!« Sie habe jetzt »die Nase voll« von Parteienhader, und sie halte alle für dumm oder kopflos, die sich an Leitfiguren anhängten. Wie nach den Tagen des Juni 1848 treibt mich, vor meinem freien und empörten Gewissen, der Abscheu in die Vereinzelung. Gott sei Dank!«[155]

Trotz ihres Rückzugs auf sich selbst bleibt sie wachsam und verfolgt die weitere Entwicklung. Um von sich aus sofort die Weichen zu stellen, erklärt sie Ende Juli Prinz Jérôme Napoléon, dem Vetter des gestürzten Kaisers, daß die Zeiten des Empire endgültig vorbei seien, weil es Frankreich in eine so erbärmliche Lage gebracht habe, und »weil wir verloren sind, wenn man uns jetzt dazu überredet, als Heilmittel irgendein Königtum auszurufen«. Deutlich zeigt sie ihm die Gefahren einer Restauration des Kaiserreichs: »Dann wird die Internationale ihr Werk wieder aufnehmen und uns in die Anarchie treiben.«

George hatte aus dem Aufstand der Kommune etwas gelernt. Sie war sich der Bedeutung der Internationale zum ersten Mal richtig bewußt geworden. »Ich glaube an die Zukunft der Internationale«, schreibt sie dem Prinzen, »wenn sie die Verbrechen und Fehler, die ihre törichten Adepten soeben begangen haben, von sich weist und sich dahin verändert, daß sie ihre Prinzipien weiter verfolgt, ohne sie mit Gewalt durchzusetzen. Sie hat diesmal nur einen Haufen von Verrückten und Verbrechern hervorgebracht, aber sie kann sich läutern und das Gesetz der Zukunft werden. Dafür braucht sie Zeit. Wenn sie uns durch Staatsstreiche zurückgebracht wird, geht sie daran ein . . ., sie ist noch nicht lebensfähig. Ihr Prinzip ist im Grunde gut, doch ihr Programm ist abscheulich und unmöglich.«[156]

Im Herbst des Jahres 1871 sind die Schrecken der jüngsten Vergangenheit noch lange nicht bewältigt, weder von George noch von ihren Freunden. In einem Brief an Plauchut erklärt sie, sie müsse

mit den Kommunarden schon deshalb ins Gericht gehen, weil sie die Partei entehrt hätten, der sie angehöre.[157] Man dürfe sich nicht verhalten wie die Pfarrer, die alle Ausschreitungen der Kirche deckten. Wenig später schreibt sie: »Ich hasse das Blutvergießen und ich kann die These nicht mehr hören, die da lautet: Tun wir das Böse, um das Gute zu erreichen, töten wir, um zu erschaffen. Nein, nein, mein Alter verwahrt sich gegen die Toleranz, in der sich meine Jugend gefiel . . . Wir müssen uns endlich der Theorien von 1793 entledigen. Sie haben uns ins Unglück gebracht.«[158]
Immer noch sammelt sie Informationen, sucht Aufklärung. Am 6. Oktober schreibt sie an Edouard de Pompéry: »Ich weiß nicht um was es sich handelt bei diesem kleinen Buch, von dem Sie erzählt haben. Sie würden mir einen Gefallen tun, wenn Sie es mir schickten. Man sollte diese Internationale diskutieren, anstatt sie in der Versenkung verschwinden zu lassen. Wie stellen Sie es an, so informiert zu sein?«[159] Bei diesem kleinen Buch handelte es sich um eine Schrift von Karl Marx, *Adresse des Generalrats (der Internationale) über den Bürgerkrieg in Frankreich 1871,* die in alle Sprachen übertragen worden war und in der der Philosoph der Kommune ein Denkmal gesetzt hat.
»Schreckensherrschaft und Bartholomäusnacht, das ist derselbe Weg.« Und damit meint George einen Irrweg. Manche werden sie für eine allzu zahme Revolutionärin halten. Aber sie beharrt auf ihrer Überzeugung. »Verflucht seien alle, die Massengräber schaufeln. Das Leben kehrt niemals daraus zurück. Das ist ein historischer Irrtum, von dem wir uns befreien müssen. Böses gebiert Böses. Lernen wir revolutionär und geduldig, aber niemals terroristisch zu sein.«[160]
Diese Idealistin, die an die ferne Zukunft der Internationale glaubt, nimmt einen Thiers auf sich, weil sie zu Recht oder Unrecht meint, nur er könne die Republik retten und damit Frankreich einen König oder Kaiser ersparen.
»Trotz unserer alten Antipathie für Herrn Thiers, trotz seiner vielen Mängel und trotz der Fehlleistungen seines Verstandes in gewichtigen Fragen konnte er uns dazu überreden, das Leben der Praxis mit ihm auszuprobieren. Ich möchte, daß man ihn anhört, unter dem Vorbehalt, daß über ihn gerichtet wird, falls er vom rechten Weg abkommt. Er ist nur ein Mensch, er ist kein souveräner Herrscher, wir müssen also nicht notgedrungen mit ihm zusammen vom Weg abkommen. Er hat kein Prestige, keinen Hof, keine mächtigen Kreaturen um sich. Man kann ihn bekämpfen und man

kann ihn aufgeben. Hoffen wir, daß er lange genug durchhält, um uns beizubringen, wie man miteinander diskutiert, ohne gleich eine Revolution zu machen.«[161]

In ihrem Tagebuch aus dem Kriegsjahr 1870 hatte George die geistige Trägheit und die Rückschrittlichkeit der Bauern damit zu erklären versucht, daß sie das Militär-Budget mit dem für Unterricht und Ausbildung verglich. Nach der Katastrophe ist sie mehr denn je davon überzeugt, daß eine bessere Bildung der unteren Klassen dringend nötig ist. Mit Hilfe der Sozialwissenschaft sollen »alle Klassen der Gesellschaft solidarisch deren Fortschritt anstreben und für den Aufschwung der Zivilisation Interesse gewinnen«. Um diese Wissenschaft jedoch allen verständlich zu machen, muß man ihnen zuerst eine Grundausbildung vermitteln.

Dies ist die praktische Einsicht, die George aus den Ereignissen gewonnen hat, in denen die riesige Mehrheit des französischen Volkes gegen eine »verlorene Minderheit«, einen kleinen Teil des Proletariats gestanden hat. Sie hofft auf ihre neue Idee, »denn der Arme muß alles lernen, während der Reiche, der auch nicht alles weiß, im Begriffe ist, sehr viele wichtige Dinge hinzuzulernen, die er durch unerbittliche Logik in gesetzgeberische Akte und in patriotische Opferhandlungen wird umsetzen müssen.« Sie rechnet dabei mit der Hilfe der Zeit. »Die Zeit ist ein großer Gesetzgeber, aber man muß ihr folgen, ihr helfen, ihr nötigenfalls vorauseilen oder sie anstoßen.«[162] Nachdem die Erregung abgeklungen ist und sie wieder ihre innere Ruhe gefunden hat, denkt sie von neuem an die Zukunft. Selbst für die politische Zukunft sieht sie eine Chance: »Es ist unmöglich, daß wir dieses Parteien- und Sektengeistes nicht schließlich überdrüssig werden, der uns weder Franzosen noch Menschen noch wir selbst sein läßt.«[163]

Für die Irrtümer bei der Beurteilung der Kommune darf man nicht allein George Sand schuldig sprechen. Alle Schriftsteller der Epoche, von Rochefort und Jules Vallès einmal abgesehen, die sich den Kommunarden angeschlossen hatten, waren gegen die Bewegung, und die meisten urteilen weit heftiger als George selbst. Flaubert zum Beispiel, der alle seine Zeitgenossen gerne »auf die Latrine« verbannt hätte, fand George viel zu nachsichtig und war der Meinung, man müsse »die gesamte Kommune zur Galeere verdammen und diese blutigen Dummköpfe zwingen, als gewöhnliche Sträflinge mit der Kette um den Hals die Ruinen von Paris abzutragen«.[164] Théophile Gautier wiederholt noch wenige Tage vor seinem Tod: »Ich krepiere an der Kommune.«[165] Zur selben Zeit ist

George äußerst beunruhigt über die Gewalt und Feigheit bei den Vergeltungsmaßnahmen gegen die Kommunarden. Trotzdem meint sie, Hugo übertreibe, der doch in seinem belgischen Exil von den dorthin geflüchteten Kommunarden sicher über die Grausamkeit der blutigen Unterdrückung aufgeklärt worden war und die Verhältnisse deshalb besser beurteilen konnte als sie. Später hat sie das gewissermaßen anerkannt, wenn sie schreibt: »Er hat in dieser Vernichtung einer ganzen Welt den Keim einer Veränderung gesehen, die vielleicht noch oft mit Gewalt zurückgedämmt, aber sich trotz alledem vollenden wird . . . Er erkennt nicht immer die augenblickliche historische Wahrheit, aber dafür die ewige philosophische Wahrheit.«[166]
George hat aus dieser Erfahrung eine Gewißheit gewonnen: »Die Gleichheit ist etwas, das sich nicht auferlegen läßt, sie ist eine frei wachsende Pflanze.« Daß diese Pflanze »nicht auf den Barrikaden wächst«, hat sie schon 1848 und wieder während der Kommune erfahren müssen: »Sie wird sofort von dem, der Sieger bleibt, mit Füßen getreten.« Allen, die sich die Gleichheit in ihren Ideen erhalten oder sie in ihrer Lebensform verankern wollen, gibt sie den einzig richtigen Ratschlag: »Macht die Liebe zu ihrer Grundlage.«[167]
Auf dem umgekehrten Weg wie Hölderlin oder Friedrich Schlegel, die der Geist der Revolte zum Religiösen führte, ist George durch das Evangelium zur Revolution gelangt. Was einer gewissen Gruppe von Linken an ihr und ebenso an Michelet mißfällt, ist ihr Drang, für materielle Probleme eine spirituelle Lösung zu suchen.
Wenn wir heute ihren bedeutendsten Roman, *Consuelo,* wiederlesen, werden wir die Reaktion von George gegenüber der Kommune besser verstehen. Wie die *Invisibles,* die Mitglieder der von ihr erdachten Geheimgesellschaft vor 1789, hatte auch sie in den Jahren 1848 und 1871 auf eine gewaltlose Republik gehofft. Naiv, idealistisch und vielmehr in der Utopie als der Wirklichkeit ihr Heil suchend, sind bei ihr wie bei fast ihrer ganzen Generation soziale und metaphysische Sehnsüchte nicht voneinander zu trennen. Sie hat in einem Kreis von Inspirierten und Eingeweihten gelebt, die wie sie an eine Art religiöser Kraft glaubten, die imstande wäre, eine evangelische Republik aufzubauen. Doch nach der Erfahrung der Juni-Tage und der Zerstörung aller Hoffnungen des Jahres 1848 ist George nicht mehr die alle mit sich ziehende, von den Reaktionären begeiferte Galionsfigur der Revolution, sondern eine keines-

wegs resignierte, aber doch abgeklärte, mit beiden Beinen auf der Erde stehende, von den Revolutionären verhöhnte Frau. Die einen werfen ihr vor, sie habe 1848 zu idealistisch, zu utopisch gedacht, die andern, sie sei 1871 zu realistisch gewesen.

Es ist möglich, daß George, die ihrer Zeit in vielem voraus war, die Absichten der Kommune schließlich besser begriffen hat als viele der heutigen Politiker. Sie hat an die Zukunft der Internationale geglaubt, aber den Babouvismus abgelehnt, und nachdem sie ihre Illusionen verloren hatte, war sie nicht mehr davon überzeugt, daß das Volk schon zu einer wirklichen Selbstverwaltung fähig wäre. Was sie jedoch mehr als alles andere fürchtete, war eine neue Diktatur.

Die Kommune war unter den Zeitgenossen von 1871 nicht als das bedeutende Ereignis gewertet worden, das sie ein Jahrhundert später für alle Historiker guten Glaubens geworden ist. Es wäre leichtfertig, George Sand allein nach ihrer Haltung gegenüber der Kommune zu beurteilen. Ihre politischen Grundsätze haben sich nicht geändert. »Lesen Sie mich ganz und beurteilen Sie mich nicht nach ein paar abgetrennten Bruchstücken.«[168] Das gilt für ihre politischen Schriften so gut wie für ihr gesamtes Œuvre.

> Nur ein Dichter zu sein, bedeutet nichts;
> man muß vor allem Mensch sein . . .
> Ich gebe gar nichts auf meinen Namen
> und meinen Ruhm.[1] G. S.

> Die Kunst ist die Rose,
> das Publikum die Dornen.[2] G. S.

Mit vier Jahren schon erzählt sich Aurore mit lauter Stimme endlose Geschichten, die ihre Mutter ermüdend fand. »Richtige Romane!« sagte Sophie-Victoire. Mit sieben Jahren beherrscht das Kind seine Sprache. Als kleines Mädchen schreibt sie bereits recht gut. Von ihrem frühesten Alter an hat sie das Bedürfnis, »sich eine Welt nach ihrer Art zu erschaffen, eine poetische und phantastische Welt; und nach und nach entsteht der Wunsch, sich auch eine religiöse und philosophische Welt zu schaffen, oder besser eine moralische und sentimentale«.[3]

Weil sie sich ununterbrochen Notizen machte, hatte man ihr im Kloster den Namen *Calepin*[4] angehängt. Diese Gewohnheit ist ihr geblieben, und später bildeten die täglichen Niederschriften in ihren Agenden und den *Sketches and Hints* ein Ideenreservoir für ihre Werke. Für ihre Klosterfreundinnen rekonstruiert Aurore aus dem Gedächtnis ein Stück von Molière, das sie aufführen; sie schreibt schlechte Gedichte und versucht sich sogar ohne viel Erfolg an zwei Romanen. Doch was sie inspiriert, sind die Märchen, mit denen sie »den Kopf vollgestopft« hat, die Spinnstubengeschichten von Nohant und die Träume ihrer Kindheit. Und bald schon die Träume von einer Welt nach ihrer Vorstellung. Wie sehr sie daneben von ihrer Lektüre beeinflußt wird, zeigen die frühreifen Überlegungen in ihrem Jugendwerk *Portrait du Juste,* das sie mit sechzehn Jahren verfaßt hat.

Die junge Frau, die sich dann ganz dem Schreiben ergibt, tut das mit Leidenschaft. Nichts kann sie aufhalten. Sie erfüllt ihre Aufgabe »mit der Regelmäßigkeit einer Maschine«. Sehr schnell schon kommt sie auf ihr Maß von zwanzig Seiten täglich. In diesem

Rhythmus produziert sie unter anderem ein gutes Hundert Romane.
Diesem Talent zum leichten, schnellen Schreiben gesellte sich ein starkes Bedürfnis nach Kommunikation und Kontakt. Das Ergebnis war eine ungeheuere Korrespondenz. Dumas der Jüngere findet ihre Briefe »wesentlich charmanter« als die von Madame de Sévigné. Mehr als fünfzehntausend Briefe sind erhalten geblieben von den vierzigtausend[5], die sie an ihre Familie, ihren Mann, ihre Kinder, ihre Geliebten, ihre Freunde aus allen Gesellschaftskreisen geschrieben hat: Rechtsanwälte, Richter, Ärzte, Geschäftsleute, Schauspieler, Künstler, Handwerker, proletarische Dichter und ihre Getreuen aus dem dörflichen Nohant. Sie schreibt an Männer und Frauen in Not, an Gefangene, aber auch an berühmte Zeitgenossen: Béranger, Balzac, Musset, Liszt, Berlioz, Marie Dorval, Heine, Lamartine, Chopin, Delacroix, Flora Tristan, Louis Blanc, Louis-Napoléon Bonaparte, Michelet, Bakunin, Karl Marx, Flaubert, Turgenjew und viele andere. Wie die Brüder Goncourt urteilen viele ihrer Briefpartner: »Heute habe ich von Madame Sand einen Brief bekommen, der so herzlich war wie ein freundschaftlicher Händedruck.«[6]
Von einigen wenigen hochoffiziellen Briefen einmal abgesehen, schreibt sie ohne Konzept, wie es ihr aus der Feder strömt, in einem klaren, flinken, bildhaften Stil, der ihrer Persönlichkeit entspricht. Ihre politischen Analysen, ihre treffenden Urteile über Malerei, Musik, Literatur, ihre philosophischen Betrachtungen, ihre Kenntnisse über Pflanzen, Vögel, Mineralien bereichern ihre Briefe, ohne sie jemals zu beschweren. Ihr Briefwechsel ist das Zeugnis einer glühenden, begeisterungsfähigen Seele. Anfälle von Phantasterei folgen auf Perioden großer Gelassenheit, gelegentlich tollkühner Bekenntnisdrang wechselt mit wortgewandter Beugung der Wahrheit, um sich dem Bild anzugleichen, das sie von sich hat. Sie antwortet auf jedes Ansuchen, beweist ihren Mut, ihre Liebe zum Leben und zur Arbeit, begründet ihren Glauben an Gott und versucht ihre Art Religion dem Briefpartner verständlich zu machen. Keiner ihrer Briefe ist gleichgültig. Mit zwei Zeilen vermag sie sehr viel zu sagen. An Flaubert schreibt sie: »Ich folge Deinem Ruf, mein Freund, sobald Du mir sagst: Ich bin fertig. Ich umarme Dich, ich liebe Dich.«[7] Doch wenn sie die Erregung fortreißt, kann sie auch einundsiebzig Seiten schreiben, wie in jenem Brief an Emmanuel Arago, in dem sie die furchtbare Szene mit ihrer Tochter und ihrem Schwiegersohn schildert, die sie so sehr getrof-

fen hat.[8] Hier legt sie ihr Innerstes bloß, zeigt sie ihr Herz ungeschützt. Maurois hat sie nicht von ungefähr »die erste Epistolière Frankreichs« genannt.

Die Einzelheiten, mit denen sie ihre Briefe gerne ausschmückt, geben ihrer Korrespondenz Farbe und Kontur, so daß aus der Gesamtheit der einander folgenden Briefe so etwas wie ein fotographischer Eindruck entsteht. Man glaubt am Leben in Nohant unmittelbar teilzunehmen.

Ihre geistige Beweglichkeit überrascht immer aufs neue. Sie wechselt mühelos das Thema von einem Brief zum nächsten oder sogar in ein und demselben Brief. In einem Brief an Planet, einen einstigen Präfekten, macht sie ihm Vorschläge, wie er zugunsten eines ihrer Schützlinge vorgehen soll, entwirft ihm zu diesem Zweck ein passendes Schreiben, und fügt dann unvermittelt hinzu: »Schicke mir doch bitte das Rezept für die Kalbsfüße.«[9]

Der Ton dieser Briefe ist sehr geschmeidig, er kann familiär oder diplomatisch, scherzhaft oder mitfühlend sein. Immer jedoch drückt sich eine außerordentliche Vitalität darin aus, ein »Elan des Herzens«, der alles besiegt. George war mit der »Sprache des Volkes« vertraut, weil sie von ihrer Mutter und ihrer Amme Sprechen gelernt hatte. Ihre Mutter besaß einen sprühenden Witz, wenn sie sich nicht von ihrer gebildeten Umgebung einschüchtern ließ. »Niemals habe ich jemand so spotten und lästern hören, wie sie es verstand«, erinnert sich ihre Tochter. »Das war der schneidende Witz der Pariser Gassensprache, doch sie war durchsetzt vom Blitzstrahl der Poesie; da wurden Dinge gefühlt und gesagt, die so nicht mehr gesagt werden, wenn man darüber nachdenkt und sie auszudrücken weiß.«[10]

Hatte sie von ihrer Mutter das kritische Talent, den Sinn für den treffenden Satz, die Gabe für die charakteristische Studie geerbt? Ihre knappen Porträts sind so anschaulich wie eine gute Skizze. Etwa das ihrer Schwiegermutter: »Madame Dudevant war beides gleichermaßen, überzuckert und frostig. Sie hatte ihren vortrefflichen Gefährten ganz sicher geliebt und sie trauerte um ihn, soweit ihr das möglich war, doch sie gehörte zur Familie der Korkeichen, sie hatte eine sehr dicke Rinde, die sie vor dem Kontakt mit der Außenwelt bewahrte; nur daß ihre Rinde gut haftete und niemals abfiel.«[11]

Auch für Lamennais findet sie eine gelungene Kurzformel: »Dieses leidenschaftlich der Wahrheit und Gerechtigkeit ergebene Herz, . . . in dem sich absoluter Dogmatismus und eine ungestüme Empfindsamkeit vermischten.«[12] Und über Flaubert sagt sie: »Er weiß nicht, ob er Realist oder Poet ist, und da er beides zugleich ist, stört ihn das.«[13]

Seit ihren Kindheitstagen hat sie Spaß am Schreiben, aber schließlich ist es der Journalismus, der ihr den Weg zur Berufsschriftstellerin erschließt. Sie hat ihr ganzes Leben lang an Zeitschriften und Zeitungen mitgearbeitet, und selbst die unbedeutendsten ihrer Artikel beweisen ihr Gespür für die aktuellen Probleme und ihren Weitblick. Ihr Interesse richtet sich auf politische, religiöse, künstlerische Bereiche, sie äußert sich engagiert über so verschiedene Themen wie den Personenkult, die Galanterie oder den Materialismus.

Im Laufe der Jahre wird sie von ihrer sozialen Passion immer entschiedener zu jener Art Journalismus gedrängt, die es ihr erlaubt, ihre Meinungen und Ansichten direkt darzulegen. Als sie 1841 zusammen mit Leroux und Viardot die *Revue indépendante* gründet, bedeutet das für sie eine neue Aufgabe: »Zu meinem Glück brauche ich nun nicht mehr nach meinen Ideen zu suchen, denn sie sind klar in meinem Kopf, und meine Zweifel nicht mehr zu bekämpfen, denn sie haben sich wie Wolken zerstreut vor dem Licht der Überzeugung. Ich brauche nicht mehr meine Gefühle zu befragen, sie sprechen zu mir lebhaft aus der Tiefe meines Herzens und bringen jedes Zaudern, jeden literarischen Ehrgeiz, jede Angst vor der Lächerlichkeit zum Verstummen.«[14]

In ihrer Artikelserie über die kleine Fanchette[15], die gleichzeitig Anklage und Plädoyer sein will, ist George von jener Wortgewalt und Überzeugungskraft, die alle ihre politischen Schriften so wirkungsvoll machen. Sie verteidigt hier ein armes Mädchen und attackiert jene Oberin, die eine Einfältige loswerden wollte, indem sie sie auf dem platten Lande einfach verlor.

Immer wieder hat George beteuert, daß sie das Engagement höher werte als die Literatur. Ihr Werk läßt sich gar nicht begreifen, wenn man übersieht, daß sie sich auf eine Art Kreuzzug eingelassen hat. Die »Erziehung« ihres Lesers ist ihr wichtiger als ihr eigenes literarisches Ansehen. Der Künstler, der Maler, der Schriftsteller, der Dichter muß nach ihrer Vorstellung ein Heiliger sein, er muß für das Volk arbeiten und es bilden mit Hilfe wahrer Charaktere in wahren Situationen.

Eine bloße Kunst um der Kunst willen lehnt sie ab, sie glaubt an ihre missionarische Rolle. Sie verwünscht ihre bourgeoisen Leser, weil sie die Kunst von ihrem wahren Ziel ablenken, wenn sie ihre

Bücher kaufen. Denn auch mit ihren Gedanken zur Kunst ist sie ihrer Zeit weit voraus. »Die Kunst einer These dienstbar zu machen« heißt für sie keineswegs, sie zu erniedrigen. Das Ziel erhöht die Kunst. Wer anders denkt, »hat eine schlecht gestellte Frage nicht richtig verstanden«.

Die wahre Kunst muß aus dem Volk entstehen und von ihm genutzt werden. In Erwartung seiner Ablösung muß sich der Künstler dem Volk weihen, sich in seinen Dienst stellen. Nur so erfüllt er seine »göttliche Mission«. George bemüht sich, dieses Ziel zu erreichen. Aus Verpflichtung folgt sie oft einer braven Routine, doch in ihrem Denken macht sie niemals Konzessionen. Sie hat einen sehr strengen Begriff von der Würde des Schriftstellers. Das Volk unterweisen, ihm den Aufstand predigen, setzt allerdings voraus, daß man sich seinem Niveau annähert, daß man sich einfach gibt, um gelesen und verstanden zu werden.

George möchte aber auch auf die Bourgeoisie Einfluß gewinnen, ihr die Begrenztheit ihrer Ansichten und die Schwächen der Gesellschaft aufzeigen, die sie geschaffen hat. Dieser Wunsch, etwas in Bewegung zu bringen, führte sie zum Theater, das ein Publikum anzieht, das kaum liest.

Fünfundzwanzig Stücke von ihr sind auf den Pariser Bühnen aufgeführt worden, und ebenso viele Entwürfe waren für das Theater von Nohant gedacht. Besonders nach 1848 wendet sie sich aus verschiedenen Gründen stärker dem Theater zu: Sie hält die dramatische Kunst für wirkungsvoller als die anderen literarischen Gattungen, glaubt eine These dort leichter und besser verteidigen zu können und erhofft sich damit mehr erzieherischen Erfolg bei den Massen. Obendrein kann sie mit Theaterstücken mehr und schneller Geld verdienen. Denn ihre Belastungen wachsen und damit auch ihre Finanznot. Sie hat Stücke geschrieben, noch ehe sie sich mit Theaterkritik beschäftigte und ihre sehr originellen Theorien über das Theater entwickelte.

Belehrung und Bildung ist auch ein Ziel ihrer Romane, die für sie eine moderne Form des Gleichnisses oder der Parabel darstellen, mit der die Schriftsteller des Mittelalters ein volkstümliches Publikum rührten und beeinflußten. George Sand hält dabei eine gewisse Idealisierung der Wirklichkeit für unerläßlich, um eine Wirkung auf das Publikum zu erzielen. Würde sie ihm die unbekannten Nöte allzu deutlich vor Augen führen, so fürchtete sie den Leser zu demoralisieren oder für unglaubwürdig genommen zu werden. Dagegen lassen der Realismus des Milieus und der Nebenrollen so-

wohl im Roman als im Theaterstück die stets außerordentlichen Hauptfiguren besonders hervortreten, die an Talenten und Ausstrahlung nicht nur das Übliche, sondern sogar das Wahrscheinliche übertreffen müssen.
An ihren Verträgen läßt sich ihr schneller Erfolg direkt ablesen. Im Jahr 1846 verhandelt sie mit dem Verleger Warnod durch ihre Mittelsmänner Arago und Hetzel. Die Bedingungen, die sie stellt, würden jeden Bestseller-Autor von heute träumen machen. Sie kann derart hart auftreten, weil sie schon zwei andere Verleger in der Hinterhand hat, falls Warnod nicht mir ihr einig werden würde. Es folgen zwei Paragraphen aus dem Vertrag, den George »vernünftig, aber keineswegs glänzend« genannt hat: Sie verpflichtet sich

1. zehn Bände zu liefern, die mehrere Werke nach meiner Wahl enthalten, deren Umfang und Ablieferungstermin ich bestimme, und zwar zu 6000 Franken pro Band, zahlbar in bar bei Ablieferung des Manuskripts . . .

4. Monsieur Warnod garantiert mir, daß von den Zeitungsdirektoren keine wie auch immer gearteten Änderungen oder Streichungen gefordert werden. Es werden mir keinerlei Auflagen über das Thema, den Umfang oder die Form der Werke gemacht. Es wird sich immer um Romane, um Werke der Phantasie handeln, und die Korrekturfahnen für den Zeitungsabdruck und die Buchausgabe werden nur von mir korrigiert werden.[16]

Sie verkauft also ihre Bücher, noch bevor sie sich für ein Thema entschieden hat und ohne die genaue Länge zu kennen. Man begreift nun, wie etliche ihrer hastig zusammengeschriebenen Produktionen entstehen konnten.

Diese Romanciere, der es in jeder Hinsicht um Wirkung geht, ist aber auch eine inspirierte Dichterin. »Angesichts der Natur muß man fühlen und erkennen; der größte Poet ist jener, der am wenigsten erfindet.«[17] Corambé, der für sie die Inspiration personifiziert, »hat immer das Zentrum meiner Träume besetzt gehalten, und alle Fiktionen, die sich unablässig um ihn herum bildeten, sind stets aus dieser ursprünglichen Fiktion hervorgegangen«.[18]
Sie vertraut auf diese Inspiration, aber dieses Wort ist ihr zu anspruchsvoll, zu großartig. Sie wagt es nicht, es für ihren eigenen Schaffensprozeß zu benutzen, und möchte »diese Art Gnade« anders benennen, »die mehr oder weniger stark und mehr oder weniger fruchtbar auf die Häupter aller von ihrer Kunst Besessenen her-

absteigt.«[19] Für sie ist diese »Gnade« auch eine Bedrängnis: »Es ist eine Qual, wenn man schreiben möchte und nicht schreiben kann!«[20]

In der Erinnerung an das erste Buch, das sie allein geschrieben hatte, das erste, das wirklich zählte, versucht sie den Vorgang der Inspiration zu bestimmen: »Als ich *Indiana* zu schreiben anfing, fühlte ich eine sehr lebhafte und sonderbare Erregung, die in nichts mit dem zu vergleichen war, was ich bei meinen früheren Versuchen empfunden hatte. Doch diese Erregung war viel eher peinigend als angenehm . . . Ich schrieb dieses Buch im Banne einer Erregung und nicht nach einem Plan. Diese Erregung, die sich im Laufe eines nachdenklichen Lebens angestaut hatte, drängte ungestüm hervor, sobald sich der Rahmen irgendeiner Situation öffnete, um sie aufzunehmen; sie fand sich darin sehr eingeengt. Diese Art Kampf zwischen der Erregung und der Ausführung hielt mich während sechs Wochen in einem Zustand der Willensanspannung, der mir neu war.«[21] In *Spiridion* sagt George einmal: »Alles was der Mensch Inspiration nennt, nenne ich auch Offenbarung, denn der Mensch entreißt dem Himmel selbst seine Erkenntnis des Idealen.«[22] Und diese Gnade, die ebenso unverdient ist wie die christliche, muß der Autor nicht nur empfangen, sondern sich darauf vorbereiten, sie hervorrufen und sie erhalten mit der Kraft des Willens. Die forschende Neugier des Kindes Aurore zwang es »zum Beobachten, zum Zuhören, um nichts zu verlieren, nichts zu vergessen«.[23]

Später, sehr viel später, als sie von den bizarren vulkanischen Formationen der Auvergne schwärmt, die einen würdigen Hintergrund für den *Saint Antoine* Flauberts abgeben würden, liefert sie das Ergebnis ihrer Gedanken und Überlegungen zur Alchemie der Schöpfung. Nachdem sie sich die Frage gestellt hat, »wozu diese visionären Freuden nütze sind«, kommt sie zu dem Schluß: »Mit der Zeit und dem Lauf des Lebens läßt sich alles fassen und wiederfinden.«[24] Obgleich »die Kinder, die Familie, alles was bewegt, die geistige Anämie bekämpft«, ihre Inspiration anregen und bereichern, hat sie doch in den kommenden Jahren sehr oft den Drang gefühlt, sich durch Reisen in den »Stand der Gnade« zu versetzen. Sie liebt die Natur, die Blumen, die Felsen, die großartigen Landschaften. Der kleinste Abstecher wie auch die ausgedehnteste Tour setzen ihre Imagination in Bewegung, die auf diesen Reiz hin eine Geschichte hervorbringt. Doch auch ohne Reisen ist ihr Gehirn immer in kreativer Unruhe, hat sie ständig neue Einfälle, die sie

ohne Zaudern ins Werk zu setzen versucht. Für ihr Stück über Molière bittet sie Bocage um Rat, »aber schnell, schnell, solange mir das Thema noch gefällt«.[25]
Sie ist immer noch das kleine Mädchen, für das ein Schluck auf dem Parkett verschüttetes Wasser zu einem reißenden Strom wird und das die Geschichten aus seinen Schulbüchern mit der eigenen Phantasie ausschmückt. Schon in ihrer Kindheit war die Gewalt ihrer Imagination ungeheuer. Ihre Bilderbücher hatten eine solche Wirkung auf sie, daß sie mit den Helden Gespräche führte wie mit Wesen aus Fleisch und Blut. Den imaginären Bären befahl sie, ihr alle Übeltäter vom Hals zu halten, aber nur ja nicht die Prinzessin anzufallen, mit der sie sich unbewußt identifizierte. So innig verband sich ihr die bloß vorgestellte mit der realen Welt, daß sie auf ihrer Reise durch Spanien im Jahre 1808 die wirklichen Bären, denen sie auf den Straßen Asturiens begegnete, nicht erschreckten.
Trotz dieser lebhaften Phantasie, trotz ihres außerordentlichen Erzähltalents hat George mit dem Schreiben Schwierigkeiten. »Im Schreiben finde ich einen gewissen, oft schmerzhaften, zuweilen berauschenden, aber immer unwiderstehlichen Reiz.«[26] Doch wenn sie ein Buch zustande bringen soll, seufzt sie: »Erfinden ist eine Lust, doch welch eine Mühsal danach! Wie leer und geistig erschöpft fühlt man sich dann!«[27] Man täuscht sich also, wenn man glaubt, George habe ihre Werke leichtfertig niedergeschrieben, auch wenn ihre riesige Produktion den Eindruck erweckt, sie habe nicht viel am Text gearbeitet.
Über ihre literarischen Anfänge gibt es einen Brief von 1829 an eine Freundin aus dem Kloster, der sehr wohl beweist, daß der Beruf des Schriftstellers selbst von den Begabtesten mühsam erlernt werden will. Es handelt sich um die Geschichte *La Marraine,* die Aurore für ihre Freundin geschrieben hatte. Sie klagt in komischer Verzweiflung, daß zu der Schwierigkeit, ihre eigene Schrift zu entziffern, noch eine andere käme: »Die nämlich, aus den Teilen meines Werkes ein Ganzes zu machen. Ich hatte nämlich geschrieben, was mir gerade in den Sinn kam, ohne mich um die Lücken zu kümmern, die ich nun schließen muß, damit die Geschehnisse miteinander verbunden sind. Ich hatte damit angefangen, meine Helden inmitten ihrer weinenden Angehörigen ins Grab hinabzulassen. Diese Szene war die rührendste und die großartigste, ich konnte der Versuchung nicht widerstehen, sie als erste festzuhalten. Dann hatte ich diesen beiden interessanten Persönlichkeiten eine Familie gegeben, doch ohne daran zu denken, sie vorher zum Altar zu füh-

ren. So daß ein Freund, dem ich dieses liebenswerte Familienbild vorführte, in bester Absicht glaubte, ich wolle eine neue, von der herrschenden sehr verschiedene Moral einführen. Er konnte sich nicht genug tun über die Kühnheit meiner Neuerung. Ich beeilte mich, den Ehebund meiner Liebenden zu segnen, und das brachte mich auf den Gedanken, daß ich sie noch nicht hatte auf die Welt kommen lassen. Ich hatte den Eindruck, je mehr ich vorankäme, je mehr bliebe mir noch zu tun.«[28] Dieses Chaos war die natürliche Folge davon, daß sie ganz ohne Plan arbeitete. Diese Methode hat sie nie geändert, aber die Erfahrung hat sie gelehrt, mit derartigen Schwierigkeiten fertigzuwerden.

Das Problem des Schlüsselromans stellt sich auch George Sand, wie so vielen anderen Schriftstellern. Irritiert von der Neugier des Lesers, der hinter jedem Porträt das lebendige Vorbild sucht, will sie ihn davon überzeugen, daß ihre Personen niemals direkt der Wirklichkeit entlehnt sind. »Ein Romanporträt, das etwas taugen soll, ist immer eine Phantasiefigur. Der Mensch ist in Wirklichkeit so wenig logisch, so voll von Gegensätzen und Widersprüchen, daß es gänzlich unmöglich und unhaltbar wäre, in einem Kunstwerk einen wirklichen Menschen zu konterfeien. Der ganze Roman müßte sich den Forderungen dieses Charakters anpassen, und dann wäre er kein Roman mehr. Da gäbe es keine Exposition, keine Intrige, keinen Knoten und keine Lösung; es ginge alles durcheinander, wie im Leben, und würde niemanden interessieren, denn jeder möchte im Roman eine Art Ideal des Lebens sehen.«[29]

George, die sich von vielen Menschen ihres Umkreises hat zu Romanfiguren anregen lassen, plädiert hier für sich selbst. Zweifellos hat sie nur deshalb das Thema für den Roman *Béatrix,* in dem sich Franz Liszt und Marie d'Agoult mühelos wiedererkannten, an Balzac abgetreten, weil sie es anstandshalber nicht selbst behandeln konnte. Wenn sie jedoch leugnet, daß aus einer wirklichen Person eine wahrscheinliche Figur zu machen sei, wenn sie beteuert, das menschliche Modell könne nur als »erster Typus«, als Ausgangspunkt für die Imagination dienen, so äußert sie damit grundlegende Glaubenssätze ihrer Theorie. »Ob karikiert oder idealisiert, es handelt sich nicht mehr um das ursprüngliche Modell, und dieses Modell hat wenig Urteilskraft, wenn es sich wiederzuerkennen glaubt, wenn es Ärger oder Genugtuung zeigt gegenüber dem, was die Kunst oder Phantasie aus ihm zu machen wußte.« Und sie fährt fort: »Man muß tausend Personen gekannt haben, um eine einzige zu schildern. Wenn man dagegen nur eine studiert hat und aus ihr

einen bestimmten Typus machen möchte, so würde sie niemandem gleichen und schiene nicht möglich.«[30]
George dachte an ihren Großonkel, den Abbé de Beaumont, als sie den Domherrn in *Consuelo* entwarf, aber im Hinblick auf ihn und auf den Prinzen Karol aus *Lucrezia Floriani,* in dem man Chopin zu erkennen glaubte, erklärt sie, daß Porträts dieser Art eben »keine bloßen Abbilder« seien.
Chopin las alle ihre Romane oder sie las sie ihm vor, in der Reihenfolge ihres Entstehens. Er hat bei der Lektüre von *Lucrezia Floriani* nicht reagiert und hat sich nach den Aussagen von Delacroix überhaupt nicht erkannt. George verteidigt sich verbissen, und vielleicht in gutem Glauben, gegen die Unterstellung. Sie wird sogar wütend: »Bin ich denn die Floriani?«[31] Sie beharrt auf der Verschiedenheit von Chopin und Prinz Karol, hält entgegen, der Prinz sei kein großer Künstler. »Die Natur zeichnet anders als die Kunst, so realistisch sie sich auch geben mag. Sie hat Launen und Unstimmigkeiten, die möglicherweise gar keine sind, sondern nur uns sehr mysteriös scheinen. Die Kunst berichtigt diese Unstimmigkeiten nur deshalb, weil sie nicht fähig ist, sie wiederzugeben.«[32] In dem Prinzen sind »wie in allen komplexen Romanfiguren . . . fünfzehn verschiedene Personen« aufgegangen. Aber widerspricht sie sich nicht selbst, wenn sie behauptet: »Kein Mann und keine Frau, keine Existenz bietet einem von seiner Kunst besessenen Künstler ein realiter ausführbares Thema«?[33] Denn gerade über den Roman *Lucrezia Floriani* hatte Liszt an die Prinzessin Wittgenstein geschrieben: »Das Talent hat nicht genügt, um die Gewöhnlichkeit dieser Bekenntnisse zu überdecken.«
George Sand hat sich immer wieder mit dem Verhältnis von Wirklichkeit und Kunst beschäftigt. »Einen Roman schreiben, heißt nicht bloß die Natur kopieren oder verkleiden. Das ist etwas ganz anderes; eine Technik genügt nicht.« Sie erklärt, was sie darunter versteht: »Als geborener Romancier mache ich Romane, das heißt ich versuche auf dem Weg über die Kunst eine Empfindung hervorzurufen, die Herzen derjenigen unter meinen Zeitgenossen zu bewegen, zu erschüttern, die einer Empfindung fähig sind und die erschüttert werden wollen.« Das wird immer ihr Ziel bleiben. »Doch wer keiner Empfindung fähig ist, behauptet, ich mische Gift, weil ich ein bißchen Hefe in den Wein seiner schamlosen Trunkenheit schütte . . . Für mein Teil reicht es mir, wenn ich die Lüge, an die man glaubt, in Zweifel ziehe, und die Wahrheit, die man vergißt, beim Namen nenne.«[34]

Um ihr Ziel zu erreichen und solche Empfindungen auszulösen, muß man die Farben kräftig auftragen. In dieser Absicht zeichnet George die Figuren, mit denen sie sympathisiert, gerne »allzu schön« und deren Gegenspieler »allzu häßlich«. Sie ist der Überzeugung, daß in ihrer so gleichgültigen und sogar egoistischen Zeit nur diese Methode Erfolg verspricht. Übrigens hat der Schauspieler, um sein Publikum anzusprechen, sich damals nicht anders verhalten, auch er betonte das Charakteristische seiner Rolle.

George läßt dem Leser einen Spielraum für seine eigene Phantasie und die Möglichkeit eigener Deutung. »Lassen wir die Imagination eines jeden nach seinem Geschmack und seiner Einstellung die Werke der Imagination bewerten.« Doch sie kommt immer wieder auf ihr Ziel zurück, was nahelegt, daß Ziel und Methode bei ihr nicht voneinander zu trennen sind. »Sofern diese Werke vom Geist der Großherzigkeit belebt werden und die Neigung zum Guten fördern, können sie kein Unheil anrichten und können sogar ein wenig Gutes tun.«[35]

Für alles, was die Alchemie der Schöpfung betrifft, besitzt George ein unerschöpfliches Interesse: Für das Unerklärliche der Inspiration, die Suche eines Themas und die Zeichnung der Personen, die Schilderung der Landschaft und des Milieus, die Funktion der Rückblenden. Und doch wagt sie es nicht, wie sie Flaubert schreibt, in einem Artikel oder Roman das Mysterium der Kreation zu behandeln. »Das hieße zu hoch greifen für eine einfache Frau.« Sie fürchtet, man könnte ihre Kühnheit anmaßend finden. »Der Künstler ist ein so wunderbarer Typus, daß ich es nie wirklich gewagt habe, ihn zu schildern; ich fühlte mich nicht würdig, an diese so schöne und so schwierige Figur heranzugehen.«[36] Ist es nicht aufschlußreich, daß mehr als hundert Jahre später die »Schöpfung der Frau« immer noch passiv verstanden wird, im Bezug auf sie, »vom Vater-Gott geschaffene Frau und nicht selbst schöpferische Frau«.[37] George wagt es nicht, den Prozeß der Schöpfung zu schildern, aber sie wagt es, selbst kreativ zu sein.

Gleichwohl ist diese Schwierigkeit der Frau, auszudrücken, was sie bewegt, einer der Gründe dafür, daß sie von einer besseren Gesellschaft träumt, in der eine freiere Frau nicht mehr sich selbst entfremdet sein wird.

An anderer Stelle hat sie einmal den Romancier »eine unglückliche Mischung aus Dichter und Maler« genannt. Das trifft in gewisser Weise auch auf sie selbst zu. »Ich inspiriere mich an dem, was mich geistig bewegt, aber ich kann nur das schildern, was mich physisch getroffen hat.«[38] Sie kann deshalb nur einen Stoff ihrer eigenen Wahl entwickeln.

Sie ist sich der Problematik ihrer Methode durchaus bewußt: Der Roman soll ein Plädoyer sein, aber damit er ein guter Roman wird, darf niemand gewahr werden, daß er ein Plädoyer ist. Nicht immer gelingt ihr das. »Jedesmal, wenn ich am Werk bin, überwältigt entweder der Roman das Plädoyer oder das Plädoyer den Roman. Jede Kunst besteht nach meinem Gefühl darin, eine ideale Welt einer realen Welt einzuverleiben. Das ist außerordentlich schwierig. Es bedarf dazu mehr als der Beobachtung, des Gedächtnisses, des Stils oder der Erfindung, nämlich einer Gabe, die so wenig zu bestimmen und zu vermitteln ist wie die der Malerei, und damit sie wirksam wird, wiederum viele Fähigkeiten und zusammenstimmende Qualitäten voraussetzt.«[39]

George hat immer beteuert, sie habe auch nicht einen Ansatz von Theorie gehabt, als sie zu schreiben anfing. Sie mußte zehn Jahre Arbeit hinter sich bringen, ehe sie entdeckte, daß sie einer Art Theorie gehorchte, wenn sie ihrem Instinkt folgte. In ihrem Vorwort zur *Comédie humaine* von Balzac spricht sie von einem »Spiegel, in dem die Phantasie sich der Realität bemächtigt«. In der *Histoire de ma vie* führt sie das näher aus. Ihre Theorie besteht darin, ein idealisiertes Gefühl oder Sujet »in reale Bedingungen oder einen der Wirklichkeit entlehnten Rahmen hineinzustellen«, von dem es sich abheben kann.[40] Dazu das folgende Beispiel aus ihrem Werk: Die Bauern sind für sie ein wenig das, was für Rousseau die Wilden waren. Sie hält sie für gut und unverfälscht und ausgebeutet von den Reichen. Um die Ungerechtigkeit, unter der sie zu leiden haben, wirkungsvoller darstellen zu können, wählt sie sich ihre bäuerlichen Helden unter den Besten und geht ihren Lesern mit soviel Engelhaftigkeit ein wenig auf die Nerven. Da sie ihre Bauern aber sehr gut kennt, zeigt sie sie auch verschlagen, geldgierig, schmähsüchtig und abergläubisch.

Balzac hat sie schließlich nicht durch seine Theorien, sondern »durch die Kraft und die Vielfalt seiner Einfälle davon überzeugt, daß man die Idealisierung des Sujets der Wahrhaftigkeit des Bildes und der Kritik an der Gesellschaft oder sogar der Menschheit opfern könne«.[41]

Balzac, diesem »umfassenden Geist, der wiewohl nicht unbegrenzt und fehlerlos, so doch der weitgespannteste und talentierteste ist unter denen, die zu unsrer Zeit mit Romanen hervorgetreten sind«, gibt sie vollkommen recht, wenn er sich auf kein absolutes System festlegen will. Sie selbst entzieht sich als erste den Regeln, die sie aufgestellt hat. Der Schriftsteller vollzieht einen Akt der Unabhängigkeit, wenn er festgelegte Regeln einschließlich seiner eigenen übersieht. Balzac hat ihr kein Rezept entdeckt, denn er selbst suchte und tastete sich voran, aber er hat ihr durch seine Erfolge bewiesen, »daß jede Methode gut war und jeder Stoff ergiebig für einen so geschmeidigen Geist wie den seinen«.[42] Wie Balzac spottet auch sie über »diesen Irrtum der Kritiker, die dem Künstler den Rahmen, den Stoff und das Verfahren vorschreiben wollen«, denn die Kunst ist für sie stets Ausdruck einer von keiner Theorie abhängigen Individualität. »Am Ende ist es ein Glück, daß es sich so verhält. Wenn es in der Kunst nur eine Schule oder eine Doktrin gäbe, würde die Kunst aus Mangel an Wagemut und neuen Experimenten schnell eingehen.«[43]

In einem Brief an den Schauspieler Bocage schreibt sie: »In Sachen der Kunst setze ich kein Vertrauen in recht viele Ratschläge, und ich lasse mir auch nur von den Personen Rat erteilen, die ich darum bitte.«[44] Doch auch George hat das Bedürfnis nach Meinungsaustausch mit einem anderen schöpferischen Menschen, wie sie ihn mit Chopin gehabt hatte. Hortense Allart empfiehlt sie den Dialog als Mittel, sich über die eigenen Vorstellungen klar zu werden. Den gleichen Rat gibt sie Flaubert, und legt ihm nahe, nach Nohant das mit kritischen Anmerkungen versehene Manuskript ihres *Monsieur Sylvestre* mitzubringen. Balzac und sie hätten sich immer auf diese Weise ergänzt. »Das bedeutet nicht, daß der eine den andern ändert, im Gegenteil, denn im allgemeinen beharrt man noch stärker auf seinem Ich. Aber indem man auf seinem Ich beharrt, vervollständigt man es, erklärt es besser, entwickelt es zur Gänze, und eben deshalb ist die Freundschaft eine gute Sache, sogar in der Literatur, wo die Eigenständigkeit die erste Voraussetzung ist, wenn etwas Wert haben soll.«[45]

Gegen Ende ihres Lebens, wenn sie fern von allem Lärm und den »patentierten Kunstrichtern« in Nohant an ihrem Schreibtisch sitzt, fühlt sie sich ein wenig allein und weiß immer nur durch Maurice, ob etwas »gelungen oder mißraten« ist. Weil sie »in der Wüste« arbeitet, freut sie sich, in dem Meister aus Croisset einen Leser gefunden zu haben, »der zehntausend andere aufwiegt«. Sie ihrerseits berät Charles Poncy, Magu, Eliza Tourangin und viele andere bei ihren literarischen Problemen. Schon in ihrer Anfangszeit hatte sie nicht gezögert, Sainte-Beuve in einem Brief Ratschläge zu seinem Roman *Volupté* zu erteilen, die der Autor dann bei einer Neuauflage des Buches mit veröffentlichte. Und auch Flaubert hat gelegentlich ihre Vorschläge aufgenommen.

Trotz dieser Überlegungen und Ansätze zu einer Romantheorie arbeitet George immer nach derselben Methode; ohne Plan folgt sie dem Zwang, den ihre Personen und Intrigen ihr auferlegen, und korrigiert anschließend, was ihr nicht knapp und straff genug scheint. Niemand schreibt zwei oder gar drei Romane im Jahr, der sein Handwerk nicht perfekt beherrscht. Doch den Anstoß gibt bei ihr immer dieses immense Erzähltalent, das sich an den dörflichen Feierabendmären geschult hat und sie mit sich zieht in die Gezeiten der Phantasie, deren Auf und Ab seinen Reiz und seine Unwägbarkeiten hat. George braucht das Fieber der Inspiration, doch bevor sie ihre Träume »mit lauter Stimme« erzählt, »müssen sie bei ruhigem Verstand Revue passieren«.[46] Flaubert staunt über dieses erzählerische Talent seiner Freundin: »Wie zum Teufel stellen Sie es an, daß ihre Einfälle sich miteinander verbinden? Gerade das hält mich auf.«[47]

Der Zeitdruck, unter dem sie so viele ihrer Werke und besonders *Consuelo* niedergeschrieben hat, hatte Nachteile, die ihr durchaus bewußt waren. Sie hat sich immer vorgenommen, im Stil knapper zu werden und sich vor allem genügend Zeit zu lassen, »ihren Weg noch einmal aufzunehmen und die Etappen festzulegen«.

»Die erste Voraussetzung für ein Kunstwerk sind Zeit und Freiheit«, schreibt sie in einem Vorwort zu *Consuelo*. Die Freiheit, »seine Schritte noch einmal zu überdenken, und die Zeit, die gefährlichen Seitenpfade zu verlassen und die gerade Linie wiederzufinden«. Ein Schriftsteller, der wie sie allzu rasch voranschreibt, muß zwischen der spontanen Kreation und der Veröffentlichung seines Werkes eine Spanne Zeit einplanen, »um das Ganze noch einmal zu lesen und die Längen auszumerzen, die eigentlich die gewöhnliche Folge der überstürzten Niederschrift sind«.[48] Auch an ihren Stücken arbeitet sie intensiv. Während sie an der dritten Fassung der *Marielle* sitzt, schreibt sie an Bocage: »Ich lasse in meinem ersten Entwurf absichtlich (die Längen) stehen, weil sich beim Nachdenken über das Zuviel einer Darstellung gut beurteilen läßt, was bleiben soll.«[49]

Auch als erfolgreiche Schriftstellerin ist George der Meinung, daß allein der kreative Prozeß, der Corambé zum Leben verhalf, ihrer Phantasie gemäß war, doch sie fürchtet, diese Art Kreativität für immer verloren zu haben. Damals hatte sie sich eine »Welt der Fiktion« geschaffen, ohne die sie nicht zu leben vermochte. »Ich hatte niemals aufgehört, mir eine zu schaffen, die ich immer mit mir trug, auf meinen Spaziergängen, beim Ausruhen, im Garten, auf den Feldern, in meinem Bett vor dem Einschlafen und morgens vor dem Aufstehen. Mein ganzes Leben lang hatte ich immer einen im Werden begriffenen Roman im Kopf gehabt, dem ich ein oder zwei verschieden lange Kapitel hinzufügte, sobald ich mich allein fand, und für den ich ununterbrochen Material sammelte.«[50] Dieser Roman ohne Ende, der niemals niedergeschrieben wurde, den sie in sich trägt und auf den ihre besten Werke bezogen sind, der ihr gesamtes Œuvre erklärt, ist das beste Zeugnis für ihr imaginatives Talent.

Corambé entstand wie von selbst in der Einbildung der kleinen Aurore. Ganz ohne Zutun ihres Willens schienen sich diese Träume in ihr zu bilden. Ihr göttlicher Held führte sie durch eine Reihe von Prüfungen, Leiden, Verfolgungen und Martyrien. Jede neue Phase seiner Menschwerdung nannte sie Buch oder Gesang. »Er konnte als Mann oder Frau in Erscheinung treten, und manchmal verlängerte der höchste und allmächtige Gott, dessen mit der geistigen Führung unseres Planeten beauftragter, himmlischer Minister er war, sein Exil unter uns, um ihn für sein Übermaß an Liebe und Mitleid mit den Menschen zu bestrafen.«[51] In jedem dieser Gesänge, von denen sich Aurore wenigstens tausend erdacht hatte, ist Corambé von einer neuen Schar Menschen umgeben, und »alle sind gut«. Die Bösen erscheinen nur als Stifter des Unheils, das Corambé wiedergutmachen muß.

Aurore fühlte sich von ihrem Phantasiegeschöpf viel mehr in Besitz genommen, als daß sie es besessen hätte. Der Obstgarten, in dem sie mit den Kindern eines benachbarten Pächters ihre freien Stunden verbrachte, war bezaubernd. »Dort versank ich ganz und gar in meinen Roman«,[52] schreibt sie in der *Histoire de ma vie*. Ihre Phantasie veränderte die Landschaft, wie es der Schriftstellerin später geschehen sollte, und sie sieht ihre Personen »handeln, umherrennen oder vereinzelt und träumerisch dahingehen«. Ihre Spielgefährtinnen scheinen ihr zwei kleine, als Dorfmädchen verkleidete Nymphen, die alles zur Ankunft Corambés vorbereiten. Schon damals wird sie gewahr, daß körperliches Ausleben ihre Phantasie anreizt: »Mein physisch erregtes Gehirn war danach reicher an Bildern und Einfällen.«[53]

Auch wenn George Sand immer wieder beteuert hat, *Corambé* symbolisiere die einzig richtige Art der Schöpfung, so lassen sich doch durch eine genaue Analyse ihrer Werke gewisse Elemente des

Aufbaus entdecken, die sich wiederholen. Die Sand betreibt ihr Handwerk so geschickt, daß ihre Technik zumindest auf den ersten Blick oft übersehen wird. Die Verschiedenartigkeit dessen, was sie selbst den »Rahmen des Sujets« nennt, verwischt die Ähnlichkeiten zwischen den einzelnen Werken. Gleichwohl sind die meisten ihrer Romane um drei oder vier herausragende Helden herumgebaut, die von einer Anzahl zweitrangiger, nach ganz anderen Prinzipien geschaffener Personen umgeben werden. Das Trio der Hauptfiguren, das sie sehr häufig einsetzt, ermöglicht ihr, ein Maximum an Verwicklungen zu kombinieren. Es handelt sich dabei nicht zwangsläufig um die klassische Dreiecksgeschichte. So sind zum Beispiel in *Indiana* die drei Helden die junge Frau und ihre beiden möglichen Geliebten, während der Ehemann nur eine untergeordnete Rolle spielt.

Sand verleiht ihren Helden keinen beliebigen Charakter. Sie handeln ganz offensichtlich aus einem inneren Zwang heraus, und in den meisten Fällen sind ihre Gefühle das Ergebnis einer in der Kindheit erfahrenen seelischen Verletzung. Diese sehr bezeichnende Eigenheit der Sandschen Figuren wird niemanden erstaunen. Im Handlungsverlauf treten fast immer Situationen auf, wie sie im Leben der Verfasserin ähnlich vorgekommen sind. Da gibt es Kinder ohne Vater, ohne Mutter, Bastarde, unglücklich oder gegen ihren Willen verheiratete Frauen, getrennte, versprengte Familien, zerstörte Bindungen. Es wäre psychologisch interessant, die Töchter und Söhne dieser Familien einmal unter die Lupe zu nehmen. Die Söhne leben oft außerhalb der Familiengemeinschaft, und man könnte daraus schließen, daß Aurore die Existenz ihres Halbbruders als problematischer empfunden hat, als angenommen wird. Doch wenn ihre Helden eine solide Erziehung genossen haben, deren Bedeutung stets unterstrichen wird, dann setzen sie sich energisch gegen die Beeinträchtigung ihres Lebens zur Wehr.

In ihren eigenen Lebensproblemen läßt sich also ein Schlüssel zu den Gesetzmäßigkeiten ihres Werks finden. Die Kreation ist jedoch so rätselhaft, daß sie mit einigen wenigen Merkmalen nicht erklärt werden kann. Viele Besonderheiten des Sandschen Œuvre werden im Labyrinth des Unterbewußten ihre Ursache haben.

Etwa bis zum Jahr 1850 hat sie immer wieder familiäre Probleme behandelt, Konflikte zwischen Eltern und Kindern oder zwischen Paaren. Seit ihren Anfängen mit *Indiana* ist der ideale Geliebte immer gleichzeitig auch Vater und Bruder. Was das psychologisch zu bedeuten hat, dürfte jedermann klar sein.

Während der ersten zwanzig Jahre ihrer schriftstellerischen Praxis schildert sie die Sexualität mehr oder weniger brutal. In den darauffolgenden Jahren von 1850 bis 1870 werden die damit verbundenen Qualen und Kämpfe schwächer, während die Charaktere der Töchter zunehmend unerfreulicher werden und immer größeres Unglück über die Familien bringen. George Sand gibt sich keine Mühe mehr, in diesem besonderen Fall ihre persönliche Betroffenheit zu verbergen.

Nach 1870 und bis zu ihrem Tod wird sie noch einmal auf eines ihrer Hauptthemen zurückkommen, auf das verlassene, das uneheliche geborene Kind, das Kind ohne Familie.

Das Werk der George Sand ist also das Ergebnis eines inneren Zwangs. Die schockartigen Erlebnisse, die sie erlitten hat, verleihen der romanhaften Umsetzung ihre Kraft. Die literarische Kunst der Sand geht auf tief prägende Erfahrungen zurück, auch wenn sie mit Geschick die Spuren ihrer persönlichen Erinnerungen zu verwischen sucht und über die Ähnlichkeiten und Wiederholungen der Schlüsselprobleme gekonnt hinwegtäuscht.

George Sand komponiert einen Roman in so kurzer Zeit, daß es Mühe macht, die Entstehungsgeschichte zu verfolgen. Bei ihrem Roman *Spiridion* kam es mehrmals zu einer Verzögerung der Manuskriptablieferung, was für sie sehr ungewöhnlich und der Ausdruck von Ängsten war, wie sie jeden schöpferisch tätigen Menschen eines Tages überfallen können. Diese Verlangsamung des Produktionsprozesses erleichtert eine Analyse.

Spiridion ist ein einmaliger Fall im Werk der Sand; im allgemeinen schreibt sie einen Roman in sechs Wochen. Was ihn überdies interessant macht, ist der Umstand, daß Chopin zu eben diesem Zeitpunkt in das Leben von George getreten war und daß der Roman, der noch unter dem Einfluß von Leroux und seiner Philosophie begonnen wurde, nun unter der Wirkung des Musikers oder vielmehr der Musik vollendet werden sollte. Auch die Tatsache, daß er in Spanien, einem fremden Land, zu Ende gebracht wurde, läßt Schlüsse zu, inwieweit die Umgebung in den Roman eingegangen ist.

Schließlich will es der Zufall, daß George zwei Jahre später *Un Hiver à Majorque* geschrieben hat, einen Reisebericht, der uns genaue Auskunft gibt über die Erlebnisse während dieses Aufenthalts, die sich dann zuweilen bis aufs Wort genau in *Spiridion* wiederfinden lassen. Es läßt sich hier gut beobachten, auf welche Weise George Sand die Wirklichkeit in Literatur umgesetzt hat, wie das reale Geschehen den Roman bereichert und verändert hat. In keinem ihrer Romane wird das Geheimnis der literarischen Schöpfung so durchsichtig.

Während des Aufenthalts auf Mallorca bekommt der Roman eine ganz andere Färbung. In vielen ihrer Briefe aus dieser Zeit finden sich Hinweise auf einzelne Passagen, deren Entstehung damit fast auf den Tag genau festgelegt werden kann. Das »verlassene und riesige alte Kloster« ist die Kartause von Valldemosa, ein romantischer Ort, von dem George und Chopin anfangs betört sind und der in den dort verfaßten Partien des Romans auftaucht.

In den ersten Novembertagen schreibt George an die Frau ihres Verlegers, der schon ungeduldig auf das Restmanuskript von *Spiridion* wartet: »Glücklicherweise habe ich hier hinreißende Klosterruinen entdeckt, mit Palmen, Aloen und Kakteen inmitten bröckelnder Mosaiken und zerfallender Kreuzgänge, und das hat mich wieder auf die Spur von *Spiridion* gebracht, so daß ich seit zwei Tagen eine wahre Arbeitswut habe.«[54]

Der vierte Teil von *Spiridion* wurde in der Villa So'n Vent geschrieben, im Anschluß an einen Ausflug ans Meer. Der Mönch Alexis, der Held des Romans, muß nach einer Krankheit zu seiner Genesung lange Spaziergänge machen, die ihn ebenfalls ans Meer führen. Dieser Ausflug entlang der Küste läßt sich in einigen wundervollen Seiten des Romans wiederfinden, wo Alexis, nachdem er die Pestkranken gepflegt hat, auf seinem Weg zurück ins Kloster am Strand entlanggeht, am Saum des Wassers, und ihm Spiridion erscheint.

Sie erzählt in ihren Erinnerungen an den Winter auf Mallorca von den sehr monotonen, sehr traurigen, sehr arabischen Volksliedern der Einheimischen. Auch Alexis hört, als er im kleinen Garten des Klosters arbeitet, von dem aus das Meer zu sehen ist, »einen klagenden Gesang, dem maurischen Ufer entströmt und vom Südwind über das Meer getragen, oder das Lied eines in der rauhen Einsamkeit des Atlas verlorenen Derwischs«.[55] Die Autorin hatte ganz vergessen, daß der Roman bis dahin in Italien gespielt hat.

Während dieses Aufenthalts auf den Balearen versucht sie sich immer wieder in Versen auszudrücken; es gelingt ihr nicht und so kehrt sie zum Lyrismus ihrer Prosa zurück. Dem Mönch Alexis geschieht auf den zur gleichen Zeit entstandenen Seiten etwas ähnliches: Er versucht vergeblich zu komponieren, und dabei ist es gerade die Musik, auf die sich sein Ehrgeiz richtet. Die große Bedeutung, die mit Chopin die Musik für sie gewonnen hat, überträgt sich auch auf den Roman, und die Philosophie von Leroux ist nicht länger dessen wichtigste gedankliche Grundlage.

Auf Mallorca hat George zum ersten Mal das Leben der Eremiten beobachten können, beim Besuch einer Einsiedelei an der Küste. Sie war von der Armseligkeit dieser Mönche sehr beeindruckt, so daß es nicht erstaunt, daß auch dieses Erlebnis in *Spiridion* wieder auftaucht. *Un Hiver à Majorque* gibt die intensiven emotionalen Erfahrungen wider, die George in der winterlich düsteren Kartause von Valldemosa gemacht hat und die zu einem großen Teil fast unverzüglich in den Roman eingegangen sind. Je lebhafter die Eindrücke waren, desto rascher mußten sie fixiert werden. Es waren mehr die äußeren Umstände, der Wechsel von einer Bleibe zur andern, der Unterricht der Kinder, die Pflege von Chopin, was George daran hinderte, *Spiridion* zu vollenden.

Manchmal kann auch eine bedrängende Erinnerung zur Inspiration werden. Die vier Palmen im Grunde des Gartens von Alexis entsprechen zweifellos den vier Linden von Nohant. Inmitten der Widrigkeiten ihres mallorquinischen Aufenthalts hat George vielleicht mit Sehnsucht an sie gedacht. Sie symbolisieren für sie die Ruhe des Klosters. Die schönen Arkaden der Kartause wiederum versetzen sie zurück in die Atmosphäre des Klosters der Englischen Augustinerinnen, in das mystische Leben, das sie dort geführt hat.

Aber nicht nur die Schilderungen des klösterlichen Lebens werden in der zweiten Hälfte des Romans differenzierter und dichter. Auch die philosophischen und religiösen Betrachtungen gewinnen an Tiefe, weil George in dieser Umgebung die historische Entwicklung des Christentums in der Anschauung erlebt und sich in ihr ein ganz neues Bewußtsein für die Problematik des Glaubens bildet. Erst nach dem Aufenthalt in der Kartause hat sie für *Spiridion* einen überzeugenden Schluß gefunden.

Die schnelle Assimilation der Erlebnisse verleiht dem Text Wärme und Leben. Als George einige Jahre später dieselben Gefühle und Ereignisse in einem Erinnerungsbuch zusammenfaßt, scheint das Feuer der Spontaneität erkaltet. Daran liegt es, daß die Romane oft mehr Wahrheit enthalten als die geraume Zeit später geschriebenen autobiographischen Werke, in denen die Spannung bereits nachgelassen hat und die Eindrücke blasser geworden sind.

SPRACHE UND STIL

Die »Methode« des Corambé war eine Vorstufe der späteren Arbeitsweise von George, die sie ihr Leben lang beibehalten hat und die sich etwa von der eines Flaubert radikal unterscheidet, der bei seinen Romanen zuerst den Stoff bis ins Detail festlegte und den Handlungsablauf skizzierte, ehe er zu schreiben anfing. Unterscheidet auch von der Balzacs, der damit rechnete, daß sich »bei der Ausführung alles verändert«.

Als *Indiana* im Frühjahr 1832 erscheint, ist Latouche, der den Roman nur flüchtig angelesen hat, mit seinem Urteil schnell fertig: »Das ist ein Pasticcio! Schule von Balzac!« Doch am andern Tag erhält George von ihm ein Billett: »George, ich muß Ihnen Abbitte leisten; ich liege Ihnen zu Füßen. Vergessen Sie meine harten Worte von gestern abend über den Anfang ihres Buches. Ihr Buch ist ein Meisterwerk. Ich habe die Nacht damit zugebracht, es zu lesen, und ich fühle den ganzen Stolz des Freundes. O mein Kind, wie glücklich bin ich!«[56]

Ein anderer Kritiker hat in dem Roman »ein Buch aus der Schule Stendhals« gesehen. Er hat auf die Ähnlichkeit zwischen Julien Sorel und Raymon hingewiesen und dabei dem letzteren den Vorzug gegeben, wie er überhaupt den Stil von George dem Stendhals »unendlich überlegen« fand.[57] Zweifellos hat George *Le Rouge et le Noir* gekannt, das ein Jahr vor *Indiana* erschienen war. Auch Stendhal liest, wie seinen *Chroniques italiennes* zu entnehmen ist, *Indiana* und *Valentine,* an denen er jedoch herbe Kritik übt. Beide beschäftigen sich um dieselbe Zeit mit Überlegungen zur Natur des Romans, und beide setzen sich in ähnlicher Weise mit der Schwierigkeit auseinander, das Eigenleben der Handlung mit der Wirklichkeit in Einklang zu bringen. Man kann hier eher von einer geistigen Verwandtschaft als von Beeinflussung sprechen.

George, die Balzac bewundert, hält Stendhal für einen schlechten Schreiber; seine Auslassungen, sein schmuckloser und nach seiner eigenen Aussage trockener Stil mißfallen ihr. Er wiederum meint spöttisch, von Madame Sand könne er sich etwas Brillanz entlehnen. Seine scharfen Bemerkungen über das Deklamatorische und Verschwommene des Sandschen Stils stehen im Kontrast zu den Aussagen anderer Schriftsteller, die gerade ihre Präzision rühmen, und zu Renans Feststellung, bei ihr gebe es keinerlei Schwulst.

Sand und Stendhal unterscheiden sich vor allem durch ihr literarisches Temperament. Sand hat viel mehr Elan, bei ihr fügt sich alles

wie von selbst aneinander. Die eher spontane Architektur ihrer Sätze verleiht ihnen eine gewisse Leichtigkeit. Stendhal konstruiert die seinen mit Geduld, läßt sie langsam in sich reifen, ehe er sie niederschreibt oder diktiert. Gemeinsam ist ihnen also, daß sie ihre Sätze im Kopf bereits fertig haben und in einem Zug niederschreiben. Das läßt sich auch an ihren Manuskripten erkennen, die im Gegensatz zu denen Balzacs nur sehr wenige Korrekturen enthalten. George bedauert den Freund, der »unablässig mit der Form zu kämpfen hat«, während sich Stendhal über die Veränderungen und Zusätze in den Manuskripten Balzacs mokiert. Noch etwas hat George mit ihrem Kritiker gemeinsam: Sie arbeiten beide ohne Plan. »Sobald ich einen Plan mache, bin ich von dem Werk abgestoßen«, schreibt Stendhal zu Ende seines Lebens.[58]
Eines ist allen Schriftstellern gleich, über die Verschiedenheiten ihrer Schaffensweise hinweg: Die Angst der Kreation. Doch wenn sich im Werk von George auch Leiden, Schwächen, Zweifel und Versagen spiegeln, hätte sie es doch vorgezogen, davon kein Aufhebens zu machen, oder nur scherzend darüber zu sprechen, wie Musset das in seiner *Histoire d'un merle blanc* getan hat: »Während ich meine Verse schrieb, füllte sie Bogen um Bogen. Ich las ihr meine Gedichte mit lauter Stimme vor, was sie keineswegs daran hinderte, währenddessen weiterzuschreiben. Sie produzierte ihre Romane mit einer Leichtigkeit, die der meinen fast gleichkam, und wählte dazu immer hochdramatische Stoffe: Vatermord, Entführung, Mord oder sogar Betrügereien, wobei sie stets darauf achtete, noch nebenbei die Regierung anzugreifen und die Emanzipation der Amselweibchen zu predigen. Kurzum, keine Anstrengung war ihrem Geist zu groß, kein Kraftakt ihrem Schamgefühl zu kühn, niemals brauchte sie eine Zeile auszustreichen oder einen Plan zu machen, ehe sie ans Werk ging. Sie war der Idealtyp des gelehrten Amselweibchens.«[59]

Das Kind Aurore gibt nach seinen ersten Versuchen das Schreiben wieder auf, weil es mit der Art der Gestaltung dessen, was es so genau fühlte, nicht zufrieden ist. Die zwei im Kloster begonnenen Romane bleiben liegen, und auch die simple Schreibübung, die sie als erste Auftragsarbeit in Paris verfertigt hat, kann ihr nicht genügen. Aber sie hat sich sehr rasch erneut an die Arbeit gemacht. Sehr früh schon hat sie sich damit beschäftigt, die richtige Form zu finden. Die Versuche ihrer Jugend mit den Regeln der Verskunst verliefen nicht sehr glücklich. Deshalb bemüht sie sich um eine Verbindung von Vers und Prosa, keine gereimte Sprache, sondern eine rhythmische. Das *Portrait du Juste* stammt aus einer noch ungeschickten Feder. Die sieben Jahre später verfaßte *Voyage en Auvergne* beweist bereits eine beachtliche formale Meisterschaft und läßt darauf schließen, daß George jeden Tag zu literarischen Übungen genutzt hat. Von dieser Zeit an findet ihre innere Unruhe Ausdruck in einem wechselnden Rhythmus, der Tonfall entspricht ihrer inneren Bedrängnis. Später hat ihr verbales Genie die Künstlichkeiten einer angelernten Sprache hinweggefegt. Nun geht der Strom ihrer Gedanken in einen ununterbrochenen Strom von Wörtern über.

Der mitreißende Stil ihrer Briefe läßt eine originelle Handschrift erkennen; bei der Konstruktion ihrer Sätze folgt sie immer ihrem sehr persönlichen Rhythmus. Wie in allem, was sie schrieb, ist auch in ihren Briefen der so oft wiederholte Fragesatz ein Ausdruck ihrer emotionalen Atemlosigkeit. Ihre lyrischen Aufschwünge sind fast ein wenig zu schön für unseren heutigen Geschmack, obwohl sie sich um Nüchternheit bemüht. Man könnte meinen, sie beherrsche alle Raffinessen einer Rhetorik, die sie niemand gelehrt hat. Häufig benutzt sie die Antithese. Vor allem in ihren wissenschaftlichen Artikeln und Essays erreicht ihr Stil eine Schärfe und Bündigkeit, die staunen lassen.

In der Regel schreibt George sehr rasch und überliest das Geschriebene nur ein einziges Mal. Sie korrigiert nur wenig, kürzt die »Längen des ersten Entwurfs«, ändert hier eine Wendung, berichtigt dort ein Wort. Vor der so wirkungsvollen Langsamkeit eines Flaubert bedauert sie ihre eigene Mühelosigkeit.

Als sie Bocage ihr neues Stück *Marielle* vorstellt, bekennt sie ihm ihre Unsicherheit: »Nun lesen Sie, ich sage Ihnen nichts. Ich habe so sehr an jeder Einzelheit gearbeitet, daß mir der Kopf brummt und daß ich unzufriedener bin als zu Anfang. Sie müssen mir nun den Mut zurückgeben. Das Stück ist gut in seiner Moral; mehr kann ich dazu nicht sagen. Ich habe Herzblut und Tränen daran gewandt, aber damit ist nicht gesagt, daß die Ausführung, die alles ist, nicht doch erbärmlich sei.«[60]

Die Ausführung ist alles. Das hatte schon Balzac gesagt. Flaubert unterwarf alles, was er geschrieben hatte, seinem »Mundwerk«. George Sand versucht gelegentlich eine ähnliche Erprobung ihrer Stücke auf der Bühne von Nohant. »Vielleicht wird es für mich selbst sehr nützlich sein, das Stück aufgeführt zu sehen, und vor allem seinen Stil zu hören, den ich nicht im Ohr, sondern nur im Blick habe.« Das schreibt sie, nachdem sie den Entwurf des Stücks

soeben abgeschlossen hat und dessen Wert so unmittelbar danach noch nicht beurteilen kann, denn sie fühlt sich »wie eine Stickerin, die eine sehr feine Nadelarbeit gemacht hat, deren Augen ermüdet sind und die ihr Werk nicht mehr zu erkennen vermag«.[61]
In den Romanen, die sie produziert, um ihre Verleger zufriedenzustellen, erweckt der natürliche Sprachfluß manchmal den Eindruck eines ständig plätschernden Wasserhahns. Und wenn sie sich zu sehr hetzt, verfällt sie wieder in ihren alten Fehler, die allzu vielen Abschweifungen, die ihre Mutter schon an ihren Kindheitsgeschichten bemängelt hat. Zu Recht hat man George die Naivitäten und die Zeilenschinderei bei ihren Brotarbeiten angelastet. Doch auch bei Hugo findet man solche Naivitäten, und Füllwerk bei Balzac.
George hatte über den Umgang mit der Sprache immer sehr klare Vorstellungen. Sainte-Beuve fand den Stil der *Lélia* zu streng und zu gesucht. Sie dagegen ist der Meinung, dem seinen mangle es in *Volupté* an Schärfe, er lasse zu viele unpassende Wörter, zu viele verquere und falsche Bilder zu. Sie hält sich an das knappe, präzise Wort, an das treffende Bild oder an das Bild, »das Kraft und Wahrheit ausstrahlt«.[62] Trotzdem lobt sie den »üppigen und salbungsvollen« Stil von *Volupté*, weil sie davon überzeugt ist, daß sie beide nur gewinnen können, wenn sie sich ihre Verschiedenheit zu erklären versuchen. Die Bedeutung solcher allgemeiner stilistischer Überlegungen entgeht ihr keineswegs. Doch sie versteht ihre Sprache nicht herauszuputzen, sie will sie »einfach und schmucklos«. Balzac hatte schon an *Indiana* die Schlichtheit gelobt. George hat immer daran gearbeitet, ihre Bildersprache und ihre Sätze von allem Überflüssigen zu entblößen.
George beklagt sich zu Recht darüber, daß sie von der Kritik in moralischer Hinsicht so erbarmungslos verdammt wird. Den literarischen Wert ihres Werkes dagegen haben fast alle Schriftsteller ihrer Zeit anerkannt, und sie haben ihr Sprachtalent gerühmt.
Sainte-Beuve bewundert besonders die »Leichtigkeit, Ungezwungenheit und Klarheit der Dialoge« in *Lélia* und die poetische Kraft der *Lettres d'un voyageur.* Mérimée sagt über dieses Werk: »Manche Seiten sind wunderbar.« Nisard, der in anderer Sache so streng über sie urteilt, findet über ihren Stil nur Lobendes zu sagen. Béranger staunt, welche »Feder diese geniale Frau« zu schreiben versteht. Flaubert, ihr alter Freund, ist des Lobes voll über »die natürliche Ordnung der Gedanken, das erzählerische Talent oder sogar Genie, die geschickte Ausführung«[63] in allen Werken von George.

In einem Brief an die Sand äußert Musset, daß er in *Lélia* »einige zwanzig Seiten« gefunden habe, »die unmittelbar, kraftvoll ins Herz treffen und die so schön sind wie manche Seiten aus *René* oder *Lara*«.[64] Er betont vor allem die formale Qualität des Werks. Keiner ihrer Zeitgenossen hat ihr staunenswertes Talent, »die unglaubliche Pracht ihres Stils«[65] in Frage gestellt.

Fortoul, der spätere Unterrichtsminister, vergleicht sie in einem 1835 erschienenen Artikel mit Byron, Fichte, Schiller und Pascal. George sieht sich ihrem Dankschreiben an ihn genötigt, die Fähigkeiten zurückzuweisen, die er ihr zubilligt und die sie noch gar nicht besitzt, sondern erst zu erwerben hofft durch intensive Arbeit an sich selbst. »Talent bildet sich nur langsam, das Leben jedoch ist kurz und das Vergessenwerden gewiß.«[66] Daß sie es nicht verstanden hat, ihre Sätze zu »polieren«, hat sie stets bedauert, und sie hat sich den Vorwurf gemacht, aus Liebe zum Leben die Arbeit an der Form vernachlässigt zu haben. »Ich habe mich zu sehr für das Nebensächliche begeistert, für die Randerscheinungen, um jemals ein richtiger Literat zu werden. Ich habe Anläufe gemacht, aber ich habe nicht durchgehalten.«[67]

In Wahrheit hat sie nichts, was sie in ihrem Leben geschrieben hat, jemals zufriedengestellt: »Meine ersten Versuche mit zwölf Jahren nicht mehr als die literarischen Arbeiten des Alters, und darin liegt keineswegs Bescheidenheit von meiner Seite. Jedesmal wenn ich ein künstlerisches Sujet entdeckt hatte, habe ich gehofft, habe ich naiv geglaubt, daß ich es so wiedergeben könne, wie es mir eingegeben worden sei. Ich habe mich mit Eifer darauf geworfen, ich habe meine Aufgabe erfüllt, manchmal mit lebhaftem Vergnügen, und manchmal habe ich mir bei der letzten Seite gesagt: ›Diesmal ist es gelungen!‹ Aber leider konnte ich nie die Korrekturbogen lesen, ohne mir zu sagen: ›Das ist es nicht; ich habe etwas ganz anderes erträumt, erfühlt, ersonnen. Das ist kalt, das ist abwegig, hier wird zu viel und zu wenig gesagt.«[68] Welche Anstrengung das Schreiben für sie bedeutet, versucht sie ihrem Vetter Villeneuve deutlich zu machen: »Ich erwecke den Eindruck, als arbeitete ich schnell, man glaubt das um mich herum, weil man die Stöße vollgekritzelter Bogen immer höher werden sieht. Obwohl ich schnell schreibe, korrigiere ich doch langsam und bin von Skrupeln geplagt wegen Inhalt und Form. Ich darf letztlich behaupten, daß ich zumindest das mir mögliche getan habe, wenn die Arbeit, die ich dem Drucker abliefere, schlecht ist.«[69] In der Zeit, die ihr zur Verfügung stand, müßte man eigentlich hinzufügen. Bei der Arbeit an

Le Diable aux champs kam sie auf ein Pensum von vierzig Seiten am Tag, und *Cadio* hat sie in zwölf Tagen niedergeschrieben.
Der vollkommene Satz bedeutet ihr etwas, »aber eben nicht mehr. Er ist nicht die ganze Kunst, nicht einmal die Hälfte, allerhöchstens ein Viertel«.[70] Das verleitete Flaubert zu folgender Antwort: »Ich glaube, daß das Abrunden des Satzes nichts, daß aber gut schreiben alles ist, weil ›gut schreiben gleichzeitig gut fühlen, gut denken und gut ausdrücken ist‹ . . . Das Wort fehlt nie, wenn man die Idee hat.«[71] Doch manchmal – Flaubert hat es bewiesen – muß man dieses Wort lange suchen. In dem freundschaftlichen Duell wirft sie ihm vor, er gehe den Dingen nicht auf den Grund und bleibe zu sehr an der Oberfläche. Derselbe Vorwurf trifft auch seine Anhänger: Diese Schule, die »durch das ständige Suchen nach der Form den Inhalt zu sehr vernachlässigt, wendet sich nur an die Gebildeten«.[72]
George hat wiederholt darauf hingewiesen, daß sie ihre Schreibgewandtheit sich durch langjährige Arbeit erkauft habe. Wie aber läßt sich erklären, daß sie in ihren Briefen ohne jede Korrektur ausgekommen ist, sich dem Lauf ihrer Feder überließ, dem Glück des Schreibens, dem Reichtum ihrer Bilder und der Präzision ihres Vokabulars? Das Ergebnis dieser ganz spontanen Methode ist faszinierend. Schon die Briefe ihrer Jugend, an denen herumzufeilen sie noch genügend Zeit hatte, sind deshalb so gelungen, weil sie ihre ganze Persönlichkeit widerspiegeln. Alle ihre Briefe vermitteln mit Frische, Lebendigkeit und Anmut, was ihr soeben berichtet wurde oder in den Sinn kam. Die an Musset gerichteten hat sie sich »aus dem Herzen gerissen«. Und auch für die besten der *Lettres d'un voyageur* dienten als Ausgangspunkt wirklich an Freunde geschriebene Briefe. Später wurde George zu den von Sainte-Beuve begründeten Magny-Dîners geladen und nahm in den sechziger Jahren häufig teil an diesen Zusammenkünften prominenter Schriftsteller. Die Brüder Goncourt erzählen, daß Renan oft in ihrer Abwesenheit Partei für sie ergriff. »Madame Sand ist der größte Künstler dieser Zeit, und das einzig wahre Talent«,[73] wagte er 1863 zu sagen. Sainte-Beuve, der sich Kritik an Balzac erlaubte, wird von Goncourt gefragt: »In welchem anderen Roman finden Sie Wahrheit? Etwa in denen von Madame Sand?« Darauf Renan: »Mein Gott, ich finde Madame Sand viel wahrer als Balzac.« – »Nicht möglich, wirklich!« – »Doch, denn bei ihr sind die Leidenschaften ins Allgemeine gehoben.« – »Und dann hat Balzac einen Stil«, wirft Sainte-Beuve ein, »das wirkt wie verdreht, das ist ein

gewundener Stil.« – »Meine Herren«, bekräftigt Renan, »in dreihundert Jahren wird man Madame Sand lesen.«[74]
Zu Flaubert hatte sie gesagt: »Was den Stil betrifft, bin ich besser dran als Sie. Der Wind spielt mit meiner alten Harfe, wie es ihm gefällt.«[75] Sie nimmt hier ihren alten Gedanken, der Schriftsteller sei ein »Werkzeug«, wieder auf, wobei sie dem Wort »Werkzeug« einen anderen Sinn gibt. Zuweilen spielt der Wind darauf meisterhaft. Das erklärt, weshalb in *Consuelo* auf ein paar geniale Seiten Sätze folgen, die aus einem Kolportageroman stammen könnten. Nirgendwo werden die Schwächen und die Stärken ihrer Arbeitsmethode gleichermaßen deutlich wie in diesem Roman. Das Ganze ist in einem Zug geschrieben, in jenem unnachahmlichen, familiären, traulichen Ton der geborenen Erzählerin. Sie hat sich »in die Haut ihrer Leute« hineinversetzt. Mit erstaunlicher Natürlichkeit treibt sie die Handlung voran, in die zahlreiche Ideen und Gedanken, die sie zum Teil erst kurz zuvor im Gespräch oder durch Lektüre kennengelernt hatte, eingeflochten werden. Für sie ist es kein Ziel, an ihrem Text unablässig herumzufeilen »wie eine wirkliche Künstlerin«. An den Brüdern Goncourt konnte man sehen, wohin das führte! Für George ist die Schönheit der Form etwas ganz anderes, nämlich Harmonie: »Damit die Form schön sei, braucht es Übereinstimmung zwischen ihr und der Seele, die sich in ihr ausdrückt.« Ihr ist die Seele wichtiger als die Kunst. Ihre lyrische Epik wird wieder zu Ansehen kommen. Eine der schönsten Huldigungen, die sie je empfangen hat, hat Renan nach ihrem Tod ausgesprochen: »Viele werden sie lesen, aber nur wenige werden einen so vollkommenen Mangel an Deklamation, einen so ausgeprägten Abscheu vor der Pose und der Phrase, so viel Unschuld des Geistes zu begreifen wissen. Das Genie spielt mit seinen Irrtümern wie das Kind mit den Schlangen; es wird davon nicht berührt.«[76]

Aus der Überzeugung heraus, daß »der Bauer in seinem instinktiven und traumbefangenen Geisteszustand eine geheimnisvolle Intuition für das Poetische besitzt«, entwickelt George Sand ein neues Genre, ihre Dorfromane, in denen sie eine neue Sprache, ein französiertes Berrichon, einführt.
Ihre Zeitgenossen hatten zum größten Teil nur Spott dafür übrig, und behaupteten, man benötige für die Lektüre dieser Romane ein Wörterbuch. Kaum jemand hatte einen Begriff von der Bedeutung ihrer Forschungen. Louise Vincent hat als erste zu Beginn dieses Jahrhunderts eine Untersuchung über die Sprache der ländlichen

Romane angestellt, die sie als künstlich qualifiziert.[77] Inzwischen hat die Linguistik große Fortschritte gemacht, und ihre Schlußfolgerungen sind überholt. Man beginnt die Anstrengungen und die Erkenntnisse der Sand zu schätzen.

In der Bibliothek in Nohant gab es mehrere alte Ausgaben der Werke von Rabelais. Die Ähnlichkeiten zwischen der in *Gargantua et Pantagruel* benutzten Schreibweise und dem gesprochenen berrichonnischen Dialekt des 19. Jahrhunderts führten George zu der Überzeugung, das reine Berrichon sei eine frühe, primitive Form des Französisch. Sie macht sich also auf die Suche nach denen, die »unsere echte Bauernsprache« von Grund auf kennen. Es sind nur noch fünf oder sechs, und ihre Zahl ist im Abnehmen begriffen. »Das Französisch des Berry war ein ganz besonderes, sehr altes und über lange Zeit unverändert gebliebenes Französisch. Es besaß tausend Eigenheiten und tausend Reize, die man anderswo kaum findet und etliche gelungene und originelle Redensarten, für die es nirgends eine Entsprechung gibt.«[78] Sie studiert die grammatikalischen Formen dieser Bauernsprache. Für ihren eigenen Gebrauch und als Hilfe für Übersetzer verfaßt sie Wörterverzeichnisse mit französischen Erklärungen. Das Berrichon ist keine tote Sprache; ständig entstehen neue Wörter. Jaubert, der ein berrichonnisches Wörterbuch[79] herausgibt, wird von George mit Material beliefert. 1842 bedankt er sich für ihre Hilfe und rühmt ihren Einsatz für das Berry und seine Sprache.

Vielleicht hat er George dadurch bestärkt, in der eingeschlagenen Richtung weiterzugehen und immer mehr aus dem Berrichon entlehnte Wörter in ihre ländlichen Romane einzuführen. »Das Wort *traîne* wird nur hier benutzt und ist im Französischen ungebräuchlich. Eine *traîne* ist ein kleiner, eingeschnittener, schattiger Weg, was man sonst einen Pfad nennt. Doch unser berrichonnischer Dialekt, der eigentlich ein altes Französisch ist, unterscheidet zwischen dem Pfad für den Fußgänger und dem, der für einen Karren befahrbar ist. Der erstere heißt *traque* oder *traquette,* der letztere *traîne.* Das Wort klingt hübsch im Französischen und wird sogar in Paris verstanden oder erraten, wo das Volk die häßlichste und verfälschteste Sprache von ganz Frankreich spricht. Es ist eine bloße Phantasiesprache, eine Zufallssprache mit kurzlebigen Neuschöpfungen; die Provinzen hingegen bewahren die Tradition der Sprache und erschaffen wenige neue Wörter. Ich habe große Achtung und große Liebe zur Sprache der Bauern, ich halte sie für richtiger«,[80] schreibt sie an Giuseppe Mazzini im Jahr nach der Veröffentlichung von *La Mare au diable,* um dem italienischen Übersetzer die Arbeit zu erleichtern. Die Mühe, die sie sich macht, beweist, welchen Wert das Wort für sie besitzt, bezeugt ihre Liebe zur Sprache.

Die linguistische Fachwelt ist erstaunt über die Kraft der fast authentisch rekonstruierten Sprache in ihren berrichonnischen Romanen. Durch geschickte Konstruktionen, indem sie gelegentlich sogar erfundene Wörter an Stelle der unverständlichen berrichonnischen Ausdrücke setzt, erleichtert sie dem Leser die Lektüre. Sie geht dabei schrittweise vor: Im Laufe der Jahre erhöht sie die Zahl der benutzten Dialektformen und gewinnt dem Leser nach und nach seine alte Sprache zurück. Dank ihres Wagemuts ist es ihr gelungen, dem Malthusianismus Einhalt zu tun, der die französische Sprache austrocknete. Daß sie ihr Ziel erreichte, beweist der Erfolg ihrer Dorfromane: *La Mare au Diable, La Petite Fadette, François le Champi* und *Les Maîtres sonneurs.*

Sie versteht es, in diesen Romanen eine Atmosphäre zu schaffen, die den Leser zwingt, anders zu reagieren, als er gewohnt ist. Sie will mehr in ihm ansprechen als bloß den Verstand. Deshalb wendet sie sich an seinen Instinkt und versetzt ihn in ein Milieu, das ihm seine Kindheit und seine Vorfahren in Erinnerung bringt. Der poetische Charakter der bäuerlichen Sprache ist ein Mittel, um diesen meist unbewußten Vorgang auszulösen. Alles läuft auf dieses Ziel hinaus, nicht nur das Thema und der Aufbau des Romans, sondern auch der fließende, geschmeidige Stil, in den sich die berrichonnischen Wendungen zwanglos einfügen. Auf ihre Weise hat George den Dialekt wieder in seine Rechte eingesetzt, den ihre Großmutter ihr untersagt hatte, mit den benachbarten Bauernkindern zu sprechen. Sie hat ihn verständlich gemacht, ohne ihm seinen Charme und seine magische Wirkung zu nehmen.

DIE ROMANE

Die Kritiker der alten Schule haben diese Frau, die sich erkühnte, das Bücherschreiben so erfolgreich zu betreiben, mit Spott und Verachtung bestraft. Dieser Roman ist »der allerlangweiligste«, jener unlesbar, ein dritter wird als »einschläfernd« abqualifiziert, der sich vom vierten, einem »faden Gewächs«, kaum unterscheide. Das heißt wahrlich urteilen, ohne zu lesen.

In den letzten Jahren dagegen haben nach den Pionieren nun auch die Literaturwissenschaftler George Sand wiederentdeckt. Zur Hundertjahrfeier ihres Todestags versammelten sich auf einer Tagung Professoren aus Japan, den USA, Italien und Frankreich, um das Werk der Sand unter neuem, doch immer noch beschränktem Gesichtswinkel zu studieren.

Es ist nicht einfach, einen kurzen Überblick über ein so riesiges Werk zu vermitteln. Nach welchen Kriterien soll man es klassifizieren? Nach den Themen, die darin vorherrschen, nach den Thesen, die darin vertreten werden? Eines der großen Themen von George Sand ist die Liebe zur Natur. Es taucht in vielen ihrer Werke auf, in den Dorfromanen so gut wie in ihren populären Theaterstücken.

Weil sie als Kind durch Wald und Feld streunte und sich »vollgesogen« hat mit Natur, wird sie sich ihr ganzes Leben lang den »Duft des Heus« in Erinnerung rufen, die Weiher und Wasserläufe, in denen sie badete, die Heuschrecken, Schmetterlinge, Laubfrösche und Vögel, die sie in ihren Taschen nach Hause trug, über Wurzeln, durch Dornenhecken, auf eingeschnittenen Wegen, vorbei an Wiesen und fetten Feldern und den »Hohlweg der Weinberge« entlang. Diesen unauslöschlichen Eindrücken ihrer frühen Jahre folgte mit sechzehn eine systematische Erkundung aller Ecken und Winkel, die zu Pferde von Nohant aus zu erreichen waren: »Die weißen Herden auf dem grünen Anger, die dunklen Eichen des Schwarzen Tals, die pappelgesäumten Chausseen, die moosbewachsenen Dächer der Hütten, die Holzbrücken.« Die in ihrer Jugend oder auf ihren Reisen entdeckten Schlösser, Mühlen, Moore und Landschaften sollten alle einem Roman als Rahmen dienen, oder als Ausgangspunkt für Reflexionen in ihren Memoiren und in ihrem Tagebuch.

Dieses große Thema der Natur wird in den Romanen der Sand mit anderen Themen, der Überwindung der Klassenschranken, dem Streben nach Gleichheit und Gerechtigkeit, der Befreiung der Frau, der Kunst, der Musik, der Liebe so verwoben, daß sich daraus keine überzeugende Gliederung ihres Werks ableiten läßt. Eine grobe Ordnung in folgende vier Gruppen wäre immerhin möglich:

1. Die Auftragsarbeiten, die unter Zeitdruck und mit vorgegebenem Stoff geschrieben wurden. Diese Romane sind in einem leicht lesbaren, mitreißenden, fast journalistischen Stil gehalten.
2. Die Werke, in denen sie allein ihrer Inspiration folgt, *Lélia, Les Sept Cordes de la lyre, Spiridion* und Bücher derselben philosophischen Art, seien es nun Prosagedichte, lyrische Dramen oder Ro-

mane, die alle sehr persönlich, sehr originell und auch formal glänzend geschrieben sind.

3. Stimmungsbilder und Charakterstücke, wie die *Entretiens journaliers avec le très-docte et très-habile docteur Piffoël,* die *Voyage en Auvergne* oder, als Höhepunkt, die *Lettres d'un voyageur.* Ironie, Humor und Scherz in diesen Werken sind fast immer eine Reaktion auf Depressionen und Trübsinn.

4. Die rein autobiographischen Texte, zu denen die zehn Bände der *Histoire de ma vie,* das *Journal intime,* die *Souvenirs de mars-avril 1848,* das *Journal de novembre-décembre 1851* und das *Journal d'un voyageur pendant la guerre* von 1870 zählen. Sie bilden deutlich eine Einheit und entsprechen den emotionsgeladenen Zeiten der Liebe oder des politischen Einsatzes.

Auch diese Gliederung ist unzureichend und willkürlich. Einmal weil die Unterscheidung zwischen den inspirierten und den anderen Romanen sehr problematisch ist, zum andern weil eigentlich alle Werke von George Sand autobiographisch sind. Georges Lubin, der eminente Sand-Kenner und Herausgeber ihrer Briefe, hat sogar darauf hingewiesen, daß das Bild, das hinter der Maske des Romanhaften auftaucht, manchmal authentischer und aufrichtiger ist als jenes, das sie in ihren Memoiren, Briefen und Tagebüchern von sich zeichnet.

Aufgrund der Unzulänglichkeit anderer Gliederungsversuche schien es uns nur logisch, die Romane in ihrer chronologischen Folge abzuhandeln. Um den Rahmen dieser Biographie nicht zu sprengen, werden wir uns dabei auf die beschränken müssen, die für die schriftstellerische Entwicklung der Sand signifikant sind. Auch dabei wird die Wahl des einen und das Weglassen eines andern Titels anfechtbar sein.

Als die zukünftige George Sand 1831 zusammen mit ihrem Geliebten ihren ersten Roman, *Rose et Blanche ou la Comédienne et la Religieuse,* schreibt, behält sie sich die Erinnerungen und Landschaftsschilderungen vor, während Sandeau die Intrige und die gewagten Szenen übernimmt, die der Auftraggeber von den beiden Debütanten gefordert hat. Das Ergebnis ihrer gemeinsamen Bemühungen ist kein Meisterwerk, und Aurore Dupin, die sich schon bei diesem ersten Buch hinter dem Pseudonym J. Sand verbirgt, ist sich dessen durchaus bewußt. Trotzdem hat sie das Frühwerk später in die Gesamtausgabe ihrer Werke aufgenommen.

Trotz der Mühsal journalistischer Brotarbeit entdeckt Aurore ihre Begeisterung und Leidenschaft für das Schreiben. Unter dem Namen George Sand erscheint schon im folgenden Jahr *Indiana*. Diesen Roman hat George allein geschrieben, und zwar in nur sechs Wochen, in Nohant, getrieben von einer zwingenden Eingebung. Der Erfolg trifft sie wie ein Schock.

Das Hauptthema in *Indiana* ist die Freiheit oder Unfreiheit der Liebe. Um die Moralgesetze der Zeit nicht zu verletzen, werfen sich die Liebenden ins Wasser, werden also erst im Tod vereinigt. Dieses Ende hat George in späteren Ausgaben abgewandelt. Die junge Indiana ist die unglücklich verheiratete Aurore, eine sehr lebendige, zwischen Pflicht und Neigung hin- und hergerissene Frau. Als Schauplatz dient die Île de la Réunion, deren Exotik den romantischen Rahmen abgibt. Hinter Raymon, einem in der Familie de Sèze gebräuchlichen Namen, verbirgt sich Aurélien, und die Heldin trägt denselben Namen wie dessen Schwester. Vergessen wir nicht, daß Aurore ein Jahr nach dem Erscheinen von *Indiana* noch immer für Casimir Pantoffeln stickte. Sie war nach wie vor verheiratet und mußte sich an die Konventionen halten. George Sand war also gezwungen zur Täuschung und durfte keinen offen autobiographischen Roman schreiben. Aber die Heldin ist wie Aurore Dudevant eine Frau, die enttäuscht von ihrem Mann und ihrem Geliebten von der idealen Liebe träumt: Raymon wird sie nie besitzen.

Zu einer Zeit, da Balzac mehr als zehn Bücher schreiben mußte, bevor man ihn las und er einen Namen besaß, da Stendhal lange Jahre unbemerkt blieb, war der durchschlagende Erfolg, den eine siebenundzwanzigjährige Debütantin mit ihrem Erstling nicht nur beim Publikum, sondern auch bei der Kritik errang, ein Beweis für ein außerordentliches Talent.

George Sand liebt die Natur, sie kann sich hineinfühlen. Ihr Freund Néraud, der »Madegasse«, hatte ihr von seinen Reisen nach Madagaskar und der Île Bourbon lange Briefe geschrieben, mit deren Hilfe es ihr gelungen ist, sehr poetische Landschaften in der Art eines Bernardin de Saint-Pierre zu erfinden. Die Landschaftsschilderungen, die einen bedeutenden Platz in ihrem Werk einnehmen, haben schon hier evokatorische Kraft. In der Darstellung des gesellschaftlichen Lebens erkennt man, mit welcher Schärfe Aurore die Verhältnisse in Nohant, La Châtre und Paris beobachtet und in ein anderes Milieu übertragen hat. Die junge Erzählerin hat keine Schwierigkeiten, den recht gewundenen Handlungsfaden weiterzuspinnen und gleichzeitig ihre Personen einzuführen und zu beleben. Der Ehemann und die Dienerin Noun sind die Gegenfiguren

zu den drei Helden: der Frau, Raymon, dem unzulänglichen Geliebten, und Sir Ralph, dem idealen Geliebten, der gleichermaßen Bruder und Stütze ist. Von den drei Männern sind zwei Opfer ihres Egoismus, während der dritte eine erste Skizze jener Heilsgestalt vorstellt, von der George schon damals ein Bild in sich trägt, dem sie später vollendeteren Ausdruck geben würde.
Die vielfältigen Themen, die George anspricht, dieser neue Ton, in dem sie sich mit der größten Unbefangenheit über Verschiedenstes ausläßt, haben sicher zu ihrem überraschenden Erfolg beigetragen. In der ersten Hälfte des 19. Jahrhunderts sind Plädoyers für die Sache der Frauen, Kommentare zu sozialen Problemen, Anspielungen auf aktuelle Ereignisse eine interessante Neuheit im Roman. Und was uns heute ein überaus komplizierter Handlungsablauf scheint, wurde damals mit Vergnügen gelesen. Man hat sogar an *Indiana* die – sehr relative – Schlichtheit bewundert. Heute, da die vorgetragenen Thesen an Neuheit eingebüßt haben, scheint dieser Roman ein wenig zu langatmig.
Schon in diesem ersten Werk zeigt sich die schriftstellerische Begabung in der mühelosen Verkettung der Ereignisse und dem Geschick, mit dem Ideen in Handlung umgesetzt werden. Schon versteht es die Autorin, den Leser von der Intrige abzulenken, um ihn direkt ansprechen zu können. Und schon ist eine Tendenz zum Moralisieren spürbar, die ihr später so oft zum Vorwurf gemacht werden wird.
Für das Urteil der Kritiker über *Indiana* steht Henri Monnier als Beispiel: »Dieses Buch ist die Antwort der Wahrheit auf die Phantasterei, der heutigen Zeit auf das Mittelalter, des Seelendramas auf die Tyrannei des historischen Romans . . . Ich kenne nichts, das einfacher geschrieben und delikater entworfen wäre. Die Ereignisse folgen und überstürzen sich kunstlos, wie im Leben, wo alles gegeneinander stößt, wo der Zufall oft mehr Tragödien gebiert als Shakespeare hätte ersinnen können. Kurzum, der Erfolg dieses Buches ist gewiß.«[81]
Ihre subtile Schilderung seelischer Vorgänge hat ihr die Bewunderung von Sainte-Beuve eingebracht. Und Musset war so beeindruckt davon, mit welcher Wahrheit sie den männlichen Egoismus schildert, daß er diesen Eindruck in ein Gedicht faßte.
Doch die junge Autorin erntet nicht nur Bewunderung. Die offenen Angriffe auf die Gesellschaft verschaffen ihr sehr schnell viele Gegner unter ihren Lesern und Kritikern. »Ich hatte diese Geschichte geschrieben, ohne zu ahnen, daß daraus jemals eine Moral

oder Unmoral abgeleitet werden könnte. Erschreckt von gewissen Vorwürfen und Auslegungen, habe ich alsdann geglaubt, mich in einem Vorwort verteidigen zu müssen.«[82] Und dann gibt sie ihre eigene Deutung: »Wenn Sie unbedingt alles erklärt haben wollen in diesem Buch, so ist diese Frau ein Typus, das schwache Geschöpf, das die verdrängten oder, wenn Sie wollen, vom Gesetz unterdrückten Leidenschaften in sich vereinigt; es ist der Wille im Konflikt mit der Notwendigkeit, die Liebe, die ihre blinde Stirn an allen Hindernissen der Gesellschaft wundstößt.«

Auf den überwältigenden Start von *Indiana* folgt sechs Monate später *Valentine,* ein Roman, der zumindest niemanden enttäuscht. Mit diesem Roman beginnt George das bekannte Thema der Liebe einer Adligen zu einem gesellschaftlich unter ihr Stehenden zu variieren, indem sie für ihre Zeit sehr kühne Forderungen nach sozialer Veränderung in den Konflikt einführt. Zum ersten Mal spricht sie von der Überwindung der Klassenschranken. Allerdings finden auch Valentine und ihr Geliebter in der Liebe den Tod, und die Moral ist gerettet. Mit diesem Ende folgt George der bei den Romantikern üblichen Problemlösung, doch in ihren folgenden Romanen versucht sie die öffentliche Meinung zu beeinflussen, indem sie auf ein besseres Ende hoffen läßt. Sie möchte die Vereinigung der Klassen in der Liebe glaubhaft und möglich machen.

1833 ist das Jahr der *Lélia.*[83] Das ist weniger ein Roman, als ein philosophisches Poem, eine Art lyrischen Epos, ein ganz neues Genre. Und gleichzeitig ein origineller, ehrgeiziger Essay, dessen zentrales Thema keineswegs, wie immer angenommen, das des physischen Unvermögens ist. George, die in dieses schwierige Buch vieles von sich selbst eingebracht hat, geht viel weiter. Es ist ein Hymnus auf die Revolte gegen die Gesellschaft und gegen Gott. Ein Hymnus der Verzweiflung, denn Lélia liebt diesen Gott, den sie schmäht.

Noch ehe *Lélia* erscheint, erhält George von Sainte-Beuve, der bei einer Lesung des Werkes dabei war, einen ermutigenden Brief: »Ich möchte nicht säumen, Ihnen zu sagen, wie sehr das, was ich am gestrigen Abend gehört habe, seither meine Gedanken beschäftigt hat, und in welchem Maße mich *Lélia* bestärkt hat in meiner für sie empfundenen Freundschaft und meine ernsthafte Bewunderung für sie gesteigert hat.« Aber er warnt sie auch: »Das große Publikum, das im Lesekabinett nach irgendeinem Roman verlangt, wird sich von diesem abschrecken lassen. Doch unter denen, die im Roman nur einen lebhafteren Ausdruck des ewigen menschlichen Denkens sehen, wird er Sie auf eine hohe Stufe erheben.« Und er fügt hinzu: »Das ist Ihr philosophisches Werk, Ihre Generalansicht des Lebens und der Welt.« Die Bewunderung und die Überraschung Sainte-Beuves sind echt: »Frau sein, noch nicht einmal dreißig Jahre alt, und nirgends wird sichtbar, daß man solche Abgründe ausgelotet hat, dieses Wissen mit sich trägt, das uns die Schläfen verwüstete und die Haare bleichte, es leicht, scheinbar mühelos und in nüchternen Worten mit sich trägt. Das ist es, was ich am meisten bewundere.«[84]

Der geniale Kritiker erkannte aber auch die Heftigkeit und Maßlosigkeit dieses Buches, er ermißt »die Kühnheit des Unterfangens« und »den gewaltigen Aufruhr, der sich dagegen erheben wird«. Der Skandal, den dieses Buch erregt, ist tatsächlich so ungeheuer, daß die Anklageschrift gegen seine Frau, die Dudevant beim Scheidungsprozeß 1836 dem Gericht von Bourges vorlegt, in dem Vorwurf gipfelt: »Verfasserin von *Lélia*«.

George Sand ist über diese Reaktion bestürzt, sie fürchtet falsch verstanden worden zu sein. Sie räumt ein, das Buch sei »recht verwirrend«, aber sie steht dazu und verteidigt es: »Das Buch ist unglücklicherweise sehr ernst und vielleicht etwas dunkel.«[85] Für sie ist *Lélia* die menschliche Vernunft, die gegen Schmerz und Ohnmacht ankämpft. Im Mai schreibt ihr Sainte-Beuve: »Das ist sehr schön, sehr groß und sehr wahr«, aber er hat Angst um sie.[86]

Auch Chateaubriand ist von *Lélia* sehr beeindruckt. Er phrophezeit George, sie werde der Lord Byron von Frankreich werden. Eine lange Passage seiner *Mémoires d'outre-tombe* ist ihr gewidmet. Er konnte von ihrem poetischen Stil und der Vollkommenheit ihrer Bildersprache nicht unberührt bleiben.

Musset ist der Meinung, *Lélia* sei »das wichtigste Werk der neuen Schule«. Er spielt damit an auf das Urteil gewisser Zönakel, »die behaupteten, *Lélia* sei der Vorreiter einer Massenerhebung gegen die wirkliche Literatur«. Die meisten Kritiker nehmen Anstoß an den atheistischen Versuchungen der *Lélia*. Sie empören sich über die Blasphemien, den revolutionären Ton der hier vorgetragenen Forderungen, und das genügt für den Skandalerfolg des Buches. *Lélia* riecht »nach Kot und Prostitution«, nach der »Prostitution der Seele und des Körpers«, schreibt ein aufgebrachter Kritiker.[87] Die Angriffe werden immer wütender, so daß Sainte-Beuve am 29. September 1833 in *Le National* nur eine vorsichtige Stellungnahme riskiert: »Wenn man mich fragt, was ich von der Sittlichkeit der *Lélia* halte, in dem einzigen Sinne, den diese Frage haben kann, würde ich sagen, daß der Autor, der die Ängste und die Verzweiflung einer solchen Situation so bewundernswert dargestellt hat, weder seine Personen noch seine Leser in den sicheren Hafen geleitet hat, und daß die Krisen, die hier durchlaufen werden, in keine moralisch befriedigende Situation münden . . . Man hat das ungeheure Gefühl eines heillosen Übels, und dieses Übel überwältigt alles, wird ein allgemeines, in der Schöpfung wie in der Gesellschaft, wird zur Anklage gegen die Vorsehung wie gegen die menschlichen Gesetze.«[88]

Doch ein anderer Artikel, der anonym in der Zeitschrift *L'Artiste* erscheint, widerlegt die moralischen Anklagen und bestätigt die Bedeutung des Romans: »Dieses Buch wird in unserer Literatur tiefe und dauerhafte Spuren hinterlassen . . . Es ist ein schönes und einzigartiges Poem, das Lobgesänge und Verwünschungen ausgelöst hat. Zwischen *Lélia* und *Justine,* mit der man sie verglichen hat, klafft ein Abgrund. Sie ist keine Lektüre für höhere Töchter, so wenig wie der *Don Juan* von Byron, der ein Meisterwerk ist. Doch in *Lélia* gibt es keine unsittlichen Gedanken.«[89]

George, noch verstört von dem Skandal, sollte ihn bald vergessen. Sie dankt Gott, daß er ihr »den Mund verschlossen hat«, indem er ihr die »herrlichen Freuden« der Liebe zu Musset gewährt habe. Aber die Gesellschaft hält sie noch immer für »verloren und hassenswert« und wird das auch weiterhin deutlich äußern. »Deshalb werde ich nur noch Bücher machen, die als bösartig und gefährlich gelten werden und die es vielleicht sogar sind. Sagen Sie mir, was ich tun soll!« klagt sie ihrem Gewissensberater Sainte-Beuve.[90]

Die Kritik erbost sich über die Freimütigkeit der Autorin, die ihre tiefen Zweifel, das Mißverhältnis zwischen ihrem Liebesverlangen und der Liebeserfüllung, ihre sinnliche Kälte eingesteht. Zweifellos hat Lélia ihr physisches Unvermögen offenbart, doch entscheidend ist, daß sie auch ein anderes Unvermögen bekennt: die Welt zu begreifen und anzuerkennen, wie sie nun einmal geschaffen ist. Lélia befragt den Himmel, aber Gott antwortet nicht. Das Entsetzen des Menschen, ob Mann oder Frau, vor der Feindseligkeit der Natur und der Gleichgültigkeit Gottes ist immer spürbar. Der Mensch kann die absolute Liebe nicht erleben; er ist allein, und alle seine Versuche sind zum Scheitern verurteilt. Wenn sie ein Mann gewesen wäre, erklärt Lélia, so hätte sie den Krieg und den Kitzel der Gefahr gesucht; da sie eine Frau ist, will sie die Liebe und den Rausch der Umarmung kennenlernen. Sainte-Beuve und Musset haben zuerst begriffen, welche Bedeutung der mystischen Liebe in *Lélia* zukommt. Sainte-Beuve, der als erster ins Vertrauen gezogen wurde, schreibt: »Lélia ist vielleicht nur die Schwester Anne-Eugénie, die nicht im Kloster geblieben ist.«[91] Und Musset, der George später abfällig eine Nonne nannte, dichtet für sie: »George Sand ist Äbtissin/In einem fernen Land.«[92]

Die vier Helden der *Lélia* spiegeln vier Aspekte von George, vier Zustände »derselben Seele«. Der Dichter Sténio, der Eremit Magnus, der frühere Sträfling Trenmor, Lélia oder Pulchérie reflektieren reihum die enttäuschten Erwartungen der Autorin, einen Augenblick ihres Lebens, verschiedene Stadien der Hoffnung, der Leidenschaft, der Entmutigung oder des Gleichmuts. Man hat gesagt, ihr Figuren verkörperten abstrakte Ideen. Aber sie sind auch Spiegelungen ganz lebendiger Personen. In Monologen, die ohne Antwort bleiben, wie die Fragen, die sich George selbst stellt, stoßen sie aufeinander. Um ihre religiösen, emotionalen und philosophischen Probleme zu lösen, entwickeln sie verschiedene Verhaltensweisen. Der Dichter Sténio hat sein Vertrauen in die Liebe verloren und glaubt sich dem Atheismus verfallen, doch er rechtet mit Gott! Magnus, der Eremit, ist ein Fanatiker, Trenmor, der bekehrte Verbrecher, sühnt. Bei dieser Figur hat George an ihren Freund François Rollinat gedacht, der Rousseau sehr vieles verdankte und für den sich Hugo interessierte. Lélia weiß nicht zu lieben und empört sich. Pulchérie, die gewisse Züge bei Marie Dorval geborgt hat, gibt sich damit zufrieden, ihre sinnlichen Leidenschaften auszuleben, und nimmt das Leben an.

Lélia »wendet ein riesiges Fragezeichen nach allen Seiten«.[93] Die Antwort kann für ein Wesen mit dem Absolutheitsanspruch der Lélia nur tragisch ausfallen: Sie muß sich entweder mit mittelmäßigen Freuden zufriedengeben wie Pulchérie oder sich aufopfern oder sich töten. Im Roman will Lélia am Ende ins Kloster eintreten, doch der Tod kommt ihr zuvor.

In ihrer vierten *Lettre d'un voyageur* spricht George Sand von der Bedeutung, die sie *Lélia* beimißt. Sie hält den Roman für eines ihrer wichtigsten, konsequentesten Werke, trotz der Anstrengungen, die sie gemacht hat, »um dem lieben Publikum dessen Verdauung zu erleichtern«. »Dieses Buch ist die kühnste, die aufrichtigste, aber auch die tollste Tat meines Lebens . . . Dieses so gute und so schlechte, so wahre und so falsche, so ernste und so spöttische Buch ist ganz sicher das am tiefsten, am schmerzlichsten, am schärfsten empfundene, das ein verwirrter Geist jemals hervorgebracht hat.«[94]

Dieses übersteigerte Bekenntnis ist oft belächelt worden. George ist verletzt von der Reaktion ihrer Leser, obwohl sie Sainte-Beuve vorgewarnt hatte. Die Aufnahme dieses Romans bringt sie von dem eben eingeschlagenen Weg wieder ab. Sie ist verunsichert und deshalb bereit, ihrem Verleger Buloz den Gefallen zu tun, um den er 1836 bittet: Endlich 1839 kann er eine bearbeitete Fassung der *Lélia* herausbringen.

Um die Kritiker zu besänftigen, streicht sie all das weg, was sie als übertriebenen Skeptizismus oder sexuellen Liberalismus angeprangert hatten. Sie opfert »mit der großen Schere« alles, »was sich an Grellheit der alten Fassung hat wegnehmen lassen«.[95] Sie quält sich, gibt sich sehr viel Mühe, diese Arbeit kostet sie mehr Zeit als ein neuer Roman, doch letztlich wird dadurch nur die Spannweite des Werkes beschnitten, ohne daß dessen Verleumder besänftigt würden. Immerhin sind seit der ersten Niederschrift sechs Jahre vergangen, und so läßt sich die Entwicklung ihrer Ansichten und Empfindungen gut beobachten.

Im Jahr 1839 bekennt die Heldin: »So wie ich bin, bedarf ich einer Tugend, die ich begreifen kann; und da meine Seele durch die Liebe nach Tugend strebte, ist mir die eine ohne die andere nicht mehr begreifbar. Ich kann die Menschheit nicht lieben, denn sie ist verderbt, gierig und feige. Man müßte an ihren Fortschritt glauben, und ich kann es nicht. Ich wollte, daß wenigstens die kleine Zahl reiner Herzen die Flamme der himmlischen Liebe am Leben hielte und daß, von den Fesseln des Egoismus und der Eitelkeit befreit, der Bund der Seelen zur Zuflucht der letzten Jünger des poetischen Ideals werde. Doch so ist es keineswegs.«[96] Die Lélia von 1833, die Nodier gelesen hat, leugnet jeglichen Fortschritt. Die von 1839 dagegen hat Leroux gelesen und will an den Fortschritt glauben. Trotzdem scheitert auch in der zweiten Version jeder Versuch einer idealen Gemeinschaft zwischen Wesen, »die hätten miteinander eins werden können unter dem Auge Gottes in einer besseren Welt«.

George hat in der neuen *Lélia* die von der frigiden Frau empfundene Bitterkeit ausgetilgt. Dafür hat sie neue Erfahrungen eingebracht. Die folgende Passage läßt an Michel de Bourges denken: »Die Erinnerung an politischen Zeitvertreib – und ich versichere dir, das ist in der Zeit, in der wir leben, der leichtfertigste – verfolgte ihn bis in meine Arme. Meine philosophische Abwendung von allen diesen Dingen beunruhigte und reizte ihn. Er rächte sich, indem er mich daran erinnerte, daß ich eine Frau sei und mich nicht auf die Höhe seiner Überlegungen erheben könne noch die Bedeutung seiner Tätigkeit begreifen.«[97]

Auch die neue Lélia ist »mit allem zerfallen« und unglücklich: »Ich, Sibylle, untröstliche Sibylle, ich Geist aus alter Zeit, verbannt in ein rebellisches Gehirn mit göttlicher Eingebung, zerbrochene Leier, stummes Instrument, dessen Töne die Lebenden heute nicht mehr begreifen würden, doch in dessen Innern unterdrückt die ewige Harmonie erklingt.«[98] Sie gleicht den »unfertigen und kränklichen« Dichtern, die nichts wissen, aber fast alles erahnen und erraten.
Trenmor, der Handelnde, deutet schon in der *Lélia* von 1833 eine Möglichkeit der Lösung an, die von den meisten Kritikern übersehen wurde: »Es gibt überall Menschen, die kämpfen und leiden, es gibt überall Aufgaben zu erfüllen, Kräfte einzusetzen, eine Bestimmung wahrzunehmen.«[99] Diese *Lélia* ist also gar nicht so hoffnungslos, wie immer wieder behauptet wurde.
Dieses Buch ist eine Wegmarke im Leben von George, das Ergebnis von mehreren Jahren Arbeit. Mit *Lélia* hat sie die schwerste Prüfung eines Autors durchlitten: nicht verstanden zu werden. Obwohl sie in dieses Werk »alle Poesie, zu der sie sich fähig fühlte«, hineingelegt hat. Sie hatte sich von Vorbildern befreit und ein absolut neuartiges Werk geschrieben. Die Gewalt des lyrischen Atems und die Kraft ihrer Inspiration sind unwiderstehlich; die Dichte, der Reichtum dieses Textes kann auch durch ein bißchen romantisches Flitterwerk und das Wortgepränge der ersten Seiten nicht beeinträchtigt werden. Hier findet man die ganze Sand.
Nach dieser großen Anstrengung, die ihr Bewunderung einbrachte von ihresgleichen, doch Verleumdung durch die Kritik und Ablehnung beim Publikum, kehrt George Sand zu ihren üblichen Romanen zurück. In den nächsten Jahren veröffentlicht sie unter anderen *Le Secrétaire intime, Leone Leoni, André* und *Simon*. Doch auch in dieser Zeit gibt es Höhepunkte:
In Venedig hat George einen Roman angefangen, der im Jahr 1834 erscheinen wird: *Jacques*. Zum ersten Mal zeichnet sie in der Titelfigur einen jener opferbereiten, demütigen Menschen in der Nachfolge Christi, wie man ihnen in ihrem Werk noch einige Male begegnen wird. Immer sind es Personen, die dem Leser lange im Gedächtnis bleiben. Jacques möchte seine Rechte über eine Frau nicht ausüben, weil er sie nicht glücklich zu machen verstand. In einer Art mystischen Krise begeht er Selbstmord, um Fernande und ihrem Geliebten Octave die Erfüllung ihres Glücks zu ermöglichen.
Alle Romane dieser Zeit sind Hymnen auf die Leidenschaft. Im

April 1837 beginnt in der *Revue des Deux Mondes* der Abdruck eines Romans, an dem George schon lange gearbeitet hat. *Mauprat* ist eine Parabel, die dem Leser die Verwandlung des wölfischen Menschen in ein ideales Kulturwesen durch die Liebe einer Frau anschaulich machen soll. In Bernard de Mauprat steckt auch etwas von Musset, bei dem George diese Evolution nicht gelungen ist.
Eine adelige Familie lebt auf ihrem Schloß wie eine Bande von Strauchdieben. Sie entführen eine junge Verwandte, Edmée, und wollen Bernard zwingen, ihr Gewalt anzutun. Doch er zögert, trotz seiner Brutalität. Die Leute des Königs greifen das Schloß an und treiben die Sippe in die Flucht, während Edmée die Erziehung ihres Vetters beginnt. Sie lehrt ihn eine Philosophie im Geiste Rousseaus, unter dem Primat der Leidenschaft. Einer tugendhaften Leidenschaft, die seine Instinkte bändigen und aus ihm einen anderen Menschen machen soll. Bernard geht nach Amerika und nimmt am Unabhängigkeitskrieg teil. Nach seiner Rückkehr haben die beiden Liebenden noch zahlreiche Prüfungen zu bestehen. Diese Idylle zwischen einer Heiligen und einem Wilden ist ein Roman im Stil von Dumas, ein Abenteuer- und Liebesroman, unbequem durch heftige und wohlbegründete Anklagen gegen die Kirche, und doch ein großer Erfolg.

Je deutlicher sich George erkühnt, ihre Ansichten zur Situation der Frau in ihrem Werk auszudrücken, desto unwilliger reagiert die Kritik. In ihrer zwölften *Lettre d'un voyageur* von 1836, einer Entgegnung auf die Anwürfe des Kritikers Nisard, verlangt sie für den Romancier wie für den Dramatiker das Recht, die Lächerlichkeiten und Mißbräuche, die Vorurteile und Laster der Zeit anzuprangern.
Trotzdem verteidigt sie sich gegen den Vorwurf, sie wolle die Grundpfeiler der Gesellschaft untergraben. »Diese Liebe, die ich auf den Ruinen der Niedertracht errichte, ist meine Utopie, mein Traum, meine Poesie. Diese Liebe ist groß, edel, schön, freiwillig und ewig, diese Liebe ist ein Bund, wie ihn Jesus vollzogen hat, wie ihn der heilige Paulus ausgelegt hat. Seine gegenseitigen Pflichten sind in Kapitel IV, Abteilung V des Code Civil festgelegt. Diese Art Ehebund fordere ich von der Gesellschaft, wie eine neuentdeckte oder im Dunkel der Zeiten verlorene Einrichtung, die wiederzubeleben sehr lohnend wäre. Man müßte sie aus dem Staub der Jahrhunderte und dem Schmutz der Gewohnheiten herausziehen, wenn man die wirkliche eheliche Treue und die wirkliche Heilig-

keit der Familie an die Stelle des schändlichen Vertrags und stumpfsinnigen Despotismus treten sehen möchte, wie sie eine abgelebte und gemeine Welt hervorgebracht haben.«[100]
Die Kritik ließ sich nicht täuschen. Tatsächlich predigen alle ihre Romane wohl nicht die freie Liebe, aber doch die Freiheit der Liebe, und zeigen die Zerstörung, die nicht allein durch verfehlte Verbindungen, sondern noch mehr durch die männliche Mentalität angerichtet wird. Bis an ihr Lebensende verficht sie in ihren Romanen die Gleichstellung der Frau vor dem Gesetz, obwohl ihr diese Parteinahme für ihr eigenes Geschlecht nur Haß und Feindschaft einbringt.
Es gehörte sicher Mut dazu, einer ganzen Generation ins Gesicht zu sagen, sie sei ungerecht und korrumpiert. »Ich weiß sehr wohl, daß man sich viele Feinde macht, wenn man schreibt, was man denkt, und zwar gerade unter jenen, die aus den Lastern der Zeit ihren Vorteil ziehen.«[101] Sie ist gefaßt auf Angriffe und Feindseligkeiten und weiß sich dagegen zu wehren.
In jenem Brief an Nisard verteidigt sie sich mit einem ironischen Rechenschaftsbericht gegen seine Unterstellungen: »Sie behaupten, das Ziel aller meiner Werke sei der Haß auf die Ehe. Erlauben Sie mir, vier oder fünf davon auszunehmen, darunter auch *Lelia*, die sie zu meinen Plädoyers gegen diese soziale Institution rechnen, obwohl mir nicht bewußt ist, daß darin ein Wort davon gesagt wird. *Lélia* könnte auch auf den Vorwurf antworten, den Sie gegen mich erheben, ich wolle den Egoismus der Sinne wieder einführen und ich verträte eine Metaphysik der Materie. *Indiana* schien mir, als ich sie niederschrieb, genausowenig eine Apologie des Ehebruchs zu sein. Ich glaube, daß in diesem Roman (in dem meines Wissens kein vollzogener Ehebruch vorkommt), der Geliebte (dieser König meiner Bücher, wie Sie ihn so geistreich nennen) eine viel undankbarere Rolle hat als der Gatte. *Le secrétaire intime* hat (sofern ich mich über meine Absichten nicht völlig täusche) die Freuden der ehelichen Treue zum Thema. *André* ist weder gegen die Ehe, noch für die ehebrecherische Liebe. *Simon* endet mit der Hochzeit ganz wie ein Märchen von Perrault oder Madame d'Aulnoy. In *Valentine* schließlich ist die Lösung, wie ich zugebe, weder neu noch besonders gelungen, denn die alte Schicksalsfügung tritt dazwischen, um die ehebrecherische Frau daran zu hindern, in einer zweiten Ehe ein Glück zu genießen, das sie nicht hatte erwarten können. In *Leone Leoni* geht es so wenig um die Ehe wie in *Manon Lescaut*, zu der ich aus rein künstlerischen Gründen eine Art Seiten-

stück zu machen versuchte, in dem die zügellose Liebe zu einem unwürdigen Objekt, die Knechtschaft, die ein in seiner Kraft gebrochenes Wesen einem in seiner Schwäche blinden gegenüberstellt, in ihrem Ergebnis keineswegs in freundlicheren Farben dargestellt wird als in jenem unnachahmlichen Roman des Abbé Prevost. Bleibt also *Jacques* . . . Es ist sehr gut möglich, daß *Jacques* in der Tat all das beweist, was Sie an Feindseligkeiten gegen die häusliche Ordnung gefunden haben. Es stimmt, daß man darin auch das Gegenteil von alledem gefunden hat, und damit genauso im Recht sein kann.«[102] Nachdem sie ihren Widersacher so glänzend abgefertigt hatte, lenkt sie ein und gibt zu, daß sie die Ehemänner häufig unvorteilhaft gezeichnet habe. Immerhin hatte Nisard nichts gegen die Verbindung zwischen Menschen verschiedener sozialer Schichten einzuwenden gehabt, obwohl diese Forderung seit *Valentine* in ihren Romanen immer wieder auftaucht.

Man sieht, daß George den Angriffen zu begegnen weiß. Ihr schöpferischer Elan ist zu stark, als daß das Urteil der Kritik sie lange davon abhalten konnte, zu schreiben, wozu es sie drängte. *L'Uscoque*, dem sie nicht viel Bedeutung beimißt, ist für Buloz ein Meisterwerk, weil dieser Roman das Publikum entzückt. Im Jahr 1839 veröffentlicht George *Gabriel*, die zweite *Lélia* und *Spiridion*, an dem sie, einmaliger Fall, seit mehr als einem Jahr gesessen hat. Am 20. Dezember 1837 kündigt sie Buloz das Werk an, das schon zu zwei Dritteln fertig sei.[103] Doch erst am 15. Oktober des folgenden Jahres kann die *Revue des Deux Mondes* mit dem Abdruck beginnen.

Am 10. Januar 1838 bittet sie Planche, die Probeabzüge für die *Revue* zu korrigieren. Ist sie ihrer selbst so wenig sicher? Der Freund solle »Un-Sinn und Wider-Sinn« ausmerzen und ihr über den ersten Teil ein paar Zeilen schreiben, die ihr nützlich wären für den zweiten, den sie soeben in Angriff nähme.[104] Gleichzeitig schreibt sie an Buloz, sie wisse noch nicht, wie umfangreich *Spiridion* werde, doch er könne den ersten Teil für die Februar-Nummer der *Revue* ankündigen. Ein Leberleiden hindere sie im Augenblick daran, am Schreibtisch zu sitzen.

Spiridion macht nur langsame Fortschritte, obwohl ihn Buloz gerne vor der zweiten *Lélia* veröffentlicht hätte. Am 7. Mai ist George durch ihren Scheidungsprozeß von der Arbeit abgehalten, am 12. verspricht sie, den Roman in Nohant fertigzuschreiben, am 21. braucht sie nur noch acht Tage, um ihn zu vollenden. Sie schlägt ihrem Verleger vor, ihn ab dem 1. oder 15. Juli in die *Revue* aufzunehmen. Sie möchte lieber, schreibt Mallefille in ihrem Namen, endlich *Spiridion* abschließen, den sie soeben nachgelesen und in ihrem Kopf überarbeitet habe. Doch sie sei krank, leide unter Migräne, Hals- und Brustschmerzen.[105]

Am 8. August 1838 schreibt George an Christine Buloz, um sich zu entschuldigen. »Aber die Inspiration (wie unsere großen Männer der Literatur sagen) läßt sich nicht befehlen. Sie wissen, daß ich mich nicht wichtig mache. Aber ich kann im Augenblick wirklich nicht an *Spiridion* herangehen. Es fehlen mir noch zwanzig Seiten, doch der entscheidende Anstoß, um diese zwanzig Seiten nach meinen Vorstellungen niederzuschreiben, ist noch nicht gekommen ... Es muß im Interesse von Buloz liegen, daß ich *Spiridion* nicht allzu kläglich abschließe, weil ich meiner Muse Zwang angetan habe. Seien Sie gewiß, daß ich nicht müßig bin und noch viel weniger mich amüsiere.« Sollte jedoch Buloz Gesundheit leiden unter den Launen ihrer Inspiration, so wolle sie den Roman lieber zu Ende bringen, auch wenn er ein »Fiasko« werde.[106]

Niemals zuvor hat ein Werk bei ihr so viele Skrupel ausgelöst, so viele Verzögerungen, Ausflüchte, Abänderungen gefordert. Als sie im Oktober 1838 zu einer Reise nach den Balearen aufbricht, verspricht sie Buloz, *Spiridion* noch vor ihrer Abreise am 20. dieses Monats abzuliefern.[107]

Aus Palma schildert sie Mitte November Christine Buloz ihre Schwierigkeiten: »Ich habe zwanzigmal zur Feder gegriffen, um die fünf oder sechs Seiten zu Ende zu bringen, die seit einem halben Jahr zu *Spiridion* fehlen. Einen Schluß zu ziehen aus der eigenen religiösen Überzeugung, ist nicht die einfachste Sache der Welt, und ich versichere Ihnen, daß dies auf Reisen völlig unmöglich ist. An zwanzig verschiedenen Orten habe ich mich aufgehalten mit dem festen Willen, mich zu sammeln und zu schreiben.«[108]

Später haben sie die Einladungen, der Reiz des Mondlichts über dem Meer vor Mallorca »schrecklich von der Philosophie und Theologie« abgelenkt. Noch später sollten die Ruinen der alten Klöster von Palma sehr wohl das heftige Bedürfnis nach einer Fortsetzung ihrer Arbeit an *Spiridion* in ihr auslösen, das sie jedoch »ohne Dach überm Kopf« nicht befriedigen konnte. Sie verspricht wieder einmal, den Schluß mit dem nächsten Schiff abzuschicken. Das geschieht jedoch erst am 28. Dezember, wofür sie sich bei Buloz mit einem verlegenen Brief entschuldigt. Sie hat also das letzte Drittel des Romans länger als ein Jahr vor sich hergeschoben. Das beweist, wie sehr auch George von der Inspiration abhängig ist, welche Mühe sie hat, ihre philosophischen und theologischen Ideen in den Roman einzuarbeiten.

Schließlich wird es Ende Februar 1839, ehe die erste Buchausgabe von *Spiridion* angekündigt werden kann. Dieser philosophische Roman, der hohen Anspruch erhebt, verwirrt das Publikum, die Kritiker und den Verleger, die weder ihre Auslegung des Evangeliums, noch ihre Deutung der Gedanken und Theorien von Leroux und Lamennais begreifen. Das Testament des Spiridion, diese Seiten, die so unendliche Anstrengung gekostet hatten, enthalten das Glaubensbekenntnis der George Sand, ihren Glauben an Gleichheit und Brüderlichkeit. Der Liebe und der Wahrheit, der Wahrheitsliebe hat sich der Mönch Alexis verschrieben.

George hat die Handlung des Romans geschickt aufgebaut: Das Geheimnis des Mönchs Spiridion wurde Fulgence hinterlassen, der es vor seinem Tod an Alexis weitergibt. Dieser erzählt die Geschichte des Klosters und berichtet aus dem Leben Spiridions. Spiridion erklärt die Fehlentwicklungen des Menschen durch das »orgiastische Prinzip« der Heiden und das »essenische Prinzip« der Christen, d. h. das der Keuschheit und Sittenstrenge. Ein neuer Messias würde ein neues Evangelium verkünden und der Mensch würde eines Tages nach diesen unzulänglichen Wahrheiten die Vollkommenheit erreichen. »Wir sind alle Kinder Gottes, wenn wir lieben und wenn wir die Vollkommenheit erstreben.«[109] Jesus erscheint Spiridion, wie dieser seinem Nachfolger erscheinen wird. In diesem Roman ist es George gelungen, das Geschehen auf mehrere Erzählebenen zu verlagern. Neben der schwierigen Umsetzung ihrer Gedanken in Sprache war auch dies ein Grund dafür, daß sie so lange an diesem Roman gearbeitet hat.

Die zentrale Figur des Werkes ist Alexis. Wie George fühlte er sich zum klösterlichen Leben hingezogen, wie sie liebt er das Leben und die Natur. Er ist mittelgroß, kräftig, mit breiten Schultern wie Michel de Bourges, mehr vom Studium, als von den Jahren gebeugt. Sein kahler Schädel ist »rückwärts noch mit krausen schwarzen Haaren bedeckt«. Wie Michel und wie Lamennais ist er sehr wechselhaft. Er spricht »drei Monate lang davon, sich in die Einöde zurückzuziehen«. Dann hat er »religiöse Ideen« und träumt »vom mönchischen Leben«. Später wird er zum Anhänger von Plato, dann von Aristoteles. Alexis, das ist Lamennais in seiner Reue über die verpaßte Berufung. Wie Lamennais begreift und bedauert auch Alexis die Art seines Irrtums: »Ich wollte immer wählen zwischen

meiner Vernunft und meinem Gefühl und hatte nicht die Kraft, beide zu gegenseitiger Anerkennung zu bringen.«[110]
In diesem Buch wird eine Auseinandersetzung geführt, wie sie etwa die Kirche gegen die Universität, gegen Spinoza und seine Schule, gegen die Pantheisten geführt hat. George gehört zu der Generation, die »am Leichenbegängnis der einen Religion« teilnimmt, »ohne das Heraufkommen einer neuen Religion begrüßen zu können«.[111] Eine vergleichende Analyse des Wortschatzes zeigt, daß in ihrer Epoche dieses Thema, diese Ideen und Begriffe von vielen aufgenommen wurden. Der Ausdruck *Patrie céleste* zum Beispiel findet sich bei Balzac, Nodier, Sénancour und sogar Byron. Was *Spiridion* jedoch in seiner Wirkung beeinträchtigte, war der Umstand, daß seine Philosophie von den gewöhnlichen Lesern der Sand nicht verstanden werden konnte und die anderen Zurückhaltung übten gegenüber einem von einer Frau verfaßten Buch, das Philosophisches abhandelte.
Nach dem Erscheinen von *Spiridion* gibt Buloz seiner Autorin zu verstehen, daß dieser Roman nicht sehr erfolgreich gewesen sei und daß es also nicht in ihrem Interesse liegen könne, schon wieder ein philosophisch-mystisches Werk in der *Revue des Deux Mondes* zu veröffentlichen. Doch George protestiert: »Man muß die Leute nötigen, eine bessere Nahrung zu sich zu nehmen, als die ihnen vertraute.«[112]
Die Bedenken von Buloz sind auf ein Werk gerichtet das George in einem Zug, in fünf oder sechs Nächten zur Hälfte niedergeschrieben hat: *Les Sept Cordes de la lyre*. Buloz kündigt sie es an als »phantastisches Drama«, doch eigentlich ist es ein lyrisches Epos. Sobald er es in Händen hat, schreibt er ihr aufgebracht, daß sie mit dieser »Phantasmagorie« endgültig vom richtigen Weg abgekommen sei. Er hält das Manuskript für mystisch und metaphysisch und sträubt sich offensichtlich, es zu veröffentlichen. Doch George ist davon überzeugt, daß dieses von ihrer Liebe zu Chopin inspirierte Prosagedicht »im Land der Seligen und der Heimat der Engel« seinen Platz habe. Sie zwingt ihren Verleger, den Vertrag einzuhalten.
Nicht nur Buloz begegnet den *Sept Cordes* mit Ablehnung und Unverständnis. Das Buch wird von der Kritik fast einhellig totgeschwiegen und von den Lesern nicht einmal wahrgenommen. George hatte sich von vornherein gegen die Kritik der Mittelmäßigen gewappnet, gegen »diejenigen, die alles, was sie übersteigt, als unmöglich und absurd bezeichnen«. Doch ihr Mißerfolg geht ihr

zu Herzen, und die Gleichgültigkeit, auf die sie stößt, bringt sie schließlich dazu, die lyrische Form wieder aufzugeben. Das Publikum ist auf dieses Genre kaum vorbereitet.

Wie in *Lélia* sind die Personen Symbole, und auch die Attribute, die sie charakterisieren, sind symbolisch zu deuten. Hélène, die Seherin und Prophetin, wird inspiriert vom Geist der Leier, in dem sich Chopin versinnbildlicht. Die trostspendende Hélène ist blond wie Marie d'Agoult und unabhängig wie George Sand. Wird sie durch Aufopferung ihrer selbst das Glück der anderen erreichen? Sie ist die Tochter der Leier, wie Orpheus, und will in Freiheit leben. Durch die Vermittlung von Hans, der Liszt und George gleichermaßen verkörpert, antwortet die befragte Hélène, daß die Musik Magie sei und die Sprache des Unendlichen. Albertus ist die Vaterfigur, Lamennais, Leroux und Michel de Bourges in einem. Er verlangt von Hélène Gehorsam, während sie frei sein will. Albertus verurteilt die freie Kunst, die Kunst soll nützlich sein: »Jeder Künstler, der sich kein edles, kein soziales Ziel setzt, verfehlt sein Werk. Was geht es mich an, wenn er sein Leben mit der Betrachtung eines Schmetterlingsflügels oder eines Rosenblattes verbringt! Die allerkleinste Entdeckung, die dem Menschen Nutzen bringt, ist mir lieber!«[113] Michel de Bourges sah in der Musik nur eine algebraische Kombination der verschiedenen Töne der Tonleiter. Nachdem er die Kunst auf ihre soziale Rolle hatte beschränken wollen, scheitert Albertus, doch er wird von Hélène gerettet. Der Geist der Leier, dem die göttliche und die menschliche Liebe in gleichem Maße nötig sind, der Gefangene der sieben Saiten, das ist Chopin, dessen Kunst durch die Liebe der George Sand die Misere des Exils überwindet.

Mit diesem Poem zum Ruhm der Musik hat sich George ihren Platz unter den großen Romantikern ihres Landes gesichert. Doch die *Sept Cordes* beweisen noch etwas anderes, nämlich daß George an das Engagement der Kunst glaubt, während sie gleichzeitig diejenigen dem Spott preisgibt, die in der Musik und Literatur nur Zerstreuung erleben wollen. Für sie ist die Kunst etwas ganz anderes, eine Form der Erkenntnis, in der das Schöne sich dem Wahren verbindet. Zwischen die Vernunft und das Herz gestellt, hat sie das Herz gewählt. Den Geist der Vernunft vertritt Mephistopheles. Wenn er nicht alles verneint, wie der aus dem *Faust*, so zieht er doch alles in Zweifel. Er unterwirft Albertus seiner Logik, der daraufhin nach anderen, neuen Formen der Erkenntnis sucht; mit Hilfe der Magie und Geheimwissenschaft.

George Sand wurde bei diesem Werk vor allem von Goethe beeinflußt, von dessen *Faust* im Augenblick der Niederschrift allerdings nur der erste Teil in Frankreich erschienen war. Sie wollte mit den *Sept Cordes* einen Anti-Faust schreiben. Aber neben Goethe haben sie auch andere beeinflußt: Edgar Quinet und sein *Ahasvérus*, Nodier, bei dem die Welt der Menschen und der Geister ineinander übergehen, Balzac mit seiner *Séraphita*. Sie hat das Motiv der Leier bei Musset und aus dem *Orphée* von Ballanche entlehnt.
Sie bekennt sich zu diesem Philosophen und seinem Glauben an den Fortschritt des orphischen Menschen, sofern er an Gott glaubt und seinen Nächsten liebt. Sie versteht sich als Schülerin von Leroux, und auch er lehrt sie, daß der Mensch fähig ist zur Vervollkommnung und daß die Kunst gleichzeitig die Gegenwart schildern und die Zukunft voraussagen muß. Die *Sept Cordes de la lyre* sind eine Antwort auf die Ängste und Zweifel der Lélia, die so hoffnungslos ist, daß sie »blind und taub« sein möchte. Hélène dagegen, empört über die Ungerechtigkeit, glaubt an eine Verbesserung, mag sie auch noch so langsam vor sich gehen. Sie verfolgt dieses Ziel mit stürmischem Eifer. Ihr Wahnsinn ist dem Genie, der Ekstase verwandt, doch ihre Intelligenz ist nur mittelmäßig. »Gott schätzt die Liebe höher als die Intelligenz«, sagte schon Spiridion.
Die gestrenge Marie d'Agoult spricht in einem Brief vom 23. Januar 1839 von einem »Erschlaffen des Talentes« bei George.[114] Sie meint, ihre Freundin habe seit der »Epoche der Gefühle«, die durch *Lélia* und die *Lettres d'un voyageur* ausgezeichnet sei, nichts mehr von Wert geschrieben und vermutet, sie habe »mehr Konzentration« nötig. Sie hat von *Spiridion* und den *Sept Cordes de la lyre* nichts begriffen.
Obwohl sie Buloz dazu nötigt, weigert sich George, in Zukunft nur noch »kleine Novellen à la Balzac« zu liefern. Falls sie nicht auf ein Thema stieße, das ihr erlaubte, »eine große Idee in diese kleine unbedeutende Form hineinzupacken«, will sie keine mehr schreiben. Sie macht sich den Vorwurf, schon mehr als genug in diesem Genre gearbeitet zu haben. Die Leser der *Revue des Deux Mondes* müßten eben »etwas weniger dumm« werden, da auch sie ihrerseits »weniger dumm« geworden sei. Buloz bekommt ihren Spott zu spüren, weil sein Publikum *L'Uscoque*, die schlechteste Sache, die sie je gemacht habe, *Spiridion*, der besten, vorgezogen hat.[115]
Im Jahr 1840 kommt es zu ernsten Schwierigkeiten mit Buloz. Schon von *Spiridion* war er nicht begeistert gewesen, und zum Abdruck der *Sept Cordes* hatte ihn George fast zwingen müssen. Nun

lehnt er es rundweg ab, ihren neuen Roman, *Le Compagnon du tour de France*, ein sozialkritisches Buch, ohne tiefgreifende Änderungen zu publizieren. Sein Publikum sei nicht bereit, Arbeiter und Handwerker als Romanhelden hinzunehmen. Überdies erschreckt ihn das Wort »Kommunismus«, das hier zum ersten Mal in die Literatur eingeführt wird. Buloz, der inzwischen Beauftragter des Königs für die *Comédie Française* geworden war, muß auf die Herrschenden Rücksicht nehmen.
George interessiert sich lebhaft für das *Livre du compagnonnage*, ein Buch über die Wanderschaft der Handwerksgesellen quer durch Frankreich und deren Organisation in Geheimgesellschaften, das der Tischlergeselle Agricol Perdiguier 1839 veröffentlicht hatte. Bei ihm holt sie sich die Informationen für ihren Roman, er ist eines der Vorbilder für ihren Helden, den Zimmermann Pierre Huguenin, eine Christus-Gestalt. Dieses Werk hat George zum Ruhm der handwerklichen Arbeit geschrieben. Sie liefert damit eine der ersten Schilderungen der Welt der Arbeiter und fordert für die Ausgebeuteten das Recht auf Muße und Kultur. Dabei benutzt sie die naive Liebesgeschichte zwischen dem Zimmermann und Yseut, einer jungen Adligen, um wieder einmal gegen die Klassenschranken anzuschreiben. George hat sich auch mit den geheimen, miteinander rivalisierenden Arbeitervereinen befaßt, denen sie in ihrem Roman zum Zusammenschluß rät.
Der *Compagnon du tour de France* erscheint schließlich Anfang 1841 bei dem Verleger Perrotin, nachdem George sich zu Kürzungen nicht bereit gefunden hatte. Dieser Roman ist sehr wichtig für sie, die sich »durch das Blut und durch das Herz« dem Volk zugehörig fühlt. Natürlich reagiert die etablierte Kritik mit geschlossener Ablehnung. *Le Compagnon du tour de France* wird für so extrem und revolutionär gehalten, daß seine Verfasserin von diesem Augenblick an dem bürgerlichen und royalistischen Lager als gemeingefährlich gilt. Daß es eine Frau ist, die solche kühnen sozialen Forderungen formuliert, treibt die Empörung ins Maßlose. Keiner ihrer erfolgreichen Kollegen, weder Balzac noch Dumas der Jüngere, hätten es gewagt, so weit zu gehen. Jedes Mittel ist recht und erlaubt, um sie zu verleumden. Doch sie gibt sich nicht geschlagen, sie bleibt auf ihrer Linie, auch wenn der Verkauf ihrer Bücher in den Kreisen ihrer bisherigen Leser immer schwieriger wird.
Bei ihrem nächsten Roman, *Horace*, kommt es dann zum endgültigen Bruch mit Buloz. Dieser Roman spielt im revolutionären Paris von 1830 und während der Volkserhebungen der folgenden Jahre.

Im Zusammenhang mit der Revolte der Studenten liest man darin Sätze wie den folgenden: »Wenn die Jugend den Mut und die Größe ihres Herzens nicht anders kundtun kann als durch Angriffe auf die Gesellschaft, dann muß es um diese Gesellschaft sehr übel bestellt sein.« Buloz wirft ihr vor, sie habe sich mit diesem Buch zu weit heruntergelassen. In einem bemerkenswerten Brief vom 15. September 1841, der die Kraft und Entschiedenheit dieser Frau offenbart, entgegnet sie ihm: »Lesen Sie doch zwei oder drei Seiten aus *Jacques* oder *Mauprat*, aus allen meinen Büchern bis hin zu den unschuldigsten, bis zu den *Mosaïstes*, bis zur *Dernière Aldini*, und Sie werden eine immerwährende Gegnerschaft zu Ihren Bürgern, zu Ihren bedächtigen Herren, zu Ihrer Regierung, Ihrer sozialen Ungerechtigkeit erkennen und eine unverbrüchliche Sympathie für die Menschen aus dem Volk.« Buloz will nur ein völlig überarbeitetes, gereinigtes Manuskript drucken. Sie ist zu kleinen Konzessionen durchaus bereit, aber niemals in dem, was die Tendenz betrifft. »Sie wollen mir beweisen, daß mich das in Verruf bringt, mich ruiniert, mich zugrunde richtet. Doch in diesem Punkt bin ich dickköpfig und werde mich frohen Herzens ruinieren, solange ich meine Ansichten äußern kann.«[116]

Noch im selben Monat beschließt sie mit ihren Freunden Leroux und Viardot die Gründung einer eigenen Zeitschrift, in der sie zukünftig völlig unabhängig ihre Meinung wird vertreten können. Anfang November erscheint die erste Nummer der *Revue indépendante* mit dem Vorabdruck von *Horace*.

Lamartine sah in der Verfasserin von *Consuelo* eine Frau, »die ihr Geschlecht im Handgemenge mit dem Genie verloren hat«.[117] Doch um diesen Roman zu schreiben, bedurfte es ganz im Gegenteil eines spezifisch weiblichen Genies. George Sand hat damit ihren *Wilhelm Meister* geschrieben, nur hat sie den Helden durch eine Heldin ersetzt. »Ich fühle, daß mein Herz zum Mitleiden, Bedauern, Helfen und Trösten gemacht ist.«[118]

Consuelo ist das Werk einer Frau, die schon in ihrer Kindheit auf dem Lande das Wunderbare entdeckte, die von Halluzinationen heimgesucht wurde und die solches Interesse zeigte für die Geheimwissenschaften, daß sie von einer mißgünstigen Umgebung verdächtigt wurde, sich magischen Praktiken hinzugeben. George hat ihr Leben lang nach den Zeichen des Himmels ausgespäht. Ihre Einbildungskraft hat es ihr leicht gemacht, die Gabe des Zweiten Gesichts bei anderen zu begreifen. In Consuelo nimmt dieser Hang zum Okkulten Gestalt an.

Dieser ehrgeizigste aller Romane der Sand wird von Alain, von André Maurois und vielen anderen als ihr Meisterwerk betrachtet. Sie hat mit ihm einen Erfolg ohnegleichen errungen. Das Publikum riß sich die Nummern der *Revue indépendante*, wo der Vorabdruck erscheint, buchstäblich aus der Hand. Die Leser verfolgen gierig den Zwist der beiden rivalisierenden Sängerinnen Giulia Grisi und Pauline Viardot, den George in ihren Roman übertragen hat. Jeden Monat erscheinen mehrere neue Kapitel, im Dezember 1842 muß die Zeitschrift ihren Rhythmus beschleunigen, und nun sind es vier bis fünf Kapitel alle vierzehn Tage, von 1842 bis 1844. Schließlich umfaßt das Werk dreizehn Bände, acht entfallen auf *Consuelo*, fünf auf die Fortsetzung, *La Comtesse de Rudolstadt*.
Unter Zeitdruck, von Tag zu Tag und nach den Bedürfnissen der Zeitschrift geschrieben, die George unterstützt, ist dem Roman diese Überstürzung, diese Planlosigkeit anzumerken. George hat nicht einmal die Möglichkeit, das bereits Geschriebene nochmals zu überarbeiten oder zu verbessern. Der Herausgeber und das Publikum erlauben es ihr nicht, einen Augenblick einzuhalten, so daß sie in zehn Tagen bis zu elf Kapitel schreibt!
In einem »hinreißenden Crescendo« hat George viele Themen kunstvoll miteinander verflochten: absolute Liebe und das Phänomen der Ekstase, Geheimgesellschaften, Musik und soziale Probleme. *Consuelo* und die *Comtesse de Rudolstadt* sind ein Spiegel alles dessen, was George in den Jahren davor beschäftigt und umgetrieben hat. In diesem Roman hat sie ihren Zielen und Forderungen Ausdruck gegeben.
Trotz des gelegentlich allzu turbulenten Handlungsverlaufs ist *Consuelo* kein Abenteuerroman. Trotz solcher Figuren wie Porpora (dem Lehrer von Consuelo, der eifersüchtig ist wie Hyacinthe de Latouche), wie die Äbtissin Wenceslawa (Alberts Tante, die in Vorurteilen erstarrt ist wie Madame Dupin de Francueil) oder wie die Grisi als Corilla ist der Roman kein Sittengemälde. Es ist eher ein Bildungsroman, der über Georges eigenes Werden Auskunft gibt.
Consuelo, die geniale Sängerin, ist Pauline Viardot, aber sie ist auch George. Albert, dem von der Vergangenheit inspirierten Mann, der in die Zukunft sieht, dem von einer inneren Flamme verzehrten Visionär, gibt Consuelo einen weisen Rat, der von George kommt: »Dieser Zustand der Ekstase, den auch ich bewundere, Albert, ist eine Krankheit, wenn er sich hinzieht. Gott kann nicht wollen, daß der Mensch das Gefühl und Bewußtsein für sein wirkliches Leben

verliert, um sich allzuoft in die vage Vorstellung einer idealen Welt aufzuschwingen.«[119] Sie weiß, daß den Menschen, der an der Ekstase Gefallen findet, Wahnsinn und Raserei erwarten, und bringt ihn wieder zur Vernunft. George behandelt in diesem Roman die Beziehungen zwischen Genie und Wahnsinn, Genie und Ekstase, über die sie schon seit langem nachgedacht hat. Die drei Ekstatiker, die in *Consuelo* diesen Zustand auf verschiedene Weise verkörpern, im Zeichen des Wahnsinns, der Idiotie und der Unschuld, also Albert, Gottlieb und Zdenko, sind Jünger der Religion George Sands, der Religion der Gleichheit und Brüderlichkeit.

In mehreren ihrer Romane schildert George Geheimgesellschaften, deren Ziel es ist, ohne Gewalt die Gleichheit der Menschen herbeizuführen. Die *Comtesse de Rudolstadt* ist der Roman der Initiation in einen Geheimbund, den der »Unsichtbaren«, den George nach dem Vorbild der Freimaurer geschaffen hat. Doch im Gegensatz zu den Freimaurern nehmen die Unsichtbaren auch Frauen auf. Consuelo wird Mitglied dieses Bundes, in dem es sich ein jeder zur Aufgabe macht, gegen sich selbst und für das Wohl des Volkes zu wirken. Wie für alle Romantiker so ist auch für George das Soziale nicht vom Religiösen zu trennen. In einer Szene des Romans wird dies anschaulich gemacht: Während ihrer Initiationszeremonie trinkt Consuelo aus dem Kelch von Ziska, dem Anführer des Hussitenvolkes. Der Laienkelch ist hier das Symbol eines progressiven Christentums, in dem Kommunion und Kommunismus eins werden.

George hat für die beiden Romane gründliche Vorstudien geleistet. Nicht nur aus Goethes *Wilhelm Meister*, sondern aus zahlreichen Spezialstudien hat sie sich Informationen über die Geheimgesellschaften beschafft. Die vollständige Übersetzung des *Wilhelm Meister* war erst 1843 in Paris veröffentlicht worden, als ein großer Teil von *Consuelo* bereits erschienen war. Goethe hat wohl vor allem den zweiten Teil des Romans entscheidend beeinflußt. Die Entsagung der Helden beweist, daß George die Lehre des *Wilhelm Meister* begriffen hat: Consuelo verliert ihre Stimme und Albert sein Vermögen, aber beide verwirklichen trotzdem ihr Leben als Künstler, »denn Gott hat uns zu Künstlern gemacht, und wir sollen seine Gaben nutzen«.[120]

Die priesterliche Rolle des Künstlers wird immer wieder betont. Auch darin sind die Vorstellungen von Lamennais und Leroux zu spüren. Die Helden haben in ihren Träumen den einzigen Ehrgeiz, sich sozialen Aufgaben zu weihen. Die Künstler haben wie die

Priester »Mission und Macht, alle Klassen miteinander zu versöhnen, sie zu beleben, sie zu leiten, in gemeinsamer Liebe zu dem der Menschheit vorbestimmten Ziel«.[121]

Die Musik ist ein anderes, großes Thema des Romans. Drei Arten sind es, die George darstellt und analysiert: Die Opernmusik als die traditionelle, siegreiche Musik ihrer Zeit, die sakrale Musik von Marcello, Pergolesi, Händel und Bach, und die Volksmusik, in der sich die Seele der Völker, und vor allem der unterdrückten Völker offenbart. Sie stellt Porpora, dem Meister starrer Tradition, Haydn gegenüber, den modernen Komponisten mit der reineren, schlichteren Musik, »bei der die Seele zur Seele spricht«. Für Consuelo wie für George ist die Musik die natürliche Sprache des Gebets, sie versetzt uns in eine ideale Welt. Mit ihrem Gesang tröstet Consuelo Albert, der ihr durch das Spiel seiner Geige die Seele seines Volkes erschließt. »Die Musik gibt den geheimnisvollsten und erhabensten Gedanken der Seele Ausdruck . . . Sie ist die Offenbarung des Unendlichen.«[122]

Auch außerhalb Frankreichs werden *Consuelo* und die *Comtesse de Rudolstadt* viel gelesen und vor allem hoch geschätzt. Sehr bald erscheinen Übersetzungen in vielen europäischen Ländern. Das Werk bleibt nicht ohne Wirkung. Walt Whitman wurde in seiner Entwicklung entscheidend davon beeinflußt, George Eliot hat sich dafür begeistert, doch am meisten hat dieser Roman wohl auf die Slawen Eindruck gemacht, die sich darin erkannt und verstanden fühlten. Dostojewski sah in George eine »russische Kraft« und Turgenjew nannte sie »eine meiner Heiligen«.

In Frankreich jedoch stößt *Consuelo* einerseits auf den Widerstand der Kirche und die Ablehnung der Frauenverächter, andrerseits auf das Unverständnis jener Sozialisten, die den religiösen Romantizismus von George nicht billigen. Die französische Kritik zwischen 1880 und 1930, gegen Sozialismus, Romantik und Feminismus eingestellt, spricht wie Faguet vom »Chaos«, den »religiösen Abschweifungen«, dem »Wortschwall« und der »Schwerfälligkeit« des Romans.[123] George hat die Mängel und Schwächen ihres Romanes sehr wohl erkannt. Von zu vielen Reflexionen und Ideen beschwert, wird er zunehmend kraftloser und erst der Schluß erreicht wieder die frühere Intensität. »In *Consuelo* und der *Comtesse de Rudolstadt* steckt Material für drei oder vier gute Romane«, schreibt George 1854. In diesem Reichtum liegt auch die Schwäche. Doch nirgendwo anders in ihrem Werk findet man so großartige Seiten. Alain ist einer der wenigen gewesen, der dies erkannt hat: »Das ist unser *Meister*, gefälliger und anziehender durch das Abenteuerliche, und doch ins Tiefste gehend durch die Musik, wie der andere durch die Poesie.«[124]

Auf *Consuelo* folgt 1844 der Roman *Jeanne*, in dem George zum ersten Mal ein bäuerliches Milieu schildert. Schon hier macht sie den schüchternen Versuch, ein paar Ausdrücke im Dialekt des Berry einzuführen. Die Heldin ist ein Landmädchen, ein begnadetes Geschöpf, dem George nicht ohne Absicht den Namen Jeanne gegeben hat. Sie ist das, was eine Jeanne d'Arc hätte sein können, die sich ausschließlich für ihre Nächsten aufgeopfert hätte, rein, gut, ergeben, tapfer und fast eine Heilige. *Jeanne* wurde von Dostojewski als der bedeutendste Roman der Sand angesehen. Balzac empfiehlt ihn Madame Hanska: »Lesen Sie das, es ist wunderbar, die Landschaft ist von Meisterhand gezeichnet.«

Mit dem *Meunier d'Angibault*, der 1845 erscheint, hat George fortgesetzt, was sie in *Jeanne* begonnen hatte: Das ländliche Berry wird in den folgenden Jahren der Schauplatz ihrer Romane bleiben. Doch erst mit *La Mare au diable*, 1846 veröffentlicht, führt sie den berrichonnischen Dialekt in die Literatur ein und entwickelt jenes neue Genre, das später die Bezeichnung *roman champêtre* erhielt.

Aurore Dupin stammt nicht aus dem Berry, doch sie besaß eine Neigung zum Träumen und Sinnieren. Das half ihr, sich in diesem stillen Land und auf ihrem abgelegenen Besitz wohl zu fühlen, in dieser »von Melancholie durchtränkten Natur«. »Alles friedlich, aber alles stumm. Alles ist ruhig, aber alles scheint tot.«[125] Aurore hat die meiste Zeit ihrer Kindheit und Jugend im Berry zugebracht, und wenn es sie in den unruhigen Jahren auch immer wieder fortgetrieben hat, so ist sie doch ab 1847 immer häufiger und später ganz und gar in Nohant zu Hause gewesen.

Die engen Beziehungen, die sie zu den Familien der Bauern und Pächter unterhält, die dörfliche Geselligkeit, die fast heidnischen Feste, an denen sie von jeher teilnimmt, haben sie mit den Liedern und Legenden, mit den Bräuchen und Verboten, mit den geflüsterten Ängsten des Volkes bekanntgemacht. Für sie hat die Sprache des Berry, die sie als Kind selbst gesprochen hat, einen Sinn, sie weiß, daß sie sich von einem Bezirk zum andern verändert, wie die Trachten und Hauben.

Sie weiß auch, daß die Bildung, die sie für die Bauern fordert, der seit Jahrhunderten mündlich überlieferten Kultur ein rasches Ende bereiten wird. Die Zeit drängt, wenn man diese Reichtümer erhalten will. Alle ihre Freunde aus dem Berry unterstützen sie bei ihren

Nachforschungen, helfen ihr, alles zu sammeln, was unterzugehen droht: Traditionen, Bräuche, Trachten, Lieder, Legenden. In Zeitschriften veröffentlicht sie das Resultat ihrer Forschungen. Sie macht die Sprache wieder lebendig, durch sie wird der Dialekt des Berry literaturfähig. Natürlich stößt sie auch damit auf Ablehnung und Kritik. Die Spottverse über die Folklore und die Provinzialismen in ihren Werken sind Legion. Nur wenige begreifen, daß diese Wiederentdeckung des Regionalismus über ein bloß literarisches oder künstlerisches Interesse weit hinausgeht.
In den *Mœurs et Coutumes du Berry*[126], den *Visions de la nuit dans les campagnes*[127] und den *Légendes rustiques* sammelt George die Märchen und Geschichten der Bauern. Für sie sind diese Legenden die Überreste einer primitiven Religion, die viel weiter zurückreicht als die Druiden. Zu ihrer Zeit glaubte man im Berry noch unumstößlich an diese Geschichten von Hexen, Geistern und Unholden.
George möchte die Welt der Bauern, die damals den größten Teil der Bevölkerung ausmachten, so schildern, wie sie wirklich ist. Im Gegensatz zu Balzac möchte sie beweisen, daß es auch unter den Bauern »häusliche Sitte und Zartheit« gibt und daß die Behauptung, der absolut redliche und sittliche Mensch sei in der bäuerlichen Schicht eine Ausnahme, einfach nicht stimmt.[128] Im Vorwort zu *La Mare au diable* betont sie, wie ungerecht es sei, daß die Bauern, die mühsam den Boden bearbeiteten, daraus so wenig Gewinn zögen. Man hat ihr vorgeworfen, sie habe die Bauern idealisiert, habe sie nicht als brutal und schmutzig, sondern höchstens als schlau und beschränkt gezeichnet. Ihre ländlichen Szenen lassen eher an die *Idyllen* des Theokrit als an Vergils *Bucolica* denken und sind der Natur viel näher, sind viel wahrer als die *Paysans* von Balzac.
La Mare au diable, das George in einem Zug, innerhalb von nur vier Tagen niedergeschrieben hat, ist ein verkanntes kleines Meisterwerk. Die Sprache des Berry, die sich George selbst aus dem Dialekt geschaffen hatte, erhöht den poetischen Reiz des Romans. Den dramatischen Kern der Handlung, die Reise in eine einsame Gegend, in der sich die Romanfiguren verirren, brauchte George nicht lange zu suchen, denn sie selbst hatte sich als Kind eines Nachts auf einer Reise im Wagen durch die berrichonnische Heide verirrt. Sie mußten biwakieren, und ihr Kindermädchen hatte, wie die Marie im Roman, die Frösche, die Aurore am Einschlafen hinderten, zum Verstummen gebracht. Eindrücklich beschwört George den Zauber der Landschaft des Berry, für den sie immer so empfänglich

war. Doch ihr altes Thema, das sie nun seit fünfzehn Jahren variiert, die Entscheidung für eine Vernunft- oder eine Liebesheirat, taucht auch hier wieder auf. Das gibt ihr Anlaß, auf der einen Seite fleißige und ehrliche und auf der andern abergläubische, nur an ihrem Vorteil interessierte und von Vorurteilen belastete Bauern gegeneinanderzustellen.

Mit *François le Champi*, dessen Vorabdruck Ende 1847 beginnt, greift sie ein soziales Problem ihrer Zeit auf: Die Situation des elternlosen Kindes auf dem Land. Dieser Roman war von Anfang an ein großer Erfolg, so daß sie ihn ein Jahr später für die Bühne bearbeitete. Er ist angelegt als Rahmengeschichte, die ein Hanfbrecher, am Feierabend, wenn alle ums Feuer sitzen, erzählt. Im Munde dieses Landmannes wirkt der Dialekt, mit dem George sprachlich experimentiert, viel natürlicher. Die scheue, spröde Zuneigung, die sich zwischem dem Findelkind und seiner Adoptivmutter entwikkelt und schließlich zu inniger Liebe wird, läßt sich in der von George adaptierten Sprache der Bauern viel echter und ursprünglicher ausdrücken.

Im Revolutionsjahr 1848 schreibt George »unter dem Druck der Ereignisse« *La Petite Fadette*. Die Buchausgabe erscheint 1849 unter schwierigen Bedingungen. George erhält dafür ein sehr viel niedrigeres Honorar als üblich, so schlecht ist die allgemeine wirtschaftliche Situation.

Auch hier ist das Berry gegenwärtig, durch den fast unwirklichen Reiz seiner Landschaften, den George so unvergleichlich zu vermitteln versteht. *La Petite Fadette,* das ist Aurore, das mutterlose Mädchen, die »Hexe«, die von allen verleumdet wird, und doch voll guten Willens ist. Die Vorurteile, denen sie begegnet, haben sie aggressiv gemacht. Doch sie wird erst dann anerkannt werden, wenn sie zu Geld gekommen ist. Wie Aurore kann es auch Fadette nicht ertragen, daß man ihr die Leichtfertigkeit ihrer Mutter, die sie verlassen hat, zum Vorwurf macht. Sie lebt wie ein mißglückter Junge bei ihrer Großmutter, sie ist gutherzig, mutig, liebevoll, und nur die Ungerechtigkeit und das Elend bringen sie in Aufruhr. So ist George, auch wenn sie im Vorwort zu diesem Roman behauptet, sie sei nun auf die »Schäferspiele« gekommen, doch ihrem sozialen Engagement treu geblieben.

In den *Maîtres sonneurs* von 1853, dem letzten der Dorfromane, stellt George ein durch die Musik herausgehobenes Geschöpf gegen die bäuerliche Mittelmäßigkeit. Es wird von seinen Gefährten zum Narren gehalten, doch es lebt nur für die Musik, wird davon verzaubert und unangreifbar. Die groteske und gewalttätige Initiationszeremonie in einer ländlichen Geheimgesellschaft nimmt George zum Anlaß, die Bauern einmal brutaler und grobschlächtiger zu zeichnen, als sie das gewöhnlich tut. Gerade in den *Maîtres sonneurs*, dem besten und unbekanntesten ihrer Bauernromane, ist ihr der Versuch gelungen, eine Sprache zu schaffen, die der möglichst nahe kommt, die damals auf den Höfen des Berry gesprochen wurde.

Durch die riesige Aufgabe, die mit den vertraglich vereinbarten zehn Bänden ihrer Lebensgeschichte an sie gestellt wird, verlangsamt sich für einige Jahre der Rhythmus ihrer Romanproduktion. Nach den Enttäuschungen des Revolutionsjahres hat sie begriffen, daß sie das Volk nicht erreicht oder gar beeinflußt hat. »Alles, was in mir war, habe ich gesagt, auf eigene Gefahr und zu meinen Lasten, in einer langen Folge von Romanen, die die Verleger niemals unters Volk bringen konnten oder wollten. Ich habe die Bourgeoisie verletzt, die mich las, aber ich habe das Volk nicht unterwiesen, da es mich nicht lesen konnte.«[129] Im Jahr 1851 entschließt sie sich daher, ihr Werk zu popularisieren, indem sie es in einer Volksausgabe zu vier Sous pro Band verbreiten läßt. Von diesem Zeitpunkt an festigt sich in ihr immer mehr die Überzeugung, daß man den Leser über das Gefühl ansprechen müsse. »Das Herz spricht wie die Musik eine universelle Sprache, und nach reiflicher Überlegung habe ich mich entschlossen, nur noch diese Sprache zu sprechen«, schreibt sie 1852 an ihren Verleger Hetzel.[130]

Wenn ihre Romane nach 1852 für einige Zeit den gewohnten politischen und sozialen Eifer vermissen lassen, so liegt das an den Auflagen, denen sie in einem veränderten politischen Klima unterworfen wird. Sie muß ihren Verlegern vertraglich zusichern, daß sie sich bei »politischen, sozialen und religiösen Themen«[131] zurückhält. Da sie immer mehr Geld braucht, nicht für sich selbst, aber für viele andere, akzeptiert sie diese freiwillige Zensur.

Fast dreißig Jahre lang veröffentlicht sie im Jahr durchschnittlich zwei Romane. Man kann diese Titel nicht alle aufführen. Schon 1853 hat sie sich mit Buloz versöhnt, und von 1858 an erscheinen ihre Romane aufs neue als Vorabdruck in der *Revue des Deux Mondes*. Es läßt sich nicht mehr genau unterscheiden, welchen unter all diesen Romanen sie nur schreibt, um ihren Vertrag mit dem Verleger zu erfüllen, und zu welchem sie die Kraft der Inspiration veranlaßt hat. Ihre Landschaftsschilderungen haben immer noch denselben Charme, aber die Handlungsfülle und gewisse Konzessionen

an den Publikumsgeschmack schmälern den literarischen Wert mancher ihrer Bücher. Noch wenige Wochen vor ihrem Tod verteidigt George gegenüber Flaubert ihren Standpunkt am Beispiel des Romans *Rougon*. Sie ist noch immer eine engagierte Schriftstellerin. Ihr Ziel ist es, den Leser zu erziehen, ohne daß er dessen gewahr wird. Alle ihre Romane sind im Grunde Thesenstücke. Eindringlicher denn je verteidigt George die Frauen gegen die »verdummende Erziehung«, welche die Kirche ihnen vorbehält. Sie kämpft in ihren Büchern gegen alle übrigen Ungerechtigkeiten, denen Frauen ausgesetzt sind. Doch vergeblich versucht sie den Frauen und Mädchen den Geist des Aufruhrs einzuflößen: ihre Bücher stehen auf dem Index. Noch immer brandmarkt sie die soziale Ungleichheit, rüttelt an den Klassenschranken, predigt gegen Vorurteil und Dummheit. Doch sie versteckt ihre Ratschläge und Ansichten in Szenen und Intrigen, die so spannend sind, daß der Leser oder die Leserin häufig gar nicht auf den Gedanken kommt, zwischen den Zeilen zu lesen.
Das Jahr 1861 ist ein besonders fruchtbares Jahr. Neben drei anderen Titeln erscheint der *Marquis de Villemer*, der soviel Erfolg hat, daß sie daraus ein Bühnenstück macht. 1862 kommt *Tamaris* heraus, zu dem sie durch eine Reise nach Südfrankreich angeregt wurde. Seit einiger Zeit schon reist George regelmäßig, um ihrer Phantasie neue Nahrung zu geben. Im nächsten Jahr veröffentlicht George den antiklerikalen Roman *Mademoiselle La Quintinie*. »Das mächtige Adlerweibchen«, wie Sainte-Beuve sie nennt, liefert damit eine heftige Entgegnung auf einen bigotten Roman von Octave Feuillet. Bei George entscheidet sich die katholische Heldin für das Freidenkertum ihres Mannes. Über dieses Buch haben sich die Gemüter heftig erhitzt.
Dann kam, nach vielen anderen, 1865 der Roman *Laura*, mit dem George ein meisterliches Beispiel phantastischer Literatur geschaffen hat. Die Entdeckerin von Corambé hatte nie Schwierigkeiten, von der Wirklichkeit in den Traum überzuwechseln, doch nirgends gelang es ihr so mühelos wie in diesem Roman. Nirgends geht das Phantastische so selbstverständlich aus dem Alltäglichen hervor wie in dieser Studie über die Imagination des Künstlers.
Der Leser wird anhand einer ganz realen Sammlung von Gesteinsproben in das Reich der Mineralien eingeführt. Alexis, ein junger Mann mit übermächtiger Einbildungskraft, der sich mit der alltäglichen Wirklichkeit nur schwer abzufinden vermag, entdeckt in der Sammlung eine Druse, jene von den deutschen Romantikern zum

Symbol erhobene Steinmasse, deren hohles Innere mit Kristallen besetzt ist. In dieser kristallenen Landschaft sieht Alexis »die Idee einer phantastischen Welt«. Durch die Betrachtung der Druse erlebt er die Vision einer Reise mit seiner Cousine Laura durch »leuchtende Räume«. Von seiner rationalen Umwelt wird diese Vision als ein wüster Fiebertraum abgetan, aus dem er geheilt erwacht sei. Doch der Jüngling verfällt erneut der Welt der Illusion, die so viel vollkommener ist als die reale, die ihm eine Verbindung mit der geliebten Cousine vorspiegelt, obwohl Laura in Wahrheit einem andern versprochen ist. Sie tröstet ihn, indem sie ihm versichert, sie seien »auf ewig verbunden in der klaren, strahlenden Welt des Ideals«.[132]

Auch in diesem Roman weist George auf die Gefahren hin, die dem Menschen drohen, wenn er sich rückhaltlos der Ekstase überläßt. Der Scharlatan Nasias verkörpert die Nachtseite der Erleuchtung. Unter seinem Einfluß verfinstert sich das Gemüt des jungen Mannes, er glaubt sich durch die Erscheinungen und Bilder dem Wahnsinn nahe. Das phantastische Land, das er entdeckt, nimmt bedrohlichen Charakter an, es ist eine Landschaft des Todes. Doch plötzlich endet die Zauberei, Alexis findet sich brutal in die Wirklichkeit zurückversetzt, er erfährt, daß er sein Zimmer gar nicht verlassen hat, daß diese Reise, eine Ausgeburt seiner Phantasie, von ihm gleichzeitig aufgezeichnet worden war.

Der Held ist von diesem Wechsel von »Traum und Wachsein« verstört. Erschöpft schläft er ein, und noch einmal bedrängen ihn die Bilder seiner Phantasie. Doch er ist es müde, er verzichtete gerne auf alle imaginären Wunder, wenn er dafür eine Stunde der Liebe gewinnen könnte. Nach diesen Erfahrungen glaubt er sich imstande, Laura »gleichzeitig in dem verklärenden Prisma und der wirklichen Welt anschauen zu können«, ohne daß ein Bild das andere verdunkelte.[133] Damit hat die sanfte Laura Alexis seinen Halluzinationen und dem drohenden Wahnsinn entrissen.

Was der Erzähler in diesem Roman über sich aussagt, betrifft in Wahrheit die Autorin selbst: »Sie sehen in mir eine Person, die das Kap der Illusionen glücklich hinter sich gelassen hat, die sich nicht mehr vom Blendwerk der Phantasie gefangennehmen läßt und die es trotzdem nicht bedauert, diesen berauschenden Zustand gekannt zu haben, wo die Einbildungskraft keine Grenzen kannte und der Geist der Poesie in uns die Öde kühler Berechnungen und den eisigen Schrecken nutzloser Hypothesen erwärmt hat.«[134]

Auch im letzten Jahrzehnt ihres Lebens veröffentlicht George Sand

Roman auf Roman. Sie ist längst eine Instanz, eine Berühmtheit geworden, heftig angefeindet von der neuen Gesellschaft des Zweiten Kaiserreichs, die es ihr nicht verzeihen kann, daß sie die Rückseite der neuen Prosperität beleuchtet. Sie bekämpft das zwanghafte Interesse, mit dem die Menschen mehr und mehr dem verfluchten Geld anhängen. Und wenn sie auch den Ton gedämpft hat, der einst die *Lettres à Marcie* befeuerte, so verurteilt sie deshalb nicht weniger entschieden die Großmannssucht und die gedankenlose Lebensgier ihrer Zeitgenossen.
Unentwegt veröffentlicht sie neue Bücher. Wenn sie eine Migräne hat, verlangt sie für einen Roman eine Frist von zwei Monaten, geplagt von der Sorge, ihre rasche, mühelose Arbeitsweise könne eine »verpfuschte Literatur« hervorbringen. In ihrem letzten Roman, den der Tod unvollendet läßt, behandelt sie noch einmal das Thema der illegitimen Geburt. Albine Fiori, die Heldin, ist die Tochter eines Herrn von Stand und einer Komödiantin. Die Urenkelin des Marschalls von Sachsen verbeugt sich ein letztes Mal vor ihrem Vater, dessen Mut und Unvoreingenommenheit sie ihre legitime Geburt verdankt.

Im Gegensatz zu Flaubert und vielen anderen Schriftstellern weiß George es zu vermeiden, daß ihre Personen ihr entgleiten. Deren Handlungen und Verhalten scheinen das Ergebnis eines Kalküls, was bei einer Schriftstellerin, die niemals nach einem Plan vorgeht, fast paradox anmutet. Ihre Figuren sind sehr genau in Raum und Zeit gestellt. Die Angaben über deren Aufenthaltsorte und Aktivitäten sind topographisch und zeitlich so detailliert, wie es nur einer außergewöhnlichen Beobachtungsgabe gelingen mag. Manchmal benutzt George sogar Karten und »Reliefs«, um die Bewegungen ihrer Helden nachzuzeichnen.[135]
Alle diese Helden und Heldinnen sind ein Teil ihrer selbst, auch wenn sie sich das nicht eingestehen will. »Ich habe mich niemals mit weiblichen Zügen in Szene gesetzt«, beteuert sie in der *Histoire de ma vie.* »Ich bin weit entfernt davon zu behaupten, ein Künstler habe nicht das Recht, sich selbst zu zeichnen oder zu schildern . . . Doch was mich betrifft, so war ich aus einem viel zu buntscheckigen Stoff, als daß ich mich für irgendeine Idealisierung geeignet hätte.«[136] Wie dem auch sei, bewußt oder unbewußt hat sie in alle ihre wichtigen Figuren etwas Eigenes eingebracht, und darin verhält sie sich nicht anders als Balzac, Flaubert und Stendhal. Wer ihre Helden kennt, kennt auch ihr Leben und ihren Charakter.

Aurore ist die kleine Fadette und George die Sylvia aus *Jacques*, auf der Suche nach sich selbst. Sie ist Indiana und alle die anderen Frauen, die von der ehelichen oder ehebrecherischen Liebe enttäuscht sind. Sie ist Edmée, Hélène, Consuelo, die beherzte Trösterin. Und sie ist ganz gewiß Lélia, die unter einem leeren Himmel erkennt, das jede Gesellschaft Oberflächlichkeit, Verlogenheit und Brutalität einschließt, und die feststellen muß, wie radikal sich ihre Hoffnungen von dem unterscheiden, was sie erwartet.
Vielleicht noch viel häufiger hat sich George, wenn man ihren recht widersprüchlichen Aussagen zu diesem Thema glauben darf, in ihren männlichen Figuren porträtiert. Wie der Champi, dieser von allen wohlanständigen Leuten zurückgestoßene Junge, könnte auch sie sagen: »Lieber will ich Böses ertragen, als es andern zufügen.« George, die Mystikerin, ist in dem Mönch Alexis und dem opferbereiten Jacques zu erkennen. Flaubert war es, der diese im besten Sinne christliche Figur für besonders gelungen hielt, diesen Mann, der sich für das Glück seiner Frau selbst aufgibt und der in seiner Größe fast einfältig wirkt.
George Sand ist der Meinung, daß einer Autorin Frauengestalten besser gelängen als einem Autor. Und doch ist ein Bernard de Mauprat, der primitive, heftige, instinkthafte Mann, der unter dem Einfluß einer Frau sehr rasch entbarbarisiert wird, eine unvergeßliche Figur. Ein anderer, mit dem George einen Höhepunkt ihrer Menschenzeichnung erreicht, ist Albert, der Gefährte von Consuelo. Er ist mehr als ein Weiser, er hat ein glühendes Herz, er ist ein Künstler. Er ist das »Genie des Nordens«, wie es sich George unter dem Einfluß der deutschen Romantiker vorstellt: tiefgründig, machtvoll und schwermütig, »die träumende, forschende Seele, die alle Dinge befragt und symbolisiert«.[137]
Man könnte noch lange über die Nebenfiguren sprechen, die von George nach einer völlig anderen literarischen Konzeption entworfen werden als ihre Helden. Ihre Charaktere sind, kaum idealisiert, und also lebensechter. Sie bilden eine riesige Kohorte, die eine spezielle Analyse wert wäre. »Ich bewundere ihren Dodore außerordentlich«, schreibt ihr Flaubert in einem Brief vom November 1872, der fast nur aus lobenden Worten über ihre letzten Arbeiten, in diesem Falle den Roman *Francia,* besteht. »Hier haben wir zum ersten Mal einen wirklichen Pariser Gassenjungen; er ist nicht zu großherzig, nicht zu liederlich, und nicht zu sehr im Genre Vaudeville. Das Gespräch mit seiner Schwester, in dem er einwilligt, daß sie eine ausgehaltene Frau wird, ist ein Geniestreich.«[138]

DIE THEATERSTÜCKE

»Ich hätte geschrieben mit den Füßen im Feuer oder im Eis, wenn ich mit dem Schreiben hätte etwas Gutes tun können, und ich hätte den Stil meiner Köchin oder den von Louis-Philippe angenommen, wenn dieser Stil der überzeugendste gewesen wäre.«[139]

Auch wenn sie 1848 tief betrübt ist, weil sie das Ziel, dem sie ihr Leben und ihr Talent gewidmet hatte, nämlich das Volk aufzuklären, nicht erreicht hat, gibt George nicht auf. Sie will das Schicksal zwingen. Aus der Erkenntnis, daß ihre Romane nur von der Bourgeoisie und nicht vom Volk gelesen wurden, für das sie geschrieben waren, hat sie einen ersten Schluß gezogen: ihre Bücher billiger auf den Markt zu bringen. Doch sie zieht noch einen zweiten: Da das Volk eher ins Theater geht, als daß es liest, wird sie sich in Zukunft auf das Stückeschreiben verlegen. Das Publikum jener Epoche ging in die Boulevard-Theater wie das von heute ins Kino geht.

Um es noch direkter zu erreichen, wird George eines Tages sogar einer Volksbühne wie dem *Théâtre de la Porte Saint-Martin* den Vorzug geben vor dem *Théâtre Français.* Ihre Stücke sind, wie ihre Romane, nicht für die Schöngeister bestimmt. »Ich habe stets für die ungeschliffenen Geister geschrieben, die ich auf diese Weise abschleifen wollte.« Und so macht sie sich mit Eifer ans Werk. »Diese neue Arbeit hat mir wider meinen Willen so sehr den Kopf erhitzt, daß ich nur noch vom Theater träume und meine Einfälle nur noch unter dieser Form sehen kann. Ich hoffe, daß das vorübergehen wird, denn es ist eine fiebertreibende Arbeit.«[140]

Dumas der Jüngere, ihr alter Freund Bocage und der Dramatiker Paul Meurice helfen ihr zuweilen, ihre Romane auf die Szene zu übertragen. Während sie es bei ihren Romanen nicht hinnehmen kann, daß ein Satz oder auch nur ein Wort verändert wird, bittet sie bei ihren Stücken erfahrene Dramatiker oder begabte Schauspieler um ihre Unterstützung, da nach ihrer Meinung nur sie das Bühnenhandwerk von Grund auf beherrschen. Doch immer häufiger schreibt auch sie direkt für die Szene. »Mein Tintenfaß ist nicht länger ein Brunnen für Romane, es ist eine Zisterne für Theaterstücke.«[141]

Der ausgedehnte Briefwechsel mit Bocage, die Stücke *Marielle, Claudie* und *Molière* betreffend, ist aufschlußreich für die Art ihrer Zusammenarbeit. George bittet um Rat und diskutiert mit Bocage Punkt um Punkt. Bocage macht ihr Vorschläge, wie sie kürzen oder die Dialoge straffen kann. Sie ihrerseits nimmt interessiert Stellung zur Wahl der Schauspieler, gibt Anregungen für die Umsetzung der Rollen in Spiel und die Ausstattung der Bühne bis ins letzte Requisit. Für den Ochsenkarren in *Claudie* z. B. macht sie ganz präzise Angaben: »Man muß den Wagen hinter einer kleinen Mauer vorbeifahren lassen, damit man die bewegungslosen Beine nicht sieht, denn eben das ist es, was bei den gemalten Tieren zum Lachen reizt: . . . Die Garbenladung muß die ganze Höhe der Leitern ausfüllen und noch um sieben bis acht Reihen Garben darüber hinausgehen.« Maurice schickt sie nach Paris, um Bocage persönlich die Ausdrücke und die Zurufe beizubringen, die im Umgang mit Ochsen üblich sind. Sie denkt an alles. »Kräftige Ochsen halten nicht an wie eine Maschine, sondern sie schütteln dabei den Kopf, daß das Joch knarrt, und erwecken immer den Eindruck von Widerstand.« Sie schlägt vor, von den Ochsen nur den obersten Teil des Kopfes zu zeigen, der so befestigt ist, »daß er eine Bewegung von unten nach oben vollführt, denn das ist die einzige Bewegung des angeschirrten Ochsen«.[142] Sie entwickelt im Laufe der Zeit viel Theaterverstand, doch immer interessiert sie sich mehr für die effektsichere Szene als für eine ausgefeilte Dramaturgie. Obwohl sie kein Meisterwerk der Bühne geschrieben hat, sind ihr doch Erfolgsstücke gelungen, die Aufsehen erregten. Die Theaterdirektoren bestellten bei ihr ein neues Stück, noch ehe sie das alte zu Ende gebracht hatte. Alle diese Bühnenwerke sind geschickt auf ein gemeinsames Ziel ausgerichtet: dem Volk seine Rechte kenntlich zu machen und ihm einen Weg zu weisen aus der Not.

»Wir möchten dem Volk«, schreibt sie Bocage, »tröstliche, ergreifende, die Sittlichkeit fördernde Schauspiele geben, als eine Art Gegengift zu jener dramatischen Literatur, die packend, brillant, begeisternd ist und die ich sogar selbst gerne mag, die jedoch nur die dicken Fasern der Nerven anspricht und nicht die feinen des Herzens.«[143]

Von den rund fünfzig Stücken, die sie geschrieben hat, wurden die besten, etwa die Hälfte, in Paris aufgeführt. Besonders in Zeiten politischer Restriktion waren sie ein Mittel, ihren Ideen und Ansichten Gehör zu verschaffen. »Das Theater ist eine Predigt in anderer Form«,[144] schreibt sie im März 1851 an Emile Aucante, in jenem Jahr, in dem sie keinen einzigen politischen Artikel veröffentlichen konnte. »Ich kann meine Meinung nicht in die Form zwingen, wie sie die Verfolgung verlangt.« Nur das Theater läßt ihr noch einen gewissen Spielraum. »Mit großer Mühe und in-

dem ich einen Gutteil meiner Haut in den Scheren der Zensur lasse, kann ich auf dem Theater ein bißchen Aufklärung versuchen.«[145]
Der Gleichmut, mit dem sie Erfolg oder Fiasko hinnimmt und der das Staunen und die Bewunderung von Flaubert erregt, läßt vermuten, daß sie ihre Theaterarbeit mit Distanz betrachtet hat. Bei einem Mißerfolg sagt sie sich, daß ihr Stück nicht gelungen sei oder daß es mit dem augenblicklichen Geschmack nicht übereinstimme. Immerhin drei ihrer Schauspiele wurden ein Triumph: *François le Champi*, nach dem gleichnamigen Roman, *Claudie* und der *Marquis de Villemer*, wobei der Erfolg des letzteren sicher auf die politischen Begleitumstände zurückzuführen war.
In *Claudie* bringt George das Problem der ledigen Mutter auf die Bühne, was in der Mitte des 19. Jahrhunderts eine gehörige Portion Wagemut erforderte. Sie tut es mit soviel Offenheit, daß dieses Stück »glühende Polemiken« provoziert, die uns heute nicht mehr ganz begreiflich erscheinen. Der Kritiker Planche, ein alter Freund aus den literarischen Gründerjahren von George, hatte den Mut, das hin- und hergerissene Publikum mit den Argumenten der Vernunft zu konfrontieren: »In dem Augenblick, da man eine Bresche hauen will in das von der Menge als Glaubenssache anerkannte Gedankengebäude, darf man nicht den geringsten Zweifel aufkommen lassen an seiner eigenen Denkart. Wenn man sich entschlossen hat, falsche Prinzipien, die als unfehlbar wahr gelten, ins Wanken zu bringen, darf man sie nicht verstohlen angehen, sondern muß sie packen am hellichten Tag und im Angesicht der Sonne.«[146]
Heute ist es nur noch die ländliche Poesie, die das Stück, das zweifellos einmal die dramatische Erfolgsnummer von George Sand war, vor der Abgeschmacktheit bewahrt.
Auch andere Stücke von ihr fanden Anklang, wie *Mauprat*, bei dem sie neue Nebenfiguren erfand, die im gleichnamigen Roman nicht enthalten waren. Im Zusammenhang mit der Adaption von *Mauprat* vergleicht sie die beiden Genre, den Roman und das Drama. Man muß »insgesamt anders vorgehen, und anders vorgehen, das heißt nicht kopieren, das heißt ein zweites Mal erschaffen«. Im Roman wird im Bericht des Helden in der ersten Person nur angespielt auf die anderen Personen und manchmal sogar darauf verzichtet, »den Nebenfiguren eine Sprache zu schaffen«. Im Drama dagegen spielen diese eine wichtige Rolle. Auf dem Theater muß es einem gelingen, dem Zuschauer »die Personen so echt vorzustellen, daß er ihnen zuhören und zusehen möchte, und doch auch so bündig und gefaßt, daß er nicht den Eindruck gewinnt, sie sprächen zuviel.

Eine Figur aus einem Roman kann einen ganzen Band hindurch rätselhaft bleiben; es ist sogar ein Stilmittel des Romans, nicht zu schnell alles offenzulegen. Auf der Bühne wird man einer Person aus Fleisch und Bein, die sich nur zögernd erklärt, bald überdrüssig«.[147]
Gewisse Stücke, die zu schnell geschrieben wurden oder zu moralisierend, sind zu Recht in Vergessenheit geraten. Andere, wie *Le Mariage de Victorine,* hat sie in wenigen Tagen aufs Papier geworfen, ohne daß die suggestive Kraft darunter gelitten hätte. In diesem Fall war der Staatsstreich vom 2. Dezember 1851 daran schuld, daß das Stück vor leeren Stuhlreihen gespielt wurde.
Häufig sind ihre dramatischen Einfälle nicht weiter gediehen als zu Szenarios oder Rohfassungen, die dann auf der Bühne von Nohant oder im Marionettentheater ausgebaut und aufgeführt wurden. »Niemand weiß, was ich den Marionetten meines Sohnes verdanke«, hat sie einmal geschrieben. In den schwierigen Jahren nach der gescheiterten Revolution war das Theater für George ein neues Forum für die Verbreitung ihrer Gedanken. Aber es war auch im Privaten eine Quelle der Erheiterung und Anregung. Maurice hatte 1847 ein Marionettentheater eingerichtet. Er schnitzte die Puppen und manipulierte sie während der Aufführungen, George nähte ihnen mit viel Geschick und Geschmack die Kostüme. Ende 1848 berichtet sie Augustine de Bertholdi von dieser neuen Art der Abendunterhaltung in Nohant: Maurice und Lambert »haben ein Marionettentheater gebaut, das wirklich eine wunderbare Sache ist. Dekorationen, Verwandlungen bei offener Bühne, perspektivische Prospekte, Paläste, Wälder, Transparente für Mondschein und Sonnenuntergänge, das alles ist wirklich sehr hübsch und voll gelungener Wirkungen. Sie haben rund zwanzig Figuren, und zu zweit lassen sie diese ganze Kasperle-Welt auf die unterhaltsamste Weise sprechen und gestikulieren. Sie schreiben ihre Szenarios selbst, manchmal sehr gut, und sogar finstere Melodramen . . . Für alle diese hölzernen Schauspieler sind eine Unmenge Kostüme vorhanden.«[148]
Im Laufe der Jahre erreichte Maurice mit seinem bis in die technischen Details von ihm allein gestalteten Puppentheater eine Virtuosität, die seine Mutter in ihrem Aufsatz über das *Théâtre des marionnettes à Nohant* überzeugend belegt. Flaubert gegenüber lobt sie seine »unversiegliche Erfindungsgabe und Fröhlichkeit«. »Er hat aus seinem Marionettentheater ein Wunder an Dekorationen, Effekten, Verwandlungskünsten gemacht, und die Stücke, die man

in dieser entzückenden Kiste spielt, sind unerhört und phantastisch.« Die holzgeschnitzten Handpuppen »sehen aus, als seien sie lebendig, erfüllt von burleskem Leben, das gleichzeitig wirklich und unmöglich ist«.[149]

Als Spielvorlage diente ein schriftlich fixiertes Handlungsgerüst mit einfachen, knappen Dialogen, die jeder Sprecher abwandeln konnte. Dadurch wurde die Improvisation zur Kunst. Sie erlaubte es, aus jedem Akt ein abendfüllendes Stück zu entwickeln. Die strengen Formgesetze des »großen Theaters« galten hier nicht. »Die Marionette ist schwatzhaft und saumselig.«[150]

Die Erfahrung mit den Marionetten verstärkt in George den Wunsch nach einem ähnlichen Theater für die große Szene. »Ein Theater mit freier Improvisation in den Dialogen, die jedoch fest in einem wohl überlegten, gut ausgearbeiteten Szenario verankert sind.«[151] Auf diese Weise könnte es gelingen, »die ungezähmte Originalität und die naiven Emotionen« des Theaters der alten Zeit zurückzugewinnen.

Anfang 1851, während Maurice für einige Wochen unterwegs war, läßt seine Mutter den Billardsaal von Nohant und ein daran angrenzendes Zimmer zu einer richtigen kleinen Bühne mit Zuschauerraum ausbauen. Sie berichtet davon Augustine, »ihrer lieben Tochter«: »Ja, das Theater hat Maurice verblüfft. Er kam vor etwa drei Wochen morgens hier an. Das Theater war verschlossen. Am Abend habe ich ihm die Augen verbunden und habe ihn in den Billardsaal geführt. Er sah, wie der Vorhang in die Höhe ging und das Bühnenbild von *Claudie* zum Vorschein kam, alles recht ordentlich und gut beleuchtet. Du kannst Dir seine Überraschung vorstellen. Seit seiner Rückkehr haben wir erst zweimal gespielt. Ich lasse nur alle vierzehn Tage spielen, denn schließlich muß man auch arbeiten. Gestern hatten wir eine glänzende Vorstellung. Ein Stück nach Art der *Pillen des Teufels*, halb gesprochen, halb Pantomime, mit Überraschungseffekten, Teufeln und Knallfröschen in jeder Szene. Es waren sechzig Zuschauer anwesend. Es war ein ziemlicher Trubel, doch man schrie, man trampelte, und die Darsteller waren wie elektrisiert.«[152]

Oft bedient sich George dieser Bühne – ihres rustikal-dramatischen Ateliers –, um ein Stück auszuprobieren, das sie in Paris herausbringen will. Sie liefert dazu ihren Schauspielern eine Leitidee, die sie beleben und entwickeln sollen, und Dialoge, die nur in Grundzügen vorgegeben sind. Je nachdem, wie gut oder schlecht sie diese Aufgabe bewältigen, betrachtet George ihre Idee als erfolgversprechend oder nicht. Wenn sie ein Stück geschrieben hat, läßt sie es in Nohant aufführen, nach dem Grundsatz: »Wenn das Stück gut ist, wird es auch gut gespielt werden.«[153] Die Schwierigkeiten, denen die Schauspieler dabei begegnen, geben ihr Anregungen zur Verbesserung. Sie muß »das Stück aufgeführt sehen und vor allem seinen Stil hören, den ich nicht im Ohr, sondern nur im Blick habe«.[154] Die Probleme, die bei der Inszenierung auftreten, sind für sie sehr lehrreich und haben sie öfters bewogen, ihren ursprünglichen Text zu verändern.

Auf ihrer Privatbühne in Nohant hat sich George selbst als Regisseur und Schauspieler versucht. Im Programm zum Melodram *Blaubart* wird sie als »Direktor und Regisseur, Autor und Darsteller« bezeichnet.[155] In den Pantomimen, die schon zur Zeit Chopins in Nohant eingeführt wurden, haben Mutter und Sohn später einen hohen Grad der Vollkommenheit erreicht. Man spielt stumme Szenen, aus dem Stegreif oder in italienischer Manier.

Auch was das Theater betrifft, sind Georges Unternehmungsgeist und Einfallsreichtum unerschöpflich. Ihre eigene Erfahrung als Darstellerin und die enge Zusammenarbeit mit professionellen Schauspielern regen sie dazu an, über die Beziehung Autor-Akteur grundsätzlich nachzudenken. »Das Theater wird erst vollkommen sein, wenn diese beiden Berufe zu einem geworden sind, d. h. wenn derjenige, der fähig ist, eine schöne Rolle vorzustellen, diese auch wirklich erschaffen kann, indem er sich von seinem eigenen Empfinden inspirieren läßt und in sich selbst blitzschnell den richtigen Ausdruck für die dramatische Situation findet.«[156] Wieder einmal ist sie ihrer Zeit weit voraus mit einer sehr modernen Konzeption des Theaters, wie sie später von den Theaterreformern Jacques Copeau, Armand Gatti, Ariane Mnouchkine oder sogar von einer Truppe wie dem Living theater ganz ähnlich vertreten und in die szenische Praxis umgesetzt wurde.

Das Theater der Zukunft, wie sie es sich erträumt, geht aus von der Commedia dell'arte, »wo der Darsteller wirklich auch der Schöpfer war, da er seine Rolle der eigenen Intelligenz verdankte und ganz allein seinen Typ, seine Rede, die Nuancen seines Charakters und die kühne Treffsicherheit seiner Gegenrede schuf«. Es geht ihr darum, »die ursprüngliche Wahrheit« des Theaters wiederzufinden, doch gereinigt von den »Roheiten und der unvermeidlichen Wirrnis seiner frühen Versuche«.[157] Auch hier will sie brüske Veränderungen vermeiden. Nohant mit seinem vertrauten Publikum erlaubt es ihr, ihre Ideen in der Praxis auszuprobieren. Denn diese neue Form des Theaters, die sie anstrebt, ist viel zu revolutionär, um in Paris einen Schauspieldirektor zu finden, der sich auf das Experiment einließe. Und selbst wenn sie einen Gönner gefunden hätte, der den neuen, auf neue Weise gespielten Stücken ein Forum gestellt hätte, so wären sie vor leeren Sälen abgerollt. George jedoch wollte vor allem anderen wirksam und nützlich sein. Und so blieb ihr nur der Glaube, »daß eine Epoche der großen Entwicklung kommen werde, in der die Shakespeare der Zukunft auch die größten Darsteller ihres Jahrhunderts sein werden«.[158]

DIE AUTOBIOGRAPHISCHEN SCHRIFTEN

Die Bedeutung der autobiographischen Schriften von George Sand beruht nicht allein darauf, daß sie sich hier selbst schildert – denn sie tut das sehr offen in ihrem gesamten übrigen Werk und versteht es gerade in ihren Memoiren, sich geschickt zu verschleiern. Sie erklärt sich vielmehr aus dem Ton, dem Stil, der Sprache, die so viel persönlicher, direkter, lebhafter sind.

Das Tagebuch der Pyrenäenreise im Juli und August 1825, auf der sie ihren Seelenfreund Aurélien de Sèze kennenlernte, ist ein erster Versuch. George hat es später umgearbeitet in ihre *Histoire de ma vie* eingefügt. Trotzdem spürt man bei der Lektüre noch eine große Ähnlichkeit mit der zwei Jahre später entstandenen *Voyage en Auvergne.* Auch im Sommer 1827 leidet die junge Madame Dudevant am Überschwang ihrer Gefühle und trägt schwer an ihrem »erbitterten Herzen«. Beide Reisetagebücher sind charakteristisch für den Seelenzustand der Verfasserin und zeigen Aurore als eine bizarre, enttäuschte, zuweilen mutwillige Person. Ein latentes Mißbehagen färbt alles, was sie beschreibt und erzählt. »Ach, wer kann die Qualen nennen und die Widersprüche deuten, die ein vom Schmerz gebrochenes, von der Ungerechtigkeit gereiztes, der Vergangenheit verwüstetes und der Zukunft bedrohtes Herz bewegen? . . . Der Mensch kann sich weder unterwerfen noch widersetzen.«[159] Schon in diesen frühen Bekenntnissen der dreiundzwanzigjährigen Aurore werden die Leitgedanken ihres Werks angesprochen.

Das erste Bild – zwei Zimmer mit weißen Vorhängen, viele Fenster, eine köstliche Sauberkeit – gleicht einem Aquarell. Casimir schläft in dem einen, Aurore mit ihrem Sohn in dem andern Raum. Sie wohnen im Hotel von Mont-Dore in der Auvergne, einem

Thermalbad, in dem sich Aurore einer Kur unterzieht. Die Gespräche der Hotelgäste während der Abendunterhaltungen provozieren die Tagebuchschreiberin zu ätzenden Kommentaren. Nach ihren Beschreibungen zu schließen, muß Aurore Dudevant kapriziös und verführerisch gewesen sein. Die kleinen Affären und Intrigen, die sich hier abspielen, werden pointiert bloßgestellt und verleiten die Verfasserin zu ironischem Räsonnement. Schon in diesem dramatisierten Tagebuch führt sie eine erstaunlich treffsichere Feder. Auch wenn sie gewisse Ungeschicklichkeiten des originalen Textes für den Abdruck in ihrem autobiographischen Werk geglättet haben mag, so zeigt doch ein Vergleich mit ihren Briefen aus derselben Zeit, daß die Schärfe der Beobachtung und der lebendige, ein wenig sprunghafte Stil der *Voyage en Auvergne* bereits in der ersten, verlorengegangenen Fassung ausgeprägt gewesen sein muß.
Aus psychologischer Sicht ist dieser frühe Text sehr aufschlußreich. Er enthält einen kurzen Lebensabriß in einundzwanzig Kapiteln, die zum Teil aus nur wenigen Zeilen bestehen, aus denen jedoch deutlich wird, wie stark die traumatischen Erlebnisse ihrer Kindheit noch in ihr nachwirken. Dagegen sind die Kapitel XIV, XV, XVIII und XIX überhaupt ausgespart, die nach der Chronologie sich auf ihre Heirat und die ersten Jahre ihrer Ehe beziehen müßten. Dieses Verschweigen ist gewiß kein Zufall.
Die *Voyage en Auvergne* könnte man als eine Vorübung oder eine Vorstufe der *Lettres d'un Voyageur* bezeichnen. Diese zwölf Briefe eines Reisenden wurden in den Jahren 1834 bis 1836 geschrieben und in der *Revue des Deux Mondes* erstveröffentlicht. Obwohl in einigen der Briefe tatsächliche Reiseeindrücke geschildert werden, ist die Reise doch oft nur Vorwand oder Anlaß zu Bekenntnissen und Rechtfertigungen, zu philosophischen Betrachtungen, zu klugen Auslassungen über tausenderlei Themen, zu poetischen Skizzen, Porträts ihrer Freunde, witzigen Aperçus und humorvollen Reportagen. Nicht ohne Grund bevorzugt George die offene Form des Briefes, die es ihr erlaubt, ihren spontanen Eingebungen zu folgen, den Ton zu wechseln, von einem Gegenstand zum andern zu springen. Diese Vielfalt macht den Reiz der Briefe aus, die überdies im Maskulinum geschrieben sind, als sei der Autor ein Mann mit unbestimmtem Alter. Vexierspiel auch hier, obwohl in Paris alle Welt weiß, daß in den ersten Briefen von ihrer Beziehung zu Musset die Rede ist.
Die Liebenden von Venedig haben sich gequält und haben sich getrennt. George hat gelitten, aber sie liebt Musset noch immer.

Briefe waren für sie schon immer ein Mittel, den Dialog mit dem geliebten Wesen aufrechtzuerhalten. Sie hat in dieser Stimmung das Bedürfnis zu schreiben, und so schreibt sie den ersten Brief, nach einer Fußreise in die Voralpen, auf der sie Pagello, der venezianische Arzt, begleitet. Sie überläßt Musset die Entscheidung über eine Veröffentlichung des enthüllenden Briefes: »Ich habe Dir einen langen Brief über meine Reise in die Alpen geschrieben, den ich in der *Revue* zu veröffentlichen gedenke, wenn Dir das nicht widerstrebt.«[160] Und wenige Tage später ergänzt sie: »Ich schicke Dir nun den Brief, von dem ich Dir erzählt habe. Ich habe ihn geschrieben, wie er mir in den Sinn kam und ohne an die zu denken, die ihn lesen würden. Ich habe darin nur einen Rahmen und einen Vorwand gesehen, um ganz offen von meiner Liebe zu Dir zu sprechen und um denen auf einen Schlag das Maul zu stopfen, die nicht versäumen werden, Dir vorzuwerfen, Du habest mich ruiniert und verlassen.«[161] Obwohl sie dem Geliebten in diesem Brief Vorwürfe nicht erspart, ist er begeistert: »Niemals hast Du etwas so Schönes, so Göttliches geschrieben, niemals hat sich Dein Genie inniger Deinem Herzen verbunden.«[162]

Auch von anderen sind die *Lettres d'un voyageur* gerühmt worden. Mérimée nennt sie »wunderbar«, Liszt schätzt sie, weil sie »so tief empfunden« sind, und Buloz lobt: »Wie poetisch und kraftvoll das geschrieben ist!« Der italienische Revolutionär und Dichter Mazzini hat, lange bevor er die Verfasserin kannte, die *Lettres* zu seinem Lieblingsbuch erkoren. Er las sie zum ersten Mal während einer schweren persönlichen Krise und gewann daraus Mut und Zuversicht. »Ich sagte mir, es wäre Feigheit, vor dem Sturm zurückzuweichen, wenn eine so begnadete und so unverstandene Seele wie die Ihre dasselbe Unglück zu erleiden hätte und sich durch das Leiden läuterte.«[163] Mochte sie sich auch als Mann ohne Alter ausgeben, ihre Leser erkannten sie, wie Mazzini, »so schön und so traurig, so leidend und so liebend«.

Die *Lettres d'un voyageur*, die keiner Schule verpflichtet sind, haben nichts von ihrer Frische verloren. Wenn man sie als Journalismus bezeichnen will, so ist es sicher einer von höchster Qualität. Diese sprachliche Meisterschaft erreicht nur ein großer Schriftsteller. Die drei ersten Briefe sind in Venedig geschrieben und enthalten »das getreueste Porträt der Königin der Lagunen«. Im dritten Brief nutzt George die Gelegenheit, den eben vom Papst verurteilten Lamennais durch eine poetische Apologie seiner Ideen herauszustellen und zu ehren. Im vierten werden mehrere Briefe zitiert, die sie Ende des

Sommers 1834 von Nohant aus tatsächlich an ihre Freunde Néraud und Rollinat geschrieben hat. In die Geständnisse eines zerquälten Herzens mischen sich Reflexionen über die Literatur. Dieser sehr heterogene Text ist eigentlich ein Plädoyer in eigener Sache.
Im Januar 1835 erscheint der fünfte »Brief eines Onkels«, der an Rollinat gerichtet ist. Die schmerzliche Trennung von Musset ist noch nicht vollzogen, die innere Krise noch nicht beendet. Der »alte Onkel«, hinter dem sich die Verfasserin verbirgt, ist noch weit entfernt von der Abgeklärtheit der späten Jahre.
Im April lernt George Michel de Bourges kennen. Ihm ist der sechste Brief, unter dem Decknamen Everard, gewidmet. Mit Witz und Ironie versucht sie seiner despotischen Besitznahme zu widerstehen, disputiert mit ihm, verteidigt die Unabhängigkeit des Künstlers und erliegt doch der Faszination des Volkstribunen.
Und der siebente? Denkt sie auch hier an Michel de Bourges, an die Einsamkeit zu zweien, in jenem verlassenen Haus, das sie so poetisch beschreibt? Gerichtet ist dieser Brief an ihren »lieben Franz« Liszt, dem sie die Physiognomik Lavaters auseinandersetzt, für die sie sich begeistert, wie für alle Versuche einer Deutung der Beziehung zwischen Körper und Geist.
Im September 1834 macht George mit einigen ihrer Freunde einen Ausflug nach Valencay und besichtigt das Schloß von Talleyrand. Nach einem lebhaften Gespräch mit Rollinat schreibt sie ein bissiges, höhnisches Porträt, *Le Prince*, eine Karikatur Talleyrands, die sie im Oktober 1834 als achten Brief veröffentlicht. Der Betroffene ist erbost, denn George beweist hier, wie schneidend sie formulieren kann. Der Text ist nicht weit von der Diffamierung entfernt. Sainte-Beuve sah darin »ein schreckliches Porträt«, das »vollkommene Ideal der Häßlichkeit«.[164] George hat diesen Brief später bedauert. Es lag nicht in ihrer Natur zu zerstören.
Auch der neunte Brief ist aggressiv und beredt: Am Vorabend ihres Scheidungsprozesses verteidigt sie sich vorbeugend gegen alle Anwürfe, die gegen sie erhoben werden könnten. Der leidenschaftliche Ton wird begreiflich, wenn man weiß, was für sie auf dem Spiel steht: ihre Selbständigkeit und das Schicksal ihrer Kinder.
Sofort nach dem günstigen Ausgang des Prozesses reist sie, im Sommer 1836, mit ihren Kindern in die Schweiz und trifft sich dort mit Franz Liszt und Marie d'Agoult. Der zehnte Brief ist die sehr amüsante Beschreibung dieser Reise. Nach den Anspannungen der letzten Monate ist sie von einer ausgelassenen Laune und Fröhlichkeit, wie sie bei ihr nicht häufig zum Durchbruch kommt. Zum er-

sten Mal tritt sie in der Maske des Doktor Piffoël auf, einer komischen Figur, die durchreisende Engländer erschreckt und der zarten Marie d'Agoult gelegentlich auf die Nerven geht.
Der elfte Brief, an Meyerbeer, den Komponisten der *Hugenotten* gerichtet, ist ein langer und kenntnisreicher Essay über die Musik. Der zwölfte dagegen, vom Mai 1836 ist wieder eine Verteidigungsschrift. Der Kritiker Nisard hatte die allgemeine Tendenz ihrer Romane angegriffen und sich von George eine kraftvolle Entgegnung eingehandelt, in der sie ihre Ansichten über die Situation der Frauen entschieden vertritt.
Als George im Herbst 1838 mit Chopin und ihren Kindern nach Mallorca aufbricht, hatte sie gewiß die Absicht, die Tradition ihrer Reiseberichte fortzusetzen, zumal sie ihr Verleger dazu ausdrücklich ermuntert. Und doch vergehen nach ihrer Rückkehr zwei Jahre, ehe sie ihre Erinnerungen niederschreibt. Der Aufenthalt unter den fremdenfeindlichen Mallorquinern war für sie und die Ihren zu einer Qual geworden. Sie kehrte heim, Wut und Empörung im Herzen, und brauchte die Distanz der Zeit, um schließlich, Anfang 1841, für Buloz *Un Hiver à Majorque* schreiben zu können. Doch die Spontaneität läßt sich nicht auf Bestellung zurückgewinnen. Und so ist dieses Werk, trotz seiner historischen und volkskundlichen Bedeutung, von geringerem Reiz.
»Erst wenn die Leidenschaften erloschen sind, führt man ein Tagebuch«,[165] erklärt George im Vorwort zu ihren *Entretiens journaliers avec le très-docte et très-habile docteur Piffoël, professeur de botanique et de psychologie.* Dieses Tagebuch von 1837 bis 1841 schrieb ein Schriftsteller, der eine mögliche Veröffentlichung im Sinn hatte. George ist Piffoël, und der sehr gelehrte Piffoël rechtet ständig mit sich selbst, ruft sich mit komischer Eindringlichkeit zur Ordnung. Man meint die Scherze von George und das Lachen ihrer Umgebung zu hören. Man sieht sie leben. Doch es gibt auch Augenblicke der ernsten und poetischen Stimmung. Wie an jenem Abend des 12. Juni 1837, an dem sie mit der ihr eigenen Kunst beschreibt, wie Marie d'Agoult im nächtlichen Park von Nohant umherwandert, während Franz Liszt am Klavier Schubert spielt.
Claude Roy setzt die *Histoire de ma vie* der George Sand in Vergleich zu den *Confessions* von Rousseau und den *Mémoires d'outre-tombe* von Chateaubriand. Diese vielbändige Lebensgeschichte ist innerhalb des Sandschen Œuvre ein wichtiges und gelungenes Werk. George dachte schon lange, bevor das erste Vertragsangebot von ihren Verlegern kam, an die Niederschrift von Memoiren. Mit der

Voyage en Auvergne hatte sie einen bescheidenen Anfang gemacht. Nach der Trennung von Musset wollte sie den Plan wiederaufnehmen. Selbst die *Lettres d'un voyageur* sind auf ihre Art maskierte Selbstbekenntnisse. Schon seit etlichen Jahren sammelte sie ernsthaft Informationen, vor allem bei jenen Leuten, die ihren Vater noch gekannt hatten. Im Sommer 1847 beginnt sie zu schreiben. Doch dieses Jahr ist verhängnisvoll. Durch die Heirat ihrer Tochter Solange mit dem verschuldeten Bildhauer Clésinger kommt sie in so große finanzielle Schwierigkeiten, daß sie selbst Geld aufnehmen muß. Die Memoiren, dieses umfangreiche Editionsprojekt, sollten ihre Probleme lösen. Sie beauftragt den Verleger Hetzel, für sie einen finanzkräftigen Partner zu suchen. Anfang November schreibt sie ihm: »Ich habe den ersten Band dieser Geschichte meines Lebens beendet und habe ihn zur Probe einigen meiner besten Freunde vorgelesen. Ich habe gesehen, daß sie sehr interessant werden könnte, und ich habe nun Vertrauen in die Fortsetzung. Ich werde mich den ganzen Winter hinein vertiefen.«[166] Im Dezember schließt sie einen Vertrag mit dem Papierfabrikanten Delatouche, der ihr für das fünfteilige Manuskript die Summe von 130000 Franken garantiert. Alle zwei Monate soll sie einen Teil liefern und bei einer Verspätung von mehr als zwei Wochen mit 1000 Franken Strafe belegt werden.

Die Revolution von 1848 unterbricht auch diesen schönen Plan. In den folgenden Jahren wirtschaftlicher Unsicherheit wird die Veröffentlichung von dem vorsichtigen Papierfabrikanten immer wieder hinausgeschoben, obwohl er seinen Zahlungen an George getreulich nachkommt. Doch auch die Autorin braucht Zeit, um den Verlust ihrer politischen Unschuld zu verkraften. Endlich am 5. Oktober 1854 beginnt der Vorabdruck in *La Presse*, schon Wochen vorher mit großen Worten angekündigt, und etwa vier Wochen später, am 4. November, folgt der erste Band der Buchausgabe.[167]

Der großartige Vertrag enthielt allerdings drakonische Nebenbedingungen. Bevor sie ihre Lebensgeschichte nicht beendet hat, darf sie keinen neuen Roman veröffentlichen und vor allem keine Artikel autobiographischen Inhalts. In ihrem Vorwort für die neue Ausgabe der *Comédie humaine*[168] im Jahr 1853 betont George, daß sie dieser Vertrag daran hindere, in ihre Studie persönliche Erinnerungen an Balzac einzuflechten. Sie hatte eine Zeitlang die Absicht, ihren Memoiren alle an sie gerichteten Briefe von Balzac einzuverleiben. Doch es blieb bei dem Plan, da sie diese Briefe nach dem

Staatsstreich vom 2. Dezember in der Furcht vor einer Hausdurchsuchung so gut versteckt hatte, daß sie sich erst nach Jahren wieder auffanden.[169]

Von Anfang an weiß George sehr genau, was sie bei ihren Memoiren vermeiden will. Sie verabscheut »den Zynismus und den Hochmut der Bekenntnisse« und meint, es sei nicht nötig, »alle Mysterien des Herzens« offenzulegen.[170] Sie möchte keine Indiskretionen oder intimen Geständnisse über sich oder andere in der Art von Rousseau. Sie weiß ebenso genau, was sie erreichen will: »Mein Buch wird ernst und nützlich sein, und doch hoffe ich, daß es niemanden langweilen wird. Ich habe davon eine sehr klare, sehr gelassene und recht heitere Vorstellung.«[171]

Schon bald berichtet George ihren Freunden von der neuen Arbeit. »Eine Reihe von Erinnerungen, von Glaubensbekenntnissen und Betrachtungen werden in einen Rahmen gestellt, der sehr einfach und ein bißchen poetisch sein wird.« Auf diese Weise wird es ihr gelingen, ein Buch »ohne Skandal, ohne Eitelkeit und Niedrigkeit« zustande zu bringen.[172] »Das Publikum ist zu unwürdig, als daß ich ihm die Ehre antäte, mich vor ihm wegen irgend etwas anzuklagen oder zu rechtfertigen«,[173] schreibt sie an Charlotte Marliani, und prompt wird ihr das zum Vorwurf gemacht. Ein Werk wie die Lebensgeschichte hätte alleine genügt, ihren Ruhm zu sichern. George weiß das. »Kauft meine Memoiren«, rät sie Bocage, »das ist eine gute Sache, ich werde nie Besseres schreiben.«[174]

Noch während der Vorabdruck in der *Presse* läuft, erscheinen bereits Nachdrucke des Werkes im Ausland. Und schon ein Jahr nach der Erstausgabe publiziert der Verlag Michel Lévy eine neue Ausgabe in zehn Bänden. Der Erfolg ist trotz der Enttäuschung all jener, die skandalöse Enthüllungen erwarteten, außerordentlich groß. Zwei Dinge vor allem werden von der Kritik bemängelt: Daß sie zu ausführlich von ihrem Vater spricht und daß sie die Vergangenheit ihrer Mutter erwähnt hat. Doch die Art, wie sie diese junge Frau vorstellt, als vom Elend in eine hoffnungslose Lage gebracht, aus der sie die Liebe ihres Mannes befreite, ist geschickt darauf angelegt, die indiskreten Nachforschungen böswilliger Leute von vornherein zu unterbinden.

Um das Bild ihres Vaters und ihrer Mutter zu schonen, hat sie der Wahrheit ein wenig nachgeholfen. In ihrem Streben nach Idealisierung geht sie so weit, gelegentlich die Briefe von Maurice Dupin umzuschreiben. Nicht nur, um sie formal zu verbessern, sondern um jene Passagen zu frisieren oder gar auszumerzen, in denen die

Idylle mit der jungen, von ihm wieder aufgerichteten Schönheit nicht ganz so überzeugend wirkt.

»Ich werde niemandem wehtun und niemanden verletzen«, verspricht George ihrer Freundin Marliani. Sie hat allen »verziehen« und ihr Herz ist »voll Nachsicht« gegen alle, und zuweilen auch gegen sich selbst. Doch auch wenn sie sich in ein günstiges Licht setzt, so lügt sie zumindest nicht offen in den grundsätzlichen Dingen wie etwa Chateaubriand. Taine hält ihre *Histoire* für ein »erstrangiges Dokument«, viel wahrer als die *Mémoires d'outre-tombe.* George Sand schmeichelt sich, in der *Histoire de ma vie* nichts erfunden zu haben. Nach Georges Lubin, dem eminenten Sand-Spezialisten unserer Tage, erfindet sie zwar nichts, doch sie retuschiert häufig. Ist sie sich dessen bewußt gewesen? Oder hat ihre lebhafte Imagination nicht auch ihre Erinnerungen im Sinn der Idealisierung gefärbt?

George versteht ihr Werk als ein historisches, und sie hat von der Historie eine sehr moderne Vorstellung. Die Geschichte ihres Vaters zum Beispiel ist für sie das Resümee einer Moralgeschichte der Gesellschaft. »Alles trägt zur Geschichte bei, alles ist Geschichte . . . Es besteht kein Zweifel, daß die wirklichen Einzelheiten einer jeden menschlichen Existenz Pinselstriche sind im Gesamtgemälde des kollektiven Lebens.«[175] Man kann sich vorstellen, welche ungeheure Arbeit George diese zehn Bände Memoiren in den sieben Jahren politischer und literarischer Tätigkeit gekostet haben. Mehr als ein Drittel davon ist ihrem Vater gewidmet. Dieses Übergewicht macht deutlich, wie schwer die Waise am Verlust des Vaters getragen hat.

George macht sich Gedanken über die Familie, studiert das geheimnivolle Werden eines Menschen, will mehr sein als ein einzelner, will Bindeglied sein zwischen ihren Vorfahren und ihren Nachkommen. In den *Entretiens journaliers* findet sich eine Erklärung für diese Haltung: »Es gibt in der Menschheit kein isoliertes Einzelwesen. Es gibt Typen, die alle untereinander Brüder sind und Kinder des obersten Typus . . . Die ganze menschliche Rasse ist ein riesiges Netz, in dem jeder Mensch nur eine Masche ist.«[176] Und an Hetzel schreibt sie einmal: »Die Toten, das sind wir, soviel ist gewiß. Es gibt ein geheimnisvolles Band, das bewirkt, daß unser Leben sich aus dem ihren nährt.«[177] Für George sind alle Menschen blutsverwandt.

George Sand räumt den andern einen großen Platz ein in ihren Memoiren, doch sie wählt mit Bedacht die Personen, von denen sie erzählt. Sie schildert, wie entscheidend es war für ihr Leben, daß sie den Beruf des Schriftstellers ergriff, und versucht zu erklären, was sie dazu bewogen hat. Die Sprache der *Histoire de ma vie* bewahrt den leichten, mühelosen Ton der *Lettres d'un voyageur*, aber sie ist nicht mehr so bravourös und funkelnd, sondern fließt ruhig und gelassen dahin. Einigen Schlußkapiteln, die nicht ganz so gelungen sind, merkt man es an, daß sie wieder einmal zu hastig zu Papier gebracht wurden.

Wie Taine werden auch die Brüder Goncourt, die sich nicht eben durch Milde gegen ihre Berufskollegen auszeichnen, durch die *Histoire de ma vie* zu einer gerechteren Beurteilung des Sandschen Werks bewogen. Sie anerkennen die »wahre und genaue Beobachtung der anderen und ihrer selbst« in den Memoiren. Ihre Meinung über dieses Werk läßt sich in einen Satz zusammenfassen: »Bewundernswürdige Gemälde, unschätzbare Aufschlüsse über die Bildung der Imagination eines Schriftstellers, packende Charakterbeschreibungen, schlicht erzählte Szenen.«[178]

Unter den nach dem Tod von George Sand publizierten autobiographischen Schriften verdient das *Journal intime*[179] eine besondere Erwähnung. Diese Seiten wurden im November 1834, mitten in der heftigsten Krise ihrer Beziehung zu Musset geschrieben. Sie sind das Bekenntnis einer zerrissenen Seele, eines »gemarterten Herzens«, einer Frau, die über den Verlust einer großen Liebe fast den Verstand verliert. Ursprünglich war dieser Text nicht zur Veröffentlichung bestimmt. Hier geht es nicht um Literatur. Schmerz und Verzweiflung werden bloßgelegt in einer zugleich schlichten und pathetischen Sprache.

Bei Ereignissen von historischer Tragweite hat sich George immer wieder als engagierte Chronistin erwiesen, deren Bericht durch ihre Teilnahme am Geschehen überzeugende Authentizität gewinnt. Die *Souvenirs de mars-avril 1848*[180], auch sie erst posthum veröffentlicht, wurden leider von George selbst verstümmelt und entschärft, weil sie in jener Zeit die Neugier der Polizei zu befürchten hatte. Das *Journal de novembre-décembre 1851*[181] berichtet über die unruhigen Wochen vor und nach dem Staatsstreich Louis Napoléons. Beide Chroniken zeigen, wie lebendig George politische Vorgänge darzustellen vermag, wie geschickt sie die Hintergründe aufhellt und die Stimmung wiederzugeben vermag. Diese politischen Tagebücher sind auch heute noch lesenswerte Dokumente, die Geschichte anschaulich machen.

Dies gilt in besonderem Maß für das letzte dieser Tagebücher, *Le*

Journal d'un voyageur pendant la guerre,[182] das der jüngere Dumas als ein Meisterwerk schätzte: »Das wird für die Nachgeborenen der Brief des Plinius über diesen neuen Ausbruch des Vesuvs werden!«[183] Der Stil des Kriegstagebuchs von 1870/71 nähert sich dem der Reportage. Die politischen oder philosophischen Betrachtungen, die hineingearbeitet sind, belasten den Text in keiner Weise. Ihr Weitblick und ihre Klarsichtigkeit sind erstaunlich, obwohl sie sich in der allgemeinen Verwirrung oft keine oder nur verfälschte Nachrichten von den Ereignissen verschaffen konnte. Ihr Abscheu vor dem Krieg, der Haß auf das Zweite Kaiserreich, ihr Mitleid mit den Soldaten und die Sorge um ihre Familie beschäftigen sie immer aufs neue. Doch darüber hinaus entwirft sie in dieser Chronik eine Gesamtansicht der politischen Lage, wie man sie so genau und treffend bei keinem ihrer Zeitgenossen finden wird.

George Sand war ganz gewiß einer der begabtesten französischen Schriftsteller des vorigen Jahrhunderts. Doch ihr Talent war zum einen beeinträchtigt von ihrer Situation als Frau, zum andern davon, daß bei ihr das Interesse für ihre Mitmenschen größer war als der künstlerische Ehrgeiz.

Sie hat diese Situation sehr genau analysiert. Pauline Viardot, die geniale Sängerin, die sie bewundert, »hat den tiefgründenden Egoismus des großen Künstlers, einen zwar unschuldigen, beherzten Egoismus, der ohne zu zögern Hilfe und Schutz gewähren würde, einen zwar rechtmäßigen, und doch befremdlichen Egoismus, der wacht zum Schutze seiner selbst, mit ruhiger und eifersüchtiger Sorge . . . Welche Kunst, sein Leben zu leben und dabei seine innere Ruhe zu bewahren! Ich wundere mich nicht mehr, daß ich mein Feuer, mein ganzes Feuer verloren habe, ich, die ich es niemals verstanden habe, auch nur eine innere Angst von mir fernzuhalten.«[184]

George bildet sich nichts ein auf die »so seltenen Gaben der Natur«, die ihr Lamennais zuerkennt. »Ich habe nicht so hoch gegriffen in meinem Ehrgeiz wie Du«, schreibt sie an Flaubert. »Du willst für die Ewigkeit schreiben. Ich hingegen glaube, daß ich in fünfzig Jahren vollkommen vergessen sein werde und vielleicht sogar völlig verkannt! Das ist das Los der Dinge, die nicht erstrangig sind, und ich habe mich nie für erstrangig gehalten. Meine Idee war es vielmehr, auf meine Zeitgenossen Einfluß zu nehmen, und sei es nur auf einige wenige, und ihnen mein Ideal der Sanftmut und Poesie mitzuteilen. Ich habe dieses Ziel bis zu einem gewissen Grad erreicht, wenigstens habe ich alles mir Mögliche dafür getan; ich tue es noch, und mein Lohn besteht darin, diesem Ziel ständig ein bißchen näherzukommen.«[185]

George ist allzu bescheiden und vergißt in diesem Augenblick, daß sie auch Werke wie *Lélia, Spiridion* und *Les Sept Cordes de la lyre* geschrieben hat, die ihren Ruhm gefestigt haben, auch wenn sie zu ihrer Zeit kaum verstanden wurden.

Für George besteht das Problem der Schöpfung darin, das angestrebte Ideal in der Wirklichkeit zu verankern. Sie fürchtet, für dieses Problem nicht die beste Lösung gefunden zu haben. Eine Möglichkeit sieht sie in der gewollten Idealisierung ihrer Figuren, die daraus ihre Macht über den Leser gewinnen. Fast immer »idealisiert sie zum Guten«, weil das ihrer Persönlichkeit entspricht. Wenn sie will, kann sie durchaus auch schwache, feige, grausame und boshafte Typen zeichnen, aber sie findet daran keinen Gefallen. Wie Stendhal und Balzac hat auch sie außerordentlich komplexe Figuren geschaffen, die von verhaltener oder ungezügelter Leidenschaft vibrierten, doch die ihren leiden zuweilen an dem Übermaß der Ideen, das sie ihnen aufbürdet.

Von jung auf an Rousseau, Tasso, Chateaubriand und den deutschen Romantikern geschult, kann man von ihr keine stilistische Schlichtheit, keine kühle Prosa erwarten. Sie verzichtet weder auf Eloquenz, noch auf Lyrismen oder Pathos. Sie hat die Methoden der Musik und Malerei in die Literatur übertragen. Ihre Sprache ist reich an Bildern, geschmeidig und kraftvoll wie sie selbst. Aus der Spannung von Überschwang und Angst entsteht ein Sprachrhythmus, der ihrem eigenen entspricht, ein sprunghafter, mitreißender, von Witz, Ironie und Humor befeuerter Rhythmus. Kritiker sprechen von Prunk und Schönmalerei, um ihre Prosa zu charakterisieren. Doch Sainte-Beuve hat ihre Leichtigkeit, Balzac ihre Schlichtheit betont. George hat sich stets um Klarheit bemüht, hat ihr Heil in der Beschränkung auf das Wesentliche gesucht, trotz der Fülle ihrer Bilder und der Pracht ihrer Wortkaskaden.

George Sand hat durch ihr Werk und ihre philosophischen Ideen intensiv ihre Zeitgenossen beeinflußt. Die Wirkung reicht bis in unser Jahrhundert. Doch mindestens ebenso stark ist der Einfluß, den ihre Persönlichkeit auf die Menschen, und vor allem die Dichter ihrer Zeit ausgeübt hat. Diese faszinierende Frau mit den mannigfaltigen Talenten hat viele inspiriert und verführt noch heute zur Auseinandersetzung mit ihr und ihrem Werk.

Es ist bekannt, daß Balzac in seinem Roman *Béatrix* derjenigen, die ihn dazu anregte, ein unzerstörbares Denkmal gesetzt hat. Mademoiselle des Touches ist George Sand, mit allen biographischen Details, in ihrer physischen Erscheinung und ihrem Wesen, das Balzac erkannt oder erraten hat.

Auf vielfache Weise ist George in das Werk ihres Geliebten Alfred de Musset eingegangen. Heimgekehrt von Venedig, schreibt er ihr im April 1834: »Ich habe große Lust, unsere Geschichte niederzuschreiben. Ich möchte Dir einen Altar bauen, und sei es aus meinem Gebein.«[186] Und ein paar Monate später: »Ich werde nicht sterben, ohne mein Buch über mich und Dich, Dich vor allem, zu Ende gebracht zu haben ... Ich schwöre bei meiner Jugend und meinem Genie, daß auf Deinem Grab nur makellose Lilien wachsen werden ... Die Nachwelt wird unsere Namen im Munde führen wie die jener unsterblichen Liebenden, die nur noch einen einzigen gemeinsam haben, wie Romeo und Julia, wie Abälard und Heloise. Niemals wird man von dem einen ohne den andern sprechen.«[187]

La Confession d'un enfant du siècle erscheint zwei Jahre später, und George kann sich wiedererkennen in der Gestalt der Brigitte. Musset hat seine Geliebte auch in Gedichten besungen (*Nuits* und *Souvenir*), die allein ihr zur Unsterblichkeit verholfen hätten. Sie hat ihm Anregungen geliefert für seine Werke, sie hat ihm Material verschafft. In der Komödie *On ne badine pas avec l'amour* sind ganze Sätze aus ihren Briefen den Personen in den Mund gelegt.[188] *Lorenzaccio* ist das Ergebnis einer unzweifelhaften Zusammenarbeit von George und Musset. Paul Dimoff belegt das in einer Studie zur Entstehungsgeschichte dieses Stückes.[189] George hatte ihrem Geliebten eine von ihr geschriebene Chronik, *Une conspiration en 1537*, als Vorlage überlassen, der Musset beim Abfassen seines Dramas folgte, und zwar bis zur Übernahme ganzer Passagen.

Über die Ähnlichkeiten und Verbindungen zwischen den frühen Gedichten Baudelaires und Texten von George Sand gibt es mehrere Untersuchungen.[190] Selbst Flaubert, dessen Werk dem ihren in nichts vergleichbar ist, schreibt ihr kurz vor ihrem Tod: »An meiner *Histoire d'un cœur simple*, wo Sie ihren Einfluß sofort erkennen werden, werden Sie sehen, daß ich nicht so dickköpfig bin, wie Sie glauben. Ich glaube, daß die moralische Tendenz oder besser der menschliche Untergrund dieses kleinen Werkes Ihnen gefallen wird.«[191]

Ernest Renan hat selbst viele Male darauf hingewiesen, in welchem Maße er von *Spiridion* inspiriert worden sei für sein Werk *La Vie de Jésus.* Jean Pommier, der Herausgeber von Renans Schriften, meint: »Wenn George Sand den Historiker zum Nachdenken gebracht hat, so verdankt ihr der Denker noch viel mehr. Fast alles, was Renan vorgebracht hat zum Thema des Lebens nach dem Tode, besitzt die allergrößte Ähnlichkeit mit den Ideen der Schriftstellerin.«[192] Renan und George Sand sind einander geistig verwandt.

Die Dorfromane der Sand haben in Frankreich zur Entstehung eines neuen Genres geführt. Die Regionalschriftsteller, die später *romans champêtres* geschrieben haben, muß man eigentlich als Epigonen Georges ansehen. Ihre Bauernromane haben weit über Frankreich hinausgewirkt und beispielsweise die russische Literatur deutlich beeinflußt, wie ihre Romane insgesamt. Turgenjew und Dostojewski haben von ihnen mit Anerkennung und Begeisterung gesprochen. Gewisse Züge des Fürsten Myschkin im *Idiot* könnten durchaus bei Albert aus *Consuelo* entlehnt sein.

In Deutschland war es vor allem der soziale und politische Aspekt ihrer Romane, der auf die Zeitgenossen eine enorme Wirkung ausübte. Es bedürfte einer besonderen Untersuchung, um die Anregungen und Anstöße aufzuzeigen, die George nicht nur der Literatur, sondem dem politischen Denken in Deutschland gegeben hat. George hat eben nicht nur durch ihr Werk, sondern auch durch ihr politisches und soziales Engagement Einfluß gewonnen. Sie war so etwas wie eine Leitfigur, über die Grenzen Europas hinweg. George Eliot, die englische Schriftstellerin, hat ihr in England den Weg geebnet, gerade weil sie sich von den sozialen Ideen ihrer französischen Kollegin angesprochen fühlte.

Man ist vielleicht erstaunt, daß Céline die *Histoire de ma vie* unter die von ihm besonders geschätzten Meisterwerke rechnet. Er bekennt seine Bewunderung für das literarische Talent der Sand und weist darauf hin, daß es in der *Histoire* eine Passage gibt, die Proust inspiriert haben könnte. Es handelt sich um Georges Bericht über ihren Besuch im Salon ihrer ehemaligen Klosterfreundin, Mademoiselle de La Rochejaquelein, wo George das Entsetzen packt vor den aristokratischen Mumien. »Ich glaube, daß Proust davon Gebrauch gemacht hat in dem Kapitel, wo man die Leute auf der Stelle altern sieht«, meint Céline.[193] Proust jedenfalls hatte schon als Kind die Romane von George gelesen, und vielleicht auch die *Histoire de ma vie,* diese Bilanz eines exemplarischen Lebens. Hier kann sie sich messen mit den Größten ihrer Zunft.

UNSERE GUTE FRAU VON NOHANT

Kann man sich jemals kennen?
Ist man jemals irgendwer?[1] G. S.

Ich habe mir viele Dummheiten vorzuwerfen,
aber keine Plattheiten und keine Bosheiten.[2] G. S.

George Sand ist nicht nur Dichter, sie ist auch
Verkünder und Prophet.[3]
Bakunin, 12. Februar 1843

»Ich würde lieber in einem Café eine Partie Domino spielen, als auch nur eine Stunde am Nachmittag bei mir zu Hause zuzubringen, auf die Gefahr hin, allein zu sein, allein, wie schrecklich!«[4] George Sand hat eben mit Musset gebrochen und ist dem Selbstmord nahe, als sie diese Zeilen ihrem Gewissensfreund Sainte-Beuve schreibt.

Wenn sie sich als Kind in den hintersten Winkel des Parks flüchtet, bevölkert sie ihre Einsamkeit mit den Gestalten ihrer Phantasie. Ihr ganzes Leben lang sucht sie ständig Menschen um sich zu scharen, wenn sie nicht unter den von ihr selbst geschaffenen Personen weilt. Ist dieses Anklammern an die anderen nicht die hilfeheischende Geste einer von Angst gepeinigten Frau? Die kurze Zeit später allein über die Landstraßen zieht und singt. Die lähmenden Anfälle von Lebensüberdruß, die sie immer wieder heimsuchen, hat sie stets mutig bekämpft durch Arbeit oder bewußte Fröhlichkeit.

Schon in der Kindheit zeigt sich der kontradiktorische Charakter ihrer Person. Auch in der äußeren Erscheinung. Sie selbst hat erzählt, ihre Mutter, die alles ihrer Schönheit verdankte, habe ihr vorgeworfen, sie sei nicht hübsch. Wahrscheinlich war sie nicht kokett. Ihre Großmutter mühte sich vergebens, diesem »wilden Pony« seine Nachlässigkeit abzugewöhnen. Das Porträt, das Candide Blaize von der Sechsundzwanzigjährigen gemalt hat, zeigt trotz der üppigen Seidenrobe, der zarten weißen Rüsche um den Hals, dem eleganten Seidentuch und den sorgfältig gebauschten Locken einen Ausdruck von Scheu und Abwehr. Dieses fast noch kindliche Gesicht wird von den tiefen, nachdenklichen Augen beherrscht. Diesen »Kohlenaugen«, diesen »Augen einer Inderin«, die Musset eine ganze Nacht lang im Kopf herumgingen, diesen »einzigartigen« Augen, die Chopin fast wider seinen Willen festhielten, diesem »wunderbaren Blick«, diesen Augen, in denen sich zum Staunen von Tocqueville »der ganze Geist gesammelt zu haben schien«, [5] diesen »Augen einer Sphinx«[6]. Vigny fand sie »groß und schwarz, geformt wie die Augen der Modelle der Mystiker und der prachtvollsten italienischen Köpfe«[7], und Balzac »leuchtend«. Nur Marie d'Agoult verglich sie in bekannt liebenswürdiger Weise mit denen eines »Wiederkäuers«, obzwar auch sie einräumen mußte, sie seien »übrigens sehr schön«.

Die üppigen, schwarzen, dichten Haare, »die ihr nach Art der Engel von Raffael auf den Kragen fielen«, und die ausdrucksvollen Augen bilden einen Gegensatz zu der Strenge und Ausdruckslosigkeit der unteren Gesichtshälfte, die »wenig angenehm«[8] ist und ganz »der Materie preisgegeben«[9].

»Ich bin wie ein Bär, wie ein Tier, so langsam im lauten Denken, so ungeschickt und stumm genau dann, wenn ich vieles auf dem Herzen habe,«[10] bekennt sie Marie Dorval und bedauert, daß ihr das Wort nicht zufliegen will. Sainte-Beuve bittet sie, die Leute, mit denen er sie zusammenbringen will, darauf vorzubereiten. Sie weiß, daß sie bei der ersten Begegnung immer »verlegen und schweigsam« ist und daß ihr verschlossenes Gesicht manchen abstößt.[11] Als Chopin ihr zum ersten Mal vorgestellt wird, findet er sie geradezu unsympathisch. Wenn sie ihren Gedanken nachhängt, hat sie einen starren Blick und »einen verschlafenen Ausdruck«.[12] Diesen gedankenverlorenen Ausdruck nannten ihre Mutter und ihre Lehrer »blöde Miene« und Balzac die »Betäubung der Meditation« und den »Anschein von Einfältigkeit«.

Im Jahr 1833 zeichnet Musset ein Bild seiner Geliebten. Welcher Kontrast zu dem schüchternen jungen Ding, das Blaize drei Jahre vorher porträtiert hat! Die Augen sind noch immer tief und versonnen, doch die Haare befreit und die Züge entspannt.

Viele der Bilder, die von ihr gemalt wurden, zeigen sie sehr feminin. Etwa die Lithographie, die Alexandre Manceau nach einem Porträt von Thomas Couture gemacht hat und die heute im Carnavalet-Museum in Paris zu sehen ist. Mit sechsundvierzig Jahren ist sie noch immer eine sehr schöne Frau, mit einem reifen, ruhigen, von der Liebe erfüllten Gesicht, die mit dem verdrießlichen kleinen Geschöpf, das Blaize gemalt hat, nicht mehr viel gemein hat. Nur

das Kinn ist massiger geworden, während den Augen das Alter nichts anzuhaben vermochte.
Sobald sich ihr Gesicht belebt, wirkt es anziehend. Zweifellos passiert es ihr noch immer, daß sie »sechs Wochen nach einer spöttischen Bemerkung noch immer nach einem geistreichen Widerwort sucht«, doch ihre großen Themen weiß sie sofort mit leidenschaftlicher Beredsamkeit vorzutragen.
Ihr blasser Teint und der schwache Goldton ihrer Haut haben ihre Bewunderer fasziniert und beunruhigt. Die jungen Männer verfallen diesem Zauber, ohne die geringste Koketterie von ihrer Seite. Die Erfahrung mit Mérimée hat übrigens gezeigt, daß George vom Kokettieren nicht sehr viel versteht. Bei diesem routinierten Herzensbrecher hat ihr orientalisches Kostüm, das ihren Teint und ihr Haar zur Geltung bringt und das Fremdartige ihres Typs unterstreicht, gar nicht verfangen. Balzac amüsiert sich über die »Kühnheit ihrer roten Hosen« unter dem Schlafrock, ihrer »gelben, mit Fransen verzierten Pantoffeln« und ihrer »reizenden Strümpfe«, als er sie in Nohant besucht.[13] Sowohl die zu ihrer Zeit in ihrem Milieu unübliche Schlichtheit als auch die Ausgefallenheit ihres Aufzugs erregen Anstoß, doch sie unterstreichen auch ihre Einzigartigkeit und erhöhen ihre Anziehungskraft. Ihre absichtsvoll schmucklosen Kleider verwundern Tocqueville und setzen den Verfasser der *Comédie humaine* in Staunen, der seine Muse des Département ganz ähnlich kleidet. Der Maler Jules Salles, der ihr auf dem Weg nach Mallorca begegnet, rühmt »das prachtvolle Kleid aus weißem Kaschmir, das die ausgeprägten Züge ihres Gesichts und ihr üppiges, ebenholzfarbenes, mit einem goldenen Dolch am Kopf festgestecktes Haar wunderbar zur Wirkung brachte«.[14] Zweifellos war das jener Dolch, den Alfred de Musset bei ihrer ersten Begegnung am Gürtel von George entdeckt. Obwohl sie sich aus Sparsamkeit und mit Rücksicht auf die sozialen Umstände einfach kleidet, haben manche Leute dahinter nur Verstellung und künstliche Bescheidenheit gesehen. Manchmal kann sie auf ihre Art auch sehr elegant sein, allerdings ohne den überladenen, schwerfälligen Putz, in den sich die Modedamen ihrer Zeit zwängten. Die Zeichnungen Mussets geben einen Eindruck von ihrem Geschmack und ihrer Anmut.
Bei der Abreise nach Venedig wirkt sie in ihren perlgrauen Hosen und ihrer Quastenmütze sehr verführerisch, obwohl ihr die gestrenge Marie d'Agoult ihr knabenhaftes Gebaren vorhält. Auf Reisen verwahrt sie zuunterst in ihrem Koffer immer »eine Leinen-

hose, eine Mütze und einen blauen Kittel« im Hinblick auf mögliche Ausflüge in die Berge. In diesem Aufzug wandert sie mit Pagello die italienischen Seen entlang und über den Simplon.
Musset hat in der *Confession d'un enfant du siècle* beschrieben, wie Brigitte-George dahinging, »wie ein Soldat mit entschlossenem Schritt und einer reizenden Mischung aus weiblicher Zartheit und kindlichem Wagemut, singend aus vollem Halse« und in Männerkleidern.[15]
Balzac hält es für einen Mangel, daß die Hüften seiner Félicité des Touches denen von Bacchus gleichen, und Vigny ist der Meinung, Madame Sand habe eine männliche Haltung. Tatsächlich müssen ihre androgynen Allüren denen ins Auge fallen, die darin einen Beweis sehen möchten für Balzacs Behauptung, eine Frau mit Genie sei zwangsläufig ein wenig ein Mann.
Musset indes war empfänglich für den Charme dieses sportlichen Kostüms. Später wird er sagen, er habe niemals wieder eine Frau gekannt, die so sehr Frau gewesen sei. Wenn man an die Zahl ihrer Anbeter denkt, dürfte er mit seiner Meinung nicht allein gewesen sein. Auch Flaubert erinnert sich bei ihrem Tod unter Tränen an die Weiblichkeit des »großen Mannes«.
Als sie längst nicht mehr die »Schönheit ihrer dreißig Jahre« besitzt, als sich »ihr Kinn verdoppelt hat wie bei einem Kanonikus«, behält sie doch immer das Gesicht der Judith, mit der Vigny sie einmal verglichen hat, und eine Noblesse, die ihr trotz ihres Alters Huldigungen einträgt. Juliette Adam, ihre junge Freundin, berichtet in ihren Erinnerungen von der physischen Ausstrahlung, die sie noch mit fast siebzig Jahren besitzt.
Balzac liebte den Geruch der Hookas, von denen die Nägel seiner Gastgeberin braun gefärbt waren. Sie dagegen grämt sich ,weil sie nicht fähig ist, das Rauchen aufzugeben.
Als sie ihrem Vetter Vallet de Villeneuve einen Brief schreibt, fürchtet sie, er könnte durch den Geruch ihr heimliches Laster verraten. »Ich rauche fast ununterbrochen«, gesteht sie. »Gleichviel, welche Mühe ich mir gebe, ich rieche immer nach Zigarre ... Wenn ich jedoch drei Stunden ohne zu rauchen verbringe, falle ich in einen Zustand der Betäubung, gähne, nage an den Fingernägeln, bin wie eine Seele im Fegefeuer, und diese Pein ist der Art, daß sie einer der hauptsächlichen Gründe ist, die mich daran hindern, in Gesellschaft zu gehen.«[16] Hier beichtet sie eine nervöse Unruhe, die den meisten ihrer Zeitgenossen entgangen ist und von denen, die ihr nahe standen, niemals verraten wurde.

Das Zweideutige, das ihrer Person anhaftet, rührt auch daher, daß man sie kaum verstanden hat. Gewiß hat ihr Hang zur Verkleidung, diese Lust, in die Rolle eines andern zu schlüpfen, ein Verständnis eher erschwert. Verärgert darüber, daß ihr Männerkostüm einen so unverhältnismäßigen Skandal erregt, provoziert sie manchmal absichtlich die Entrüstung der braven Bürger. Auch das ist charakteristisch für sie. Und die Welt nimmt es hin, wie Balzac es bestätigt in der Figur der Félicité des Touches. Übrigens äußert sich George selbst ganz ähnlich, als sie Bocage den Rat gibt, die Talente seiner kompromittierten Tochter zu entwickeln: »Sie wissen, daß man dem Talent alles verzeiht, oder daß es zumindest über alles obsiegt.«[17] Doch wenn sie Vigny sogar in weiblicher Garderobe männlich findet, und zwar »in der Haltung, in der Sprache, im Ton der Stimme und in der Kühnheit ihrer Ausdrucksweise«[18], fragt man sich, ob sie sich nur aus Trotz so darstellt.
Der Umgangston in den Redaktionsstuben war sicher nicht der feinste, und George war nicht zimperlich. Oft droht sie Buloz, ihn zum Teufel zu schicken, und als der Verleger Dupuy sie um eine kleine Änderung ihres Textes bittet, schickt sie ihm seinen Brief mit folgendem liebenswürdigen Kommentar zurück: »Fügen Sie hinzu, was immer Sie wünschen, mein lieber Verleger, und alsdann hol' Sie der Henker!«[19] Sie kennt sich aus in der Vulgärsprache. Häufig schreibt sie, »ich bin wieder am ochsen«, »ich muß meinen Roman aufbügeln«, und »ich habe mich wieder auf die Arbeit geschmissen«. Sie bittet ihren Sohn, ihr ein Kleid mitzubringen, »aber bitte nichts allzu Bombastisches«. Kraftwörter machen ihr keine Angst, sie spricht ganz ungeniert von ihrer »Schnauze« und von ihrem »Hintern«. Auch in ihrer Korrespondenz stößt man immer wieder auf Vier-Buchstaben-Wörter, und im Gespräch hat sie sicher nicht schamhaft drei Pünktchen gesetzt wie in ihren Briefen. Schon die kleine Aurore hat durch den Umgang mit den Bauernkindern des Berry die Derbheiten der Sprache kennengelernt. Und die allzu strenge und feingeistige Erziehung, die sie von den groben Ergötzungen mit ihren kleinen Freunden abhalten wollte, hat Aurore darin eher bestärkt. Zumal Sophie-Victoire mit ihrem scharfen Mundwerk auch ihren Teil zur Spracherziehung ihrer Tochter beigetragen haben wird.
Wenn sich Aurore mit ihrem Halbbruder vergnügt, der unter dem Gesinde aufwächst, brüstet sich Hippolyte mit Ausdrücken, die der behüteten Aurore nicht vertraut sein dürften. Später, als Unteroffizier bei den Husaren, entdeckt er seiner Schwester den Kasernen-

hofton. Sie hat daran sicher keinen Anstoß genommen, denn ihr Geschmack an derben Worten und derben Scherzen ist bekannt.

Im Kloster begeistert sie sich, »aus einer Art Verzweiflung des Herzens«, an ihren eigenen Streichen. »O menschliches Scherzen, wie nahe kommst du dem Leiden!«[20] Die *Vacances de Pandolphe,* eines ihrer komischsten Stücke, schreibt sie in einer Zeit, wo sie »unendlich traurig und von Lebensüberdruß erfüllt war«. – »Das Seltsame daran ist, daß ich versucht habe, ein trauriges (Stück) zu machen, aber es ist mir nicht gelungen. Und dabei bin ich sterbenselend.«[21]

Seit ihrer Kindheit hat sie einen Hang zur Farce. Immer wieder hat sie sich in Gesellschaft ihrer Freunde an mehr oder weniger derben Possen ergötzt, um so die freundschaftliche Atmosphäre der Klosterzeit zurückzuholen. »Das Leben in Gemeinschaft ist für Leute, die sich lieben, das Ideal des Glücks. Ich habe das im Kloster empfunden, und ich habe es nie vergessen.«[22]

Die Abende voll fröhlichen, harmlosen Gelächters, die Wanderungen und Spazierfahrten in entspannter Laune in Nohant sind für George eine ideale Form der Begegnung und eine Erinnerung an die Kindheit.

Wenn in Nohant Komödie gespielt wird, dauert das bis in die Morgenstunden, und deshalb werden die Darsteller, die von auswärts kommen, gleich zum Übernachten eingeladen, wie die Söhne ihres Freundes Duteil, denen die Hausherrin von Nohant einschärft, auch ja ihre »Nachtmützen, Schlafröcke, Pantoffeln und Bettwärmer« mitzubringen.[23] Mit dieser Art Geselligkeit entflieht George der Einsamkeit, und gleichzeitig dient sie ihr dazu, die gesellschaftlichen Schranken abzubauen, denn bei ihr trifft sich Prinz Jérôme Bonaparte mit dem simplen Republikaner Plauchut. Sie betreibt alles mit Verve, auch Schabernack und Eulenspiegelei. Diese mutwilligen Spiele sind ein heimliches Vergnügen, ein Vergnügen für Eingeweihte, wobei man einander ganz offen und ohne Scheu begegnet. Man vertraut einander und gibt sich ganz unbeschönigt, vereint in derber Fröhlichkeit. George gefällt sich in zotigen Späßen, die gegen die heiligen Gesetze der Wohlanständigkeit verstoßen, und behauptet mit einer gewissen Genugtuung, sie sei die Grobheit in Person. Die feine Marie d'Agoult hat dieser Charakterzug ihrer Freundin von Anfang an schockiert. Sie wirft George, die doch »Rasse« hat, ihren »Mangel an Haltung« vor. »Sie ist aus guter Familie, sie hat gar keine Entschuldigung dafür, sich noch im Alter wie ein Gassenjunge aufzuführen.«

Die englische Dichterin Elizabeth Barrett-Browning, die George Sand sehr verehrte und ihr mehrere Sonette gewidmet hat, besucht sie im Spätwinter 1852 in Paris und berichtet mit Staunen von der Atmosphäre, die um sie herrscht: »Eine Schar von schlecht erzogenen Männern lag vor ihr auf den Knien, die um sich spucken und Wolken von Tabak verbreiten . . . Ein Grieche duzte sie und umarmte sie stürmisch, ein Theatermensch von unsäglicher Gewöhnlichkeit warf sich ihr zu Füßen und nannte sie sublim! ›Freundeslaunen‹, sagte daraufhin mit ruhiger Verachtung diese überragende Frau.«[24]

George hat einen höllischen Spaß an Studentenstreichen. Um den Staatsanwalt von La Châtre zu erschrecken, hißt sie in Nohant einen katalanischen Hut, der Ähnlichkeit hat mit einer phrygischen Mütze. Sophie, ihre Kammerfrau, läßt sie an ihrer Stelle einen Advokaten empfangen, der sich vor kurzem in der kleinen Stadt niedergelassen hat und dringend im Schloß Visite machen will. Die Verblüffung des guten Mannes über die sprachliche Schwerfälligkeit der vermeintlichen Hausherrin erheitert die anwesenden Freunde, während sich George hinter den zugezogenen Bettvorhängen fast »in die Strümpfe pinkelt« vor Lachen. Was sich der Anwalt gedacht haben mag, als er früher oder später die Täuschung bemerkt, ist nicht überliefert. Von solchen kleinlichen Rücksichten läßt sich George ihren Spaß nicht trüben. Schon am Quai Malaquais, in ihren ersten Literatenjahren, stiften George und Alfred den Mimen Deburau dazu an, bei einem Diner einen steifen englischen Diplomaten zu spielen, um die andern Gäste zu narren.

George und ihre Freunde machen sich gegenseitig hübsch verpackte Geschenke: einen Kuhschwanz oder eine Wurst aus Holz. Und alles lacht wie toll. George wird dieser Scherze nie müde und erfreut damit auch ihre Briefpartner. Oft sagt sie, sie sei ein Kind geblieben und ihrem Herrgott dafür dankbar. Übrigens waren Derbheiten dieser Art im vorigen Jahrhundert keine Seltenheit. Die Bauern im ländlichen Berry lebten noch in der Tradition der mittelalterlichen Possen und Farcen, aber auch die Bürgersleute ergötzten sich zu Hause an mehr oder weniger dezentem Schabernack. Ihre Briefe sind oft sehr humorvoll, zuweilen drastisch, aber immer originell. Noch im hohen Alter schreibt sie an Flaubert unter einem erfundenen Decknamen Episteln von unüberbietbarer Komik und höchst eigenwilliger Orthographie.[25] Da sie eine talentierte Zeichnerin ist, versucht sie sich auch in Karikaturen, zum Entzücken oder auch Erschrecken der Betroffenen.

Da man in ihrer Umgebung diese Vorliebe für das Komische kennt, bemüht man sich, sie zu erheitern. In ihrer Agenda berichtet sie am 29. August 1853 von einem Stück mit dem Titel »Der Glaube und der Zweifel«, das »Manceau als Eremit, Maurice als Bertram und Lambert als Lélia« in einer Waldkulisse vor ihr improvisieren. Sie findet die Kostüme »zum Totlachen«. »Es war sehr hübsch und vergnüglich, voll Pathos und Absurdität. Ich habe mich sehr amüsiert . . . Ballett und Pas de deux, von Lambert als Teufelin und Manceau als Mönch getanzt, um die Versuchung des heiligen Antonius darzustellen.«[26] Im Frühjahr 1861, während eines Aufenthalts in Tamaris, besucht sie mit Maurice und Manceau das Kasino in Monte Carlo. Dort imitiert ihr Sohn einen berichonnischen Bauern, der sich beim Roulette-Spiel dumm anstellt, und bringt mit dieser Parodie seine Mutter zum Lachen. In der Fastenzeit verkleidet sich in Nohant alle Welt, einschließlich der Schloßherrin. Selbst Flaubert hat sich dort als Andalusierin kostümiert.
Im Marionettentheater werden die Scherze feiner und geistreicher, doch auch hier pflegt man die Burleske, denn George liebt das Lachen und möchte die andern zum Mitlachen animieren. Ihr Hang zu Scherz und Tollerei geht gelegentlich fast ins Unsinnige. Für sie gehört die Fröhlichkeit zu den Menschenrechten. »Ja, alle Menschen haben ein Recht auf Vergnügen und ein Bedürfnis danach, nach einem ehrlichen, unbefangenen Vergnügen, im Sinne einer Gemeinschaft gleichgestimmter Geister.« Dazu gehört ein Spaziergang so gut wie eine Scharade. Noch wenige Jahre vor ihrem Tod gibt sich George dieser Art Vergnügen hin: »Man tanzt, man springt, man lacht, man ist mit Wonne albern.«
Dagegen hat diese, nach Michelet »sehr reine« Frau nie auch nur die kleinste Schlüpfrigkeit zu ertragen vermocht. Balzac nennt sie eine »dumme Kuh«, weil sie es ablehnt, seine *Contes drolatiques* zu lesen. Auch Théophile Gautier bestätigt, nach seinem Besuch in Nohant, diese Prüderie. Was hätten die beiden erst gesagt, wenn sie gewußt hätten, daß George ihren Sohn dazu angestiftet hat, eine »von allen Obszönitäten« gereinigte Fassung des Rabelaisschen *Pantagruel* zu besorgen, aus der dann glücklicherweise nichts geworden ist.
Wie die Scherzereien und Possen ist ihr auch die körperliche Bewegung ein Heilmittel gegen den Kummer. Sie verbirgt ihn hinter der Maske der Hanswurstiaden und entkommt ihm durch Bewegung. »Ich habe bei mir selbst die Entdeckung gemacht, daß körperliche Übungen die beste Arznei gegen die Krankheiten der Seele sind.«[27]

»Die Bewegung ist ein Bedürfnis meines Körpers, wie die Untätigkeit eine Wollust für den Ihrigen«,[28] schreibt sie schon 1832 an Charles Meure. »Nichtstun war für mich immer die schlimmste aller Strapazen«,[29] bekennt sie in ihren Memoiren.

Trotz ihrer Migränen, Erstickungsanfälle, Magenkrämpfe, trotz des »üblen Steins in meinem Lebersack«, trotz Gelbsucht, Nesselfieber, Bauchschmerzen, Anämie und Grippe, obwohl sie ständig geschröpft werden muß und fast immer an Rheumatismus leidet, bewahrt sie sich ihre außerordentliche Vitalität. Das ist einer der Gründe für ihre starke Ausstrahlung. Ihre väterlichen Vorfahren, alles starke Naturen von solidem Schlag, gehörten zu den Mutigsten und Tatkräftigsten ihrer Zeit. Moritz von Sachsen hat ihr seine physische Kraft, seine Zähigkeit und seinen Lebenswillen vererbt. Sie empfindet Freuden und Leiden mit derselben Intensität, sie hat auch ihre Perioden der Verzweiflung und des Lebensüberdrusses, ihre Anfälle »schwärzester Melancholie« und kennt »mühsames Erwachen« und »trübe Tage«.

In solchen Augenblicken sucht sie immer wieder Zuflucht in der körperlichen Erschöpfung. Als passionierte Reiterin hängt sie an ihren Pferden und ist es gewöhnt, stundenlang dahinzupreschen. Mit zweiunddreißig Jahren bringt sie es im Gebirge auf ein Tagespensum von zehn Meilen. Auf den Ausflügen bewegt man sich zu Fuß, zu Pferd, auf dem Esel oder im Wagen, jeder nach seinen Kräften. George ist dabei so leistungsfähig wie die Jüngsten und Kräftigsten.

An einem Tag, der in ihrer Agenda als vollkommener Ruhetag bezeichnet wird, hat sie nur eine Narzisse gestickt. »Ich habe immer gerne mit der Nadel gearbeitet; für mich ist das eine Erholung.« Diese Art Arbeit, die von anderen als stumpfsinnig und langweilig betrachtet wird, hat in ihr »so manches Mal heftige Gemütsbewegungen besänftigt«.[30]

Ihr Tätigkeitsdrang übersteigt das Normalmaß bei weitem. Die einfache Aufzählung ihrer Beschäftigungen läßt einen staunen. Auch auf Reisen hält sie sich mit eiserner Disziplin an ihr tägliches Pensum. In Venedig arbeitet sie so besessen, daß sie danach kaum die Kraft aufbringt, auf dem Markus Platz einen Kaffee zu trinken und eine Zigarette zu rauchen. »Ich schmeichle mir, mich mit Hilfe von Kaffee und Zigaretten wachzuhalten, damit ich gegen drei Uhr morgens mein Tagwerk zu Ende bringe.«[31] Ihre automatischen Reaktionen und mechanischen Bewegungen, die eine Folge der Überanstrengung sind, haben viele ihrer Gäste verblüfft. Wenn sie

manchmal wie eine Schlafwandlerin umhergeht, so sind daran dieser Stundenplan und ihre »Nachtvogelgewohnheiten« schuld.
In Nohant kann man ihren Tagesplan und ihre Zeiteinteilung am besten verfolgen. Sie waltet über diesem lebhaften Haus, das oft so voll ist »wie ein Ei«, und sie hat dem Leben dort seinen Rhythmus und seinen Stil gegeben, durch den sich stille Naturen gelegentlich überfordert fühlen. Die Schloßherrin von Nohant ist eine aufmerksame Hausfrau mit perfekter Organisation: Morgens zwischen sieben und acht zünden die Dienstboten das Feuer an. Den Tag verbringt jeder nach Belieben. Um fünf Uhr am Nachmittag ertönt die Glocke. Dann kleidet man sich um und steigt hinunter zum Diner. Um elf Uhr zieht sich jeder in sein Zimmer zurück, wo ihn ein prächtiges Feuer, ein Glas Zuckerwasser und das aufgedeckte Bett erwarten. Die Gäste können ihre Wünsche schriftlich in einem Briefkasten deponieren, die ihnen alsdann wie im besten Hotel erfüllt werden. In den Zeiten, da George an der Arbeit sitzt oder schläft, wird im Haus Ruhe eingehalten.
George mißt dem Essen keine große Bedeutung bei. »Ich habe immer schnell gegessen und dabei an etwas anderes gedacht. Ein langes Tischgelage hat mich stets nervös gemacht.«[32]
Wenn sie sich mit ihren Menus Mühe gibt, dann nur wegen ihrer Gäste. Man speist gut bei ihr, allerdings aus Sparsamkeit viel Geflügel und Wild. Wenn die Köchin sie im Stich läßt, verschickt sie auf der Suche nach einem Ersatz viele Briefe an ihre Freunde, in denen die Aufgaben der künftigen Küchenfee genau beschrieben werden: Sie hat mindestens fünf Herrschaften und acht Dienstboten zu Tisch, alle vierzehn Tage ein großes Diner und jeden Donnerstag offene Tafel.
Zuweilen lädt sie ihre Freunde aus La Châtre zu einer Kutschfahrt mit Picknick ein. Je nach der Jahreszeit schwärmen sie alle aus, mit umgehängter Botanisiertrommel, um Pflanzen zu sammeln und Insekten zu fangen, oder sie suchen mit dem Hammer in der Hand nach Mineralien. Das erinnert an die Zeiten, da Aurore mit dem Botanikbuch unter dem Arm das Land durchstreifte. Die »Dinge der Natur« haben einen hohen Stellenwert in Nohant und die gemeinsamen Expeditionen in die Heide, das Moor oder die Wälder, die den Einwohnern von La Châtre ein recht wunderlicher Müßiggang scheinen, haben alle ein nützliches Ziel. Der *Catalogue raisonné des lépidoptères du Berry,* den Maurice 1879 veröffentlicht, war das Ergebnis einer zwanzigjährigen Sammlertätigkeit, die George angeregt und an der sie großen Anteil hatte. Die mit der Betrachtung

eines Schmetterlingsflügels verbrachten Stunden, auf die George so oft angespielt hat, waren sinnvoller, als Michel de Bourges glauben wollte. Er sah darin nur vergeudete Zeit. Doch Georges besaß auf diesem Gebiet und besonders in der Botanik solide Kenntnisse, die sie in ihren Aufsätzen unter Beweis stellte. Die ganze Kunst der Sand zielt darauf ab, das Nützliche mit dem Angenehmen zu verbinden, und George ist durchaus imstande, auch Gegensätzliches zu vereinigen.

Heimgekehrt von den Ausflügen, versammelt sich alles um den runden Tisch im Salon. Jeder hat seine Beschäftigung. Die Stimmung in Nohant und die naiven Freuden im Kreis der Freunde haben etwas vom Geiste Rousseaus. Nohant ist ein Bienenstock: »Verrückte oder kluge Schreibereien, reizende Zeichnungen oder wüste Karikaturen, Entwürfe aller Art, Studium der Blumen nach der Natur unter der Lampe, Skizzen nach der Phantasie oder Notizen über den Spaziergang am Morgen, Präparieren von Insekten, Papparbeiten, Notenabschriften, Briefprosa des einen, Verspossen des anderen, Haufen von Wolle und Seide in allen Farben für die Stickerei, Dekorationsteile für das Marionettentheater, Kostümierung, Schach- oder Pikettpartien und was weiß ich noch alles, all das, was man, neben dem Plaudern, auf dem Lande im Kreis der Familie tun kann, an den langen Herbst- und Winterabenden.«[33]

So sah für George die Entspannung und Erholung aus. Zweifellos war es im vorigen Jahrhundert üblich, niemals untätig zu sein, wozu einen jeden schon die Erziehung anhielt, aber selbst aus dieser allgemeinen Emsigkeit ragt sie heraus. Während sie an einer Stikkerei oder einem Kostüm für die Marionetten arbeitet, werden die Bücher vorgelesen, die man ihr zuschickt. Jeder kommt dabei an die Reihe, und anschließend diskutiert man über das Vorgelesene.

Es ist kaum zu fassen, was diese Frau alles kann und tut, neben ihrer schriftstellerischen Arbeit, die mindestens sieben Stunden täglich und manchmal das Doppelte in Anspruch nimmt. Im Januar 1896 schreibt sie an Flaubert: »Der George Sand genannten Person geht es gut; sie genießt den himmlischen Winter, der im Berry herrscht, pflückt Blumen, registriert interessante botanische Anomalien, näht Kleider und Mäntel für ihre Schwiegertochter, Kostüme für die Marionetten, zertrennt alte Dekorationen, zieht Puppen an, liest Partituren und verbringt vor allem ganze Stunden mit der kleinen Aurore (ihrer Enkeltochter).«[34]

Nur durch eine ungeheuere Konzentration, die jeden anderen sehr rasch erschöpfen würde, kann sie ihr Arbeitstempo halten. Um sich danach zu entspannen und zu erfrischen, badet sie im Fluß. »Ich habe mich mit dem Rücken in den Sand gelegt, im Wasser bis zum Kinn, und habe meine Zigarre zu Ende geraucht im Anblick des Mondes, der sich direkt über meinen Knien im Wasser widerspiegelte.«[35] Diese eiserne Natur sucht sich durch Exzesse zu ermüden. Als sie diese Zeilen schreibt, ist sie zweiundvierzig Jahre alt und lebt neben dem kranken Chopin so keusch wie eine Nonne. Man kann sich vorstellen, welches Gerede ihr Verhalten in La Châtre auslöst! Mondscheinbäder gehörten nicht eben zu den Gewohnheiten der Damen dieser Kleinstadt.

Sie hat ihr Leben lang, wenn auch meist am Tage, in der Indre gebadet, um nach allzu langen Sitzungen im »Tête-à-tête mit dem Tintenfaß« neue Energien zu sammeln. Mit Genuß taucht sie hinein in diesen »frischen und schattigen Wasserlauf«, in dem sie so viele Stunden ihres Lebens verbracht hat. Mit achtundsechzig Jahren kuriert sie, gegen den Rat des Arztes, einen Keuchhusten, indem sie jeden Tag in dem »kleinen, wütenden, eiskalten Gießbach« badet. »Das braust und sprudelt zwischen den Kieseln, den Blumen, den hohen Gräsern unter einem köstlichen Schatten. Das ist ein idealer Badeplatz . . . Das Gras sprießt sieben Fuß hoch und die Kornfelder sind ein Blumenteppich. Die Bauern meinen, das sei zu viel, aber ich lasse sie reden. Das ist zu schön! Zu Fuß gehe ich zum Fluß und stürze mich ganz erhitzt in das eisige Wasser. Der Arzt hält mich für verrückt, aber auch den lasse ich reden. Ich bin von derselben Art wie das Gras auf den Wiesen: Wasser und Sonne ist alles, was ich brauche.«[36]

Das Bild, das sie von sich entwirft, hat starke Farben. Sie legt sich in die Sonne »wie die Hunde« und rennt mit ihren Freunden »in der Sonne herum wie die Araber«. Sie ist stolz darauf, daß ihre Tochter den »Teint einer Bäuerin« hat. In einer Zeit, in der die vornehme Blässe als Ideal galt, wirkte die sonnengebräunte George Sand fast exotisch. Aber sie hat sich ja nie, auch nicht in Äußerlichkeiten, dem Verhaltenskodex ihrer Schicht angepaßt.

Ihre Freunde betrachten sie als ein außerhalb jeder Ordnung stehendes Wesen, dem man alle Extravaganzen nachsehen muß.

Das Interesse nicht nur ihrer Freunde, sondern ihrer Zeitgenossen an ihrer Person ist groß, und manche, wie etwa Elizabeth Barrett-Browning, machen enorme Anstrengungen, um mit ihr bekanntzuwerden. Sie weiß über vieles kenntnisreich zu sprechen, über Musik – Gesang, Klavierspiel, Konzert, Oper, Tanz – oder auch, wenn es die Situation will, über das Gute und das Böse, über die

Pflicht, den Ruhm, die Gerechtigkeit, den Tod oder den Fortschritt. Sie kann sich mit demselben Enthusiasmus über so verschiedene Themen wie die Lebenshaltungskosten, den Mut der Frauen oder die Werke ihrer Literatenfreunde auslassen. Doch ebenso häufig kommt es vor, daß sie stumm bleibt. Jeder respektiert dieses Schweigen, dann er weiß, daß er das Ergebnis ihres Nachdenkens einmal wird lesen können. Oder sie legt Patiencen, während sie ihre Gäste bittet, ihre Gespräche fortzuführen.
Nachts schreibt sie ihre Romane. Und wenn ihr ein Band nicht gefällt, fängt sie noch einmal von vorn an. Wenn sie, oft im Morgengrauen, ihre Arbeit beendet hat, beantwortet sie die Briefe, die täglich bei ihr eintreffen. Ob sie damit im Verzug ist oder nicht, niemals versäumt sie es, ihre Agenda zu führen. Darin notiert sie mit wenigen Sätzen das Tagesgeschehen, vom Wetter bis zu den Briefen, die sie abgeschickt oder erhalten hat, vom Kommentar über ihre augenblickliche Lektüre bis zu familiären Problemen.
Um die recht unterschiedlichen Tätigkeiten einer tüchtigen Hausfrau mit denen der engagierten Politikerin und der genialen Schriftstellerin zu vereinigen, bedurfte es eines sehr gut organisierten Gehirns. Ihr Gedächtnis und ihre Fähigkeit zur Konzentration sind frappierend, und das besonders in Krisenzeiten.
Im März/April 1848 redigiert und verfaßt sie zu großen Teilen das *Bulletin de la République* für das Innenministerium. Gleichzeitig schreibt sie zahllose politische Artikel, erstellt einen Entwurf für eine Verfassung, organisiert den Wahlkampf in der Provinz und konspiriert in Paris, während sie ihren Sohn stützt, der mit seinem Bürgermeisteramt nicht zurechtkommt, und Maßnahmen trifft, ihre Tochter vor dem Ruin zu bewahren. In dieser hektischen Zeit schreibt sie trotzdem an ihren Memoiren weiter, führt ihr Tagebuch und dichtet einen Einakter. Ihre Briefe zeigen am deutlichsten, wie sie es verstanden hat, diese vielen verschiedenen Aufgaben und Interessen nebeneinander zu verfolgen.
Zu Ende des Sommers 1849 hat sie nach außerordentlich schwierigen Monaten einen Rententitel verkauft, um ihre drückendsten Schulden zurückzuzahlen, als sie schon wieder eine beträchtliche Geldsumme aufbringen muß, als Kaution für die neue Bestallung des Mannes ihrer Ziehtochter Augustine. Es folgen triste Wochen, in denen sie mit Borie zusammen in den Bauernhäusern rund um Nohant die Ruhrkranken pflegt, die an dieser Epidemie dahinsterben wie die Fliegen. Nachdem sie den Unglücklichen in ihren »äußerste Übelkeit erregenden Leiden« beigestanden und die vom Tod

betroffenen Familien mit ihren beschränkten Mitteln unterstützt hat, muß sie sich unverzüglich an die Überarbeitung und Kürzung von *François le Champi* machen, die Bocage schon dringend anmahnt. Darüber vergißt sie jedoch nicht, an ihre »Märtyrer«, die Sozialistenführer Barbès und Mazzini zu schreiben. Sie lehnt nicht ab, wenn man sie bittet, sich für politische Gefangene, selbst außerhalb Frankreichs, einzusetzen und ist unermüdlich bemüht, für die Proskribierten oder bereits Deportierten eine Wiederaufnahme ihrer Prozesse zu erreichen. Währenddessen geht das häusliche Leben in Nohant weiter. Wenn die Saison gekommen ist, wird sie wie jedes Jahr in großem Stil Marmelade einkochen, und zwar nicht nur für ihre Gäste, sondern für alle ihre Freunde, sofern sie Töpfe dazu liefern. Und sie liefern sie in Mengen, wenn man den Briefen glauben darf.

Ihren Freund Poncy, den Arbeiterdichter, regt sie dazu an, Lieder zu schreiben, für die sie ihm dann einen Verleger findet und Käufer wirbt. Sie möchte ihre Pachtverträge ändern und für das Gut Land hinzukaufen, doch sie gibt diese Pläne wieder auf, weil sie eine bessere Verwendung für ihr Geld gefunden hat: Schenkungen. Sie muß den schlafmützigen Bocage antreiben und ihren Unterhändler Falampin, der sich mehr um seine eigenen Angelegenheiten als um die ihren kümmert. Hetzel, ihr »Generalbevollmächtigter«, muß seit dem Staatsstreich ihre Geschäfte vom belgischen Exil aus führen, was für George äußerst lästig ist. Trotzdem bleibt sie ihm treu und hält ihn über alles auf dem laufenden. Die Anweisungen, die sie erteilt, sind immer präzise und detailliert, um was es sich auch handeln mag.

George hat von sich behauptet, sie verstehe »kein Wort von Geldgeschäften«. Das entspricht nicht ganz der Wirklichkeit. Sie hat ihr Gut recht ordentlich verwaltet, auch wenn sie keine übertriebenen Einkünfte herauszog. Das lag weniger an ihrem mangelnden Geschäftssinn als an ihren sozialen Grundsätzen. Sobald sie jedoch die Arbeit ihrer Hände oder besser ihres Gehirns zu verkaufen hat, weiß sie sehr wohl zu ihrem Recht und zu ihrem Geld zu kommen. Von Anfang an stellt sie ihren Verlegern Bedingungen und ist bemüht, ihre Werke möglichst günstig »zu plazieren«. Dabei helfen ihr Freunde oder später bestallte Unterhändler, die allerdings nicht immer zu ihrem Vorteil und Nutzen tätig werden. Aus Freundschaft, Anhänglichkeit oder Treue hat sie manchen zu lange gehalten, oder Leuten ihr Vertrauen geschenkt, die es dann mißbrauchten. Das ist eine ihrer schwachen Seiten, aber sie weiß das sehr gut,

hat sie sich doch selbst »die Königin unter den Geprellten« genannt.
Mit ihren Büchern hat sie für damalige Verhältnisse Unsummen verdient. Sie hätte sich ein Vermögen erschrieben, wenn sie das Geld nicht sofort, meist für andere, wieder ausgegeben hätte. Dieser Umstand gibt ihr in ihren Augen das Recht, aus den Verlegern herauszuholen, was irgend geht, denn sie ist davon überzeugt, daß diese sich an ihr ohnehin bereichern. In späteren Jahren braucht sie einen Beauftragten wie Hetzel, um die vielfältigen Editionsprojekte zu organisieren: Neuausgaben, Nachdrucke, illustrierte Ausgaben, Volksausgaben, Zeitungsvorabdrucke etc. Sie schreibt Dutzende von Geschäftsbriefen im Jahr, um die Verbreitung ihres Werkes zu regeln, und trotzdem interessiert sie Geld als solches überhaupt nicht.
George könnte sich bei ihrer Arbeitsleistung ohne weiteres alle anderen, häuslichen Aufgaben und Pflichten vom Hals halten. Aber sie tut es nicht. Sie schätzt die sogenannten weiblichen Tätigkeiten. Sie hat sich immer selbst um ihre Wäsche und ihre Garderobe gekümmert. Als sie Maurice erwartet, näht sie mit Begeisterung die ganze Kindsausstattung selbst. Als dieser Sohn, inzwischen herangewachsen, neue Räume im Schloß bezieht, macht sie sich viel Mühe mit der Einrichtung. Sie näht aus alten Vorhängen neue und einen Bettüberwurf dazu. »Den ganzen Tag lang stichle ich wie eine Verrückte«, schreibt sie an Bocage.[37] Schon in Venedig hat sie Pagello dafür bewundert, daß sie sich gerne mit hausfraulichen Arbeiten beschäftigt und sehr viel Geschmack und Geschick darin beweist. »Sie wollte mit ihren eigenen Händen das ganze Zimmer schmücken, Vorhänge, Sessel, Sofa. Ich weiß nicht, was alles sie mit ihren Händen zu machen verstand.« Obwohl für sich »mäßig, sparsam und fleißig«, war sie äußerst freigebig gegenüber den andern.[38]
Sie hat ihr Leben lang bedauert, daß sie keine gründliche Ausbildung erhalten hat und daß ihr später einfach die Zeit fehlt, um dies nachzuholen. Trotzdem lernt sie immer dazu und beginnt sogar noch mit über vierzig Jahren mit Latein.
Es ist charakteristisch für die Gegensätzlichkeit des Sandschen Wesens, daß diese starke Intelligenz einen so unmittelbaren Zugang zur Natur findet. Ein Beispiel dafür ist ihr fast magischer Umgang mit den Vögeln. Hatte ihre Mutter, die Tochter eines Vogelstellers, sie gelehrt, sie zu zähmen? Vielleicht mit einem roten Tuch wie die Zigeunerin Madeleine, die Heldin aus ihrem Roman *Teverino?* Au-

rore bewahrt sich die Gabe, die sie als Kind besaß: Als sie im Winter 1822 auf 1823 wegen ihrer Schwangerschaft für einige Wochen das Bett hüten muß, »war der Schnee so tief und schwer, daß die Vögel Hungers starben und sich mit der Hand fangen ließen. Man brachte mir alle Arten, bedeckte mein Bett mit einem grünen Tuch, befestigte an allen vier Ecken große Tannenzweige, und so lebte ich wie in einem Wäldchen, von Buch- und Grünfinken, Rotkehlchen und Sperlingen umgeben, die, durch Wärme und Futter gezähmt, mir aus den Händen fraßen und sich auf meinen Knien aufwärmten.«[39] Sobald sie wieder zu Kräften gekommen waren, flatterten sie unruhig umher, und die junge Frau ließ ihnen die Fenster öffnen. Manche kamen nach einiger Zeit zurück und flogen wieder davon. Ein einziges Rotkehlchen blieb in freiwilliger Gefangenschaft bis zum Frühjahr, und auch später noch kam es heran und umschwirrte Aurore, wenn sie im Garten spazierenging. Während der langen Monate einer Krankheit hat ihr eine Grasmücke Gesellschaft geleistet. George hat eine besondere Vorliebe für die Grasmücken. Alle Welt um sie herum weiß von dieser Liebe zu den Vögeln. Pagello, der venezianische Arzt, der ihr eine Freude machen möchte, zieht eines Morgens einen zahmen Staren aus der Tasche, einen naschhaften Kobold, der George auf der Schulter sitzt, während sie arbeitet, Tinte trinkt, auf dem Pfeifenrohr balanciert und sich vom Rauch einnebeln läßt.

Der Gesang der Nachtigall bezaubert sie. Sie hat einmal beschrieben, wie dieser Vogel mit seinen Trillern Liszt begleitete, während er Schubert spielte: »Die Nachtigall kämpfte noch, aber mit eingeschüchteter, ohnmächtiger Stimme. Sie war im Dunkel des Laubwerks nähergekommen und setzte ihre ekstatische Fermate wie ein ausgezeichneter Musiker, der sie ja ist, im richtigen Ton und Takt.«[40] Beim Begräbnis von George begann, nachdem alle Ansprachen gehalten waren, eine Nachtigall zu schlagen. Das war, wie einer ihrer Getreuen sagte, die schönste Leichenrede für sie.

In der Einsamkeit von Nohant hat sich ihr Herz »dem Charme der Natur geöffnet«. Nohant wird immer ihre Zuflucht bleiben, die ruhige Insel nach dem Sturm, wo sie wieder Frieden findet. Sie liebt das Land »leidenschaftlich« und sehnt sich, wenn sie in Paris ist, dorthin zurück. Sie möchte ihren Freunden diese Liebe mittteilen, möchte sie teilhaben lassen an den einfachen Freuden dieses Lebens im eigenen Haus und Hof, wo man »das Korn ißt, das man gesät hat, und das Huhn, das man aufgezogen hat«.

Den Park von Nohant, in dem sie so oft geträumt hat, schmückt sie mit Rosen, Dahlien und Chrysanthmen. Beim Pflanzen, Propfen und Stecken ist sie nicht nur als Zuschauerin dabei. Sie erzählt begeistert von den Wiesen voll wilder Ochideen, von den klaren Nächten, vom Duft des Thymians, von der heilsamen Liebe zur Natur, vom beruhigenden Charme ihrer Poesie. Als sie zwölf Jahre alt war, hat sie sich mit einem Messer einen Pfad durch das Buschwerk des Parks gebahnt, hat die »verschlungenen Ranken von Geißblatt und Liguster« abgeschnitten und sich einen alten, verborgenen Baum gesucht, zu dem sie sich zurückzog mit ihren Büchern und ersten Dichtern, um »wundervolle Stunden« dort zuzubringen. In diesem Sinne ist sie eigentlich immer zwölf Jahre alt geblieben.

Die eiskalten Bäder, mit denen sie ihren Keuchhusten kuriert, übersteht sie nur deshalb unbeschadet, weil sie an die Natur glaubt. Lélia verfluchte sie, aber das war nur eine kurze Krise. Danach ist George immer, im buchstäblichen Sinn des Wortes, mit beiden Beinen auf der Erde geblieben. Sie hat in sich eine Kraft gefühlt, die der natürlichen Ordnung entsprach.« Das Talent, der Wille, das Genie sind natürliche Phänomene wie der See, der Vulkan, das Gebirge, der Wind, der Stern, die Wolke . . . Einzig die Natur versteht es, in einer unvergänglichen Sprache den Verstand anzusprechen, in einer, die sich stets gleich bleibt, weil sie sich vom ewigen Wahren und absoluten Schönen niemals entfernt.«[41] Wenn der Mensch jedoch einmal »aus dem Becher des ewig Wahren getrunken hat, kann er sich für das nur bedingt und vergänglich Wahre nicht mehr allzu sehr begeistern.« Sie erklärt Flaubert, daß sie in der Natur »eine Ordnung, eine Folgerichtigkeit, eine Behutsamkeit in den Umwälzungen« gefunden habe, »die dem Menschen fehlen, die er sich aber bis zu einem gewissen Punkt aneignen kann«.[42]

Diese Philosophie ist das Geheimnis ihres glücklichen Alters. Sie erreicht eine Weisheit, die alles umgreift, »das Schöne, das Wahre, das Gute und folglich auch die Begeisterung. Sie lehrt uns, außerhalb unserer selbst etwas zu erkennen, das höher steht als wir und dem wir durch Anschauung und Bewunderung nach und nach näherkommen können«.[43]

Das Alter ist für George beileibe kein Abstieg, eher das Gegenteil, ein Hinansteigen »in erstaunlichen Sprüngen«. Die intellektuellen Fähigkeiten entfalten sich in einem Maße, wie die körperlichen während der Kindheit und Jugend. »Ich habe ein ungewöhnliches und sogar staunenswertes Alter, denn meine Kräfte nehmen mit den Jahren eher zu als ab. An dem Tag, an dem ich meine Jugend entschlossen begraben habe, habe ich mich um zwanzig Jahre verjüngt. Du wirst mir entgegnen, daß die Rinde deshalb nicht weniger den Verwüstungen der Zeit ausgesetzt ist«, schreibt sie an den Freund aus Croisset. »Doch das macht mir nichts aus, solange das Herz des Baumes gut ist und der Saft darin kreist wie in den alten Apfelbäumen meines Gartens.«[44]

George Sand hat das Altern bewältigt. Da sie jung geblieben ist, hat sie sich bis ans Ende ihres Lebens junge Freunde gewonnen. Noch mit siebzig Jahren läuft sie die Treppe hinauf, »so schnell wie mein Hund«. Die Leidenschaften quälen sie nicht mehr, sie hat Geduld gelernt und findet das Universum »groß und schön«. Nun endlich ist sie davon überzeugt, daß »das Glück keine Chimäre ist«, aber sie sucht das ihrige vor allem im Glück der anderen.

Ihre Gesundheit hat sich eher verbessert und ihre Vitalität noch nicht unter der Last der Jahre gelitten, sie marschiert noch immer ebensoviel und schläft ebensogut wie früher. Wer die Jahre seiner Jugend vergeudet habe, müsse dafür seine späten Jahre zu genießen wissen. Und sie genießt sie bis zum Ende. Immer voll Eifer und Elan spielt sie Klavier, Mozart, Gluck, spanische Weisen oder Lieder des Berry, und findet noch Zeit, einem Müllerburschen die Anfangsgründe der Tonkunst beizubringen, damit er seinen Traum verwirklichen kann: Mitglied des Musikkorps zu werden.

Woran liegt es, daß Lélia, die Umgetriebene, im Alter dem Glück begegnet? Vielleicht gerade an jener gierigen Liebe zum Leben, die sie ehemals in die Arme von Pagello trieb und die sie immer vor dem Selbstmord bewahrte: »Du lebst. Es geht nicht um die Frage, ob dies zu deinem Glück oder Unglück sei, denn darauf wirst du ohnehin keine Antwort erhalten. Du lebst, du atmest, und der Himmel ist schön.«[45] Sie anerkennt das Leben, wie es »die göttliche Vorsehung gewollt hat«. Dieses Leben sei gut, falls man eine Sache entdeckt habe: »Daß das Glück nicht in dem liegt, was man empfängt, sondern in dem, was man gibt.«[46] George hat einen weiten Weg zurückgelegt seit jener Lélia, die das Leben liebt und doch daran verzweifelt, »weil ihr Herz ihr lauer scheint als ihr Gehirn und ihre Fähigkeiten ihr geringer als ihre Träume«.[47]

Für George ist es eine Notwendigkeit, sich von den Bitternissen der Wirklichkeit abzulenken. Sie kämpft gegen ihren Widerwillen vor der materiellen Existenz und zwingt sich langsam dazu, aus ihren Wolken herabzusteigen. Da sie sich wie ein Kind ihren Illusionen hingibt, ist diese Idealistin für Enttäuschungen vorbestimmt. »Eine starke Passion für das Wahre« und eine »wilde Gerechtigkeitsliebe«

sind die Ursachen eines immer wieder aufgenommenen Kampfes, den dieses »große Herz«, wie Flaubert sie nennt, immer wieder siegreich besteht. In allen diesen Kämpfen kommt ihr der Wille zu Hilfe, dieser Wille, der bereits in ihr angelegt war und den ihre Erziehung gefördert und gestärkt hat, bis er zu einem mächtigen Werkzeug geworden ist. Mit diesem Willen übersteht sie den Skandal. Er hat es ihr ermöglicht, das Leben einer freien, unabhängigen Frau zu führen, Musset aufzugeben und den Bruch mit Chopin zu verkraften, und durch ihn vor allem anderen bringt sie ihre Werke zustande, führt sie selbst unter den schwierigsten Bedingungen zu Ende.
Die andere starke Antriebskraft in ihrem Leben war ihre Liebe zur Arbeit. Ihrer Tochter Solange, der es gerade daran sehr mangelt, schreibt sie 1851: »Du brauchtest Arbeit, solltest vielleicht dazu gezwungen sein . . . Die Arbeit bleibt einem immer, wie ein rauher, aber treuer Freund . . . Ich habe wirklich erst zu Leben begonnen ab dem Tag, an dem ich für meinen Unterhalt arbeitete.«[48] Und wenige Monate vorher hat sie ihr gestanden: »Je älter ich werde, desto stärker wird meine Liebe zur Arbeit.«[49]
»Die absolute Wahrheit des Lebens«, sagt George einmal im Zusammenhang mit den Marionetten, »ist der erbitterte Kampf gegen immer neue Hindernisse«. Wenn sie also das Leben liebt, so heißt das, daß sie auch den Kampf bejaht. Letztlich hat sie alle Erschütterungen ihrer Existenz mutig überstanden. Sie hat ihre politischen Ansichten, die von den einen als radikal und von den andern als lau verketzert wurden, kühn vertreten, ohne auf Zustimmung oder Unterstützung zu warten.
Nur in einem Falle verzagt sie: wenn sie die leiden sieht, die sie liebt. Als sie ihre Ziehtochter Augustine weinen sieht, weil der Maler Théodore Rousseau die Verlobung mit ihr gelöst hat, rechtet George mit Gott. Sie fühlt sich dafür verantwortlich und klagt, daß sie solches nicht verdient habe, denn sie habe für das Glück des jungen Mädchen so viel gearbeitet und so viele Opfer gebracht. Dagegen beklagt sie sich kaum über die Schläge, die sie selbst treffen, obwohl dieses Jahr 1847 sehr hart für sie ist: Chopin hat sie verlassen, die langjährige Freundschaft mit Rousseau geht in die Brüche und Solange zeigt sich von ihrer übelsten Seite.
An Flaubert, der sich »alt, verbraucht und von allem angeekelt« fühlt, schreibt sie aufmunternd: »Keine Schwächen bitte! Und ich! Glaubst Du denn, daß ich keine Hilfe und Unterstützung brauche bei meiner langen Arbeit, die noch nicht zu Ende ist? Liebst Du

denn niemanden mehr, nicht einmal Deinen alten Troubadour, der immerzu singt, und oft weint, doch sich dabei verbirgt, wie die Katzen, wenn sie sterben.«[50] Ihr körperlicher Mut ist nicht geringer als ihr moralischer. Noch wenige Tage vor ihrem Tod gesteht sie ihrem trübgestimmten Freund: »Nach Magenkrämpfen, daß man hätte blau werden können, und das mit einer gräßlichen Ausdauer, geht es mir jetzt besser. Körperliche Schmerzen sind eine gute Schule, wenn sie einem die geistige Klarheit lassen.«[51] In ihrer stoischen Art hat sie den Arzt erst zu sich rufen lassen, als es zu spät war.

Schon in ihrer Jugend liebt sie leidenschaftlich, »ohne Lauheit und ohne Gleichgültigkeit«, doch sie hat kein Ziel dafür. Dann erlebt sie die Mutterliebe, die dauerhafteste und innigste ihrer emotionalen Beziehungen. Mit Aurélien will sie das Ideal einer bloß geistigen Liebe erreichen, doch sie erkennt das Unvollkommene dieser Neigung. Darauf folgen weniger ätherische Leidenschaften, aber auch die sinnliche Lust genügt ihr nicht, da sie in einem anderen Wesen den Himmel sucht. Diese Fähigkeit zur Liebe kann sich erst ganz entfalten, als sie sich auf die Menschen in ihrer Gesamtheit richtet. Zu Flaubert sagt sie einmal, nicht mehr zu lieben, bedeute für sie, nicht mehr zu leben. Und an Grzymala, den Freund von Chopin, schreibt sie einen Satz, der charakteristisch für sie ist: »Es liegt nicht in meiner Natur, mein Wesen durch die Vernunft zu lenken, wenn sich die Liebe seiner bemächtigt.«[52]

Sie liebt klare Situationen und hat sich daher nur ein einziges Mal, im Falle von Michel de Bourges, mit einem verheirateten Mann eingelassen. Sie hat darunter gelitten, und die Beziehung zu dem Anwalt ist eine der wenigen, die sie endgültig abbrach. Mit anderen ihrer ehemaligen Geliebten, wie etwa Bocage, hat sie eine lange und treue Freundschaft verbunden. Ihre Briefe können das bezeugen.

George kennt keinen Haß. »Ach, liebe, gute Meisterin, wenn Sie hassen könnten! Das ist es, was Ihnen immer gefehlt hat: der Haß!«, schreibt ihr Flaubert. Er meint, dies sei der Grund für ihre »Illusionen«. »Trotz Ihrer großen Sphinxaugen haben Sie die Welt in goldener Farbe gesehen. Sie kam von der Sonne Ihres Herzens.«[53]

Eine Persönlichkeit wie sie konnte ihre Freiheit nicht »für einen Wagen, ein Wappenschild, für Putz und ein paar Taler« verkaufen. Sie wollte zur Enttäuschung von Madame Dupin de Francueil keine reizende junge Dame werden, »hübsch herausgeputzt und aufgetakelt und bestens erzogen, die auf dem Klavier herumhaut . . ., und auf eine reiche Heirat hofft.«[54] Was also wollte sie werden? Das *Le-*

ben der Heiligen, das sie im Refektorium des Klosters liest, versetzt sie in Begeisterung. Sie hat in ihren Werken immer wieder versucht, »nahezu Heilige« und »mehr als Vollkommene« zu schildern, wie Jeanne, Edmée oder Consuelo. Überall sieht sie engelhafte Wesen. Der Novize in *Spiridion* heißt Angel, und man kann noch andere Personen dieses Namens in ihrem Werk entdecken. Schon in ihrem naiven *Portrait du Juste* zeigt sie, wie sie sein möchte: gerecht, und sie bemüht sich so sehr, diesem hohen Anspruch zu genügen, daß sie sich selbst idealisiert, wie sie alle, mit denen sie in Berührung kommt, idealisieren muß, weil sie das schnöde Mittelmaß nicht ertragen kann.

Sie ist weder narzißtisch, wie Schriftsteller es gewöhnlich sind, noch eitel, noch selbstverliebt, wie man oft behauptet hat. Unbewußt möchte sie sich rechtfertigen und von Schuld freisprechen, um sich nicht nur im besten Licht darzustellen, sondern auch selbst zu sehen. Sie denkt an sich selbst, wenn sie Consuelo sagen läßt: »Unglücklich in den Augen der Welt, wirst du allem zum Trotz das glücklichste und ruhigste aller menschlichen Geschöpfe werden, weil du stets das beste und gerechteste sein wirst.«[55]

In der Zeit ihres Scheidungsprozesses, als sie noch nicht weiß, wie die Sache für sie ausgehen wird, zweifelt sie keineswegs an »der Aufrichtigkeit ihres Gewissens und der Reinheit ihres Ideals«.[56] Sie sieht sich ohne Fehl und Tadel. Schon ihre Mutter hatte von sich behauptet: »Mir scheint, ich habe wissentlich niemals eine schlechte Tat begangen.«[57] Auch die Absichten von George waren makellos, und alles übrige hat sie nicht einmal wahrgenommen.

Gegenüber Grzymala hat sie sich in den liebenswürdigsten Farben porträtiert: »Begeistert für das Schöne, wahrheitsdurstig, mit empfindsamem Herzen, aber geringer Urteilskraft, oft unsinnig, immer aufrichtig, niemals kleinlich oder rachsüchtig, recht heftig, und Gott sei Dank äußerst vergeßlich gegenüber üblen Erfahrungen und üblen Leuten.«[58] Chopin schrieb an eben diesen Grzymala: »Ach, wie Du sie lieben würdest, wenn Du sie kenntest, wie ich sie kenne.«

Um das schöne Bild nicht zu trüben, das sie von sich entworfen hat, das ihr als Modell dient und das ihr durch seine Vollkommenheit den notwendigen Antrieb liefert, lügt sie anderen etwas vor. Und manchmal belügt sie sich auch selbst. Wie ihre Heldin Isidora ist sie wohl »aufrichtig«, aber nicht »wahrhaftig«.

Da sie zu ehrlich ist, um nicht festzustellen, wie weit sie von dem gesetzten Ideal entfernt ist, erbaut sie sich zumindest eine liebenswerte Fassade: »Je mehr ich meine Freunde liebe, desto aufmerksamer wache ich über mich selbst, damit sie mich nur in den Augenblicken erleben, da ich ihrer würdig bin.«[59]

Die Briefe ihres Vaters hat sie geschönt, damit er ihrer idealen Vaterfigur ähnlicher werde. Das waren nur fromme Lügen. Was schwerer wiegt, ist die Verstümmelung mancher Briefe von Musset, die sie ziemlich offen vorgenommen hat, ohne sich der Zweifelhaftigkeit ihres Vorgehens überhaupt bewußt zu werden. Mit der Begründung, in den Briefen werde auf gewisse Schwächen angespielt, die das Ansehen des genialen Geliebten gemindert hätten. Balzac sprach von Schulden, die George für ihren Geliebten bezahlt habe. Doch Sicheres weiß nun, da die Beweise vernichtet sind, niemand mehr zu sagen. Vielleicht haben die ausgemerzten Stellen nicht nur Musset, sondern auch seine Geliebte in ungünstigem Licht gezeigt. Weshalb sollte sie, die so oft und so gern idealisierte, nicht auch hier die Wirklichkeit zugunsten des Ideals verändert haben. Zumal George auch den Briefwechsel mit Chopin vernichtet hat, das Zeugnis einer Liebesbeziehung, die wahrscheinlich nicht zu jeder Zeit und nicht vollkommen ihrem Ideal entsprach.

Dieses Streben nach Vollkommenheit hat sie zu etlichen Dummheiten dieser Art verführt. Sie wollte eine Ausnahmeerscheinung sein, und auch die, die sie liebte, sollten außerordentliche Wesen sein. Dazu mußte sie ein paar Schönheitsfehler korrigieren, wie sie es bei ihren Roman- und Theaterhelden tat, um größere Wirkung zu erzielen. Sollte sie im Leben nicht auch »zum Guten idealisieren«?

Obwohl sie also, wenn es um sie und ihre Freunde geht, der Wahrheit gelegentlich aufhilft, ist sie doch immer loyal gewesen. George wünschte, daß den Frauen diese nur den Männern vorbehaltene Tugend zuerkannt würde. Sie selbst ließ niemanden im Stich, dem sie ihr Wort gegeben hatte. Was sie versprochen hatte, hielt sie ein. Ihre Briefe können bezeugen, daß sie auch in geschäftlichen Dingen immer den geraden Weg ging, selbst dann, wenn man sie zu täuschen versucht. Sie zieht es vor, »die Karten auf den Tisch zu legen«.

»Unfähig zu Niedrigkeit, unfähig zu Untertänigkeit, unfähig zu Schmeichelei«,[60] ist sie im Grunde wenig geeignet, von der Welt Beifall zu ernten. Es ist ihr Gefühl für Würde, nicht Stolz, der sie so handeln läßt. Doch sie kennt auch dieses Gefühl: »Du weißt, daß mich ein grenzenloser Stolz verzehrt, wenngleich dieser Stolz nichts Kleinliches, noch Schuldhaftes hat und mich niemals zu einem schändlichen Vergehen veranlaßt hat. Doch er hätte mich zu einem heroischen Schicksal führen können, wäre ich nicht in Ketten geboren.«[61]

Sofern sie Stolz fühlt, so nicht deshalb, weil sie »ein paar Seiten geschrieben« hat, oder gar, weil sie durch Geburt zu den Privilegierten zählt. Daß einige ihrer Vorfahren zu den königlichen Familien Europas gehören, blendet sie keineswegs. Dagegen ist sie stolz darauf, sich der Schar der Gerechtigkeitsliebenden zurechnen zu dürfen. Sie findet »den Stolz, der die allzu verletztlichen Seelen der Edelmütigen quält«, wohl berechtigt.[62] Doch es ist ein weiterer und seltener Widerspruch, daß es neben diesem Stolz und einer ihr oft angelasteten Selbstzufriedenheit auch aufrichtige Bescheidenheit in ihr gibt.

Einer der Gründe für die Bescheidenheit, die ihr Werk betrifft, ist die Überzeugung, daß der Dichter einen wirklichen Eindruck vom Unendlichen nicht vermitteln kann. George hat sich niemals an ihren literarischen Erfolgen berauscht. Das lebhafte Bewußtsein einer unzulänglichen Ausbildung hat in ihr ein Unterlegenheitsgefühl erzeugt, das sie gelegentlich dazu verführt, auch wirre philosophische Köpfe, wie etwa Leroux, blind zu bewundern. Dabei ist sie selbst eine anerkannte Instanz. Béranger meint 1851 gegenüber der Sand-Freundin Allart: »Das einzige Zeichen von gesundem Menschenverstand in unserer Epoche ist die allgemeine Bewunderung, die ihr Genie hervorruft, bis hin zu Cousin, der sie in der Akademie zum größten Schriftsteller ihrer Zeit ernannt hat.«[63] Trotzdem wagt George gewisse große Themen nicht aufzugreifen, weil sie sich für unwürdig hält. Allein die Tatsache, daß sie sich als Werkzeug im Dienst der Menschlichkeit versteht, ist ein Beweis ihrer Bescheidenheit. Sie ist bescheiden, wenn sie das Werk von Balzac oder Flaubert dem ihren überlegen ansieht und in Hugo den »großen Philosophen« bewundert. »Wir werden mit Bescheidenheit eher ans Ziel kommen, so verachtet sie auch in dieser Welt sein mag«, rät sie Bocage.[64] George ist mehr als bescheiden, sie ist schlicht.

An Vorurteile hat sich George Sand nie gehalten. Daß aus ihr ein uneheliches Kind geworden wäre, wenn ihr Vater welche besessen hätte, scheint bei ihr zur fixen Idee geworden zu sein. Schon in ihrer Jugend bekämpft sie den Standesdünkel. Ihrem Vetter Vallet de Villeneuve, der sich auf seinen Adelstitel sehr viel zugute hält, schreibt sie: »Mir sind Sie ohne Titel und Krone lieber. Die Republik hat diese Dinge ein zweites Mal beseitigt, aber sie ist nicht so radikal wie die erste, da sie diejenigen nicht verfolgt, die an solchem Tand noch ihren Spaß haben . . . Doch schließlich leben wir auf keinem festen Grund, und von einem Tag zum andern können diese Titel, diese harmlosen Chimären der Vergangenheit, einen gefährlichen Klang bekommen.«[65]

Nicht weniger energisch verurteilt sie die Raffgier und Besitzangst. »Ich kenne Leute, die von Furcht gepackt sind, wenn sie an die Zukunft ihres ›kleinen Vermögens‹ denken. Ich gebe ihnen zur Antwort, daß mich das, soweit es mich betrifft, in keiner Weise bekümmert, da ich anstelle von Ersparnissen nur Schulden gemacht habe. Was würden dazu wohl die armen Proletarier sagen, die nicht einmal Schulden machen können und denen es an allem fehlt? Wirklich, ich staune über das Unglück dieser Leute, die Geld in der Tasche haben und die aus Angst, es zu verlieren, es nicht einmal genießen können. Wenn sie ihre Börse drückt, mögen sie sie nur gleich den Notleidenden schenken. Dann werden sie ihre Lieder und ihren Schlaf wiederfinden, wie der gute La Fontaine gesagt hat.«[66]

Schon in ihrer Jugend in Konflikt mit der geistigen Enge von La Châtre, empört sie sich gegen die öffentliche Meinung, in der sie keinen Sinn und Wert sehen kann: »Ich pfeife auf die Welt!« Als einziges Ergebnis der maßlosen Kritik an ihrer Person entwickelt sie eine gewisse Lust an der Provokation, oder zumindest eine völlige Gleichgültigkeit gegenüber Klatsch und Gerede. Sie findet schließlich ihre eigene Art zu leben, von der sie auch nicht abweicht, um irgend jemandem zu gefallen.

Die »instinktive Abneigung gegen den, der sich abseits hält«,[67] begreift George um so weniger, als sie selbst sehr tolerant ist. Renan sieht in dieser verständnisvollen Haltung gegenüber den andern die Quelle ihrer Güte. Die Bauern ihres Dorfes haben diese Güte kennengelernt und sie *Unsere gute Frau von Nohant* getauft. Mit nichts kann man ihr mehr Ehre erweisen. Die Güte setzt sie in ihrem Vorwort zur *Comédie humaine* an die erste Stelle der Qualitäten, die sie an Balzac schätzt. Nichts erschreckt sie mehr an ihrer Tochter, als deren völliger Mangel an Güte. »Man kann nicht glücklich sein, wenn man nicht gut ist.«[68]

Ihre Revolte gegen die Intoleranz kann allerdings so weit gehen, daß sie sich einen äußeren Anschein gibt, der den Skandal noch verstärkt: »Glauben Sie nicht zu sehr an mein satanisches Wesen, ich schwöre Ihnen, das ist nur meine Art, mich zu stilisieren«,[69] bekennt sie Sainte-Beuve im Jahr 1833. Diese, zuweilen auch unbewußte Stilisierung ist es, die sie dann sogar in Lügen verstrickt. Trotzdem gehört sie zu »jenen kühnen und seltenen Geistern, die vor allem nach Wahrheit streben«.[70] »Ich versichere Ihnen«, schreibt sie Hetzel, »daß mich die Liebe zum Guten und Wahren wie eine Leidenschaft verzehrt«.[71] Aber ihr Verstand anerkennt »mehrere Ausdrucksformen für die Wahrheit«.

George hat unter ihrer emotionalen Empfänglichkeit gelitten, es ist ihr nicht gelungen, sich den »Charakter aus Wachstuch« zuzulegen, den sie gerne gehabt hätte. Sie vergleicht ihre heftige Natur mit der ruhigen Haltung ihrer Freundin Pauline Viardot, die »sich Leiden erspart, die niemandem nützen«, während sie selbst ihre inneren Ängste niemals zu bezähmen vermochte. Aus dieser Sicht wirkt ihre Person keineswegs monolithisch, sondern zeigt Sprünge und Risse. Diese Anfechtbarkeit ist ihr schmerzlich bewußt: »Du weißt, daß ich nicht alle Tage gut bin«, schreibt sie ihrer Freundin Laure Decerfz, »es gibt Tage, an denen ich fromm und gläubig bin, aber es gibt auch weit häufiger solche, an denen ich gottlos und spottsüchtig bin. Es gibt Tage, an denen ich tolerant und barmherzig bin, aber auch andere, an denen ich zuchtlos und überheblich bin. Aus der Nähe besehen, gewinne ich nicht.«[72]

Die Grundzüge ihres Charakters sind so gegensätzlich, daß aus dieser explosiven Mischung sowohl ihre Konflikte, als auch ihre Antriebskraft erklärt werden können. In den Zeiten, in denen sich diese Kraft gegen sie selbst richtet, ist sie recht unnachsichtig gegen andere und gegen sich selbst. Im Herbst 1837 zieht sie sich selbst zur Rechenschaft: »Überdenke einmal, was in den letzten drei Monaten geschehen ist, seitdem du dich nicht mehr beobachtest. Erinnerst du dich wenigstens daran? Du hast Franchard wiedergesehen – und mit wem! Du hast Marboré wiedergesehen – und mit was für einem! Du kehrst hierher zurück, was willst du hier tun, welches Los erwartet dich hier? Wen wirst du lieben? An was wirst du leiden? Wen wirst du als nächsten hassen?«[73] George ist mit sich zerfallen, ihre emotionale Labilität seit dem Ende der Beziehung zu Michel de Bourges ist kein Grund zur Freude. Schlimmer noch: Sie hat mit Bocage und Mallefille die heiligen Stätten ihrer großen Leidenschaften (Musset und Aurélien) entweiht.

Einer der ausgeprägtesten Widersprüche in ihr sind ihr wilder Unabhängigkeitsdrang einerseits und ihr Bedürfnis nach gefühlsmäßiger Anhänglichkeit andrerseits. Oder, anders ausgedrückt, ihr Wunsch, sich von allen als äußerlich betrachteten Ketten zu befreien, dem der ebenso starke Wunsch entspricht, sich für andere, die sie liebt, in Ketten zu legen. Diese selbständige, starke Frau hat eine Schwäche: sie hängt emotional von den andern ab. Sie muß ihre überbordende Energie für jemanden einsetzen können, sie muß für jemanden leiden können. Sie hat ihr Leben lang »das unwiderstehliche Bedürfnis gehabt, mich den Wesen anzuschließen, mit denen mich der Zufall zusammengeführt hat«.[74] Sie braucht ein Ziel für ihre liebende, sorgende Mütterlichkeit. Sie »leidet für alle Geschöpfe, die leiden«, möchte sich für sie einsetzen, fühlt sich für sie verantwortlich.[75]

Sie braucht »ein Wesen«, das sie »zärtlich lieben« kann. Ohne die feste Überzeugung, für einen Menschen oder eine Idee zu leben, kann sie nicht überleben. Dieser Hunger nach Zuneigung hat sicher einen seiner Ursprünge in den »verhinderten Neigungen« ihrer Kindheit. Sie muß »lieben oder sterben«, aber lieben, ohne gleichermaßen geliebt zu werden, bedeutet leiden. Man kann auch unglücklich leben; sofern man sein Leben zum Besten anderer nutzt. Eines weiß sie mit Sicherheit: »Der Egoismus wird mich niemals glücklich machen.«

Man könnte Dutzende von Beispielen für ihr soziales Engagement und ihre Freigebigkeit anführen. Als ihr Tischler in Nohant krank wird und stirbt, übernimmt sie die Sorge für seine drei Kinder. Auf diese Weise versucht sie, die Ungerechtigkeiten des sozialen Systems wenigstens teilweise wettzumachen und jene Nächstenliebe zu praktizieren, die sie in ihren Werken predigt. Zu Ende des opferreichen Revolutionsjahres schreibt sie an Duvernet: »Es ist nicht unser Schicksal, das mich beunruhigt . . . Was ich in unserer allgemeinen Lage als ernst ansehe, ist das wachsende Elend derjenigen, für die Armut der normale Zustand ist.«[76]

Ununterbrochen treibt sie ihre offiziellen und inoffiziellen Unterhändler an, bedrängt ihre Verleger um Geld, beauftragt ihre Freunde, Summen für sie zu borgen oder sie, meist für andere, wieder auszugeben. Trotzdem sieht sie sich manchmal zu äußersten Einschränkungen gezwungen, ohne einen Sou in der Tasche, denn sie gehört nicht zu denen, »die Geld auf die Seite bringen in solchen Elendsjahren, wie wir sie soeben durchlitten haben, und ich gestehe, daß ich erröten würde, hätte ich Ersparnisse gemacht«.[77]

Ihre Güte ist durch Enttäuschungen nicht zu erschöpfen. George pflegt und tröstet, und vergißt darüber sich selbst: »Nein, nein, es kann nicht darum gehen, die eigene Persönlichkeit zu hätscheln, wenn die Welt kämpft auf Leben und Tod.« Und sie geht, in diesem Brief an Poncy, sogar noch weiter: »Wenn die Menschheit kämpft,

leidet und verblutet, kümmert mich meine Muse und meine Leier äußerst wenig.«[78]
George hat nie gesellschaftlichen Ehrgeiz besessen; sie besitzt nicht einmal literarischen. Alles, was sie dahin bringen könnte, in »die Liste der Schöngeister eingereiht zu werden«, ist ihr verdächtig. Für ihre »geheime Unkultur« macht sie ihre mütterlichen Vorfahren verantwortlich; sie machte ihr »die große Welt unerträglich und das *home* notwendig«.[79] Sie hat darauf verzichtet, Nohant auszubauen, als es ihr möglich war, darauf verzichtet, kostbaren Schmuck zu tragen und bei Hofe empfangen zu werden. Das Oberflächliche interessiert sie nicht.
Auf den ersten Blick scheint es unvereinbar, daß sie, die Schönheit so hoch schätzt, doch für sich darauf verzichten kann. Ihr genügt der Anblick der schönen Dinge.
»Niemals hat etwas mein Begehren erweckt, weder Schlösser, noch Equipagen, noch Geschmeide, noch selbst Kunstgegenstände. Und dabei gefällt es mir, ein schönes Palais zu besichtigen, eine elegante Kutsche vorbeifahren zu sehen, schön gearbeitete Schmuckstücke anzufassen . . . Aber ich habe niemals das Bedürfnis gefühlt, ›Das gehört mir‹ zu sagen . . . Ich fühle mich der Rasse jener Zigeuner zugehörig, von denen Béranger gesagt hat: ›Sehen heißt besitzen‹. Ich hasse den Luxus nicht, im Gegenteil, ich liebe ihn . . . Aber all das hat keinen angenehmen Nutzen für mich. Ein schönes Kleid ist hinderlich, Schmuckstücke kratzen und bei allen diesen Dingen läßt uns die Verweichlichung unserer Gewohnheiten altern und tötet uns.«[80] Schlicht und praktisch gekleidet lebt sie in einem Haus ohne großen Aufwand, das sie genauso belassen hat, wie es ihr von ihrer Großmutter vererbt worden war.
»Gerade bei aufrichtigen und logischen Geistern sind Widersprüche nicht selten«, heißt es in *Spiridion*.[81] In George scheint der Widerspruch Frau geworden: nachdenklich, und doch unablässig tätig im Tagesgeschehen, verträumt, und doch beherzt im politischen Geschäft, schlafwandlerisch, und doch sehr wach, meditierend in der Einsamkeit, und doch eifrig auf der Suche nach Gefährten, mit einer fast gierigen Liebe zum Leben, und doch ein Opfer der Melancholie, ekstatisch und ausgeglichen, tolerant und aufbrausend, bescheiden und selbstsicher, dickköpfig und beeinflußbar, aufrichtig und lügnerisch, einfach, ja sogar derb, und doch in vertrautem Umgang mit den Großen der Welt. Diese starken Gegensätze in ihrer Persönlichkeitsstruktur sind der Antrieb für ihre schöpferische Kraft. Sie erklären die Vitalität, mit der sie alles anpackt und zum

Ziel führt. Sie erklären auch, weshalb sie sich so verschiedenen Aufgaben mit der gleichen Intensität widmen kann.

Ihre Beziehungen zu so vielen und verschiedenartigen Menschen machen sie bekannt mit den Extremen der Gesellschaft, »mit dem Überfluß und dem Elend, mit extrem absolutistischen Überzeugungen und mit den revolutionärsten Anschauungen«. Wo sie auch hingehen mag, ist sie an ihrem Platz, bei den Magny-Dîners so gut wie in der Kabinettsrunde der provisorischen Regierung, auf der Bühne von Nohant oder unter ihren berrichonnischen Bauern.

Die Klarsichtigkeit dieser Träumerin und der gesunde Verstand dieser Mystikerin, die ein solcher Widerspruch scheinen, sind vielleicht nur eine Ambivalenz. War nicht auch die heilige Therese, diese große Mystikerin, von sehr praktischem Verstand?

Der Gegensatz zwischen der disziplinierten Arbeiterin und dem seiner »geliebten Phantasie« ausgelieferten Geschöpf, das vom »Geist des Wahnsinns« geleitet scheint, ist manchmal nur schwer zu begreifen. Doch diese Gegensätze können sich ausgleichen: »Obwohl mein Wesen Veränderungen unterworfen war und Phasen der Aktion und Reaktion durchlaufen hat, wie übrigens alle denkenden Wesen, ist es sich doch im Grunde gleich geblieben, in seinem Bedürfnis zu glauben, seinem Drang nach Erkenntnis und seiner Lust zu lieben.«[82]

Bei George Sand mündet die Verschiedenheit in die Einheit und die Unstetigkeit in das Gleichmaß. Ihr Geist erfaßt viele Bereiche. Man muß ihr Werk ganz gelesen haben und ihr Leben im Zusammenhang sehen, um die Einheit zu entdecken. Ihr Gleichmaß, ihre Stetigkeit ist gerade das, was allem Anschein zum Trotz einen Grundzug ihrer Persönlichkeit ausmacht. Von der Jugend bis zum Tod hat sie sich für dieselben Ziele begeistert: Gerechtigkeit und Brüderlichkeit. Ihr Leben lang hat sie die Natur geliebt. Und stets hat sie das Herz dem Verstand vorgezogen, weil »der Verstand dem Herzen nicht zu erklären vermag, warum das Universum schön ist«. Schon als Kind hat sie sich durch Lesen selbst gebildet, und sie hat nie aufgehört, ihrem Geist Anregungen zu geben. Während ihres ganzen Lebens hat sie sich mit den großen Fragen der Menschheit beschäftigt. Immer hatte sie einen Hang zum Träumen, das Bedürfnis zu erzählen und zu schreiben. Von Anfang an hat sie sich Vorbilder gesucht, denen sie stets treu geblieben ist, wie etwa Rousseau, und hat auf diese Weise ein Werk geschaffen, das überzeugend auf ein Ziel gerichtet ist.

Sie hat ihre Überzeugungen in ihrem Leben und in ihrem Werk offen vertreten und bekannt, und hat niemals ihre Prinzipien verleugnet, sei es nun gegenüber Lamennais oder Louis Napoléon. Das ist einer der Gründe für ihre enorme Ausstrahlung und ihren Einfluß, der sich auch in den unzähligen Artikeln niederschlug, mit denen die Presse jede ihrer Gesten und noch ihr geringstes Werk kommentierte.

Wie sehr sie verehrt und geliebt wurde, hat Flaubert, der Freund ihrer späten Jahre, eindringlich bekannt: »Arme, liebe, große Frau! Welches Genie und welches Herz! ... In einigen Jahrhunderten werden den unseren verwandte Herzen im Rhythmus des ihren schlagen! Man wird ihre Bücher lesen, das heißt man wird ihre Gedanken denken und mit ihrer Liebe lieben.«[83] Noch ein Jahr nach ihrem Tod schreibt er an Maurice: »Ach, wie ich an sie denke! Wie sehr ich sie nötig hätte! Kein Tag, an dem ich mir nicht sage: ›Wenn sie noch da wäre, würde ich sie um Rat fragen.‹«[84]

George hat die Probleme der künftigen Gesellschaft erkannt. Sie wendet sich gegen das zwanghafte Interesse, das die Menschen immer ausschließlicher dem Geld entgegenbringen. Sie hat sich gefragt, ob der Fortschritt der Wissenschaft und Technik durch die Minderung der körperlichen Anstrengung das Los der Arbeiter verbessern werde und der Ausbeutung des Menschen durch den Menschen ein Ende bereiten werde. Sie zweifelte daran.

Mit erstaunlicher Weitsicht hat sie die Krankheiten vorausgeahnt, unter denen unser zwanzigstes Jahrhundert leidet. »Das Schwierige auf Reisen besteht darin, die Natur zu finden, weil der Mensch sie überall zugerichtet und fast überall verdorben hat ... Nun, ich nehme an, wenigstens die Gletscher sind noch unversehrt.«[85]

Und in *Lélia* schreibt sie: »Noch ein paar Stunden konvulsivischer Agonie, und der Sturm der Ewigkeit wird gleichgültig über das Chaos der entfesselten Nationen hinwegfegen, die sich damit begnügen müssen, einander die Trümmer einer verbrauchten Welt streitig zu machen, die unseren Bedürfnissen nicht mehr genügen wird.«[86]

In einer Besprechung von Renans *Dialogues et fragments philosophiques*, wenige Tage vor ihrem Tod, hat sie noch einmal die Rolle der Prophetin übernommen, die sie in ihrem Werk mehrmals dargestellt hat: »Ihr sagt, daß die Zukunft der Welt den Wissenschaftlern gehört, daß sie alles sind, und wir anderen Dummköpfe nichts wert. Ihr sagt, daß die Demokratie nichts tun kann für den Fortschritt und daß sie ihn hinnehmen muß, mit dem Vorbehalt, von ihm beseitigt zu werden, falls sie ihn nicht begreift und dadurch zum Hindernis wird . . . Wir werden also in grausame Kriege verwickelt werden, wo Ihr herrschen werdet durch den Schrecken, und Eure Kunst der Vernichtung wird sich immer weiter entwikkeln, so daß jeder neue Krieg noch mörderischer sein wird als die andern, bis daß Ihr allein vor Euren fürchterlichen Instrumenten zurückbleiben werdet und keine andere Möglichkeit mehr haben werdet, als den Planeten in die Luft zu sprengen, um allem ein Ende zu machen.«[87]

Ihre Hellsichtigkeit, die ihr in der Politik und in der Kunst so erstaunliche Visionen der Zukunft eingibt, verleiht ihr etwas Sibyllinisches. Sie ist die Seherin. Aber sie ist auch eine einzigartige Zeugin. Renan hat das nach ihrem Tod, als Reaktion auf ihren Artikel, in einem fast hymnischen Brief zum Ausdruck gebracht: »Ich bin bis auf den Grund meines Herzens bewegt, daß ich der letzte gewesen war, der diese klangvolle Seele, die Äolsharfe unserer Zeit, zum Vibrieren gebracht hat. Ihr Tod scheint mir eine Schmälerung der Menschheit, in Zukunft wird unserem Konzert etwas fehlen. Eine Saite ist gerissen auf der Leier des Jahrhunderts. . . . Sie war der Dichter, dessen Inspiration unsere Hoffnungen, unsere Klagen, unsere Fehler und unsere Seufzer in einen Leib bannte. Diese bewundernswerte Gabe, alles verstehen und alles ausdrücken zu können, war die Quelle ihrer Güte. Es ist ein Zug großer Seelen, daß sie unfähig sind zu hassen. Sie sehen überall das Gute und sie lieben in allem das Gute. Madame Sand besaß nicht den gewöhnlichen Fehler der Literaten. Sie kannte keine Eigenliebe . . . Ihre Werke sind wirklich das Echo unseres Jahrhunderts. Dieses Jahrhundert hat nicht eine Wunde empfangen, an der ihr Herz nicht geblutet, nicht ein Leiden ertragen, das ihr nicht eine klangvolle Klage entrissen hätte. Ihren Büchern ist Unsterblichkeit verheißen, weil sie für immer die Zeugen dessen sein werden, was wir ersehnt, gedacht, gefühlt und gelitten haben.«[88]

ANMERKUNGEN

Der Name George Sand wird in der Regel in der abgekürzten Form G.S. wiedergegeben. Bei den Werken von G.S. erscheint nur bei der ersten Erwähnung eines Titels der Name der Autorin, d. h. Titel ohne Autorennamen stammen immer von G.S.

Einleitung

1 *L'Indépendance belge,* Januar 1860
2 George Sand, *Histoire de ma vie,* Bd. 2, S. 162, in: *Œuvres complètes,* hrsg. von Georges Lubin, Bibliothèque de la Pléiade, Paris 1971, 2 Bde. (im weiteren als »Pléiade«-Ausgabe abgekürzt)
3 Georges Lubin, *Quelques lettres inédites de G.S. à Gustave Vaëz,* Harvard 1960, S. 421: Brief von G.S. an Gustave Vaëz v. 16. August 1855
4 Aline Alquier, *George Sand,* in der Reihe *Les Géants,* Ed. Pierre Charron, S. 121
5 Offener Brief von Victor Hugo, *L'Indépendance belge,* Januar 1860, nachgedruckt in *La Presse,* Paris, 8. Februar 1860

Die Wunden der Seele

1 *Histoire de ma vie,* Pléiade, Bd. 1, S. 603
2 George Sand, *Voyage en Auvergne,* Pléiade-Ausgabe, Bd. 2, S. 504
3 *Histoire de ma vie,* Pléiade, Bd. 1, S. 652
4 ebenda, S. 946f.
5 ebenda, S. 1106
6 ebenda, S. 1107
7 George Sand, *Consuelo, La Comtesse de Rudolstadt,* hrsg. von Léon Cellier und Léon Guichard, Paris 1959, 3 Bde., Bd. 2, S. 543
8 George Sand, *Correspondance,* hrsg. von Georges Lubin, Paris 1964–1976, 12 Bde., Bd. IV, S. 43: Brief an Hippolyte Chatiron v. Mitte Februar 1843
9 *Histoire de ma vie,* Pléiade, Bd. 1, S. 781
10 George Sand, *La petite Fadette,* Paris 1967, S. 136
11 ebenda, S. 138f.
12 ebenda, S. 184
13 *Histoire de ma vie,* Pléiade, Bd. 1, S. 638
14 ebenda

15 *Correspondance,* Bd. I, S. 15 f.: Brief v. Mme Dupin de Francueil an Aurore Dupin v. 11. Mai 1818
16 ebenda, S. 17 f.: Brief v. Mme Dupin de Francueil an Aurore Dupin v. 8. Juni 1818
17 *Histoire de ma vie,* Bd. 1, S. 637 f.
18 ebenda, S. 923
19 George Sand, *Entretiens journaliers,* Pléiade-Ausgabe, Bd. 2, S. 1013
20 George Sand, *Lélia,* Paris 1958, S. 222
21 *Histoire de ma vie,* Pléiade, Bd. 1, S. 1093
22 *Lélia,* S. 196
23 *Histoire de ma vie,* Pléiade, Bd. 2, S. 126
24 ebenda, Bd. 1, S. 1080
25 *Correspondance,* Bd. I, S. 62: Brief an Emilie de Wismes v. Mai 1821
26 ebenda, S. 69: Brief an Emilie de Wismes v. Juli 1821
27 ebenda, S. 62: Brief an Emilie de Wismes v. Mai 1821
28 *Histoire de ma vie,* Pléiade, Bd. 1, S. 1022
29 *Correspondance,* Bd. I, S. 62: Brief an Emilie de Wismes v. Mai 1821
30 ebenda, S. 65; Brief an Emilie de Wismes v. 28. Mai 1821
31 Brief der Mme de Montlevic an einen Verwandten des Barons Laborde, zit. nach P. Salomon und J. Mallion, *Un mariage manqué de G. S.,* in: *Bulletin des Bibliophiles et des Bibliothécaires,* Nov. 1949, S. 512 ff.
32 George Sand, *Lettres d'un voyageur,* Pléiade-Ausgabe, Bd. 2, S. 739
33 *Correspondance entre George Sand et Gustave Flaubert,* Ed. Calmann-Lévy, Paris 1904, S. 404: Brief an Flaubert v. 6. Juli 1874
34 *Histoire de ma vie,* Pléiade, Bd. 1, S. 1086
35 *Correspondance,* Bd. IV, S. 555: Brief an Alexis Duteil vom 20. Januar 1839

Auf der Suche nach dem Absoluten

1 George Sand, *Sketches and Hints,* Pléiade-Ausgabe, Bd. 2, S. 616
2 *Histoire de ma vie,* Pléiade, Bd. 1, S. 946 f.
3 ebenda, S. 953
4 ebenda, S. 955
5 ebenda, Bd. 2, S. 303 f.
6 *Œuvres de George Sand,* Ed. Bonnaire, Paris 1852, Bd. 12, *Spiridion,* S. 405
7 *Histoire de ma vie,* Pléiade, Bd. 2, S. 307
8 *Correspondance entre G.S. et Gustave Flaubert,* S. 81: Brief an Flaubert v. 9. Mai 1867
9 Maurice Dudevant-Sand, *Le Monde des papillons,* Paris 1867, Vorwort S. 4
10 ebenda, S. 5 ff.
11 *Histoire de ma vie,* Bd. 2, S. 304
12 Sainte-Beuve, *Correspondance générale,* hrsg. von Jean Bonnerot, Paris 1935 ff., 18 Bde, Bd. 1, S. 522: Brief v. 24. April 1835
13 *Lettres d'un voyageur,* Pléiade, Bd. 2, S. 860
14 *Histoire de ma vie,* Bd. I, S. 810
15 ebenda, Bd. 2, S. 166
16 *Consuelo, La Comtesse de Rudolstadt,* Bd. 2, S. 459
17 *Correspondance,* Bd. VII, S. 758: Brief an Hortense Allart v. 22. Juni 1847
18 ebenda, Bd. IV, S. 434: Brief an Albert Grzymala v. Ende Mai 1838

19 ebenda, S. 638: Brief an Emmanuel Arago v. 19. April 1839
20 ebenda, S. 634: Brief an Charlotte Marliani v. 16. April 1839
21 ebenda, Bd. VIII, S. 511: Brief an Giuseppe Mazzini v. 15. Juni 1848
22 *Histoire de ma vie,* Pléiade, Bd. 1, S. 1089
23 *Correspondance entre G.S. et G. Flaubert,* S. 302: Brief an Flaubert v. 28. Januar 1872
24 ebenda, S. 340: Brief an Flaubert v. 22. November 1872
25 George Sand, *Le Théâtre des marionnettes de Nohant,* Pléiade-Ausgabe, Bd. 2, S. 1276
26 *Correspondance entre G.S. et G. Flaubert,* S. 266ff.: Brief an Flaubert v. 14. September 1871

Dieses große Herz

1 *Correspondance,* Bd. I, S. 127: Brief an Robin de Scévole v. 18. Januar 1824
2 ebenda, S. 115: Brief an die Vicomtesse de Cornulier (Emilie de Wismes) v. 4. November 1823
3 ebenda, S. 109: Brief an Casimir, Paris, 29. Juli 1823
4 ebenda, S. 137f.: Brief an Casimir, Le Plessis, 22. Juni 1824
5 ebenda, S. 138f.
6 ebenda, S. 146: Brief an Casimir, Le Plessis, 19. August 1824
7 ebenda, S. 262ff.: Brief an Casimir v. 15. November 1825
8 ebenda, S. 143: Brief an Casimir v. 16. August 1824
9 ebenda, S. 244: Brief an Aurélien v. 11. November 1825
10 ebenda, S. 251: Brief an Aurélien v. 12. November 1825
11 ebenda, S. 253: Brief an Aurélien v. 12. November 1825
12 *Lélia,* Paris 1958, S. 86
13 *Correspondance,* Bd. I, S. 576: Brief an Casimir v. 9. Dezember 1829
14 ebenda, S. 577: Brief an Casimir v. 14. Dezember 1829
15 ebenda, S. 583: Brief an Casimir v. 19. Dezember 1829
16 George Sand, *Journal intime,* Pléiade-Ausgabe, Bd. 2, S. 966
17 *Correspondance,* Bd. III, S. 96: Brief an Jules Néraud v. Ende Oktober 1835
18 ebenda, S. 99: Brief an François Rollinat v. 2. November 1835
19 ebenda, S. 101: Brief an Mme Maurice Dupin v. 2. November 1835
20 *Histoire de ma vie,* Pléiade, Bd. 2, S. 385
21 ebenda, S. 389
22 *Correspondance,* Bd. V, S. 444: Brief an Pierre Leroux und Louis Viardot v. 30. September 1841
23 ebenda, Bd. VI, S. 374f.: Brief an Pierre Leroux v. 10. Januar 1844
24 *Histoire de ma vie,* Pléiade, Bd. 2, S. 406
25 ebenda, S. 407
26 *Correspondance,* Bd. III, S. 713f.: Brief an Lamennais v. 28. Februar 1837
27 ebenda, Bd. VII, S. 639: Brief an René Vallet de Villeneuve v. 31. März 1847
28 ebenda, S. 23: Brief an René Vallet de Villeneuve v. 17. Juli 1845
29 *Histoire de ma vie,* Pléiade, Bd. 1, S. 734
30 ebenda, Bd. 2, S. 32
31 ebenda, S. 37
32 *Correspondance,* Bd. III, S. 717: Brief an Christine Buloz v. 8. März 1837
33 ebenda, Bd. VIII, S. 536, Brief an Augustine de Bertholdi v. 14. Juli 1848

34 ebenda, Bd. I, S. 566f.: Brief an Jules Boucoiran v. 30. November 1829
35 ebenda, Bd. III, S. 568: Brief an Franz Liszt v. 16. Oktober 1836
36 ebenda, S. 649: Brief an Sosthènes de la Rochefoucauld v. 20. Januar 1837
37 ebenda, Bd. VII, S. 661: Brief an Maurice Dudevant v. 16. April 1847
38 ebenda, S. 713: Brief an Charles Poncy v. 20. Mai 1847
39 ebenda, Bd. XI, S. 65: Brief an Solange Clésinger v. 25. April 1852
40 ebenda, Bd. I, S. 254: Brief an Aurélien de Sèze v. 12. November 1825
41 ebenda, S. 753: Brief an Jules Boucoiran v. 6. oder 8. Dezember 1830
42 *Histoire de ma vie,* Pléiade, Bd. 2, S. 353
43 *Correspondance,* Bd. IV, S. 663: Brief an Charlotte Marliani v. 3. Juni 1839
44 ebenda, S. 661: Brief an Paul Gaubert v. 3. Juni 1839
45 ebenda, Bd. I, S. 917: Brief an Jules Boucoiran v. 17. Juli 1831
46 ebenda, Bd. I, S. 944: Brief an Gustave Papet v. 20. September 1831
47 ebenda, S. 946: Brief an Emile Regnault v. 20. September 1831
48 ebenda, S. 957: Brief an E. Regnault v. Oktober 1831
49 ebenda, S. 363: Brief an Zoé Leroy v. 10. Oktober 1826
50 *Lettres d'un voyageur,* Pléiade, Bd. 2, S. 682
51 *Correspondance,* Bd. I, S. 553: Brief an Charles Meure vom 6. September 1829
52 ebenda, S. 552
53 ebenda, Bd. III, S. 595: Brief an Lamennais v. 12. Dezember 1836
54 ebenda, S. 669: Brief an Alexis Duteil v. 24. Januar 1837
55 *Histoire de ma vie,* Pléiade, Bd. 2, S. 125
56 ebenda, S. 129
57 *Correspondance,* Bd. VIII, S. 510: Brief von F. Rollinat an G. S. v. 13. Juni 1848
58 *Correspondance entre G.S. et G. Flaubert,* S. 215: Brief an Flaubert v. 20. Mai 1870
59 ebenda, S. 221: Brief an G.S. v. 2. Juli 1870
60 ebenda, S. 323: Brief an Flaubert v. 19. Juli 1872
61 ebenda, S. 285: Brief an Flaubert v. 10. Oktober 1871
62 ebenda, S. 20; Brief an G.S. v. Oktober 1866
63 ebenda, S. 18: Brief an Flaubert v. 28. September 1866
64 ebenda, S. 30: Brief an G.S. v. November 1866
65 ebenda, S. 32: Brief an Flaubert v. 13. November 1866
66 ebenda, S. 84: Brief an G.S. v. Mai 1867
67 ebenda, S. 63f.: Brief an G.S. v. Januar 1867
68 ebenda, S. 87: Brief an Flaubert v. 30. Mai 1867
69 *Correspondance,* Bd. V, S. 636: Brief an Delacroix v. 13. April 1842
70 *Histoire de ma vie,* Pléiade, Bd. 2, S. 224
71 ebenda
72 ebenda, S. 223
73 ebenda, S. 224f.
74 ebenda, S. 237
75 *Correspondance,* Bd. III, S. 763: Brief an Marie d'Agoult v. 3. April 1837
76 Juliette Adam, *Mes sentiments et nos idées avant 1870,* Paris 1903

Die literarische Fron

1 *Correspondance,* Bd. IV, S. 810: Brief an Frédéric Girerd v. November 1839
2 ebenda, Bd. III, S. 569: Brief an Franz Liszt v. 16. Oktober 1836
3 ebenda, Bd. XI, S. 467: Brief an Maurice Dudevant v. 22. November 1852

4 ebenda, Bd. I, S. 813: Brief an Alexis Duteil v. 25. Februar 1831
5 ebenda, S. 795f.: Brief an Maurice und Casimir Dudevant v. 4. Februar 1831
6 ebenda, S. 818: Brief an J. Boucoiran v. 4. März 1831
7 ebenda, S. 801: Brief an J. Boucoiran v. 12. Februar 1831
8 ebenda, S. 814: Brief an A. Duteil v. 25. Februar 1831
9 ebenda, S. 817f.: Brief an J. Boucoiran v. 4. März 1831
10 ebenda, S. 825: Brief an J. Boucoiran v. 7. März 1831
11 ebenda, S. 930, Fußnote 1: Brief v. Hippolyte Chatiron an Casimir Dudevant v. 5. August 1831
12 ebenda, S. 814: Brief an A. Duteil v. 25. Februar 1831
13 ebenda, S. 936: Brief an Emile Regnault v. 5. September 1831
14 ebenda, S. 858: Brief an E. Regnault v. 9. Mai 1831
15 ebenda, S. 939: Brief an Mme Maurice Dupin v. 9. September 1831
16 ebenda, S. 940: Brief an E. Regnault v. 9. September 1831
17 ebenda, S. 939: Brief an Mme Maurice Dupin v. 9. September 1831
18 ebenda, S. 948: Brief an Latouche v. 21. September 1831
19 ebenda, Bd. II, S. 91: Brief an Charles Duvernet v. 21. Mai 1832
20 ebenda, Bd. I, S. 972: Brief an Laure Decerfz v. 28. Oktober 1831
21 ebenda, S. 976: Brief an J. Boucoiran v. 6. November 1831
22 ebenda, Bd. III, S. 123: Brief an François Buloz v. 11. November 1835
23 ebenda, Bd. IV, S. 555: Brief an A. Duteil v. 20. Januar 1839
24 ebenda, Bd. II, S. 434: Brief an Sainte-Beuve v. 13. November 1833
25 ebenda, Bd. IV, S. 354: Brief an F. Buloz v. 4. Februar 1838
26 ebenda, S. 375: Brief an F. Buloz v. 21. März 1838
27 ebenda, S. 561: Brief an Charlotte Marliani v. 22. Januar 1839
28 ebenda, S. 557: Brief an H. Chatiron v. 22. Januar 1839
29 ebenda, S. 677: Brief an David Richard v. 12. Juni 1839
30 ebenda, S. 670: Brief an F. Buloz v. 5. Juni 1839
31 ebenda, S. 702: Brief an F. Buloz v. 30. Juni 1839
32 ebenda, S. 815: Brief an F. Buloz v. 12. Dezember 1839
33 ebenda, Bd. V, S. 535: Brief an Ch. Duvernet v. 27. Dezember 1841
34 ebenda
35 ebenda, Bd. VII, S. 158: Brief an Charlotte Marliani v. 7. November 1845
36 ebenda, S. 370: Brief an Pauline Viardot v. 3. Juni 1846
37 ebenda, S. 369
38 ebenda, Bd. VIII, S. 375: Brief an Agricol Perdiguier v. 31. März 1848
39 ebenda, Bd. XI, S. 220: Brief an Augustine de Bertholdi v. 18. Juni 1852
40 *Correspondance entre G.S. et Gustave Flaubert,* S. 51: Brief an Flaubert v. 8. Dezember 1866
41 *Correspondance,* Bd. VIII, S. 118: Brief an Emmanuel Arago v. November 1847

Die Chimären des Glücks

1 *Lélia,* Paris 1958, S. 74
2 Honoré de Balzac, *La Comédie humaine,* Paris 1846, Bd. 16, *Etudes philosophiques, Séraphita,* S. 234
3 *Correspondance,* Bd. I, S. 437f.: Brief an Zoé Leroy v. 2. Februar 1828
4 ebenda, S. 383: Brief an H. Chatiron v. 20. April 1827

5 ebenda, S. 573: Brief an J. Boucoiran, Périgueux, v. 8. Dezember 1829
6 *Lélia,* Paris 1958, S. 227f.
7 Honoré de Balzac, a.a.O., *Etudes de mœurs, Scènes de la vie de province, La Muse du département,* S. 485
8 *Journal intime,* Pléiade, Bd. 2, S. 965
9 Honoré de Balzac, *Œuvres posthumes, Lettres à l'étrangère,* 3 Bde, Paris 1899–1933, Ed. Calmann-Lévy, Bd. 1, S. 303: Brief v. 8. März 1836
10 Charles Didier, *Journal,* zitiert nach einem Artikel von M. Regard in: *Revue des Sciences humaines,* Okt./Nov. 1959, S. 465ff.
11 *Histoire de ma vie,* Pléiade, Bd. 2, S. 289
12 Alphonse de Lamartine, *Œuvres poétiques complètes,* Bibliothèque de la Pléiade, Paris 1963, S. 1208: *À. M. de Musset*
13 *Correspondance de G.S. et d'Alfred de Musset,* hrsg. von Félix Decori, Brüssel 1904, S. 13f.: Brief von Alfred de Musset an G.S. v. 26. Juli 1833
14 ebenda, S. 14ff.: Brief von A. de Musset an G.S. v. 27. Juli 1833
15 *Correspondance,* Bd. II, S. 407f.: Brief an Sainte-Beuve v. 25. August 1833
16 Alfred de Musset, *Œuvres complètes en prose,* Bibliothèque de la Pléiade, Paris 1938, *Histoire d'un merle blanc,* S. 710
17 Brief v. Mme Allan-Despréaux an Mme Samson Toussaint, zit. v. Léon Séché in: *Revue de Paris,* 1. April 1906
18 Alfred de Musset, *La Confession d'un enfant du siècle,* Pléiade-Ausgabe, S. 208
19 *Correspondance,* Bd. II, S. 730f.: Brief an Musset v. Ende Oktober 1834
20 *Correspondance de G.S. et d'Alfred de Musset,* a.a.O., S. 143f.
21 *Journal intime,* Pléiade, Bd. 2, S. 970
22 ebenda, S. 963
23 *Correspondance,* Bd. III, S. 399: Brief an Marie d'Agoult v. 25. Mai 1836
24 ebenda, Bd. II, S. 564: Brief an Musset v. 15. April 1834
25 *Lettres d'un voyageur,* Pléiade, Bd. 2, S. 780
26 *Correspondance,* Bd. III, S. 745: Brief an Michel de Bourges v. 25. März 1837
27 *Lettres d'un voyageur,* Pléiade, Bd. 2, S. 671
28 *Correspondance,* Bd. III, S. 815: Brief an Michel de Bourges v. 28. April 1837
29 ebenda, S. 782: Brief an Michel v. 13. April 1837
30 ebenda, Bd. IV, S. 817: Brief an Michel v. 28. August 1837
31 ebenda, Bd. III, S. 744: Brief an Michel v. 25. März 1837
32 ebenda, S. 750
33 ebenda, S. 787: Brief an Michel v. 18. April 1837
34 ebenda, S. 790: Brief an Michel v. 20. April 1837
35 ebenda, S. 660: Brief an Michel v. 21. Januar 1837
36 ebenda, S. 735: Brief an Michel v. 20. März 1837
37 *Entretiens journaliers,* Pléiade-Ausgabe, Bd. 2, S. 986
38 *Correspondance,* Bd. III, S. 399: Brief an Marie d'Agoult v. 25. Mai 1836
39 ebenda, Bd. IV, S. 346f.: Brief an den Comte de Chatauvillard v. Januar 1838
40 ebenda, S. 364, Fußnote 1: Brief von Balzac an G.S. v. 19. Februar 1838
41 ebenda, S. 428ff.: Brief an Albert Grzymala v. Ende Mai 1838
42 *Histoire de ma vie,* Pléiade, Bd. 2, S. 444
43 *Correspondance,* Bd. VII, S. 757: Brief an Hortense Allart v. 22. Juni 1847
44 *Histoire de ma vie,* Pléiade, Bd. 2, S. 442
45 *Correspondance,* Bd. VI, S. 253: Brief an Ch. Marliani v. 28. Oktober 1843
46 *Histoire de ma vie,* Pléiade, Bd. 2, S. 421
47 *Correspondance,* Bd. X, S. 455: Brief an Alexandre Dumas fils v. 7. Oktober 1851

48 ebenda, Bd. V, S. 610, Fußnote 3: Zitat aus dem *Journal intime* von Madame Juste Olivier v. 5. März 1842
49 *Consuelo, La Comtesse de Rudolstadt,* Bd. 2, S. 61
50 *Correspondance,* Bd. VIII, S. 49, Fußnote 1: Brief v. E. Arago an G.S. v. Ende Juli 1847
51 ebenda, S. 17f.: Brief an Marie de Rozières v. 25. Juli 1847
52 ebenda, S. 154: Brief an Marie de Rozières v. 22. November 1847
53 ebenda, S. 173f.: Brief an P. Viardot v. 1. Dezember 1847
54 ebenda, Bd. IX, S. 255: Brief an Ludwika Jedrzejewicz v. 1. September 1849
55 ebenda, S. 313: Brief an Bocage v. 26. Oktober 1849
56 ebenda, S. 855f.: Brief an Maurice Sand-Dudevant v. 17. Dezember 1850
57 *Histoire de ma vie,* Pléiade, Bd. 2, S. 294f.
58 *Correspondance,* Bd. IX, S. 500: Brief an Pierre-Jules Hetzel v. 22. März 1850
59 ebenda, S. 389: Brief an Hetzel v. 29. Dezember 1849
60 ebenda, S. 500: Brief an Hetzel v. 22. März 1850
61 ebenda, S. 543f.: Brief an Hetzel v. Ende April 1850
62 ebenda, S. 608f.: Brief an Hetzel v. 7. Juli 1850
63 Brief an Maurice Dudevant-Sand v. 13. Juni 1864
64 *Lélia,* Paris 1958, S. 202
65 ebenda, S. 86
66 ebenda
67 ebenda, S. 163
68 ebenda, S. 161
69 ebenda, S. 133
70 *Correspondance,* Bd. IV, S. 345: Brief an den Comte de Chatauvillard v. Januar 1838
71 ebenda, Bd. I, S. 182: Zitiert in einem Brief von G.S. an Aurélien de Sèze v. 13. Oktober 1825
72 *Lélia,* S. 203
73 ebenda
74 George Sand, *Questions d'art et de littérature,* Ed. Calmann-Lévy (*Œuvres complètes*), Paris 1878, S. 62
75 *Correspondance,* Bd. I, S. 946: Brief an E. Regnault v. 20. September 1831
76 *Lélia,* S. 124
77 ebenda, S. 196
78 André Maurois, *Lélia ou la vie de George Sand,* Paris 1952, S. 197
79 Veröffentlicht in: *Arts,* 22.–28. Oktober 1958
80 *Correspondance,* Bd. II, S. 563: Brief an Musset v. 15.–17. April 1834
81 *Journal intime,* Pléiade, Bd. 2, S. 963
82 *Correspondance,* Bd. II, S. 502: Brief an Pietro Pagello v. Februar 1834
83 ebenda, Bd. III, S. 564: Brief an Michel v. 15. Oktober 1836
84 ebenda, S. 735: Brief an Michel v. 20. März 1837
85 André Maurois, a.a.O., S. 252
86 *Correspondance,* Bd. IV, S. 436f.: Brief an Grzymala v. Ende Mai 1838
87 ebenda, S. 437
88 ebenda, S. 438
89 ebenda, S. 435
90 ebenda, Bd. II, S. 509f.: Brief an Pagello v. Februar 1834
91 *Journal intime,* Pléiade, Bd. 2, S. 967
92 ebenda, S. 966

Die Republik der Zukunft

1 *Correspondance,* Bd. VII, S. 187: Brief an Charles Poncy v. 24. November 1845
2 ebenda, Bd. IX, S. 138: Brief an Bocage v. 12. Mai 1849
3 *Lélia,* Paris 1958, S. 138
4 ebenda, S. 31f.
5 *Correspondance,* Bd. VI, S. 771: Brief an Anthime Corbon v. 9. Januar 1845
6 ebenda, Bd. III, S. 166: Brief an den Abbé Rochet v. 5. Dezember 1835
7 *Histoire de ma vie,* Pléiade, Bd. 2, S. 306
8 *La Revue indépendante,* November 1841
9 Heinrich Heine, *Sämtliche Schriften in 6 Bänden,* hrsg. v. K. Briegleb, Bd. 5, *Lutezia,* S. 264
10 Honoré de Balzac, *Lettres à l'étrangère,* a.a.O., Bd. 2, S. 286: Brief v. 31. Januar 1844
11 *Spiridion,* a.a.O., S. 434ff.
12 Anspielung auf das Werk von Jean Reynaud, *Philosophie religieuse, Terre et ciel,* Paris 1854
13 *Histoire de ma vie,* Pléiade, Bd. 2, S. 460
14 George Sand, *Correspondance 1812–1876,* Paris 1882–1884, 6 Bde; Brief an Edouard Charton v. 14. Februar 1855
15 Sainte-Beuve, *Nouveaux Lundis,* Ed. Calmann-Lévj, Bd. V, S. 40f.
16 George Sand, *Agenda,* 29. Februar 1864; Bibl. Nat. Paris, Manuskriptabt.
17 *Correspondance,* Bd. II, S. 824: Brief an Sainte-Beuve v. 10. März 1835
18 ebenda, Bd. VI, S. 772: Brief an Anthime Corbon und die Redakteure des *Atelier* v. 9. Januar 1845
19 George Sand, *Journal d'un voyageur pendant la guerre,* Ed. Michel Lévy, Paris 1871, S. 16: Eintragung v. 22. September 1870
20 *Correspondance,* Bd. IV, S. 662: Brief an Paul Gaubert v. 3. Juni 1839
21 *Histoire de ma vie,* Pléiade, Bd. 2, S. 251
22 ebenda, S. 126f.
23 *Correspondance* Bd. III, S. 563: Brief an Michel de Bourges v. 15. Oktober 1836
24 ebenda, Bd. V, S. 757: Brief an Marie-Sophie Leroyer de Chantepie v. 28. August 1842
25 ebenda
26 ebenda, Bd. IV, S. 18: Brief an Frédéric Girerd v. Ende April/Anfang Mai 1837
27 *Histoire de ma vie,* Pléiade, Bd. 2, S. 127
28 *Lettres d'un voyageur,* Pléiade, Bd. 2, S. 942
29 *Correspondance,* Bd. VIII, S. 401: Brief an die Mitglieder des Zentralkomitees (der Linken) v. Mitte April 1848
30 ebenda, S. 406
31 ebenda, Bd. I, S. 705: Brief an Charles Meure v. 17. September 1830
32 ebenda, Bd. VIII, S. 391: Brief an die Redaktion der *Réforme* und der *Vraie République* v. 8. April 1848
33 *Lettres d'un voyageur,* Pléiade, Bd. 2, S. 746
34 *Histoire de ma vie,* Pléiade, Bd. 2, S. 127
35 *Lettres d'un voyageur,* Pléiade, Bd. 2, S. 942
36 *Entretiens journaliers,* Pléiade, Bd. 2, S. 999
37 Wortkombinationen aus *émancipée* – emanzipierte und *matrice* – Gebärmutter.
38 *Correspondance,* Bd. II, S. 359: Brief an H. Allart v. Mitte Juli 1833
39 *Histoire de ma vie,* Pléiade, Bd. 1, S. 667, Anmerkung

40 George Sand, *Les Sept Cordes de la lyre, Lettres à Marcie . . .*, Paris 1869, S. 197
41 George Sand, *Souvenirs et impressions littéraires*, Paris 1862
42 *Correspondance*, Bd. X, S. 349: Brief an H. Allart v. Anfang Juli 1851
43 ebenda, Bd. VIII, S. 640: Brief an G. Mazzini v. 30. September 1848
44 ebenda, Bd. I, S. 808f.: Brief an Ch. Meure v. 25. Februar 1831
45 ebenda, S. 809
46 ebenda, S. 807: Brief an Casimir Dudevant v. 20. Februar 1831
47 ebenda, S. 723f.: Brief an Ch. Meure v. 31. Oktober 1830
48 ebenda, Bd. II, S. 14f.: Brief an Ch. Meure v. 27. Januar 1832
49 ebenda, Bd. IV, S. 654: Brief an Ch. Marliani v. 20. Mai 1839
50 ebenda, S. 821: Brief an Buloz v. 21. Dezember 1839
51 ebenda, Bd. V., S. 641: Brief an Charles Poncy v. 27. April 1842
52 ebenda, Bd. VI, S. 622: Brief an Ch. Poncy v. 12. September 1844
53 Edouard Dolléans, *Féminisme et mouvement ouvrier*, Ed. Ouvrières, Paris, S. 101
54 vgl. *Sur les poètes populaires, La Révue indépendante*, November 1841
55 George Sand, *Indiana*, Ed. Garnier, Paris 1962, S. 243
56 *Correspondance*, Bd. VII, S. 743: Brief an Apolline Vallet de Villeneuve v. 9. Juni 1847
57 *Consuelo*, Bd. 1, S. 188
58 ebenda, S. 191
59 *Correspondance*, Bd. VII, S. 738: Brief an Caroline Cazamajou v. 7. Juni 1847
60 ebenda, S. 686: Brief an Maurice Dudevant-Sand v. 7. Mai 1847
61 ebenda, S. 37: Brief an P.-J. Hetzel v. 30. Juli 1845
62 *Journal des débats*, 2. Juli 1876
63 *Correspondance*, Bd. VIII, S. 232, Fußnote 2: Brief v. Bakunin an G. S. v. 14. Dezember 1847
64 ebenda, S. 546f.: Brief an Karl Marx v. 20. Juli 1848
65 ebenda, Bd. VI, S. 614f.: Brief an die Gründer des *Eclaireur* v. 1. September 1844
66 ebenda, Bd. VIII, S. 319: Brief an Augustine Brault v. 5. März 1848
67 ebenda, S. 311: Brief an A. Brault v. 3. März 1848
68 ebenda, S. 325: Brief an Frédéric Girerd v. 6. März 1848
69 ebenda, S. 329: Brief an F. Girerd v. 8. März 1848
70 ebenda, S. 329f.: Brief an Ch. Poncy v. 8. März 1848
71 ebenda, S. 330
72 ebenda, S. 331
73 ebenda, S. 330
74 George Sand, *Questions politiques et sociales*, Ed. Calmann-Lévy, Paris 1879, *Première Lettre au peuple*, S. 212
75 ebenda, *Deuxième Lettre au peuple*, S. 214
76 *Correspondance*, Bd. VIII, S. 337: Brief an Bocage v. 11. März 1848
77 *Questions politiques et sociales, Lettre aux Riches*, S. 225ff.
78 *Correspondance*, Bd. VIII, S. 359f.: Brief an M. Dudevant-Sand v. 23. März 1848
79 ebenda, S. 388f.: Brief an M. Dudevant-Sand v. 7. April 1848
80 ebenda, S. 398: Brief an M. Dudevant-Sand v. 13. April 1848
81 Armand Barbès, Volksvertreter, Louis Blanc, Historiker, Arbeitsminister der prov. Regierung, Ledru-Rollin, Innenminister der prov. Regierung, Ferdinand Flocon, Chefredakteur der Zeitung *La Réforme*, Mitglied der prov. Regierung, Louis-Marc Caussidière, Polizeipräfekt 1848, alles Sozialisten und pol. Gesin-

nungsfreunde von G.S., planten einen Staatsstreich ähnlich dem 18. Fructidor im Jahr V der Franz. Revolution (1797), bei dem mit Hilfe der Armee die liberalen Republikaner entmachtet wurden.

82 *Correspondance,* Bd. VIII, S. 361: Brief an M. Dudevant-Sand v. 23. März 1848
83 ebenda, S. 349f.: Brief an Louis Viardot v. 17. März 1848
84 ebenda, S. 423, Fußnote 3
85 ebenda, S. 430: Brief an M. Dudevant-Sand v. 21. April 1848
86 ebenda, S. 434: Brief an M. Dudevant-Sand v. 28 April 1848
87 *Le Peuple constituant* erschien am 27. Februar 1848 zum ersten und am 11. Juli 1848 zum letzten Mal
88 Alexis de Tocqueville, *Souvenirs,* Paris 1893, S. 204f.
89 ebenda
90 *Correspondance,* Bd. VIII, S. 473: Brief an Ch. Poncy v. 24. Mai 1848
91 ebenda, S. 477f.: Brief an Théophile Thoré v. 28. Mai 1848
92 ebenda, S. 513ff.: Brief an G. Mazzini v. 15. Juni 1848
93 ebenda, S. 372: Brief an Ch. Poncy v. 28. März 1848
94 ebenda, S. 445f.: Brief an Ch. Poncy v. 5. Mai 1848
95 Brief von Charles Poncy an G.S. v. 10. März 1871
96 *Lettres d'un voyageur,* Pléiade, Bd. 2, S. 855f.
97 *Correspondance,* Bd. X, S. 345: Brief an Bocage v. 30. Juni 1851
98 *La Vraie République* v. 12. Mai 1848
99 George Sand, *Souvenirs de mars-avril 1848,* Pléiade-Ausgabe, Bd. 2, S. 1189
100 Am 18. Brumaire des Jahres VIII (9. Nov. 1799) endete mit dem Staatsstreich Bonapartes die Franz. Revolution. Die Republik wurde zur Militärdiktatur.
101 *Correspondance,* Bd. VIII, S. 506f.: Brief an H. Allart v. 12. Juni 1848
102 *Lettres inédites d'Hortense Allart à Sainte-Beuve,* Paris 1908, S. 315: Brief v. 29. Juni 1848
103 *Correspondance,* Bd. VIII, S. 446: Brief an Ch. Poncy v. 5. Mai 1848
104 ebenda, S. 473: Brief an Ch. Poncy v. 24. Mai 1848
105 ebenda, S. 510ff.: Brief an G. Mazzini v. 15. Juni 1848
106 ebenda, S. 527: Brief an A. de Bertholdi v. 29. Juni 1848
107 ebenda, Bd. IX, S. 802: Brief an Emile de Girardin v. 16. November 1850
108 *Histoire de ma vie,* Pleiade, Bd. 2, S. 241
109 Verstümmelte Form von: »Nieder mit den Kommunisten!« *Correspondance,* Bd. VIII, S. 545: Brief an Ch. Marliani v. Mitte Juli 1848
110 ebenda, S. 515: Brief an G. Mazzini v. 15. Juni 1848
111 ebenda, S. 541: Brief an Eugénie Duvernet v. 15. Juli 1848
112 ebenda, Bd. IX, S. 749: Brief an G. Mazzini v. 15. Oktober 1850
113 ebenda, Bd. VIII, S. 549: Brief an J.-P. Gilland v. 22. Juli 1848
114 ebenda, S. 734: Brief an H. Allart v. 18. Dezember 1848
115 ebenda, S. 671: Brief an Ch. Duvernet v. 26. Oktober 1848
116 ebenda, S. 757: Brief an P.-J. Hetzel v. Dezember 1848
117 George Sand, *Journal de novembre-décembre 1851,* Pléiade-Ausgabe, Bd. 2, S. 1211
118 ebenda, S. 1216f.
119 *Correspondance,* Bd. X, S. 662ff.: Brief an Prinz Louis Napoléon Bonaparte v. 20. Januar 1852
120 ebenda, S. 699: Brief an Cavet (Kabinettschef des Innenministeriums 1852) v. 3. Februar 1852
121 ebenda, S. 680: Brief an P.-J. Hetzel v. 31. Januar 1852

122 ebenda, S. 661: Brief an Louis Napoléon Bonaparte v. 20. Januar 1852
123 ebenda, S. 746f.: Brief an Ernest Périgois v. 24. Februar 1852
124 *Histoire de ma vie,* Pléiade, Bd. 2, S. 191
125 *Correspondance,* Bd. VIII, S. 594: Brief an Hetzel v. 8. August 1848
126 ebenda, S. 595
127 ebenda
128 *Correspondance entre G.S. et G. Flaubert,* S. 224f.: Brief v. G.S. an G. Flaubert v. 26. Juli 1870
129 ebenda, S. 228: Brief v. G.S. an G. Flaubert v. 8. August 1870
130 Unveröffentlichtes Tagebuch, Bibl. Nat. Paris, Manuskriptabt.
131 *Journal d'un voyageur pendant la guerre,* S. 134f.: 23. Oktober 1870
132 ebenda, S. 206
133 ebenda, S. 216: 23.–24. Dezember 1870
134 ebenda, S. 299: 31. Dezember 1870
135 ebenda, S. 252: 18. Januar 1871
136 ebenda, S. 257: 22.–23. Januar 1871
137 Unveröffentl. Tagebuch, Sonntag, 29. Januar 1871
138 ebenda, 19. März 1871
139 ebenda, 23. März 1871
140 *Correspondance 1812–1876,* Bd. VI, S. 104ff.: Brief an E. Plauchut v. 24. März 1871
141 ebenda
142 ebenda, S. 109: Brief an E. Plauchut v. 26. März 1871
143 ebenda
144 ebenda, S. 111
145 Unveröffentl. Brief an Plauchut v. 25. März 1871
146 *Correspondance 1812–1876,* Bd. VI, S. 114: Brief an J. Boucoiran v. 6. April 1871
147 Brief an Ch. Poncy v. 16. April 1871
148 *Correspondance 1812–1876,* Bd. VI, S. 115: Brief an Alexandre Dumas fils v. 22. April 1871
149 Brief an Victor Borie v. 8. Mai 1871
150 *Correspondance 1812–1876,* Bd. VI, S. 123f.: Brief an Oscar Cazamajou v. 25. Mai 1871
151 ebenda
152 ebenda, S. 125: Brief an Ch. Poncy v. 25. Mai 1871
153 Brief v. G. S. an Joseph Dessauer v. 28. Mai 1871
154 *Correspondance 1812–1876,* Bd. VI, S. 130f.: Brief an Juliette Adam v. 13. Juni 1871
155 ebenda, S. 135f.: Brief an E. Plauchut v. 16. Juni 1871
156 ebenda, S. 151ff.: Brief an Prinz Jérôme Napoléon v. 29. Juli 1871
157 Brief v. G.S. an E. Plauchut v. 4. Oktober 1871
158 Brief v. G.S. an Alfred Gabrie v. 21. Oktober 1871
159 *Correspondance 1812–1876,* Bd. VI, S. 170: Brief an Edouard de Pompéry v. 6. Oktober 1871
160 Brief v. G.S. an A. Gabrie v. 21. Oktober 1871
161 *Correspondance 1812–1876,* Bd. VI, S. 154: Brief an Prinz Jérôme Napoléon v. 29. Juli 1871
162 George Sand, *Dernières Pages,* Ed. Michel Lévy, Paris 1877, *A propos de la Nouvelle lettre de Junius,* August 1871, S. 216

163 *Correspondance entre G.S. et G. Flaubert,* S. 299: Brief v. G.S. an G. Flaubert v. 25. Januar 1872
164 ebenda, S. 287: Brief v. G. Flaubert an G.S. v. November 1871
165 Zitiert nach Flaubert, *Correspondance entre G.S. et G. Flaubert,* S. 337
166 George Sand, *Souvenirs et Idées,* Paris 1904, *Victor Hugo et «l'année terrible»* S. 259f.
167 *Correspondance entre G.S. et G. Flaubert,* S. 277: Brief an Flaubert v. 14. September 1871, abgedruckt in *Le Temps* unter dem Titel *Réponse à un ami* am 3. Oktober 1871
168 ebenda, S. 273

Dichtung im Dienst des Ideals

1 *Correspondance,* Bd. VIII, S. 473: Brief an Ch. Poncy v. 24. Mai 1848
2 ebenda, S. 711: Brief an Ch. Poncy v. 20. November 1848
3 *Histoire de ma vie,* Pléiade-Ausgabe, Bd. 1, S. 809
4 Ableitung von »Calepino«, mehrspr. ital. Lexikograph des 15. Jahrh.: kleines Notizbuch
5 Diese wirklich unvergleichliche Korrespondenz wird von Georges Lubin herausgegeben, der dieser Aufgabe sein Leben geweiht hat. Bisher sind zwölf Bände erschienen, bis zum Jahr 1854. Die Anmerkungen sind eine Fundgrube für jeden Forscher und Interessierten.
6 Edmond et Jules de Goncourt, *Journal,* 22 Bde.; Monaco 1956, Bd. 3, S. 233: Eintragung v. 10. März 1860
7 *Correspondance entre George Sand et Gustave Flaubert,* S. 424: Brief v. G.S. an G. Flaubert v. Sommer 1875
8 *Correspondance,* Bd. VIII, S. 18ff.: Brief an E. Arago v. 18.–26. Juli 1847
9 ebenda, Bd. IX, S. 246: Brief an Gabriel Planet v. 5. August 1849
10 *Histoire de ma vie,* Pléiade, Bd. 1, S. 607f.
11 ebenda, Bd. 2, S. 82
12 ebenda, S. 352
13 Juliette Adam, a.a.O., S. 416
14 *Correspondance,* Bd. V, S. 535f.: Brief an Ch. Duvernet v. 27. Dezember 1841
15 In der *Revue indépendante,* v. 25. Oktober bis 25. November 1843
16 *Correspondance,* Bd. VII, S. 505f.: Brief an P.-J. Hetzel v. 28. Oktober 1846
17 *Lélia,* Paris 1958, S. 107
18 *Histoire de ma vie,* Pléiade, Bd. 2, S. 166
19 ebenda, S. 163f.
20 *Correspondance,* Bd. IX, S. 498; Brief an P.-J. Hetzel v. 22. März 1850
21 *Histoire de ma vie,* Pléiade, Bd. 2, S. 164f.
22 *Spiridion,* a.a.O., S. 428f.
23 *Histoire de ma vie,* Pléiade, Bd. 1, S. 673
24 *Correspondance entre G.S. et G. Flaubert,* S. 370: Brief v. G.S. an Flaubert v. 30. August 1873
25 *Correspondance,* Bd. X, S. 114: Brief an Bocage v. 2. März 1851
26 *Lettres d'un voyageur,* Pléiade, Bd. 2, Vorwort S. 645
27 *Correspondance entre G.S. et G. Flaubert,* S. 81: Brief v. G.S. an Flaubert v. 9. Mai 1867

28 *Correspondance*, Bd. I, S. 563: Brief an die Comtesse de Fenoyl (Jane Bazouin) v. November 1829
29 *Histoire de ma vie*, Pléiade, Bd. 1, S. 622
30 ebenda, 622f.
31 *Correspondance*, Bd. VII, S. 757: Brief an H. Allart v. 22. Juni 1847
32 *Histoire de ma vie*, Pléiade, Bd. 2, S. 444
33 *Correspondance*, Bd. VII, S. 757: Brief an H. Allart v. 22. Juni 1847
34 *Correspondance entre G.S. et G. Flaubert*, S. 45f.: Brief an Flaubert v. 30. November 1866
35 ebenda
36 Correspondance entre G.S. et G. Flaubert, S. 45: Brief v. G.S. an Flaubert v. 30. November 1866
37 *Revue des Revues*, in: *Le Monde*, 20./21. Juli 1975, S. 9
38 *Correspondance*, Bd. VI, S. 35: Brief an G. Mazzini v. 10. Februar 1843
39 ebenda, S. 108: Brief an Eugène Sue v. 20. April 1843
40 *Histoire de ma vie*, Pléiade, Bd. 2, S. 161
41 ebenda
42 ebenda, S. 162
43 ebenda, S. 162f.
44 *Correspondance*, Bd. IX, S. 537: Brief an Bocage v. 25. April 1850
45 *Correspondance entre G.S. et G. Flaubert*, S. 7: Brief an Flaubert v. 16. Mai 1866
46 *Consuelo, La Comtesse de Rudolstadt*, Bd. 1, Vorwort von G. Sand S. 5
47 *Correspondance entre G.S. et G. Flaubert*, S. 85: Brief an G.S. v. Mai 1867
48 *Consuelo, La Comtesse de Rudolstadt*, Bd. 1, Vorwort S. 5
49 *Correspondance*, Bd. IX, S. 566: Brief an Bocage v. 20. Mai 1850
50 *Histoire de ma vie*, Pléiade, Bd. 1, S. 808
51 ebenda, S. 813
52 ebenda, S. 814
53 ebenda, S. 815
54 *Correspondance*, Bd. IV, S. 515: Brief aus Palma an Christine Buloz v. 12. November 1838
55 *Spiridion*, a.a.O., S. 331ff.
56 *Histoire de ma vie*, Pléiade, Bd. 2, S. 1342, Anmerkung 1 zu Seite 174
57 H. Boussuge, Artikel über *Indiana* in: *Le Cabinet de lecture* v. 24. Juni 1832
58 Stendhal, *Journal*, 25. Mai 1840
59 Alfred de Musset, *Œuvres complètes en prose*, Pléiade, *Histoire d'un merle blanc*, S. 710
60 *Correspondance*, Bd. IX, S. 578: Brief an Bocage v. 3. Juni 1850
61 ebenda, S. 586f.: Brief an Bocage v. 11. Juni 1850
62 ebenda, Bd. II, S. 713: Brief an Sainte-Beuve v. 24. September 1834
63 *Correspondance entre G.S. et G. Flaubert*, S. 455: Brief v. Flaubert an G.S. v. April 1876
64 *Correspondance*, Bd. II, S. 368, Fußnote 2: Brief v. Musset an G.S. v. 23. Juli 1833
65 Adolphe Guéroult in einem Artikel über *Lélia* in: *Le Temps* v. 3. Oktober 1833
66 *Correspondance*, Bd. III, S. 195f.: Brief an Hippolyte Fortoul v. Ende Dezember 1835
67 *Correspondance entre G.S. et G. Flaubert*, S. 146: Brief an Flaubert v. 21. Dezember 1868
68 *Histoire de ma vie*, Pléiade, Bd. 1, S. 807

69 *Correspondance,* Bd. VIII, S. 275: Brief an R. Vallet de Villeneuve v. 8. Februar 1848
70 *Correspondance entre G.S. et G. Flaubert,* S. 449: Brief an Flaubert v. 9. März 1876
71 ebenda, S. 447f.: Brief v. Flaubert an G.S. v. 8. März 1876
72 ebenda, S. 432f.: Brief an Flaubert v. 18./19. Dezember 1875
73 Edmond et Jules de Goncourt, *Journal,* Bd. 6, S. 80f.: Eintragung v. 19. Juni 1863
74 ebenda, S. 65: Eintragung v. 11. Mai 1863
75 *Correspondance entre G.S. et G. Flaubert,* S. 42: Brief an Flaubert v. 29. November 1866
76 Ernest Renan, Brief an den Direktor des *Temps,* Auguste Nefftzer, 1876
77 Louise Vincent, *George Sand et le Berry,* Paris 1919
78 George Sand, *Légendes rustiques,* Ed. Calmann-Lévy, Paris 1877, S. 162
79 Hippolyte Jaubert, *Vocabulaire du Berry,* Ed. Roret, 1842
80 *Correspondance,* Bd. VIII, S. 57f.: Brief an G. Mazzini v. 28. Juli 1847
81 Henri Monnier, Besprechung von *Indiana,* unter dem Pseudonym Eugène Morisseau, in: *La Caricature* v. 31. Mai 1832
82 *Correspondance,* Bd. II, S. 175: Brief an Charles Rabou v. Oktober 1832
83 Erstverkaufstag war der 31. Juli 1833
84 Sainte-Beuve, *Correspondance générale,* Bd. 1, S. 347f.: Brief an G.S. v. 10. März 1833
85 *Correspondance,* Bd. II, S. 380: Brief an Victor Charlier v. 25. Juli 1833
86 vgl. ebenda, S. 303, Fußnote 1, und S. 361, Fußnote 1
87 Capo de Feuillide in: *L'Europe littéraire* v. 24. August 1833
88 Sainte-Beuve, *Portraits contemporains,* Paris 1869, S. 516f.
89 *L'Artiste,* 1833, Bd. VI, 14. Lief., S. 167ff. (Vgl. *Correspondance,* Bd. II, S. 432, Fußnote 1)
90 *Correspondance,* Bd. II, S. 431: Brief an Sainte-Beuve v. 8. Oktober 1833
91 Sainte-Beuve, *Port-Royal,* Paris 1840, Bd. 1, S. 200
92 Alfred de Musset, *Le Songe du reviewer ou Buloz consterné* (vgl. *Correspondance,* Bd. II, S. 347, Fußnote 3)
93 *Histoire de ma vie,* Pléiade, Bd. 2, S. 96
94 *Lettres d'un voyageur,* Pléiade, Bd. 2, S. 754ff.
95 *Correspondance,* Bd. IV, S. 564: Brief an Buloz v. 22. Januar 1839
96 *Lélia,* 1839, hrsg. von Pierre Reboul, Ed. Garnier, Paris 1960, S. 384f.
97 ebenda, S. 389
98 ebenda, S. 540
99 *Lélia,* Paris 1958, Calmann-Lévy, S. 367
100 *Lettres d'un voyageur,* Pléiade, Bd. 2, S. 941
101 ebenda, S. 942
102 ebenda, S. 936f.
103 *Correspondance,* Bd. IV, S. 289: Brief an Buloz v. 20. Dezember 1837
104 ebenda, S. 321: Brief an G. Planche v. 10. Januar 1838
105 ebenda, S. 415: Brief an F. Buloz v. Félicien Mallefille im Namen v. G.S., v. 21. Mai 1838
106 ebenda, S. 466f.: Brief an Chr. Buloz v. 8. August 1838
107 ebenda, S. 492f.: Brief an Buloz v. Anfang Oktober 1838
108 ebenda, S. 515: Brief an Chr. Buloz v. 12./14. November 1838
109 *Spiridion,* a.a.O., S. 454

110 ebenda, S. 415
111 ebenda, S. 454
112 *Correspondance,* Bd. IV, S. 613: Brief an Buloz v. 25. März 1839
113 George Sand, *Les Sept Cordes de la lyre,* Paris 1973, Flammarion, Nouvelle Bibliothèque romantique, S. 64
114 *Correspondance,* Bd. IV, S. 562, Fußnote 2: Brief v. Marie d'Agoult an Charlotte Marliani v. 23. Januar 1839
115 ebenda, S. 613: Brief an Buloz v. 25. März 1839
116 ebenda, Bd. V, S. 421f.: Brief an Buloz v. 15. September 1841
117 Alphonse de Lamartine, *Cours familiers de littérature,* Bd. 1, S. 153
118 *Consuelo, La Comtesse de Rudolstadt,* Bd. 1, Vorwort S. XXI
119 ebenda, S. 343
120 ebenda, Bd. 3, S. 547
121 ebenda, Bd. 1, Vorwort S. XL
122 ebenda, S. XXXIX
123 Emile Faguet, *Dix-Neuvième Siècle: Etudes litteraires,* Paris 1887, S. 394
124 Alain, *Propos de littérature,* Paris 1934, S. 223
125 *Histoire de ma vie,* Pléiade, Bd. 2, S. 84f.
126 Erstveröffentlicht in: *L'Illustration,* Nr. 444, 28. August 1851
127 ebenda, Nr. 459, 13. Dezember 1851
128 vgl. Honoré de Balzac, *La Comédie humaine, Etudes de mœurs, Scènes de la vie de campagne, Les Paysans*
129 *Correspondance,* Bd. X, S. 143: Brief an Emile Aucante v. 16. März 1851
130 ebenda, S. 656: Brief an P.-J. Hetzel v. 17. Januar 1852
131 ebenda, Bd. XI, S. 362: Brief an Jean-Placide Tillot v. 14. September 1852
132 George Sand, *Laura, Voyage et impression,* Paris 1865, S. 65
133 ebenda, S. 186
134 ebenda, S. 194
135 *Correspondance,* Bd. XI, S. 671, Fußnote 1
136 *Histoire de ma vie,* Pléiade, Bd. 2, S. 160
137 *Consuelo, La Comtesse de Rudolstadt,* Vorwort S. LXI
138 *Correspondance entre G.S. et G. Flaubert,* S. 345: Brief an G.S. v. November 1872
139 *Correspondance,* Bd. VIII, S. 474: Brief an Ch. Poncy v. 24. Mai 1848
140 ebenda, Bd. X, S. 382: Brief an Bocage v. 25. Juli 1851
141 ebenda, S. 496: Brief an Pauline Viardot v. 16. Oktober 1851
142 ebenda, Bd. IX, S. 842: Brief an Bocage v. 11. Dezember 1850
143 ebenda, S. 841
144 ebenda, Bd. X, S. 143: Brief an E. Aucante v. 16. März 1851
145 ebenda, S. 142
146 Veröffentlicht in: *Revue des Deux Mondes* v. 1. Februar 1851, S. 497ff.
147 George Sand, *Mauprat,* Paris 1853, Ed. de la Librairie théâtrale, Vorwort S. II/III
148 *Correspondance,* Bd. VIII, S. 753f.: Brief an A. de Bertholdi v. Dezember 1848
149 *Correspondance entre G.S. et G. Flaubert,* S. 110f.: Brief an Flaubert v. 31. Dezember 1867
150 George Sand, *Le Théâtre des marionnettes à Nohant,* Pléiade-Ausgabe, Bd. 2, S. 1268
151 George Sand, *Le Théâtre et l'acteur,* Pléiade-Ausgabe, Bd. 2, S. 1242
152 *Correspondance,* Bd. X, S. 96f.: Brief an A. de Bertholdi v. 24. Februar 1851

153 ebenda, Bd. IX, S. 587: Brief an Bocage v. 11. Juni 1850
154 ebenda
155 ebenda, Bd. VIII, S. 211: Brief an Adolphe und Edouard Duteil v. 24. Dezember 1847
156 *Le Théâtre et l'acteur,* Pléiade, Bd. 2, S. 1243
157 ebenda, S. 1242
158 ebenda, S. 1244
159 George Sand, *Voyage en Auvergne,* Pléiade-Ausgabe, Bd. 2, S. 519f.
160 *Correspondance,* Bd. II, S. 564: Brief an Musset v. 15. April 1834
161 ebenda, S. 569: Brief an Musset v. 29. April 1834
162 George Sand *et* Alfred de Musset, *Correspondance,* hrsg. von Louis Evrard, Monaco 1956, S. 101: Brief v. Musset an G.S. v. 10. Mai 1834
163 *Correspondance,* Bd. VII, S. 718, Fußnote 1: Brief v. Mazzini an G.S. v. 11. Juni 1847 (vgl. *Scritti,* XXXII, *Epistolario,* XVII, S. 168–171)
164 Sainte-Beuve, *Nouveaux Lundis,* Ed. Calmann-Lévy, Bd. XII, S. 122
165 *Entretiens journaliers,* Pléiade, Bd. 2, S. 977
166 *Correspondance,* Bd. VIII, S. 114f.: Brief an P.-J. Hetzel v. 2. November 1847
167 Im Verlag Victor Lecou und Alexandre Cadot erscheinen bis zum 4. 8. 1855 insgesamt 20 Bände
168 Honoré de Balzac, *La Comédie humaine,* Ed. Houssiaux, Paris 1853, Vorwort von George Sand, Bd. 1, S. VI
169 *Correspondance,* Bd. XI, S. 685: Brief an Armand Dutacq v. 2. Mai 1853
170 ebenda, Bd. VIII, S. 188: Brief an Ch. Poncy v. 14. Dezember 1847
171 ebenda, S. 207: Brief an Ch. Marliani v. 22. Dezember 1847
172 ebenda, S. 188: Brief an Poncy v. 14. Dezember 1847
173 ebenda, S. 207: Brief an Ch. Marliani v. 22. Dezember 1847
174 ebenda, Bd. X, S. 483: Brief an Bocage v. 14. Oktober 1851
175 *Histoire de ma vie,* Pléiade, Bd. 1, S. 78
176 *Entretiens journaliers,* Pléiade, Bd. 2, S. 1018
177 *Correspondance,* Bd. VIII, S. 264: Brief an P.-J. Hetzel v. 1. Februar 1848
178 Edmond et Jules de Goncourt, *Journal,* Bd. 8, S. 151: Eintragung v. 1. Dezember 1868
179 Erstausgabe Paris 1926, hrsg. v. Aurore Sand, Ed. Calmann-Lévy. Enthalten in *Œuvres autobiographiques,* Bibliothèque de la Pléiade, Bd. 2, S. 945ff.
180 Erstausgabe in: *Souvenirs et Idées,* Paris 1904, Calmann-Lévy. Enthalten in *Œuvres autobiographiques,* Pléiade, Bd. 2, S. 1183ff.
181 Erstausgabe in: *Souvenirs et Idées.* Enthalten in *Œuvres autobiographiques,* Bd. 2, S. 1195ff.
182 Erstausgabe Paris 1871, Michel Lévy
183 Unveröffentl. Brief v. Dumas fils an G.S. v. 24. April 1871
184 *Journal de novembre-décembre 1851,* Pléiade, Bd. 2, S. 1201
185 *Correspondance entre G.S. et G. Flaubert,* S. 352: Brief an Flaubert v. 8. Dezember 1872
186 George Sand *et* Alfred de Musset, *Correspondance,* S. 94: Brief v. Musset an G.S. v. 30. April 1834
187 ebenda, S. 159: Brief v. Musset an G. S. v. 23. August 1834
188 vgl. das Kapitel *Inspiration et Influences* in der Originalausgabe dieses Buches (Paris 1976, Ed. Grasset)
189 Paul Dimoff, *La Genèse de Lorenzaccio,* Paris 1936
190 vgl. *Œuvres autobiographiques,* Pléiade-Ausgabe, Bd. 2, S. 1480f.

191 *Correspondance entre G.S. et G. Flaubert,* S. 460: Brief an G.S. v. April 1876
192 Jean Pommier, *George Sand et le Rêve monastique – Spiridion,* 1966, Ed. Nizet, S. 101
193 Louis-Ferdinand Céline, *Les Romans,* Bibliothèque de la Pléiade, Bd. 2, *Céline vous parle,* S. 931

Unsere gute Frau von Nohant

1 *Sketches and Hints,* Pléiade-Ausgabe, Bd. 2, S. 630
2 *Correspondance,* Bd. IV, S. 434: Brief an Albert Grzymala v. Ende Mai 1838
3 Zitiert nach Semenoff, *1830 et le Romantisme russe. George Sand – Tourgeniev – Bakounine,* in: *Mercure de France,* 15. Dez. 1930, S. 577
4 *Correspondance,* Bd. II, S. 753: Brief an Sainte-Beuve v. 25. November 1834
5 Alexis de Tocqueville, *Souvenirs,* Paris 1893, S. 204
6 *Correspondance entre G.S. et G. Flaubert,* S. 263: Brief v. Flaubert an G.S. v. 8. September 1871
7 Alfred de Vigny, *Œuvres complètes,* Bibliothèque de la Pléiade, Paris 1948, Bd. 2, *Le Journal d'un poète,* S. 946f.
8 ebenda
9 Tocqueville, a.a.O., S. 204
10 *Correspondance,* Bd. II, S. 242: Brief an Marie Dorval v. 26. Januar 1833
11 ebenda, S. 277, Fußnote 2: Bemerkung v. Sainte-Beuve zu einem Brief v. G.S. v. 10. März 1833
12 Edmond et Jules de Goncourt, *Journal,* Bd. 5, S. 85: Eintragung v. 30. März 1862
13 Honoré de Balzac, *Lettres à l'étrangère,* a.a.O., Bd. 1, S. 462; Brief v. 2. März 1838
14 Jules Salles, *Mémoires d'un vieil artiste,* S. 214ff. (Er besucht sie, als sie, unterwegs auf die Balearen, in Nîmes Station macht.)
15 Alfred de Musset, *La Confession d'un enfant du siècle,* Pléiade-Ausgabe, S. 208
16 *Correspondance,* Bd. VII, S. 22: Brief an R. Vallet de Villeneuve v. 17. Juli 1845
17 ebenda, Bd. X, S. 606: Brief an Bocage v. 17. Dezember 1851
18 Alfred de Vigny, a.a.O., *Le Journal d'un poète,* S. 946f.
19 *Correspondance,* Bd. II, S. 176: Brief an Henri Dupuy v. Oktober 1832
20 *Lettres d'un voyageur,* Pléiade-Ausgabe, Bd. 2, S. 759
21 *Correspondance,* Bd. X, S. 650ff.: Brief an Adolphe Lemoine-Montigny v. 16. Januar 1852
22 *Histoire de ma vie,* Pléiade, Bd. 1, S. 944
23 *Correspondance,* Bd. VIII, S. 211: Brief an Adolphe und Edouard Duteil v. 24. Dezember 1847
24 vgl. dazu *The letters of Elizabeth Barrett-Browning,* Bd. 2, S. 55ff.
25 *Correspondance entre G. S. et G. Flaubert,* S. 3f.: Brief an Flaubert v. 10. Mai 1866
26 *Agenda,* 29. August 1853, Bibl. Nat. Paris, Manuskriptabt.
27 *Lettres d'un voyageur,* Pléiade, Bd. 2, S. 804
28 *Correspondance,* Bd. II, S. 16: Brief an Ch. Meure v. 27. Januar 1832
29 *Histoire de ma vie,* Pléiade, Bd. 1, S. 796
30 ebenda, Bd. 2, S. 33
31 *Correspondance,* Bd. V, S. 399: Brief an Ch. Marliani v. 13. August 1841
32 *Histoire de ma vie,* Pléiade, Bd. 1, S. 667

33 George Sand, *Autour de la table,* Ed. Michel Lévy, Paris 1875, S. 2
34 *Correspondance entre G.S. et G. Flaubert,* S. 150f.: Brief an Flaubert v. 17. Januar 1869
35 *Correspondance,* Bd. VII, S. 370f.: Brief an P. Viardot v. 3. Juni 1846
36 *Correspondance entre G.S. et G. Flaubert,* S. 320f.: Brief an Flaubert v. 5. Juli 1872
37 *Correspondance,* Bd. IX, S. 803: Brief an Bocage v. 16. November 1850
38 vgl. Annarosa Poli, *L'Italie dans la vie et dans l'œuvre de George Sand,* Paris 1960, S. 98
39 *Histoire de ma vie,* Pléiade, Bd. 2, S. 35
40 *Entretiens journaliers,* Pléiade, Bd. 2, S. 989
41 *Correspondance entre G.S. et G. Flaubert,* S. 404: Brief an Flaubert v. 8. Juli 1874
42 ebenda, S. 89: Brief an Flaubert v. 14. Juni 1867
43 ebenda, S. 413: Brief an Flaubert v. 8. Dezember 1874
44 ebenda, S. 254: Brief an Flaubert v. 23. Juli 1871
45 *Entretiens journaliers,* Pléiade, Bd. 2, S. 980
46 *Correspondance,* Bd. VII, S. 66: Brief an P.-J. Hetzel v. 20. August 1845
47 *Lélia,* Paris 1958, S. 125
48 *Correspondance,* Bd. X, S. 481: Brief an Solange Clésinger v. 14. Oktober 1851
49 ebenda, S. 116: Brief an S. Clésinger v. 2. März 1851
50 *Correspondance entre G.S. et G. Flaubert,* S. 416: Brief an Flaubert v. 16. Januar 1875
51 ebenda, S. 451: Brief an Flaubert v. 25. März 1876
52 *Correspondence,* Bd. IV, S. 435: Brief an A. Grzymala v. Mai 1838
53 *Correspondance entre G.S. et G. Flaubert,* S. 263f.: Brief an G.S. v. 8. September 1871
54 *Histoire de ma vie,* Pléiade, Bd. 1, S. 859f.
55 *Consuelo, La Comtesse de Rudolstadt,* Bd. 1, S. 333
56 *Histoire de ma vie,* Pléiade, Bd. 2, S. 383
57 ebenda, S. 9
58 *Correspondance,* Bd. IV, S. 435: Brief an A. Grzymala v. Mai 1838
59 ebenda, Bd. II, S. 287f.: Brief an Laure Decerfz v. 1. April 1833
60 *Entretiens journaliers,* Pléiade, Bd. 2, S. 989
61 *Lettres d'un voyageur,* Pléiade, Bd. 2, S. 746
62 *Correspondance,* Bd. XI, S. 491: Brief an Edouard Plouvier v. 7. Dezember 1852
63 ebenda, Bd. X, S. 349, Fußnote 2: Brief von Béranger an H. Allart v. 9. Juli 1851
64 ebenda, Bd. IX, S. 314: Brief an Bocage v. 26. Oktober 1849
65 ebenda, S. 169: Brief an R. Vallet de Villeneuve v. 22. Mai 1849
66 ebenda, S. 149: Brief an Ch. Poncy v. 16. Mai 1849
67 *Histoire de ma vie,* Pléiade, Bd. 1, S. 1091
68 *Correspondance,* Bd. VIII, S. 14: Brief an E. Delacroix v. 19. Juli 1847
69 ebenda, Bd. II, S. 277: Brief an Sainte-Beuve v. 10. März 1833
70 *Spiridion,* S. 135
71 *Correspondance,* Bd. VIII, S. 647: Brief an P.-J. Hetzel v. 7./8. Oktober 1848
72 ebenda, Bd. II, S. 287: Brief an Laure Decerfz v. 1. April 1833
73 *Entretiens journaliers,* Pléiade, Bd. 2, S. 1003
74 *Histoire de ma vie,* Pléiade, Bd. 1, S. 720
75 *Correspondance,* Bd. VIII, S. 499: Brief an Armand Barbès v. 10. Juni 1848
76 ebenda, S. 671: Brief an Ch. Duvernet v. 26. Oktober 1848

77 ebenda, S. 667: Brief an G. Papet v. 19. Oktober 1848
78 ebenda, S. 473f.: Brief an Ch. Poncy v. 24. Mai 1848
79 *Histoire de ma vie,* Pléiade, Bd. 1, S. 502
80 ebenda, S. 665
81 *Spiridion,* S. 206f.
82 *Histoire de ma vie,* Pléiade, Bd. 2, S. 304
83 *Correspondance entre G.S. et G. Flaubert,* S. 464f.: Brief v. Flaubert an Maurice Sand v. 24. Juni 1876
84 ebenda, S. 469: Brief v. Flaubert an Maurice Sand v. April 1880
85 ebenda, S. 404: Brief an Flaubert v. 6./8. Juli 1874
86 *Lélia,* Paris 1958, S. 145
87 George Sand, Artikel über Ernest Renan, *Dialogues et fragments philosophiques,* in: *Le Temps,* 16. Juni 1876
88 Ernest Renan, Brief an Auguste Nefftzer v. 1876

BILDVERZEICHNIS

1 Aurore Dupin, Pastell ihrer Großmutter, Madame Dupin de Francueil, 1809.

2 Hippolyte Chatiron, Pastell von Madame Dupin de Francueil, gegen 1809.

3 Madame Dupin de Francueil, die Großmutter von George Sand, mit ihrem Sohn Maurice Dupin, Pastell eines unbekannten Künstlers, gegen 1785–1786. Carnavalet-Museum, Paris

4 Die junge Baronin Aurore Dudevant, im Jahr 1830. Aquarell von Candide Blaize. Carnavalet-Museum, Paris

5 George Sand im Jahr 1833, Federzeichnung von Alfred de Musset

6 Maurice Dudevant-Sand, Kreidezeichnung seines späteren Schwiegervaters Luigi Calamatta, datiert Paris 1837. Carnavalet-Museum, Paris.

7 Solange Dudevant-Sand, im Alter von 10 Jahren, signierte Bleistiftzeichnung von Mercier. Carnavalet-Museum, Paris.

8 George Sand in großer Robe. Auguste Charpentier zugeschriebenes Ölgemälde, das nicht signiert ist. Besitzt große Ähnlichkeit mit dem April/Mai 1838 von Charpentier gemalten Porträt, das im Carnavalet-Museum in Paris zu sehen ist. Sammlung B. Ferra, Valldemosa.

9 Mutter Glucke in der Politik. – *La Gigogne politique*. Karikatur von Gaucher (?), 1848. Erschien am 16. 8. 1864 in *Le Monde illustré* mit folgendem Text: ». . . Das ist eine Karikatur, die 1848 in Bourges gezeichnet wurde, vielleicht von einem gewissen Gaucher, und die die illustre Schriftstellerin verspottet, weil sie nach der Revolution von 1848 im Cher und Indre und sogar darüber hinaus Verwandte und Freunde mit Posten versorgt hat.« Sammlung Viollet.

10 George Sand in Männerkleidern. Aquarell von Charles Cassal, zum ersten Mal veröffentlicht in *Romantic figures in pen and colour* von E.-F. Langley, Harvard University Press, 1935. Als Begleiter wird Chopin vermutet, was jedoch nicht gesichert ist.

11 Unterwegs nach Venedig, auf dem Schiff. Bleistiftzeichnung von Alfred de Musset, Ende 1833, Privatbesitz

12 George Sand als General der Republik. Karikatur, die zum ersten Mal in Nr. 44 (v. 3. bzw. 6. September 1848) des *Pamphlet provisoire illustré* erschien. Anonymer Holzschnitt. Sammlung Georges Lubin.

13 Aufschrift: Ansicht des Schloßes Nohant, gezeichnet von M. de Frémoville um 1818. Lavierte Kreidezeichnung. Wahrscheinlich handelt es sich bei dem Künstler um den Comte Claude Pierre Estièvre de Trémauville, der 1820 in Nohant zu Besuch war. Carnavalet-Museum, Paris.

14 George Sand, Lithographie von Alexandre Manceau aus dem Jahr 1850, nach einer Kreidezeichnung von Thomas Couture. Carnavalet-Museum, Paris

15 Die Truppe von Nohant im Januar 1850, Zeichnung von Maurice Sand. Manceau steht in der Mitte, links von ihm George Sand, Augustine, Lambert, Villevieille, Maurice Sand (sitzend), Borie, Müller-Strübing, Aucante (stehend). Rechts von Manceau: Gressin, Charles Duvernet, Alphonse Fleury (stehend), Laure Fleury, Eugénie Duvernet, Nancy Fleury, Eugène und Frédéric Duvernet, Valentine Fleury (mit dem langen Zopf), Berthe Duvernet (mit der Puppe). Musée George Sand et de la Vallée-Noire, La Châtre.

16 George Sand, Gouache von Julien Boilly, datiert 1835. Von diesem Porträt wurde eine Lithographie für die *Biographie des femmes auteurs contemporaines françaises* angefertigt. (Sammlung Joseph Thibault)

17 Balzac und George sehen den Kindern Maurice, Solange und Luce beim *Jeu des bonshommes* zu. Anläßlich des Besuches von Balzac vom 24. Februar bis 2. März 1838. Bleistiftzeichnung von Maurice. Bildlegenden: *Les enfants s'amusent* – Die Kinder amüsieren sich. *C'est très intéressant, c'est la Comédie humaine* – Das ist sehr interessant, das ist die Comédie humaine. Sammlung Simone André-Maurois.

18 George Sand, 1864 von Nadar photographiert.

NAMEN- UND TITELREGISTER

INHALTSVERZEICHNIS

BIOGRAPHIEN UND MEMOIREN VON FRAUEN SOWIE BÜCHER ZU VERWANDTEN THEMEN IN DER DEUTSCHEN VERLAGS-ANSTALT

Dorothy Dinnerstein
DAS ARRANGEMENT DER GESCHLECHTER
358 Seiten

Norbert Fryd
DIE KAISERIN
Roman der Charlotte von Mexico
424 Seiten

Ume Kajima
HANA BÄLZ
Die Frau des Japanarztes Erwin Bälz
216 Seiten
und 20 Abbildungen

Irmgard Schiel
STEPHANIE
Kronprinzessin im Schatten von Mayerling
404 Seiten
mit zahlreichen Bildern

Katherine Mansfield
TAGEBUCH
480 Seiten

Coretta Scott-King
MEIN LEBEN MIT MARTIN LUTHER KING
292 Seiten
mit 16 Seiten Bildteil

Anne-Louise-Germaine de Staël
JAHRE IM EXIL
Auf der Flucht vor Napoleon
96 Seiten
mit 26 Illustrationen

Juliana von Stockhausen
LADY FRITZE
Romanze eines Lebens
368 Seiten

AUF IMMERWIEDERSEHEN
280 Seiten